KROATIEN

NATIONAL GEOGRAPHIC
TRAVELER

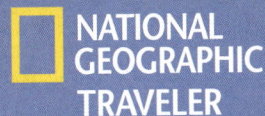

KROATIEN

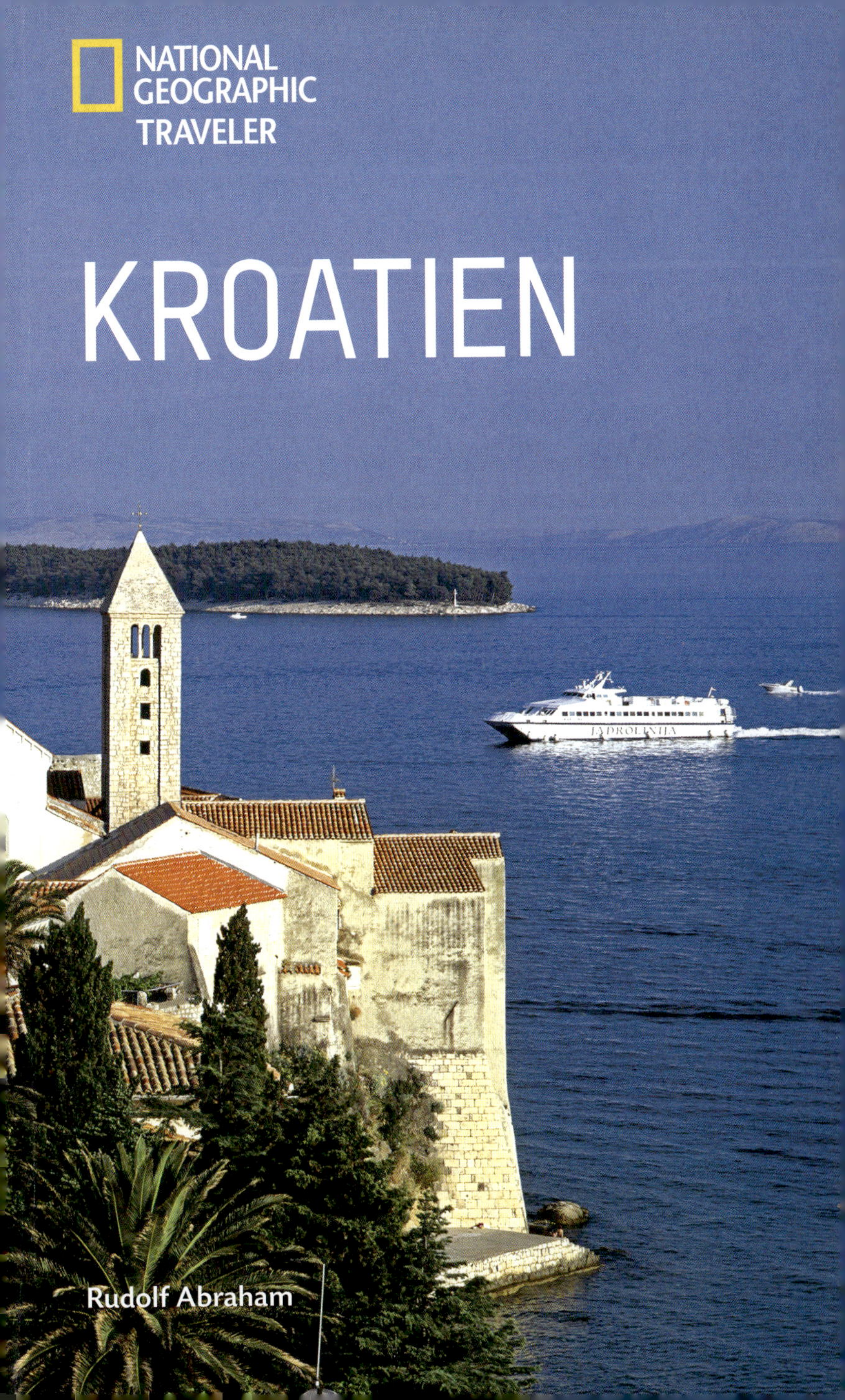

Rudolf Abraham

INHALT

Seiten 2–3: Rabs Türme vor der tiefblauen Adria
Links: Straßenmusik in Dubrovniks Altstadt

RÜCKSICHTSVOLL REISEN

Umsichtige Urlauber brechen voller Neugierde auf und kehren reich an Erfahrungen nach Hause zurück. Wer dabei rücksichtsvoll reist, kann seinen Teil zum Schutz der Tierwelt, zur Bewahrung historischer Stätten und zur Bereicherung der Kultur vor Ort beitragen. Und er wird selbst reich beschenkt mit unvergesslichen Erlebnissen.

Möchten nicht auch Sie verantwortungsbewusst und rücksichtsvoll reisen? Dann sollten Sie folgende Hinweise beachten:

- Vergessen Sie nie, dass Ihre Anwesenheit einen Einfluss auf die Orte ausübt, die Sie besuchen.

- Verwenden Sie Ihre Zeit und Ihr Geld nur auf eine Weise, die dazu beiträgt, den ursprünglichen Charakter eines Ortes zu bewahren. (Auf diesem Weg lernen Sie ein Land auch sehr viel besser kennen.)

- Entwickeln Sie ein Gespür für die ganz besondere Natur und das kulturelle Erbe Ihres Urlaubslandes.

- Respektieren Sie die heimischen Bräuche und Traditionen.

- Zeigen Sie den Einheimischen ruhig, wie sehr Sie das, was den besonderen Reiz ihres Landes ausmacht, zu schätzen wissen: die Natur und die Land-schaft, Musik, typische Gerichte, historische Dörfer oder Bauwerke.

- Scheuen Sie sich nicht, mit Ihrem Geldbeutel Einfluss zu nehmen: Unter-stützen Sie möglichst solche Einrichtungen oder Personen, die sich um die Bewahrung des Typischen und Althergebrachten bemühen. Entscheiden Sie sich für Läden, Restaurants, Gaststätten oder Reiseanbieter, denen offensichtlich an der Bewahrung ihrer Heimat gelegen ist. Und meiden Sie Geschäfte, die den Charakter eines Ortes negativ beeinflussen.

- Wer auf diese Weise reist, hat mehr von seinem Urlaub, und er kann sicher sein, dass er seinen Teil zum Erhalt und zur Verbesserung eines Ortes oder einer Landschaft beigetragen hat.

Diese Art des Reisens gilt als zeitgemäße Form eines sanften, auf Nachhaltigkeit bedachten Tourismus; NATIONAL GEOGRAPHIC verwendet dafür auch den Begriff des „Geo-Tourismus". Gemeint ist damit ein Tourismus, der den Charakter eines Ortes – seine Umwelt, seine Kultur, seine natürliche Schönheit und das Wohlergehen seiner Bewohner – nicht aus den Augen verliert. Weitere Informationen zum Thema gibt es im National Geographic's Center for Sustainable Destinations unter www.nationalgeographic.com/travel/sustainable.

KROATIEN

ÜBER DEN AUTOR

Der preisgekrönte Reiseschriftsteller **Rudolf Abraham** *(www.rudolfabraham.co.uk)* hat schon viele Teile der Welt erkundet und versteckte Juwelen der Osttürkei, Zentralasiens und Patagoniens entdeckt, Kroatien gilt jedoch seine große Liebe. Abraham wohnt heute in London, verbrachte aber um die Wende zum 21. Jahrtausend einige Zeit in Kroatiens Hauptstadt Zagreb, wohin er immer wieder zurückkehrt. Der gelernte Fotograf und studierte Kunsthistoriker liebt schöne Landschaften – je wilder, je lieber. Kroatien bietet ihm die perfekte Kombination aus abwechslungsreichem Terrain – Inseln, Seen und Berge –, Architektur und lebendiger Kunstszene. Zu seinen Veröffentlichungen gehören *Walking in Croatia, The Mountains of Montenegro* und *Torres del Paine: A Trekker's Guide.*

Die Reise planen

Auf seiner vergleichsweise kleinen Landesfläche hat Kroatien einige der besterhaltenen mittelalterlichen Städte des Mittelmeerraums, spektakuläre Nationalparks und einen Archipel aus sage und schreibe 1200 Inseln zu bieten.

Unterwegs in Kroatien

Kroatien ist ein relativ kleines Land, und mit den effizienten öffentlichen Verkehrsmitteln kommt man gut voran. Inlandsflüge der nationalen Fluggesellschaft Croatia Airways *(www.croatiaairlines.com)* sind recht günstig, und von Zagreb an die Küste fliegt man nur etwa eine halbe Stunde. Zuverlässige Bahnverbindungen gibt es gen Osten über Slawonien, gen Westen nach Rijeka und – mit Hochgeschwindigkeitszügen – gen Süden nach Split an der dalmatinischen Küste. An der Küste und in den Norden nach Slowenien und Ungarn gibt es jedoch keine Bahnstrecken.

Komfortable Intercity-Busse verkehren regelmäßig zwischen den wichtigsten Orten, und lokale Busse fahren in den Städten und zu Sehenswürdigkeiten in der Nähe. Einige der längeren Busrouten, wie etwa von Zagreb nach Dubrovnik, sind jedoch zu lang, um sie wirklich genießen zu können.

Zu einigen abgelegenen Dörfern gelangt man mit öffentlichen Verkehrsmitteln nur schwer oder gar nicht. Dafür leiht man sich besser ein Auto – Mietwagenfirmen gibt es vielerorts. Auf den neuen Autobahnen kommt man schnell voran, nur die Küstenhauptstraße (Jadranska Magistrala) ist in den Sommermonaten sehr staugefährdet. Fähren sind eine wunderbar entspannende Möglichkeit, um zu und zwischen den wichtigsten Inseln – oder an der Küste entlang — zu fahren, sie sind zudem sehr preisgünstig (mit Auto wird es jedoch entschieden kostspieliger).

Kroatien in sieben Tagen

Man muss zwar keine großen Entfernungen zurücklegen, aber es gibt in Kroatien sehr viel zu sehen. Vielleicht finden Sie aber zuweilen die sonnigen mittelalterlichen Plätze voller Cafés so einladend, dass Sie hier längere Zeit verbringen möchten, statt zum nächsten Ziel aufzubrechen. Wenn Sie also nur eine Woche Zeit haben, ist es viel entspannter, wenn Sie sich auf eine oder zwei Regionen

Statue des Grgur Ninski in Split

beschränken, statt das ganze Land sehen zu wollen. Wohin es Sie verschlägt, hängt freilich von Ihren persönlichen Vorlieben ab. Wollen Sie die Küste, die Inseln, Nationalparks und Wildnis, die Städte und Museen oder aber historische Bauwerke und Ruinen sehen? Im Folgenden finden sich zwei Vorschläge für einen siebentägigen Aufenthalt in Kroatien.

Zagreb, Istrien, Zadar & Split

Kroatiens Hauptstadt Zagreb ist zugleich die faszinierendste Stadt im Land, und man kann hier gut mehrere Tage verbringen, ehe es weitergeht nach Istrien, Nord- und Zentraldalmatien.

Erkunden Sie **zwei Tage** lang Zagreb zu Fuß: Gornji Grad, Kaptol und Donji Grad (Markusplatz, Kathedrale und das sogenannte Grüne Hufeisen aus Parks) sowie ein paar der exzellenten Museen (Archäologisches Museum, Volkskundemuseum, Moderne Galerie und Meštrović Atelier), und besuchen Sie nach Möglichkeit an einem Morgen den turbulenten, farbenfrohen Markt (Dolac). Am **dritten Tag** geht es weiter nach Pula in Istrien (5 Std. mit dem Bus, 40 Min. mit dem Flugzeug), wo Sie weitere zwei Nächte verbringen. Erkunden Sie Pulas herrliche römische Ruinen, und unternehmen Sie am **vierten Tag** einen Ausflug nach Poreč (1,5 Std. mit dem Bus), um die Euphrasia-Basilika mit ihren byzantinischen Mosaiken (6. Jh.) zu besuchen und einen Abendspaziergang zu unternehmen. Am **fünften Tag** fahren Sie nach Zadar (mit dem Bus muss man in Rijeka umsteigen, mit dem Mietwagen geht es schneller). Bummeln Sie durch Zadars Altstadt, die Kalelarga entlang zur Kathedrale und zur Donatuskirche.

Am **sechsten Tag** fahren Sie nach Split (3 Std. mit dem Bus). Unterwegs machen Sie Pause in Šibenik, um die prächtige Kathedrale zu besichtigen. In Split besuchen Sie dann den Diokletianspalast. Am **siebten Tag** bummeln Sie entweder durch Split oder fahren nach Trogir (30 Min. mit dem Bus), um auch der dortigen Kathedrale einen Besuch abzustatten. Mit Flugzeug, Bus oder Schnellzug geht es zurück nach Zagreb.

Zagreb, Plitvicer Seen, Zadar, Split, Korčula & Dubrovnik

Bei diesem Vorschlag kommen Sie mehr herum und verbringen weniger Zeit an einem Ort – und müssen jeweils früh am Morgen aufbrechen.

Am **ersten Tag** erkunden Sie in Zagreb die Altstadt: Gornji Grad,

---

NICHT VERSÄUMEN

Kroatiens viele Feste und ausgelassene Karnevalsfeiern 18

Zagreb, Kroatiens pulsierendes Herz 56

Amphitheater in Pula, eine der größten römischen Arenen der Welt 12

Wandern im Velebit 182

Diokletianspalast, ein lebendiges römisches Bauwerk 197

Wandern im Nationalpark Plitvicer Seen 230

Morgenspaziergang auf Dubrovniks Stadtmauer 244

Autofahren

In Kroatien herrscht Rechtsverkehr, die Höchstgeschwindigkeit beträgt 50 km/h in Ortschaften, 90 km/h auf Landstraßen, 110 km/h auf Bundesstraßen und 130 km/h auf Autobahnen. Reflektierende Westen sind vorgeschrieben und müssen getragen werden, wann immer Sie an einer Hauptstraße aussteigen. Kroatien hat ein paar nagelneue Autobahnen (*autocesta*) mit Mautsystem. Ziehen Sie einfach bei der Auffahrt ein Ticket, und bei der Ausfahrt bezahlen Sie dann (*www.hac.hr*).

Kaptol und Donji Grad, wie oben beschrieben. Am **zweiten Tag** geht es zum Nationalpark Plitvicer Seen (Plitvička Jezero) mit seinen wundervollen Seen und Wasserfällen.
Sie können mit dem Bus hierherfahren, besser ist es jedoch, ein Auto zu mieten, um an
den folgenden Tagen nicht ständig auf Anschlussbusse warten zu müssen. Am **dritten
Tag** fahren Sie nach Zadar und besuchen dort die Kathedrale und die Donatuskirche.
Am **vierten Tag** steht Split auf dem Programm: Erkunden Sie unbedingt die spektakuläre Ruine des Diokletianspalasts. Frühmorgens am **fünften Tag** nehmen Sie den Katamaran nach Korčula, wo Sie für den Rest des Tages einen Spaziergang durch die Straßen der schön erhaltenen Altstadt, vermutlich des einstigen Wohnorts von Marco
Polo, unternehmen. Am **sechsten Tag** fahren Sie frühmorgens über die Halbinsel
Pelješac mit dem Bus nach Dubrovnik. Wenn Sie am Nachmittag angekommen sind,
erkunden Sie die Altstadt von Kroatiens berühmtester Stadt: Besonders sehenswert
sind das Franziskaner- und das Dominikanerkloster. Am **siebten Tag** spazieren Sie wieder durch Dubrovniks Altstadt. Der Morgen ist eine der besten Tageszeiten, um die
Stadtmauer entlangzuschlendern. Abends fliegen Sie zurück nach Zagreb.

Längere Aufenthalte

Wer ein paar Tage oder gar eine Woche länger Zeit hat, sieht natürlich mehr. Wenn Sie
zwei weitere Nächte in Zagreb verbringen, können Sie von dort Tagesausflüge in die
Umgebung unternehmen, etwa ins barocke **Varaždin**, im 18. Jahrhundert kroatische

---

Währung

Die kroatische Währung ist die Kuna, der
internationale Code ist „HNK", aber im
Land wird sie meist mit „kn" abgekürzt.
Es gibt Scheine im Wert von 5, 10, 20, 50,
100, 200, 500 und 1000 kn sowie Münzen
zu 1, 2 und 5 kn. Eine Kuna entspricht
100 Lipa: Es gibt 1-, 2-, 5-, 10-, 20- und
50-Lipa-Münzen. Die Kuna ist nach dem
Pelz des Marders benannt, mit dem im

Mittelalter Handel getrieben wurde.
Erstmals als Währung genannt wurde
Kuna in der Stadt Osor (auf der Insel Cres)
in einem Dokument von 1018. Lipa stammt
vom kroatischen Wort für „Linde" ab.
   Die Kuna ist eine stabile Währung; etwa
7 Kuna entsprechen 1 Euro. Falls Kroatien in
die EU aufgenommen wird, wird der Euro
wohl die Kuna ersetzen.

Hauptstadt (1,5 Std. mit dem Bus). Oder in den Norden, nahe der ungarischen Grenze,
mit seinen malerischen Weinbergen und österreichischen Burgen. Im Feuchtbiotop
Lonjsko Polje (1,5 Std. mit dem Auto auf der E70 und Nebenstraßen) nistet jeden
Frühling eine große Storchenkolonie.
   Oder Sie fahren auf der E70/A3 Richtung Osijek und Đakovo, nehmen nach
200 Kilometern die Ausfahrt Srendanci und folgen weitere 22 Kilometer der E73/A5
nach **Đakovo**, Stadt der Lipizzaner und der roten Ziegelkathedrale St. Peter und Paul
(Katedrala Sv. Petra i Pavla). Auch die Weinstraße beim nahen **Ilokn** ist ein schönes Ziel.
   Weitere 35 Minuten auf der E73 gen Norden liegt **Osijek** am Fluss Drava (wenn Sie
kein Auto haben, nehmen Sie ab Zagreb den Bus – vier Stunden – oder den Zug –
fünf Stunden). Osijeks Peter-und-Paul-Kirche ist Kroatiens zweithöchste Kirche (90 m).
Am nächsten Tag fahren Sie acht Kilometer zum Dorf Bilge und zum **Kopački-Rit-
Naturpark**, in dem an die 300 Vogelarten zwitschern.

Kroatien hat auch Outdoor-Sportlern viel zu bieten

Eine Alternative wären die Fahrt nach Istrien, östlich von Zagreb, und Inselhüpfen südlich von Split. Auf dem Weg nach Istrien können Sie bei **Skrad**, eineinhalb Stunden südlich von Zagreb, in die **Vrazji prolaz** („Teufelsklamm") wandern. Zwei Stunden auf der A6/E61 und A8 weiter erreichen Sie **Istrien**, wo Sie am nächsten Tag die Hügelstädte **Motovun** und **Hum** besuchen. Oder Sie fahren auf der Halbinsel Istrien in 40 Minuten zur Ostküste bei **Rovinj** oder ins südlicher gelegene **Pula**.

Am dritten Tag genießen Sie die vierstündige Küstenfahrt nach Pag, im weiteren Verlauf geht es auf der A8 gen Norden zurück, um die Landspitze am Mittelmeer (A7/E61) herum und auf der anderen Seite der Halbinsel Istrien die Küste wieder hoch (Route 8/ E65). Nehmen Sie die Fähre Prizna–Žigljen nach **Pag**. Wenn Sie dort zum Abendessen ausgehen, probieren Sie den für die Insel typischen, leicht salzigen Schafskäse *paski šir*.

Am vierten Tag fahren Sie auf der A1 in zwei Stunden nach **Split** im Süden. Legen Sie unterwegs beim **Nationalpark Kornati** eine Pause ein, um die Natur zu genießen, oder unternehmen Sie eine kleine Wanderung im **Nationalpark Paklenica**. Die nächsten drei Tage – oder wie lange Sie eben Zeit haben – erkunden Sie per Katamaran oder Segelboot **Zlatni Rat** (auf der Insel Brač) und die Insel **Hvar**. Wenn Sie sich ein wenig vom Sightseeing erholen wollen, können Sie auch am Strand relaxen; schön einsam sind **Vis** und **Kormiža.**

Besucherinformation

Kroatische Zentrale für Tourismus (Deutschland)
Hochstraße 43, 60313 Frankfurt/ Main, Tel. 069/2385350; http:// croatia.hr/de-DE/Homepage; E-Mail: info@visitkroatien.de
Besucherinformation Zagreb
Zagreb Airport, Pleso bb, oder Trg bana J. Jelacica 11, Tel. 014 814 051; http://www.zagrebtouristinfo.hr; E-Mail: info@zagrebtourism.hr
Besucherinformation Split
Peristil bb, Split, Tel. 021 345 606, http://www.visitsplit.com; E-Mail: turistinfo@visitsplit.com

Geschichte & Kultur

Sommerabend auf dem Stradun in Dubrovniks historischem Zentrum

Kroatien heute

Kroatien ist mit einer besonders schönen Küste, wunderbaren Landschaften, hervorragend erhaltenen mittelalterlichen Städten und warmem, sonnigem Wetter gesegnet. Das Land bietet eine grandiose Mischung aus lebhaften Märkten und verschlafenen Fischerdörfern, Architekturjuwelen aus mehreren Jahrtausenden und einer lebendigen Kulturszene.

Schon vor 5000 Jahren stellten bronzezeitliche Kulturen im heutigen Kroatien – oder Hrvatska, wie die Einheimischen es nennen – schlanke Beilköpfe und schöne Tonwaren her. Die Menschen lebten in Fischer- und Bauerngemeinschaften und hielten Tiere. Ab dem 1. Jahrhundert v. Chr. gründeten die Römer hier blühende Handelshäfen und Städte, deren präzise Steinkonstruktionen und monumentale Bauten noch heute erhalten sind. Dem nur kurze Zeit währenden Königreich Kroatien des 10. und 11. Jahrhunderts folgten neun Jahrhunderte der Fremdherrschaft, ehe Anfang der 1990er-Jahre nach blutigem Kampf aus dem ehemaligen Jugoslawien das moderne Kroatien hervorging.

Von der Landschaft geformt

Trotz seiner vergleichsweise geringen Größe hat Kroatien eine erstaunlich vielfältige Landschaft: von den im Meer verstreuten Inseln, der felsigen Küste und dem kristallklaren Wasser der Adria bis zu den zerklüfteten Gebirgszügen im Landesinneren und dem fruchtbaren Ackerland der slawonischen Ebene im Norden. Die Trockenheit einiger Inseln, die die kroatische Küste säumen (siehe S. 210ff), steht im Kontrast zu den weitläufigen Feuchtgebieten an den Flüssen Sava und Donau, den üppig grünen Wäldern, den sanft plätschernden Bächen und den spektakulär zu Tal stürzenden Wasserfällen der Region um die Plitvicer Seen (Plitvička Jezera; siehe S. 228ff).

Kroatiens Küste ist von außergewöhnlicher Schönheit und mit 5835 Kilometern überraschend lang – dies hat seinen Grund in den zahlreichen Buchten und den vielen Inseln des dalmatinischen

Archipels. Von den über tausend Inseln sind die meisten unbewohnt und viele von Menschenhand noch gänzlich unberührt.

Die traditionellen dalmatinischen Küstenorte mit romanischen Glockentürmen und roten Ziegeldächern werden im Landesinneren von eleganten Städtchen abgelöst, die aus der Barockzeit (16.–17. Jh.) und der Sezession (spätes 19. Jh.) stammen und eindeutig mitteleuropäisches Flair ausstrahlen. Die Hauptstadt und zugleich beliebteste Metropole Zagreb (siehe S. 56ff) ist ein blühendes Kultur-, Verwaltungs- und Geschäftszentrum mit teils hohen Wohnhäusern und zahlreichen Büroblocks, die an den Alleen und gewundenen Straßen Seite an Seite mit alten Kirchen stehen.

Kroatiens Klima ist ebenso vielfältig wie die Landschaft. An der Küste herrschen angenehme Sommertemperaturen und milde Winter vor, das Landesinnere wird von kontinentalem Klima mit viel heißeren Sommern und kalten, häufig schneereichen Wintern

Moderne und klassische Gebäude säumen Zadars Uferpromenade

beherrscht. Diese ausgeprägten Unterschiede, die sich im Klima und auch im kulturellen Vermächtnis niederschlagen, sind teilweise dem parallel zur Küste verlaufenden Gebirgszug zu verdanken, der die Landesteile am Mittelmeer von der kontinentalen Landmasse trennt. Erst als die Römer im 1. Jahrhundert n. Chr. fünf Straßen über die Berge anlegten, die von der Küste ins Hinterland führten, waren diese beiden Teile Kroatiens verbunden. Auch für die neue Autobahn von Zagreb nach Zadar (siehe S. 170ff), die 2003 errichtet wurde, mussten mit großem Aufwand Tunnels durch den Velebit, den Küstengebirgszug, gegraben werden. Diese so verschiedenen Gebiete wurden auch von unterschiedlichen Mächten regiert und beeinflusst: An der Küste und auf den Inseln herrschten jahrhundertelang die Venezianer, im Landesinneren – und später auch an der Küste – regierten die Habsburger.

Kultureller Vorreiter

Kroatien ist immens stolz sowohl auf sein kulturelles Vermächtnis als auch auf seine landschaftlichen Vorzüge, auf seine literarische Tradition, die bis in die Renaissance zurückreicht, auf die Nationalparks sowie auf die zahlreichen Städte und Kirchen, die von der Unesco als Welterbestätten geführt werden – der Diokletianspalast in Split, Dubrovniks Altstadt und der Nationalpark Plitvicer Seen bereits seit 1979.

Die erste Universität des Landes wurde 1669 in Zagreb gegründet. Kroatische Wissenschaftler trugen zur Erklärung der Gezeiten und der Entstehung von Regenbögen bei, und aus diesem Land kam mindestens ein römischer Kaiser. Die Republik Dubrovnik führte bereits im 15. Jahrhundert ein System für die Sorge um Waisen, alte Menschen sowie Kranke ein und erstellte einen der frühesten Pläne zur Bekämpfung der Pest. Und die Sklaverei wurde an diesem Abschnitt der kroatischen Küste schon im 15. Jahrhundert abgeschafft, noch vor Kolumbus' Reise nach Amerika.

Kroatiens kulturelles Vermächtnis reicht von sehenswerten römischen Ruinen (die sich zuweilen in respektablem Zustand erhalten haben und gar nicht so sehr verfallen sind) und brillanten byzantinischen Mosaiken, die die romanischen Kirchen zieren, bis hin zu venezianisch-gotischen Palästen, Barockschlössern und komplett erhaltenen mittelalterlichen Städten samt ihrem typischen Gassengewirr.

Dem reichen Kulturerbe dient die grandiose Landschaft als passende Kulisse. Die Küste mit den unzähligen vorgelagerten Inseln wurde international zum Inbegriff für Kroatien. Ebenso sehenswert sind die spektakulären Wasserfälle, die sich über Sinterterrassen ergießen, und einige der weltweit schönsten Karstlandschaften – von Höhlen zerfurchte Hügel. Kroatiens Museen und Kunstgalerien sind einzigartig, sowohl bezüglich ihrer Exponate von Weltrang als auch bezüglich ihrer Anzahl. Zu den Highlights gehören Sammlungen kroatischer naiver Kunst, exquisite mittelalterliche Steinmetzarbeiten sowie Artefakte aus den Anfangstagen menschlicher Zivilisationen in Europa.

Top 10 Wichtige Wörter

Hallo	*Dobar dan*
Wiedersehen	*Do viñenja*
Könnte ich bitte ... haben?	*Molim vas ...?*
Danke	*Hvala*
Ja	*Da*
Nein	*Ne*
Entschuldigung!	*Oprostite!*
Prost!	*Živjeli!*
Erfreut, Sie kennenzulernen	*Drago mi je*
Sprechen Sie Deutsch?	*Govorite li njemački?*

Präsidentenwache in Zagreb in traditioneller Uniform – samt Krawatte

Kroatiens Einfluss

In Kroatien wurden auch einige Alltagsgegenstände erfunden, die wir heute für selbstverständlich halten. Die richtungsweisende Arbeit des Wissenschaftlers Nikola Tesla (1856–1943), der in einem kroatischen Dorf hinter den Velebit-Bergen zur Welt kam, legte den Grundstein für den modernen Wechselstrom und die kommerzielle Stromversorgung, und für viele ist er der Erfinder des Funkverkehrs. Unsere Krawatte (von *hrvat*, „kroatisch") stammt von einem Seidenschal ab, den die Kroaten üblicherweise trugen, den modebewusste französische Aristokraten im 17. Jahrhundert übernahmen und der später zum weltweiten Standardaccessoire des Geschäftsanzugs wurde. Und der Füllfederhalter wurde 1907 als Erfindung von Eduard Slavoljub Penkala (1871–1922) in Zagreb geboren, wo auch der erste Druckbleistift der Welt hergestellt wurde, nämlich in der immer noch existierenden Bleistiftfabrik Zagreb (Tvornica Olovaka Zagreb).

Kroatische Wissenschaftler trugen zur Erklärung der Gezeiten und Regenbögen bei, und aus diesem Land kam mindestens ein römischer Kaiser.

Vom Krieg gezeichnet

Den Krieg, der mit Kroatiens Abspaltung vom ehemaligen Jugoslawien zwischen 1991 und 1995 einherging, bezeichnen kroatische Quellen häufig als Vaterlandskrieg. Die Kroaten nennen ihn auch Unabhängigkeitskrieg oder

ERLEBNIS: Traditionelle Feste

Kroatien kennt keinen Mangel an Festen, von kleinen Dorffeiern bis zu mehreren Wochen dauernden Festivals von Weltformat. Zwar finden die meisten Festivitäten im Sommer und zur Osterzeit statt, aber egal, wann Sie sich in Kroatien aufhalten: Die Chancen sind gut, dass irgendetwas gefeiert wird.

Festivals

Folklore steht im Mittelpunkt vieler Feste in Kroatien. Das größte ist Zagrebs spektakuläres **Internationales Folklore Festival** (*www.msf.hr*), das im Juli auf dem Hauptplatz stattfindet. **Brodsko Kolo** (*www.brodsko-kolo.com*), seit über 40 Jahren im Juni in Slavonski Brod veranstaltet, ist Kroatiens wichtigstes Volkstanzfestival. Im Juli richtet Omiš sein alljährliches *klapa* (siehe S. 206) aus, das **Festival der dalmatinischen Klapa-Gesänge** (*www.fdk.hr*). Hier hört man Vorführungen von Dalmatiens traditionellem, ergreifend schönem A-capella-Gesang. Đakovos **Spitzen-Festival** (Đakovački Vezovi) findet ebenfalls im Juli statt. Neben Unmengen von traditionellen Spitzenhandarbeiten gehören Konzerte, Umzüge und Vorführungen der Lipizzaner, für die die Region berühmt ist, zum Festprogramm.

Karneval

Im vorwiegend römisch-katholischen Kroatien ist vor der Fastenzeit Fasching angesagt, der ausgelassen gefeiert wird. Die spektakulärste Karnevalsveranstaltung ist der **Rijeka-Karneval** (*www.ri-karneval.com.hr*). Menschenmassen schauen vom Straßenrand der schier endlosen Parade aus Wagen, Tanzenden und Kostümierten zu.

Am letzten Donnerstag vor Ostern (Gründonnerstag) findet auf der Insel Hvar, zwischen den Dörfern Jelsa, Pitve, Vrisnik, Svire, Vrbanj und Vrboska, eine sehenswerte **Kreuzesprozession** (Za Križen) statt.

Die Insel Lastovo hält zur Faschingszeit ihr einzigartiges **Poklad-Festival** ab. Eine Puppe wird von einem Esel umhergetragen und bestraft, indem sie an einem 300 Meter langen Seil bis zum Meer hinuntergelassen wird.

Der Höhepunkt der Veranstaltung ist die Verbrennung der Puppe – damit wird an die wunderbare Zerstörung einer katalanischen Piratenflotte erinnert, die einst die Insel überfallen wollte.

Der 15. August (**Mariä Himmelfahrt**, kroatisch *Velika Gospa*) ist einer der wichtigsten Feiertage des Landes, der mit verschiedenen Festen und einer Wallfahrt von Zagreb über Medvednica begangen wird, die entlang den Kreuzwegstationen zur Kirche in Marija Bistrica führt.

Kinder bei Zagrebs Internationalem Folklore Festival im Juli

Patriotischer Krieg. Die Serben hingegen haben eine andere Sicht auf die Dinge und sprechen von einem Bürgerkrieg in Kroatien, da sie ihn als Auseinandersetzung zwischen Kroaten und Serben betrachten. Im Ausland vertritt man zumeist die Meinung, dass der Konflikt bis zu Kroatiens Unabhängigkeitserklärung als Bürgerkrieg anzusehen war und danach zur internationalen Angelegenheit wurde. Die meisten ausländischen Beobachter charakterisieren den Krieg auch als Akt serbischer Aggression. Allerdings erklärte keine der beiden Seiten jemals der anderen den Krieg.

Psychischer Schaden

Der grausame Krieg hatte noch Jahre später schlimme Folgen für das Land. Schätzungsweise 12 000 Kroaten wurden getötet oder vermisst, darunter nahezu 6800 Soldaten. Rund 35 000 Menschen wurden verletzt, viele davon schwer. Bei den Kämpfen wurden zudem fast 180 000 Wohnhäuser und die Infrastruktur eines Viertels der nationalen Wirtschaft zerstört. Die Kriegsführung hatte für das ehemalige Jugoslawien mehrere Klagen vor dem Internationalen Gerichtshof in Den Haag, der Verwaltungshauptstadt der Niederlande, zur Folge. Die meisten richteten sich gegen Mitglieder der serbischen Streitkräfte, aber ein paar, darunter auch Anzeigen wegen Verbrechen gegen die Menschlichkeit, betrafen die kroatische Armee.

Heute, fast 20 Jahre nach dem Krieg, wollen die meisten Kroaten die Vergangenheit hinter sich lassen und einfach leben.

Heute, fast 20 Jahre später, wollen die meisten Kroaten die Vergangenheit hinter sich lassen und einfach ihr Leben leben, doch das Land hat viele Narben. Die physischen Schäden wurden größtenteils repariert, außer an ein paar Wahrzeichen wie dem zerbombten Wasserturm in Vukovar, die absichtlich als Ruinen belassen wurden und als Mahnmal dienen. Doch die gesellschaftlichen und psychischen Verletzungen, die der Krieg verursachte, werden nicht so schnell heilen, das betrifft vor allem auch die Minderheiten inner- und außerhalb Kroatiens, die mit den politischen Folgen zu leben lernen müssen. Falls Ihnen all das angesichts der sorglosen Ferien an der Küste sehr fern zu sein scheint, besuchen Sie irgendeinen Friedhof in Slawonien und werfen Sie einen Blick auf die vielen Grabsteine, die an all jene erinnern, deren Leben der Krieg so plötzlich beendete.

Bevölkerung & Politik

In Kroatien findet 2011 eine Volkszählung statt (die letzte war 2001), momentane Schätzungen belaufen sich auf etwa 4,4 Millionen Einwohner, von denen ca. 800 000 allein in der Hauptstadt Zagreb leben. Die meisten (bei der letzten Zählung fast 90 Prozent) nennen sich selbst Kroaten. Jene, die sich als Serben bezeichnen, machen weniger als fünf Prozent aus (etwa acht Prozent weniger als vor dem Krieg). Den Rest der Bevölkerung bilden Minderheiten (darunter Bosnier, Ungarn und Slowenen) mit jeweils unter einem Prozent. Die vorherrschende Religion ist das römisch-katholische Christentum (87 Prozent), 4,4 Prozent sind serbisch-orthodoxe Christen und 1,3 Prozent Muslime. Das Bruttoinlandsprodukt pro Kopf betrug 2009 ca. 9300 Euro, das des gesamten Landes ca. 42 Milliarden Euro. Es ist damit das höchste Bruttoinlandsprodukt der Länder des ehemaligen Jugoslawiens, darunter Slowenien, das im Gegensatz zu Kroatien bereits Mitglied der EU ist. Wie auch andere westliche Länder hat Kroatien in der letzten

Franjo Tuđman

Überall in Kroatien stößt man auf Hinweise auf Franjo Tuđman, einer wichtigen Figur in den schwierigen 1990er-Jahren. Tuđman führte die Nation in die Unabhängigkeit und gilt als „Vater" des modernen Kroatien. Inzwischen tragen Straßen und Plätze, Gebäude und Institutionen überall im Land seinen Namen. Der 1922 geborene Tuđman trat 1941 der Kommunistischen Partei bei, um gegen die Besatzungsmacht Deutschland zu kämpfen. Er machte in der Jugoslawischen Volksarmee (JNA) Karriere und war 1960 einer der jüngsten Generäle des Landes.

Tuđmans Nationalgefühl führte schließlich dazu, dass er sich vom föderativen jugoslawischen Staat enttäuscht fühlte. Er stieg aus dem militärischen Dienst aus und schlug 1961 eine akademische Laufbahn ein. Wegen seiner Ansichten wurde er 1967 aus der Kommunistischen Partei ausgeschlossen, 1972 und erneut 1981 wurde er als Dissident inhaftiert. 1989, als sich kommunistische Regimes in ganz Osteuropa aufzulösen begannen, gründete Tuđman die HDZ (Kroatische Demokratische Union), und 1990 wurde er in freien Wahlen zum ersten Staatspräsidenten Kroatiens gewählt.

Tuđman regierte das Land während des Kroatienkriegs. Seine Rolle im Krieg in Bosnien und Herzegowina, wo Kroatien die Kontrolle über die von Kroaten bewohnten Gebiete errang, wurde international kritisiert, und eine wachsende Tendenz zum Autoritarismus führte dazu, dass die HDZ zu Hause immer weniger Anhänger hatte und im Ausland diplomatisch isoliert wurde. 1999 starb Tuđman.

Weltwirtschaftskrise etwa 20 Prozent seines Vermögens eingebüßt. Die Arbeitslosigkeit sank 2008 auf etwas über 13 Prozent, stieg jedoch im Zuge der Wirtschaftskrise wieder an, und die Auslandsschulden sind nach wie vor relativ hoch. Die Preise im Land erscheinen ausländischen Besuchern vernünftig, sind aber für die Einwohner mit einem durchschnittlichen Monatsverdienst von 1100 Euro hoch.

Der Fremdenverkehr ist eines der wirtschaftlichen Standbeine in Kroatien, während über 60 Prozent der Exporte (hauptsächlich Maschinen, chemische Produkte und andere Industriegüter sowie, zu einem weit geringeren Anteil, landwirtschaftliche Produkte) in EU-Länder verkauft werden. Viele Meeresfrüchte werden von Kroatien aus nach Japan exportiert. Slawonien ist die Kornkammer des Landes, in dem Getreide angebaut wird, und an der Küste gedeihen Olivenbäume und widerstandsfähige Weintrauben.

> **Kroatien ist heute eine parlamentarische Demokratie. Das Parlament basiert auf einem Einkammersystem mit mehreren Parteien.**

Heute ist Kroatien eine voll funktionierende parlamentarische Demokratie. Das Parlament (Sabor) basiert auf einem Einkammersystem mit mehreren Parteien und 153 Mitgliedern, die jeweils für vier Jahre gewählt werden. Der Parlamentssprecher wird von den Mitgliedern gewählt. Diese wiederum werden teils in Wahlkreisen mit einem Wahlmann und teils entsprechend der proportionalen Repräsentation durch öffentliche Wahlen bestimmt. Sechs Sitze sind außerdem für im Ausland lebende Kroaten reserviert und fünf für Minderheiten wie Serben, Ungarn und Italiener. Der Staatspräsident, der für jeweils fünf Jahre direkt gewählt wird, bestimmt den Ministerpräsidenten, der wiederum einen Ministerrat wählt, der im Sabor eine Mehrheit vertritt.

Die zwei größten Parteien sind die rechts stehende nationalistische HDZ (Kroatische Demokratische Union), die Ende der 1990er-Jahre unter Kroatiens erstem Präsidenten, Franjo Tuđman, an der Macht war und 2003 erneut gewählt wurde, sowie die SDP (Sozialdemokratische Partei), die von 2000 bis 2003 an der Regierung war. Derzeitige Ministerpräsidentin ist Jadranka Kosor, die erste Frau in dieser Position in Kroatien. Sie ersetzte Ivo Sanader nach dessen Rücktritt im Juli 2009. Kroatiens langjährigem ehemaligem Staatspräsidenten Stjepan Mesić folgte im Februar 2010 Ivo Josipović nach.

Kroatien ist administrativ in 21 Gespanschaften *(županje)* aufgeteilt, von denen jede eine für vier Jahre gewählte Repräsentantenversammlung hat. Diesen Regionalregierungen steht jeweils der Gespan *(župan)* vor.

Im April 2009 trat Kroatien der Nato bei, und seine Kandidatur um die EU-Mitgliedschaft wurde 2004 akzeptiert. Eine Bedingung für die Vollmitgliedschaft war jedoch, mehrere mutmaßliche kroatische Kriegsverbrecher dem Internationalen Gerichtshof in Den Haag auszuliefern – was zu hitzigen Debatten führte. Ein modernes, stabiles Kroatien wird wohl 2011 der EU beitreten, wenn auch zur Zeit der Drucklegung dieses Buches noch nicht endgültig darüber entschieden war.

Kroatiens Premierministerin Jadranka Kosor mit dem slowenischen Ministerpräsidenten Borut Pahor (links) und Serbiens Präsidenten Boris Tadić bei Gesprächen, 2010

Fremdenverkehr

Schon seit Mitte des 19. Jahrhunderts, als Opatija in Istrien sich zum angesagten Kurort für wohlhabende Österreicher entwickelte, ist Kroatien ein beliebtes Ferienziel. Später im selben Jahrhundert kaufte der österreichische Geschäftsmann Paul Kupelwieser die Brijuni-Inseln und verwandelte sie in kurzer Zeit zum populären Luxus-Resort.

Die dalmatinische Küste avancierte in den 1970er- und 1980er-Jahren zu einem überaus populären Reiseziel vor allem der deutschen und italienischen Urlauber und trägt dadurch einen guten Teil zur jugoslawischen Wirtschaft bei.

Der Kroatienkrieg wirkte sich auf den Tourismus in verheerender Weise aus und löschte das Land für mehrere Jahre praktisch von der Weltkarte. Der Krieg zerstörte unter anderem die Infrastruktur und hinterließ niedergebrannte und zerschossene Städte sowie verwüstete Ferienanlagen. Viele Hotels waren während des Kriegs bombardiert worden, andere hatte die von den Serbien kontrollierte Jugoslawische Volksarmee (JNA) als Kasernen benutzt oder beschlagnahmt, um die vielen Flüchtlinge aus Slawonien, Bosnien etc. unterbringen zu können.

Ende der 1990er-Jahre kamen wieder Urlauber in ein „unentdecktes" unabhängiges Kroatien (obgleich 1999 die Nato-Luftangriffe auf Serbien wohl noch viele der Besucher abschreckten), zunächst vereinzelt, dann zuhauf. Innerhalb der letzten zehn Jahre ist der Fremdenverkehr geradezu spektakulär angewachsen: Allein 2009 kamen mehr als neun Millionen Besucher und trugen zur hiesigen Wirtschaft mit Einnahmen von insgesamt über sechs Milliarden Euro bei. Die umfangreichen baulichen Schäden, die der Krieg hinterließ, wurden repariert – nirgends sorgfältiger als in der ummauerten mittelalterlichen Stadt Dubrovnik an der Adria, die 1991 und 1992 erbarmungslos bombardiert worden war, sowie in der Barockstadt Vukovar an der Donau, die sich nahe der serbischen Grenze befindet.

Heute gehört Kroatien weltweit zu den Top-20-Reisezielen, und die Tourismusbranche trägt zur nationalen Wirtschaft etwa ein Sechstel. Zwar kommen die meisten Urlauber während der Sommermonate an die kroatische Küste, doch locken auch im Winter die Skigebiete in den Bergen im Landesinneren zahlreiche Gäste an.

Der Slogan des kroatischen Fremdenverkehrsamtes, „Das Mittelmeer, wie es einmal war", trifft durchaus zu.

Halbinsel Pelješac: ein Winzer bei der Weinlese

Ganz anders als in vielen übrigen Mittelmeerländern in den letzten 20 oder 30 Jahren hatte die Zunahme des Tourismus in Kroatien keine allgemeine Überfrachtung mit Hotelanlagen zur Folge, und noch immer gehören weite Abschnitte der kroatischen Küste zu den natürlichsten im gesamten Mittelmeerraum. Der Slogan des kroatischen Fremdenverkehrsamtes, „Das Mittelmeer, wie es einmal war", trifft durchaus zu. Der immense Zuwachs im Tourismusbereich war von einem Kaufboom ausländischer Immobilieninvestoren begleitet, für die Kroatien nach wie vor ein sehr gutes Preis-Leistungs-Verhältnis gewährt (nicht jedoch für die Einheimischen, da dadurch die Preise für Immobilien derart stiegen, dass die meisten Kroaten sie sich nicht mehr leisten konnten). Kroatien bietet Mittelklasse- und Luxusurlaub, aber immer mehr Pensionen, kleine Hotels und Campingplätze machen das Land inzwischen auch für preisbewusste Individualreisende attraktiv. ∎

Kroatien damals

Das Land an der Grenze zwischen Mittel- und Südosteuropa hat eine lange Geschichte. In einer Höhle gefundene Neandertalerknochen beweisen, dass es seit mindestens 130 000 Jahren besiedelt ist. In jüngerer Vergangenheit wurde es von verschiedenen Mächten beansprucht, bis schließlich Ende der 1990er-Jahre ein stabiles, demokratisches Kroatien entstand.

Es gibt zahlreiche Hinweise auf jungsteinzeitliche Zivilisationen, vor allem am Ufer der Donau. Zu den bedeutendsten Funden gehören Artefakte der sogenannten Vučedol-Kultur, die vor 5000 Jahren den Osten Slawoniens dominierte. In der Eisenzeit lebten an der östlichen Adriaküste die Illyrer, verschiedene Stämme indoeuropäischen Ursprungs, die um 400 v. Chr. an Macht gewannen: Zu ihnen gehörten die Histrier, nach denen Istrien benannt ist, die Liburner, die in Istrien und an der Küste Nord-Dalmatiens lebten, und die Delmaten – von denen Dalmatien den Namen hat –, die an der Küste weiter südlich und im Hinterland siedelten. Im frühen 4. Jahrhundert v. Chr. begannen die Griechen, Kolonien an der Adria zu gründen, zunächst Issa – die heutige Stadt Vis auf der Insel gleichen Namens –, dann unter anderem Epidaurus (das heutige Cavtat bei Split), Pharos (Hvar) und Tragurion (Trogir). Die Kelten gelangten ebenfalls im 4. Jahrhundert v. Chr. in die Region und ließen sich im Norden, entlang der mittleren Donau und in den Flusstälern von Sava und Drava (Drau) nieder.

> **Zu den bedeutendsten Funden gehören Artefakte der sogenannten Vučedol-Kultur, die den Osten Slawoniens dominierte.**

Eindringende fremde Mächte

Überfälle illyrischer Piraten – jedenfalls war das der von den Römern angegebene Grund – veranlassten Rom im 2. und 1. Jahrhundert v. Chr. zu Feldzügen gegen ihre illyrischen Nachbarn. Nach diesen Kriegen wurde das von Illyrern bewohnte Gebiet im heutigen Kroatien die römische Provinz Illyria, die später in Pannonia und Dalmatia geteilt wurde. Ihre Provinzhauptstadt richteten sich die Römer in der alten griechischen Siedlung Salona (dem modernen Solin, einem Vorort von Split; siehe S. 205) ein. Pula und Zadar entwickelten sich zu bedeutenden Handelsposten und Städten. Zu den stimmungsvollsten Überresten aus römischer Zeit gehören das ungewöhnlich gut erhaltene Amphitheater in Pula (aus dem 1. Jh. n. Chr.; siehe S.. 128f) und der Diokletianspalast in Split (295–305 erbaut; siehe S. 198f).

Nach dem Niedergang des weströmischen Reichs im Verlauf des 4. Jahrhunderts wurde das Gebiet 200 Jahre lang von mehreren verheerenden Invasionen heimgesucht. Zuerst übernahmen die Hunnen aus dem fernen Osten Russlands und die Goten aus Skandinavien und der Ostseeküste die Kontrolle über das vom schwindenden Römischen Reich aufgegebene Land und überfielen wiederholt die wohlhabenden Siedlungen in Dalmatien und dem ganzen Balkan. In den folgenden Jahrzehnten

(Fortsetzung Seite 28)

Das römische Amphitheater in Pula

Mittelalterliches Kroatien

In der zweiten Hälfte des 9. Jahrhunderts, als der größte Teil Dalmatiens unter byzantinischer Herrschaft stand und von Zadar aus als eine Reihe von Fürstentümern verwaltet wurde, gewann Kroatien allmählich an Macht und Autonomie. So stiegen denn kroatische Fürsten zu lokalen Regenten auf, das Land wurde auch religiös zunehmend unabhängig von Byzanz, und die Priester übten die Glagolitische Liturgie anstelle des Römischen Ritus aus, der in lateinischer Sprache abgehalten wurde.

Glagolitisches Dokument aus dem 15. Jahrhundert – die ältesten bekannten Zeugnisse der slawischen Schrift entstanden um 1000 n. Chr.

Der erste bekannte kroatische Fürst war Višeslav, der 800 n. Chr. von Nin aus regierte, aber noch die byzantinische Oberhoheit anerkannte. Um 852 – in diesem Jahr wird sein Name in einer Urkunde erwähnt – herrschte Trpimir von seiner Festung in Klis bei Split aus. Etwa 880 schwor Branimir, dessen Name in mehreren lateinischen Inschriften jener Zeit erhalten ist, Papst Johannes VIII. die Loyalität und nahm die Titel Fürst der Kroaten und Fürst der Slawen an.

In der ersten Hälfte des 9. Jahrhunderts traten viele Kroaten vom Glauben an die slawische Mythologie zum Christentum über, und es entstanden bereits die ersten Benediktinerklöster.

Kroatische Könige

Die erste Person mit dem Titel König Kroatiens war 925 Tomislav, der in einem Brief von Papst Johannes X. erwähnt wird und dessen Reiterstatue sich vor dem Hauptbahnhof in Zagreb erhebt (siehe S. 78). Über Tomislavs Regierungszeit weiß man nicht viel, obwohl er im Norden erfolgreich die Ungarn abwehrte und anscheinend einen Krieg gegen Bulgarien führte (vermutlich um die byzantinischen Streitkräfte zu unterstützen). Seine Nachfolger wurden 928 Trpimir II. und 935 Krešimir I. Später im selben Jahrhundert regierte mehrere Jahre lang eine gewisse Jelena (deren Name auf einem Epitaph aus der Nähe Salonas zu finden ist) als eigenständige Königin.

Glagolitische Schrift

Um diese Zeit nahm Grgur Ninski, Bischof von Nin – dessen Skulptur von der Rückseite des Diokletianpalasts in Split bekannt ist (siehe S. 204) –, an den Synoden von 925 und 928 teil, auf denen er für die Glagolitische Liturgie eintrat (die in Altslawisch statt in Latein abgehalten wurde, das die meisten Kroaten nicht verstanden). Dennoch erschienen die ersten glagolitischen Manuskripte erst um 1000, und im Jahr 928 wurde das Bistum Nin sogar abgeschafft.

Erst in der Regierungszeit von Petar Krešimir IV. von 1058 bis 1074 war Kroatien erstmals als ein Staat vereint, als sich Dalmatien aus byzantinischer Kontrolle befreien konnte und dem pannonischen Kroatien beitrat. Nachfolger Krešimirs IV. war Zvonimir (regierte 1075–89), dem Papst Gregor VII. den Titel König von Kroatien und Dalmatien verlieh.

Während der Regentschaft von König Zvonimir wurde auf dem berühmten Stein, der heute als **Tafel von Baška** (Baščanska Ploča) bekannt ist – das Original ist in Zagrebs Akademie der Wissenschaften und Künste (siehe S. 72f) untergebracht –, berichtet, dass eine Kirche auf der Insel Krk Land geschenkt bekommen habe. Dies ist eine der ersten Inschriften in kroatischer Sprache und glagolitischer Schrift.

Fremdherrschaft

Nach Zvonimirs Tod wurde das Land für kurze Zeit von Stefan II. regiert, dessen Tod im Jahr 1091 das Ende des kroatischen Königshauses (der nach ihrem Begründer Trpimir benannten Trpimirović-Dynastie) markierte. Viele glaubten, dass Zvonimir getötet wurde und im Sterben einen Fluch über seine Mörder ausbrachte: Sie würden für immer von fremden Mächten beherrscht. Tatsächlich sollte Kroatien 900 Jahre lang unter Fremdherrschaft stehen, ehe es erst in den 1990er-Jahren die Unabhängigkeit wiedererlangte.

1091 marschierte König Ladislaus von Ungarn in Nordkroatien ein – mit der Hilfe von Zvonimirs Witwe (die praktischerweise Ladislaus' Schwester war), und der letzte Anwärter auf den kroatischen Thron, Petar Svačić, wurde von Ladislaus' Nachfolger, König Koloman, 1097 am Berg Gvozd (heute Petrova Gora) geschlagen. 1102 unterzeichneten Kroatien und König Koloman ein Abkommen, nach dem die ungarische Arpad-Dynastie kroatische Königsrechte erhielt und ein ungarischer Ban (Markgraf) eingesetzt wurde.

Die zwar kurzlebige Herrschaft des kroatischen Königshauses hinterließ jedoch tiefen

Die zwar kurzlebige Herrschaft des kroatischen Königshauses hinterließ jedoch tiefen Eindruck im kroatischen Bewusstsein..

Eindruck im kroatischen Bewusstsein. Damals entstanden zahlreiche schöne Kunstwerke, darunter zwei **behauene Steintafeln** vom Altarretabel in Zadars Kirche St. Domenica (Sv. Nedelja) aus dem 11. Jahrhundert, die nicht mehr existiert. Die Tafeln, die in Bogen stehende Figuren vor einem sitzenden Herrscher zeigen, befinden sich heute in Zadars Archäologischem Museum (siehe S. 173). Zu den Schätzen aus jener Zeit gehören auch das sogenannte **Taufbecken von Višeslav** (um 800), zu sehen im Museum der kroatischen archäologischen Denkmäler in Split (siehe S. 204), sowie mehrere **illustrierte Manuskripte**.

Tomislav von Kroatien

Der erste kroatische König, Tomislav, gilt als „Vater" der Nation. Tomislav war seit ca. 910 Fürst von Dalmatien. 925 vereinte er das Fürstentum mit Pannonien zum Königreich Kroatien. Sein Reich erstreckte sich bis zur heutigen Grenze zu Ungarn. Als König regierte er nur drei Jahre lang – bis zu seinem Tod 928. Doch in dieser kurzen Zeit baute er die Armee seiner jungen Nation auf, ein Heer aus etwa 100 000 Soldaten, und hatte das Oberkommando über 80 Schiffe in der Adria. Tomislav berief eine Synode in Split ein, um die Kirche in Kroatien zu reformieren, bestand aber noch auf Latein als Liturgiesprache. Über die Umstände oder den Ort seines Todes ist nichts bekannt.

übernahmen die West- und Ostgoten, zwei der größten Gotenstämme, vieles von ihren römischen Feinden, und nahe der Donau – in einer Region, die zum Ausgangspunkt für einen großangelegten Angriff auf Rom wurde – entwickelte sich eine romanisierte westgotische Kultur. Alarich I., König der Westgoten, führte seine „Barbaren"-Armee den ganzen Weg bis nach Rom und plünderte die einst so mächtige Stadt im Jahr 410. Im frühen 7. Jahrhundert überfielen die Awaren (ein weiterer nördlicher Stamm) Epidaurus, dessen Bewohner ein paar Kilometer weiter nördlich eine neue Stadt gründeten: Dubrovnik. Die Awaren brandschatzten auch Salona, deren Einwohner sich in den Diokletianspalast flüchteten. Die Stadt Split, die rund um den Palast wuchs, ist heute die zweitgrößte Kroatiens.

Die ersten Kroaten

Ab dem 6. Jahrhundert ließen sich Slawen in den Tälern von Donau und Sava nieder. Sie kamen aus einem Gebiet nördlich des Schwarzen Meeres, besiedelten die Dinarischen Alpen und erreichten im frühen 7. Jahrhundert die Adria. Im Jahr 626 lud der

Detail aus Andrea Michielis Ölgemälde „Eroberung von Zara durch die Kreuzfahrer im Jahr 1202"

Die Zrinski-Frankopan-Verschwörung

Petar Zrinski (1621–1671), Mitglied einer der bedeutendsten kroatischen Adelsfamilien, wurde 1665 Ban von Kroatien. Durch seine Heirat mit Katarina war Zrinski auch Schwager von Fran Krsto Frankopan (1643–1671), der einer kroatischen Familie mit viel Landbesitz angehörte. Alle drei waren versierte Dichter. Nach dem Vertrag, der als Frieden von Vasvár bekannt wurde (1644), gab Österreich den Osmanen große Gebiete zurück, die kroatischen und ungarischen Adligen gehörten – und die die kroatische Armee einst im Namen Österreichs in harten Kämpfen eben den Osmanen abgetrotzt hatten. Die beiden Schwager, die über dieses Vorgehen empört waren, wurden zum Epizentrum einer Verschwörung gegen die österreichische Herrschaft. Als ihre Pläne aufflogen, reisten sie nach Wien, um Kaiser Leopold I. um Vergebung zu bitten, wurden jedoch stattdessen im April 1671 in der Wiener Neustadt enthauptet. 1919 wurden ihre Gebeine nach Kroatien zurückgebracht und in Zagrebs Kathedrale beigesetzt.

byzantinische Kaiser Heraclius den slawischen Stamm der Weißen Kroaten ein, in die Region zu ziehen – unter der Bedingung, dass sie im Namen der Byzantiner die lästigen Awaren bekämpften. Nachdem ihnen dies gelungen war, ließen sie sich zwischen Adriaküste und der Drava (Drau) nieder, in einer Gegend, die ihren Namen tragen sollte: Kroatien. All dies klingt für einen detailgetreuen historischen Bericht ein bisschen zu perfekt, doch es gibt Belege für eine weitere Region namens „Weiß-Kroatien" nördlich der Karpaten im Süden Polens. Dies war wohl die ursprüngliche Heimat der Kroaten, wie verschiedene mittelalterliche Texte vermuten lassen, darunter eine Geschichte, die der Gelehrte Orosius im 9. Jahrhundert für Alfred den Großen von England verfasste.

Ende des 8. Jahrhunderts eroberte Karl der Große, Kaiser des Heiligen Römischen Reichs, sowohl das pannonische als auch das dalmatinische Kroatien. Ganz Dalmatien (außer einer oder zwei Städte) wurde 812 formell dem Frankenkönig übergeben, wenngleich Byzanz in der zweiten Hälfte des 9. Jahrhunderts die Herrschaft über Dalmatien wiedererlangen konnte. In dieser Zeit gingen mehrere kroatische Fürsten als mächtige Figuren in die Landesgeschichte ein, und im 10. und 11. Jahrhundert regierte die sogenannte Trpimirović-Dynastie über ein vereinigtes Kroatien (siehe S. 26f).

> **Ende des 8. Jahrhunderts eroberte Karl der Große ... sowohl das pannonische als auch das dalmatinische Kroatien.**

Wechselnde Herrschermächte

Kaptol, eine von zwei Siedlungen, die später die kroatische Hauptstadt Zagreb bildeten, wurde 1094 erstmals erwähnt, als der ungarische König Ladislaus es zum Bischofssitz erklärte (siehe S. 67f). Eine Kathedrale wurde gebaut, nur um im 13. Jahrhundert (mit fast der gesamten unbefestigten Stadt) von den Mongolen wieder zerstört zu werden. Der Nachbarort Gradec (heute Zagrebs Gornji Grad) wurde hingegen befestigt, und 1242 erklärte ihn der ungarische König Bela IV. zur freien Stadt. Bela selbst wurde von den Mongolen bis zur Adriaküste verfolgt, die sie plünderten, während Bela sich in Trogir verschanzte.

Ragusa (heute Dubrovniks Zentrum) stand zwar eigentlich unter byzantinischer Oberhoheit, wurde aber 990 unabhängiger Stadtstaat. Im 13. Jahrhundert war es gezwungen, sich einem zusehends mächtiger werdenden Venedig zu unterwerfen, was jedoch eine Reihe von Angriffen auf die Küstenstädte und mehrere Inseln zur Folge hatte. 1202 unterstützte es die Heere des berüchtigten Vierten Kreuzzugs bei der Plünderung Zadars.

Nach Belas Tod im Jahr 1270 fielen weitere Küstenorte in die Hand Venedigs. Ludovik I. konnte 1358 wieder die ungarische Herrschaft über Kroatien etablieren. Ragusa stimmte klugerweise zu, seinen neuen Herren jährlich Tribute zu zahlen, im Gegenzug wurde ihm fast vollständige Autonomie gewährt. Außerdem war die Stadt künftig sicher vor den Venezianern. Später bezahlten die pfiffigen Ragusaner Abgaben an die Osmanen, wofür sie den Freihandelsstatus erhielten. Dies läutete das Goldene Zeitalter für Ragusa ein: Die Stadt wurde durch Handel extrem reich und besaß große Territorien (siehe S. 248f). Nach Ludoviks Tod gelangte Kroatien in die Hände von Ladislaus von Neapel, der 1409 Dalmatien an die Venezianer verkaufte. Diese herrschten in der Folge 300 Jahre lang über die Region.

> **Im späten 16. Jahrhundert schwand mit der Niederlage in der Seeschlacht von Lepanto im Jahr 1571 ... das Glück der Osmanen.**

Osmanische Ära

Am 28. Juni 1389, dem Tag des hl. Veit, wurden die serbischen, kroatischen und bosnischen Truppen, die sich gegen den Feind zusammengeschlossen hatten, in der Schlacht auf dem Amselfeld vom osmanischen Sultan Murad I. geschlagen. Dieses Ereignis sollte im gesamten Balkanraum zur Bildung zahlreicher Legenden führen. 1453 folgte der Niedergang Konstantinopels, 1463 die Eroberung Bosniens, 1482 Herzegowinas, und 1493 wurde die letzte Zuflucht kroatischer Aristokratie in der Schlacht von Krbavsko Polje in Lika niedergeschlagen. 1526 besiegten die Osmanen in der Schlacht von Mohács die Ungarn, und 1529 belagerten sie die österreichische Hauptstadt Wien. Die Osmanen stellten für die nächsten 200 Jahre Südosteuropas politische wie militärische Ordnung auf den Kopf.

Im späten 16. Jahrhundert schwand mit der Niederlage in der Seeschlacht von Lepanto 1571 und dem Sieg der Kroaten in der Schlacht von Sisak 1593 das Glück der Osmanen. Österreich errichtete quer über den Norden Kroatiens eine militärische Grenze (Vojna Krajina), baute Festungen neu oder bestehende um (siehe S. 92f), besetzte sie mit Kroaten und besiedelte das Land hinter der Grenze mit Vlach-Roma aus Rumänien. Doch trotz ihrer Niederlage in der St.-Gotthard-Schlacht 1644 gewährte Österreich den Osmanen günstige Konditionen, und die Kroaten und Ungarn – die gehofft hatten, die Osmanen für immer aus ihren Ländern vertreiben zu können – waren zutiefst enttäuscht. Für die nachfolgende Verschwörung gegen Österreich stehen vor allem zwei Namen: Petar Zrinski und Fran Krsto Frankopan (siehe S. 29).

Inzwischen begannen die Uskoken, die durch den Vorstoß der Osmanen aus dem Balkan vertrieben worden waren, ihren eigenen Kampf. Sie überfielen in Piratenmanier – zunächst von der Festung Klis (bei Split), später (mit dem Segen Österreichs) von der Hafenstadt Senj an der Kvarner-Bucht aus – nicht nur osmanische, sondern auch venezianische Schiffe. Ihre Attacken führten jedoch zum offenen Krieg zwischen

Die turmbewehrte osmanische Festung (14. Jh.) in Senj an der Adriaküste

Venedig und Österreich. Nach dem Friedensschluss der beiden Länder 1617 wurden die Uskoken-Verbände aufgelöst und viele ihrer Anführer hingerichtet. Mit dem Vertrag von Karlovac bekam schließlich 1699 Österreich die osmanischen Territorien in Nordkroatien zurück.

Nationales Erwachen

Mit der Ankunft Napoleons 1797 war die Republik Venedig Geschichte und wurde im Frieden von Campo Formio ebenfalls Österreich zugesprochen. Doch kroatische Hoffnungen auf die Vereinigung von Dalmatien und Slawonien währten nur kurz, da die administrative Teilung aufrechterhalten wurde. Nach Napoleons Sieg über die österreichischen Truppen in Austerlitz 1805 wurde Dalmatien Teil von Napoleons illyrischen Provinzen (Slawonien ging an die Ungarn). Dubrovnik, nach der Verlegung der Schifffahrtsrouten durch den Verlust seiner Seehoheit geschwächt, war gezwungen, Napoleon um Hilfe zu bitten, um russische Blockaden zu durchbrechen. 1808 eroberte Napoleon die Republik Ragusa und nahm auch sie in seine Provinzen auf. Nach Napoleons Niederschlagung im Jahr 1814 ging Dalmatien im Zuge des Wiener Kongresses wieder an Österreich.

Das 19. Jahrhundert war für Kroatien eine Zeit des nationalen Erwachens. Die Illyrische Bewegung, eine Gruppe junger kroatischer Intellektueller, war eine direkte

Reaktion auf den wachsenden ungarischen Nationalismus und Folge jahrelanger Unterdrückung der kroatischen Sprache zugunsten des Deutschen und Ungarischen durch Kroatiens österreichische und ungarische Herren. In den 1830er-Jahren gewann die Bewegung mit der Veröffentlichung von Ljudevit Gajs Buch über kroatische Ortografie (siehe Kasten) an Einfluss, und 1834 erschien die erste Zeitung in kroatischer Sprache. Das Parlament sah sich veranlasst, Kroatisch als Schulfach einzuführen, wenngleich Ungarn vehement protestierte und 1843 das Wort „illyrisch" verbot.

1848 sandte Kroatien Truppen unter Ban Josip Jelačić (siehe S. 67) zur Unterstützung Österreichs, um einen ungarischen Aufstand niederzuschlagen – in der Hoffnung auf größere Autonomie und darauf, dass Kroatisch das Ungarische als offizielle Sprache ersetzen würde. Doch als die Revolte (mit russischer Hilfe) erfolgreich beendet war, führte Österreich strenge Gesetze für Ungarn wie Kroatien ein, Deutsch wurde zur offiziellen Sprache an Schulen, und die kroatische Flagge wurde verboten.

Josip Juraj Strossmayer, Bischof von Đakovo (siehe S. 111), vertrat die Forderung nach einem mit Serbien vereinten Kroatien unter österreichischer Herrschaft, während sich Ante Starčević mit seiner Partei des Rechts für ein gänzlich unabhängiges Kroatien einsetzte. Zur gleichen Zeit entstand der Wunsch nach eindeutig orthodoxer (serbischer) und katholischer (kroatischer) Identität, größtenteils geschürt durch die jeweiligen Kirchen.

Ljudevit Gaj

Der kroatische Schriftsteller Ljudevit Gaj (1809–1872) war die zentrale Figur der Kroatisch-Illyrischen Bewegung im 19. Jahrhundert, als die kroatische Sprache von Österreich geknebelt wurde. Sein Buch über kroatische Orthografie, *Kratka osnova horvatsko-slavenskog pravopisanja* („Kurze Begründung einer kroatisch-slawonischen Rechtschreibung", 1830 erschienen) legte den Grundstein für die moderne kroatische Schrift.

Die Weltkriege

In der Folge des Ersten Weltkriegs (1914–18) schien es, als würde Kroatien sein Territorium entsprechend dem Londoner Vertrag stückchenweise an Italien verlieren. Daraufhin vereinigte sich Kroatien mit Serbien zum Königreich der Serben, Kroaten und Slowenen, einer parlamentarischen Monarchie unter dem serbischen König Peter I., die später den Namen Königreich Jugoslawien erhielt. Doch die Machtzentrierung in Belgrad und die Schließung des kroatischen Parlaments verärgerten viele Kroaten. Oppositionsführer war Stjepan Radić von der Bauernpartei, der 1928 im serbischen Parlament erschossen wurde. Als Reaktion auf die Diktatur unter Peters Nachfolger Alexander I. entstand die ultranationalistische Ustaša-Bewegung, die für die Unabhängigkeit Kroatiens kämpfte. Als Alexander in Marseille ermordet wurde, war Ustaša-Anführer Ante Pavelić der Kopf der Verschwörung.

Im Zweiten Weltkrieg (1939–45) blieb Jugoslawien anfangs neutral, doch Prinzregent Pavle (der das Land an Stelle von Alexanders Nachfolger Petar regierte, da dieser bei Alexanders Tod erst elf Jahre alt gewesen war) wurde 1941 zum Anschluss an Hitlerdeutschland und Mussolinis Italien gezwungen. In einem Putsch wurde dieser Beschluss annulliert und der junge Petar an die Macht gebracht. In der Folge marschierten Deutschland und Italien in Jugoslawien ein und bombardierten Belgrad. In Kroatien kam mit Unterstützung von Hitler und Mussolini die Ustaša an die Macht und errichtete Konzentrationslager (das berüchtigtste in Jasenovac), in denen Serben,

Josip Broz Tito (Mitte) als Partisanenführer im Jahr 1943

Roma und Juden sowie als Gegner des faschistischen Regimes erachtete Kroaten systematisch ermordet wurden. Schätzungen bezüglich der Opferzahlen variieren beträchtlich, auf jeden Fall waren es viele Tausende. Innerhalb Kroatiens hatte die Ustaša wenig Anhänger, stattdessen viele erbitterte Gegner, nicht zuletzt in den Teilen Dalmatiens, die an Italien abgetreten worden waren.

Gegen die deutsche und italienische Besatzung regte sich Widerstand, zum einen vonseiten der Četniks (serbischer Royalisten unter Draže Mihailović), zum anderen durch kommunistische Partisanen (unter Josip „Broz" Tito, siehe S. 94). Die Četniks verübten mehrerere Massaker an Kroaten und kollaborierten zuweilen im Kampf gegen die Partisanen mit den Deutschen. Die Alliierten hatten die Četniks anfänglich unterstützt, doch ab 1943 galt ihr Beistand ausschließlich den Partisanen. Fitzroy Maclean überbrachte Tito diesen Beschluss des britischen Militärs.

> **Obwohl Jugoslawien ein kommunistischer Staat war, brach Tito 1948 mit der Sowjetunion, und seine Bürger genossen beachtliche Freiheiten.**

Nach dem Krieg, im November 1945, wurde die Föderative Volksrepublik Jugoslawien gegründet, mit Tito als Präsidenten. Sie bestand aus sechs Teilrepubliken (Serbien, Kroatien, Bosnien, Montenegro, Mazedonien und Slowenien) und zwei autonomen Provinzen in Serbien (Vojvodina mit großem ungarischen Bevölkerungsanteil und Kosovo, Heimat vieler Albaner). Obwohl Jugoslawien ein kommunistischer Staat war, brach Tito 1948 mit Stalins Sowjetunion, und seine Bürger genossen beachtliche Freiheiten. Jede Republik hatte eine eigene Verwaltung, und Titos Politik der „Brüderlichkeit und Einheit" erwies sich als erfolgreich. Die Unzufriedenheit, die dennoch aufkam, rührte daher, dass, nach Meinung der Kroaten, zu viele Serben im jugoslawischen Parlament und in hohen Positionen vertreten waren und das wohlhabende Kroatien viele Gelder zugunsten ärmerer Regionen abgeben musste. Die Verärgerung gipfelte 1971 in den Protesten des „Kroatischen Frühlings", die mehr Rechte für Kroaten forderten. Die Bewegung wurde unbarmherzig niedergeschlagen. Titos Jugoslawien war international hoch angesehen, und seinem Begräbnis wohnten viele ausländische Diplomaten, Würdenträger und Staatsoberhäupter bei.

Kroatienkrieg

Nach Titos Tod 1980 traten Probleme zutage, die er zu Lebzeiten in den Hintergrund gedrängt hatte, darunter nationalistische Bestrebungen sowohl der Serben als auch der Kroaten. Am 28. Juni 1989 – 600 Jahre nach der Niederlage serbischer und kroatischer Streitkräfte durch die Osmanen in der Schlacht auf dem Amselfeld – sprach

Einschusslöcher verunstalten noch immer das serbische Viertel von Vukovar in Ost-Kroatien

Serbiens Präsident Slobodan Milošević im Kosovo vor einer Million Anhänger. Im April 1990, vor dem Hintergrund des Zusammenbruchs des Kommunismus in Osteuropa und einer schwachen Sowjetunion, wurden in Kroatien Franjo Tuđman und die HDZ mit 40 Prozent an die Macht gewählt. Provoziert durch eine von Belgrad ausgehende Medienkampagne, die die Wiedergeburt der Ustaša verkündete, und die Massenentlassung von Serben aus öffentlichen Ämtern durch die HDZ forderten Kroatiens Serben in der Krajina (der Gegend um Knin) und im Osten Slawoniens die Unabhängigkeit. Sie wurden von der JNA (Jugoslawische Volkspartei) unterstützt, und im März 1991 besetzten Serben die Zentrale des Nationalparks Plitvicer Seen (siehe S. 228f). Die Schießerei mit der kroatischen Polizei forderte auf beiden Seiten die ersten Opfer im Kroatienkrieg.

Im Mai 1991, nach dem Tod von zwölf kroatischen Polizisten im Dorf Borovo Selo in Slawonien und gleichzeitig mit Sloweniens Vorbereitungen zur Unabhängigkeitserklärung, fand in Kroatien eine Volksbefragung statt, bei der ca. 94 Prozent für Kroatiens Abspaltung von Jugoslawien stimmten. Die Unabhängigkeit sowohl Kroatiens als auch Sloweniens wurde am 25. Juni 1991 erklärt. Die Krajina-Serben reagierten mit der Ausrufung eines eigenständigen serbischen Staats, der Republika Srpska Krajina, RSK, mit Knin als Hauptstadt.

1992 führten Vermittlungen der Vereinten Nationen zum Waffenstillstand und zum Einsatz einer UN-Schutztruppe.

1991 marschierte die JNA in Kroatien und Serbien ein. Aus Serbien wurde sie innerhalb weniger Tage vertrieben, doch in Kroatien konnte sie innerhalb eines Vierteljahres etwa ein Drittel der Landesfläche einnehmen. Ende 1991 waren Tausende von Kroaten getötet und über eine halbe Million vertrieben worden. In Slawonien war Vukovar belagert und rücksichtslos bombardiert worden (siehe S. 119), und als die JNA im November die zerstörte Stadt betrat, tötete sie zusätzlich viele der Überlebenden. In der Zwischenzeit hatten die JNA und montenegrinische Milizen auch Dubrovnik (siehe S. 247) besetzt, was weltweites Medieninteresse auf sich zog.

1992 führten Vermittlungen der Vereinten Nationen unter Cyrus Vance zum Waffenstillstand und Einsatz einer UN-Schutztruppe. Die JNA musste sich zurückziehen, wollte aber die Vorkriegsgrenzen nicht akzeptieren und tat auch nichts, um den nachfolgenden Krieg in Bosnien zu verhindern. Im Januar 1992 erkannte die Europäische Union Kroatiens Unabhängigkeit an, das im Mai desselben Jahres UN-Mitglied wurde.

Innerhalb von zwei Jahren übernahm Kroatien einige der 1991 verlorenen Gebiete wieder, und 1995 unternahm es Feldzüge, um Slawonien und die Krajina zurückzugewinnen. Die RSK reagierte mit der Bombardierung Zagrebs. Aufgrund von Belgrader Medienberichten und Angriffen auf Zivilisten flohen ca. 200 000 Serben, deren Wurzeln in dieser Region jahrhundertealt waren. Im Dezember 1995 wurde das Abkommen von Dayton unterzeichnet, das Kroatiens Staatsgrenzen anerkannte.

Nach Tuđmans Tod Ende 1999 wurde die SDP zur Regierungspartei gewählt, mit Stipe Mesić als Staatspräsident und Ivica Račan als Ministerpräsident. 2003 kam die HDZ wieder an die Macht und stellte den Ministerpräsidenten Ivo Sanader. Unter ihm wurden mehrere kroatische Generäle ausgeliefert und wegen Kriegsverbrechen vor ein internationales Gericht gestellt. 2009 kam die erste Frau auf Kroatiens Ministerpräsidentenposten: Jadranka Kosor, die ihr Land zum Vollmitglied der EU machen will. ■

Kunst & Kultur

Kroatien weist ein vielfältiges künstlerisches, literarisches und kulturelles Vermächtnis auf. Dies spiegelt auch die Anzahl der Unesco-Welterbestätten wider, die für ein Land dieser Größe beachtlich ist.

Architektur

In Kroatien findet man einige herausragende Bauwerke, die die Jahrhunderte von römischer Zeit bis zur Wiener Sezession im späten 19. Jahrhundert überspannen. Die Römer waren große Bauherren, und davon konnte Kroatien, das jahrhundertelang unter ihrer Herrschaft stand und aus dem einer ihrer Kaiser stammte, durchaus profitieren. Einige der schönsten römischen Monumente, zumeist errichtet aus einheimischem Kalkstein, sind das Amphitheater in Pula (das sechstgrößte der Welt und unglaublich gut erhalten) aus dem 1. Jahrhundert n. Chr., der 14 n. Chr. fertiggestellte Tempel des Augustus, ebenfalls in Pula, und der Palast des Diokletian in Split, der 305 vollendet wurde und aus Steinen der Insel Brač besteht (der gleiche Stein wurde beim Bau des Weißen Hauses verwendet).

Während diese Stätten gut erhalten sind, trifft dies auf andere, die von Erdbeben zerstört oder wegen ihrer Steine geplündert wurden, weniger zu. Große Teile des Amphitheaters in Salona wurden beispielsweise für die Errichtung venezianischer Gebäude abgetragen, und der Sockel des Kathedralen-Glockenturms in Pula besteht größtenteils aus den Sitzrängen des Amphitheaters. Doch sogar Stätten, wo außer Fundamenten nichts mehr steht, bieten oftmals faszinierende Einblicke in die Organisation römischer Städte, sei es bezüglich der Olivenöl-Herstellung, sei es hinsichtlich der Prachtentfaltung einstiger Paläste. Das berühmteste byzantinische Bauwerk in Kroatien ist zweifellos die Euphrasius-Basilika in Poreč mit herrlichen Mosaiken aus dem 6. Jahrhundert, die den Vergleich mit jenen in Ravenna und in Istanbuls Hagia Sophia nicht scheuen müssen.

> ## Unesco-Welterbestätten
>
> **Die folgenden sieben Stätten in Kroatien stehen bereits auf der Unesco-Welterbeliste, weitere dafür vorgeschlagen.**
> - Euphrasius-Basilika in Poreč (S. 135)
> - Historisches Zentrum von Trogir (S. 205ff)
> - Diokletianspalast in Split (S. 98f)
> - Kathedrale St. Jakob in Šibenik (S. 189)
> - Stari-Grad-Ebene auf der Insel Hvar (S. 220)
> - Nationalpark Plitvicer Seen (S. 28ff)
> - Altstadt von Dubrovnik (S. 241)

Auch einige Kirchen aus dem frühen Mittelalter (vorromanisch) sind in Kroatien zu bewundern, meist kleine basilikale Bauwerke nach byzantinischem Vorbild. Dazu gehören die Heiligkreuzkirche (Sv. Križ, 9. Jh.) in Nin und die winzige Kapelle St. Maria Formosa (Sv. Marija Formosa, 6. Jh) in Pula, einziger Überrest eines viel größeren byzantinischen Bauwerks. Etwas ungewöhnlicher ist die hohe, runde Kirche St. Donatus (Sv. Donat) in Zadar, die aus dem 9. Jahrhundert stammt.

Für viele ist Kroatiens romanische Architektur gleichbedeutend mit filigranen Steinmetzarbeiten und hohen, eleganten Glockentürmen, die einen großen Teil

Das hell erleuchtete Kroatische Nationaltheater in Zagreb

Löwen bewachen den Eingang der Jakobskathedrale in Šibeniks historischer Altstadt

typisch kroatischer Architektur an der Küste und auf den Insel bilden. Der Inbegriff romanischer Bauweise ist die Stadt Rab mit ihren vier Glockentürmen (von denen jedoch nur drei romanisch sind). Weitere Highlights dieser Epoche sind der wunderbare Kreuzgang des Franziskanerklosters in Dubrovnik, dessen schlanke Doppelsäulen individuell gestaltete Kapitele krönen, sowie das prächtige Portal der Kathedrale in Trogir aus dem 13. Jahrhundert.

Kroatien besitzt einige wunderbar erhaltene Barockensembles, etwa Varaždins Altstadt und Osijeks Tvrđava sowie ... Karlovac.

Das imposanteste Beispiel für kroatische Renaissance-Architektur ist die Kathedrale St. Jakob (Sv. Jakov) in Šibenik, ein herausragendes Bauwerk, das im 15. und 16. Jahrhundert vollständig aus Naturstein – ganz ohne Verwendung von Ziegel – errichtet wurde. Die östliche Mauer ist mit einem Fries aus 74 sorgfältig gemeißelten Porträtköpfen verziert, deren Mimik jeweils überaus realistisch dargestellt ist.

Ein paar der Architekten und Bildhauer, die für diese Gebäude verantwortlich zeichneten, waren im ganzen Land tätig. Juraj Dalmatinac aus Zadar etwa, der die Kathedrale in Šibenik erbaute, arbeitete auch an Bauwerken in Split, Dubrovnik und

Pag, während Nikola Firentinac, der ebenfalls mit der Šibenik-Kathedrale zu Ruhm gelangte, auch an der prächtigen Ursini-Kapelle in Trogirs Kathedrale beteiligt war. Andere wurden nur durch jeweils ein Meisterwerk bekannt, das teilweise noch heute besteht, so Radovan aus Trogir (13. Jh.), der das atemberaubende Portal der dortigen Kathedrale schuf.

Typisch für die Städte an der Küste und auf den Inseln sind auch venezianische Paläste im Stil der Gotik oder Renaissance, deren Fassaden nach wie vor viele Plätze zieren, darunter der Čipiko-Palast in Trogir und der Hektorović-Palast in Hvar.

Viele Kirchen in Kroatien wurden – wie andernorts auch – im Lauf der Jahrhunderte mehrmals neu errichtet oder umgebaut, doch selbst einige der zigmal neu gestalteten Bauwerke weisen noch Elemente des Vorgängerbaus auf, z. B. eine Mauer oder Säulen. So besitzt Rabs Marienkathedrale (Sv. Marija) aus dem 12. Jahrhundert ein Ziborium mit drei Säulen aus dem 9. und 10. Jahrhundert, und die Donatuskirche (Sv. Donat) in Zadar enthält römisches Mauerwerk, darunter zwei Tempelaltäre, die in den Wänden verbaut sind.

Kroatien besitzt zudem eindrucksvolle mittelalterliche Festungen, von Einzelbauten (Nehaj-Turm in Senj) bis hin zu ganzen Städten (Dubrovnik) und Anlagen, bestehend aus mehreren Kastellen und Mauern (Ston auf der Halbinsel Pelješac). Im Lauf der Jahrhunderte wurde Kroatien von mehreren Plünderungen (etwa von den Venezianern, Mongolen und Osmanen) heimgesucht, in deren Folge man die Städte befestigte. Später zog Österreich über den Norden und die Mitte des Landes eine Militärgrenze, um das Land vor den Osmanen zu schützen, und befestigte Städte und Burgen.

Kroatien besitzt einige wunderbar erhaltene Barockensembles, etwa Varaždins Altstadt und Osijeks Tvrđava (Festung), den Hauptplatz in Samobor und das kaum bekannte Karlovac. Eine der schönsten Barockkirchen Kroatiens ist St. Katharina (Sv. Katarina) in Zagrebs Gornji Grad (Oberstadt).

In Zagreb findet man auch herausragende Bauten im Sezessionsstil. Ihr typisches 19. Jahrhundert-Flair verdankt die Stadt der Tatsache, dass ein Erdbeben 1880 viele Gebäude zerstörte und im Zuge des ambitionierten Wiederaufbauprogramms große Teile der Innenstadt in die elegante Stadt von heute verwandelt wurden.

Schöne traditionelle Holzbauten sind in den Dörfern des Nationalparks Lonjsko Polje (wo viele Häuser über 200 Jahre alt sind) zu sehen, einige alte Holzkirchen (siehe Kasten) finden sich in der Region Turopolje.

Die Holzkirchen von Turopolje

In der Region Turopolje südöstlich von Zagreb gibt es mehrere beachtliche Holzkirchen, von denen die meisten kaum ein Kroatien-Urlauber je gesehen hat. Die 13 Kirchen stehen in Dörfern, die zum Teil in den Landkarten gar nicht verzeichnet sind, weshalb man sich Informationen und detailliertere Karten beim Zagreber Fremdenverkehrsamt (www.tzzz.hr) besorgen sollte. Die ältesten Kirchen wurden Mitte des 17. Jahrhunderts errichtet, andere im 18., 19. oder sogar im 20. Jahrhundert. Die interessantesten sind die **Kapelle des Heiligen Georg** in Lijevi Štefanki (1677 erbaut, aber erst 1704 an ihren jetzigen Standort verbracht) und die **Kapelle Johannes des Täufers** in Buševec (spätes 17. Jh.), am leichtesten zu finden ist jedoch die **Kapelle des verwundeten Jesus** in der Nähe von Zagrebs Flughafen. Viele der Kirchen sind zugesperrt – fragen Sie beim Fremdenverkehrsamt nach, wer den Schlüssel hat.

Kunst

Kroatiens einziger bedeutender archäologischer Fund aus der Bronzezeit ist die sogenannte Vučedol-Taube (vermutlich eher ein Rebhuhn), eine Tonfigur mit drei Beinen aus der Vučedol-Kultur, die vor ca. 4500 Jahren in Ost-Slawonien aufblühte.

Zu den römischen Kunstwerken gehören der fein gearbeitete Bronzekopf einer jungen Frau aus Salona, vermutlich aus dem 2. Jahrhundert, und ein paar hübsche Mosaike wie etwa die Darstellung der Bestrafung der Dirke auf dem Boden einer Villa in Pula (3. Jh.), die man nach der Bombardierung im Zweiten Weltkrieg entdeckte. Die schönsten Mosaike sind jedoch jene aus dem 6. Jahrhundert in der Euphrasius-Basilika in Poreč.

Auch wunderbare Steinmetzarbeiten aus dem Mittelalter sind erhalten, viele davon sind mit verflochtenen Mustern und Figuren verziert, die von byzantinischer Kunst beeinflusst sind, wie etwa das Taufbecken von Višeslav und eine herrlich gemeißelte Steintafel in der Kirche St. Dominica (11. Jh.) in Zadar.

Sammlungen glagolitischer Messbücher besitzen die National- und Universitätsbibliothek in Zagreb und die Bibliothek des Dominikanerklosters in Dubrovnik. Das berühmteste ist das „Misal po Zakonu Rimskog Dvora", das älteste gedruckte Messbuch in glagolitischer Schrift. Es entstand 1483, nur 28 Jahre nach der Gutenberg-Bibel. Es gibt noch elf Exemplare, darunter eines in Zagrebs National- und Universitätsbibliothek und eines in der Kongressbibliothek in Washington, D.C. In glagolitischer Schrift sind auch das Berliner Messbuch von 1402, heute in der Staatsbibliothek in Berlin, und das Roč-Messbuch aus dem 15. Jahrhundert, heute in der österreichischen Nationalbibliothek in Wien. Unter Kroatiens Renaissance-Malern zu erwähnen sind Blaž Jurjev Trogiranin (ca. 1412–1448) mit Werken in Trogirs Stadtmuseum (siehe S. 205ff) und Juraj Julije Klović (1498–1578) alias Giorgio Giulio Clovio, der in Italien tätig war und das „Farnese-Stundenbuch" (1546) sowie ein Porträt von El Greco schuf. In Istrien existierte im 14. und 15. Jahrhundert eine hoch geachtete Freskenschule. Das bekannteste Fresko aus jener Zeit ist der monumentale „Totentanz" (1474) in der Kirche Maria im Fels in Beram bei Pazin. Es ist das Werk eines gewissen Vincent aus Kastav.

Die Moderne Galerie in Zagreb (siehe S. 77) hat die beste Sammlung kroatischer

Ein riesiges, mit naiver Malerei verziertes Osterei ist in Zagreb zu sehen

Schule der Naiven Kunst von Hlebine

Die Hlebine-Schule wurde in den 1930er-Jahren im slawonischen Dorf Hlebine gegründet, gefördert vom Maler Krsto Hegedušić (1901–1975), der in Zagreb studiert hatte. Der erste prominente Künstler dieser Schule war Ivan Generalić (1914–1992), später erlangten auch Franjo Mraz (1910–1981), Mirko Virius (1889–1943) und andere Berühmtheit. Die Themen ihrer Bilder reichen vom bäuerlichen Leben und poetischen Realismus bis zu biblischen Szenen und psychologischen Porträts. Außer Hegedušić hatte keiner der Hlebine-Maler eine künstlerische Ausbildung, doch einige erlangten internationale Anerkennung.

Werke aus dem 19. und 20. Jahrhundert aufzuweisen. Moderne Skulpturen gibt es im ganzen Land zu sehen, herausragende Werke der berühmtesten Bildhauer Kroatiens stehen in zahlreichen Städten (allen voran Zagreb, wo man eine ganze Stadtbesichtigung unter das Motto „Skulpturen" stellen könnte, siehe S. 62). Zu den bedeutendsten kroatischen Bildhauern gehören Ivan Meštrović (1883–1962), einer der führenden Künstler des Landes im 20. Jahrhundert, dessen Kolossalstatue von Grgur Ninski sich hinter Splits Diokletianspalast erhebt, und Ivan Kožarić (geboren 1921), dessen Skulptur des Dichters Antun Gustav Matoš auf einer Bank in Zagrebs Altstadt sitzt – dies ist einer der beliebtesten Plätze der Hauptstadt (siehe S. 42).

Kroatien hat sehr schöne traditionelle Volkskunst zu bieten, etwa die komplizierten, handgearbeiteten Spitzenwaren von der Insel Pag (siehe S. 179) oder die naive Malerei, die in Hlebine entstand und in Zagrebs Museum für Naive Kunst (siehe Kasten) ausgestellt ist. 2009 wurden an einigen Plätzen in Zagreb (darunter der Markusplatz in Gornji Grad und der Jelačić-Platz in der Unterstadt) große im naiven Stil bemalte Ostereier aufgestellt, die auch durch mehrere Städte im In- und Ausland tourten.

Eine Sammlung glagolitischer Messbücher besitzt die National- und Universitätsbibliothek in Zagreb.

Literatur

Kroatiens literarische Tradition reicht bis in die Renaissance zurück, und seinen Schriftstellern und Dichtern begegnet die ganze Nation mit Stolz und Hochachtung. Überall im Land gedenkt man Literaten und Literatinnen mit Statuen, die an ihre großen Leistungen erinnern sollen.

Der bekannteste Schriftsteller aus der Zeit der Renaissance war Marko Marulić (1450–1524), der in Split als Sohn einer Adelsfamilie zur Welt kam und häufig als Vater der kroatischen Renaissance-Literatur bezeichnet wird. Sein bekanntestes Werk ist das Versepos „Judita" („Judith"), das 1521 veröffentlicht wurde. Der Roman „Planine" („Der Berg"), 1569 erschienen und von Petar Zoranić (1508–1543) verfasst, einem weiteren Renaissance-Literaten, gilt als erster Roman Kroatiens. Zoranić durchtränkt darin die Velebit-Berge nahe seiner Heimatstadt Zadar mit Mythos und Historie in der Tradition Ovids. Marin Držić (1508–1567), ein Renaissance-Bühnenautor aus Ragusa (der Republik Dubrovnik), wird zuweilen „Shakespeare Kroatiens" genannt. Sein bekanntestes Werk ist die Komödie „Dundo

Maroje" (1551). Sein Haus in Dubrovnik ist heute ein ihm gewidmetes Museum. Kroatiens berühmtester Barockdichter war Ivan Gundulić (1588–1638) ebenfalls aus Ragusa. Sein bekanntestes Werk ist das Epos „Osman".

Ivan Mažuranić (1814–1890), Dichter, Sprachgelehrter und Politiker, war eine zentrale Figur der Illyrischen Bewegung (siehe S. 31). Sein einflussreiches deutsch-illyrisches Wörterbuch kam 1842 heraus, sein beliebtestes Werk ist jedoch das Epos „Der Tod des Smail-Aga", das den Überfall von Montenegrinern auf einen muslimischen Tyrannen beschreibt, der gerade Steuern eintreibt. Mažuranić war Mitglied der Volkspartei und von 1873 bis 1880 Ban von Kroatien. Petar Preradović (1818–1872), Poet und Offizier in der österreichischen Armee, war ebenfalls von der Illyrischen Bewegung beeinflusst.

Der Dichter und Romanautor August Šenoa (1838–1881), dessen Statue an der Ecke der Stara Vlaška in Zagreb steht, war Jurist und zur Zeit des großen Erdbebens von 1880 Senator seiner Heimatstadt Zagreb. Sein bekanntestes Werk ist der Roman „Zlatarevo Zlato" („Das Gold des Goldschmieds"), der in der Gegend beim Kamenita Vrata, einem der alten Stadttore von Zagrebs Gornji Grad (siehe S. 60), spielt. Neben dem Tor steht eine Statue von Dora, einer der Romanfiguren.

Die Statue des Dichters Antun Gustav Matoš in Gornji Grad, Zagrebs historischem Zentrum

ERLEBNIS: Sprachkurse

Ein Kroatischkurs im Land ist ein hervorragender Grund für einen längeren Aufenthalt. Sie verbessern dadurch nicht nur Ihre Sprachkenntnisse, sondern lernen auch einen Landesteil besser kennen, als wenn Sie auf dem Weg zum nächsten Ziel lediglich durchfahren. Zudem haben Sie die Möglichkeit, das Erlernte gleich praktisch anzuwenden, wenn Sie etwa einkaufen und essen gehen oder mit öffentlichen Verkehrsmitteln fahren. Und Sie kommen mit Einheimischen in Kontakt (vor allem, wenn Sie nicht in die Falle tappen, nur mit den anderen Kursteilnehmern unterwegs zu sein).

Sprachschulen für Ausländer gibt es in Zagreb und vielen anderen Orten. Anerkannte Schulen sind z. B. **Lingua Grupa** (*www.linguagrupa.hr*), **Vodnikova** (*www. vodnikova.hr*), **Berlitz** (*www.berlitz.hr*) und **Croaticum** (*croaticum.ffzg.hr*), die renommierte Sprachschule an der Universität Zagreb. In der **Deutschen Botschaft** (*www.zagreb.diplo.de*) in Zagreb können Sie fragen, welche Sprachschule sich für Deutschsprachige anbietet.

Antun Gustav Matoš (1873–1914), Poet, Kritiker, Journalist und Verfasser von Kurzgeschichten und Reiseberichten, war eine der zentralen Figuren des Modernismus in Kroatien und ist nach wie vor einer der populärsten Literaten des Landes. Eine Statue von Matoš sitzt am Rand von Zagrebs Oberstadt auf einer Bank und sinniert hier, an einem seiner Lieblingsplätze, über die Stadt unter ihm.

Vladimir Nazor (1876–1949), Dichter und Politiker, kämpfte Seite an Seite mit den Partisanen im Zweiten Weltkrieg und war der erste Präsident Kroatiens unter Tito. Sein bekanntestes Werk ist „Pastir Loda" („Der Hirte Loda"), das von seiner Heimatinsel Brač erzählt. Ein weiterer einflussreicher Poet des frühen 20. Jahrhunderts war Tin Ujević (1891–1955), und Miroslav Krleža (1893–1981) gilt vielen wegen seiner komplexen, originellen Sprache als größter kroatischer Schriftsteller des 20. Jahrhunderts. Einige seiner Werke gibt es auch in deutscher Übersetzung, darunter „Banket u Blitvi" („Bankett in Blitva") und „Na Rubu Pameti" („Ohne mich. Eine einsame Revolution"). Sein Haus in Zagreb dient heute als Krleža-Museum (siehe S. 72).

Kroatisches Kino vom Feinsten präsentieren die Filmfestivals in Pula und Motovun in Istrien und jenes in Zagreb.

Film

Die Geschichte des kroatischen Films begann mit Propagandastreifen für die Ustaša während des Zweiten Weltkriegs. Anfang der 1960er-Jahre hatte Kroatien beträchtlichen Anteil an der jugoslawischen Filmindustrie erlangt. Einige neuere Kinohits sind „Ta Divna Splitska Noć" („Eine wundervolle Nacht in Split", 2004) vom Regisseur Arsen Anton Ostojić, „Put Lubenica" („Die Balkanstraße", 2006) von Branko Schmidt und „Armin" (2007) von Ognjen Sviličić. In Kroatien, vor allem in Zagrebs Animationsschule, werden auch animierte Filme produziert. Ein ehemaliger Schüler, der Montenegriner Dušan Vukotić, gewann für „Surogat" 1963 – als erster Nicht-Amerikaner – einen Oscar. Kroatisches Kino vom Feinsten präsentieren die Filmfestivals in Pula und Motovun in Istrien (siehe S. 132f) und jenes in Zagreb. ∎

Natur & Landschaft

Kroatien ist gerade einmal 56 594 Quadratkilometer groß und damit kleiner als z. B. Bayern. Es erstreckt sich entlang der nordöstlichen Adriaküste, im Landesinneren reicht es bis zur Donau. An Kroatien grenzen im Norden Slowenien und Ungarn, im Osten Serbien sowie Bosnien und Herzegowina und im Süden Montenegro.

Kroatien lässt sich in die sechs Regionen Nordkroatien – mit der Hauptstadt Zagreb –, Slawonien, Kvarner Bucht, Istrien, Lika und Dalmatien einteilen. Slawonien erstreckt sich im Nordosten bis zur Donau und wird im Norden von der Drava (Drau), im Süden von der Sava begrenzt. Die Kvarner Bucht liegt an der Nordküste und wird von einigen großen Inseln gesäumt. Istrien ist eine keilförmige Halbinsel am nördlichen Ende der Adria. Lika befindet sich jenseits der parallel zur Küste verlaufenden Bergkette. Dalmatien schließlich bildet den südlichsten Teil des Landes und besteht aus einem zerfurchten Küstenabschnitt und einem schmalen – zum Teil sehr schmalen – Hinterland zwischen Küstenbergen und der bosnischen Grenze.

Kroatiens Küste ist die wichtigste Urlaubsgegend des Landes. Im Sommer tobt hier das Leben, und doch mutet sie noch erstaunlich ursprünglich an – ein Gebiet mit malerischen Inseln, zauberhaften alten Städten, wunderbarer Architektur und kristallklarem Meer. Die kroatische Inselwelt umfasst ca. 1200 Inseln und Riffe – die Zahl hängt immer davon ab, wer zählt. Es gibt große Inseln wie Cres und Krk (mit jeweils ca. 405 Quadratkilometern) und winzige, verstreute Inselchen wie jene der Inselgruppe der Kornaten und des Lastovo-Archipels. Zusammen sorgen sie dafür, dass Kroatiens stark zerklüftete Küste eine Länge von über 5500 Kilometern aufweist. Die Inseln sind zumeist langgestreckt und liegen parallel zur Küste. Die meisten Strände sind felsig, manche bestehen auch aus Kieselsteinen, aber nur eine Handvoll kann als Sandstrände bezeichnet werden – zwei dieser wenigen findet man auf der Halbinsel Lopar im Nordosten der Insel Rab und in Sunj auf der Insel Lopud.

Die Küste und viele Inseln hatten unter der jahrhundertelangen massiven Abholzung zu leiden. Vor allem die Republik Venedig versorgte sich in Dalmatien mit Bauholz für ihre Flotte. Doch bereits im 13. Jahrhundert schränkte die Republik Dubrovnik den Verkauf von Holz an fremde Mächte ein. Abholzung und Überweidung führten zu ausgeprägter Bodenerosion, die besonders auf den Inseln im Norden wie Goli Otok (wörtlich „Nackte Insel") und Pag zu erkennen ist.

Außergewöhnliche Naturdenkmäler

- Die Seen und Wasserfälle im Nationalpark Plitvicer Seen
- Die Kalksteinfelsen Rožanski Kukovi im Nationalpark Nördlicher Velebit
- Die Schlucht des Flusses Krka im Krka-Nationalpark in Dalmatien
- Die Feuchtgebiete des Naturparks Kopački Rit
- Die Meeresklippen und Inselchen des Kornati-Nationalparks

Wanderer an der zerklüfteten Küste der Insel Mljet

Auf Plankenwegen kommt man trockenen Fußes durch den Nationalpark Plitvicer Seen

Ein Gebirgszug (Teil der Dinarischen Alpen) verläuft parallel zur Küste und trennt diese vom Binnenland. Mit wenigen Ausnahmen – wie die Flüsse Krka und Cetina, die sich in spektakulären Schluchten durch die Berge graben und in die Adria münden – gibt es in Kroatiens Küstenregion keine Flussläufe. Die Dinarischen Alpen, die beste Wanderregion in Kroatien, beherbergen mehrere National- und Naturparks. Die Berge präsentieren sich mit unterschiedlichen Karstlandschaften, kegelförmige Täler wechseln sich mit tiefen Höhlen und unterirdischen Flusssystemen ab. Oberirdische Wasserläufe sind spärlich gesät, und Flüsse verschwinden oftmals plötzlich im Boden, um später in ihrem Lauf wieder aufzutauchen oder sich als Untersee-Quellen in die Adria zu ergießen. Breite, flache Täler, *polje*, sind die einzigen Gebiete, die sich für die Landwirtschaft eignen.

Höhlen, Seen & Wasserfälle

In Kroatien gibt es besonders tiefe Höhlen und Dolinen. Lukina Jama (siehe S. 180f) im Nördlichen Velebit ist mit 1392 Metern eine der zehn tiefsten Dolinen der Welt. Die Patkov-Grotte in der Nähe fällt an einer Stelle über 553 Meter tief ab und ist damit sogar die weltweit zweittiefste.

Im dalmatinischen Hinterland bilden die Plitvicer Seen (siehe S. 229) mit ihren Wasserfällen eine der faszinierendsten Landschaften Kroatiens. Die Travertin-Barrieren, über die die Wasserfälle herabstürzen, wurden durch die jahrtausende währende Ablagerung von Kalziumkarbonat (Kalk) auf Moosen und Algen gebildet.

Slawonien hingegen ist eine ausgedehnte Ebene, die nur durch eine einzige Hügelkette (Papuk) durchbrochen wird, die sich etwa in der Mitte erhebt. Am Zusammenfluss von Drava (Drau) und Donau breiten sich Feuchtgebiete (Kopački Rit; siehe S. 114f) aus, die zusammen mit jenen der Sava (Lonjsko Polje; siehe S. 105) Lebensraum für Watvögel und einen wichtigen Zwischenstopp vieler Zugvögel bilden. Slawonien ist ein sehr fruchtbarer Landstrich, wenngleich noch manche Gegenden des ansonsten landwirtschaftlich genutzten Terrains brachliegen, weil hier noch die Minen des Kroatienkriegs geräumt werden müssen.

Die Dinarischen Alpen, die beste Wanderregion in Kroatien, beherbergen mehrere National- und Naturparks.

Kroatiens Wetter spiegelt die jeweilige geografische Lage wider – an der Küste und auf den Inseln herrscht mediterranes Klima, im Landesinneren sind die Wetterverhältnisse extremer. An der Küste sind die Sommer heiß und trocken, die durchschnittliche Tagestemperatur beträgt ca. 30° Celsius, klettert aber häufig höher. Die Winter sind relativ mild, dann fällt allerdings der meiste Regen im Jahresverlauf. Im Landesinnern erreichen die Temperaturen im Schnitt 27° Celsius im Sommer, im Winter fällt die Quecksilbersäule viel tiefer als an der Küste, meist liegen die Temperaturen um den Gefrierpunkt oder etwas darunter. In den Bergen werden im Winter bis zu minus 24° Celsius erreicht, meist ist es um die minus 10° Celsius kalt. Viel Schnee fällt im Binnenland und in den Bergen, wo er monatelang liegen bleiben kann. Der kräftige Nordostwind *bura* bläst häufig über die Berge in

Wandern in Kroatien

In Kroatien gibt es viele Möglichkeiten zum Wandern, von einfachen Spaziergängen auf den Inseln bis zu anstrengenden Bergtouren. Die Wege sind gut ausgeschildert, und in zahlreichen Berghütten findet man Übernachtungsmöglichkeiten und Tipps. Mit detaillierten Wanderkarten findet man sich gut zurecht *(www.smand.hr)*. Wildes Campen ist in Nationalparks und anderen Gegenden verboten (auch an der Küste). Für lange Wanderungen eignet sich der Velebit (siehe S. 180f) am besten. Von den Waldwegen hier überblickt man spektakuläre Kalksteinformationen und Berggipfel.

Robustes Schuhwerk ist für Bergwanderungen ein Muss, ebenso warme, wasserfeste Kleidung – egal, wie mild es gerade an der Küste ist, in den Bergen kann sich das Wetter schnell ändern. Die wenigen Quellen liegen weit auseinander, und Bäche sind so gut wie nicht vorhanden, weshalb man genügend Wasser mitnehmen muss. Die besten Jahreszeiten fürs Wandern sind Frühling und Herbst – im Hochsommer ist es, vor allem an der Küste, häufig zu heiß. Informationen über Wanderungen und andere Outdoor-Aktivitäten in Kroatien finden Sie auf *www.croatia.hr*.

Richtung Adria und kann sich bis zu Sturmstärke steigern. Der Südwind *jugo* ist viel milder, bringt jedoch häufig Wolken an die Küste und in die Berge. Der *maestral* ist eine frische Meeresbrise.

Wildlebende Säugetiere

In Kroatiens vielfältigen Landschaften finden die unterschiedlichsten Tiere und Pflanzen eine Heimat. Alle drei großen europäischen Landraubtiere leben hier: Braunbär, Grauwolf und Eurasischer Luchs. Ihre Anzahl ist jedoch sehr gering, und man bekommt sie nur selten zu sehen, vor allem den Luchs. Bären dürfen noch immer gejagt werden – wenn man sie findet –, und obwohl Wölfe geschützt sind, geht die Hälfte der Todesfälle von Wölfen auf das Konto von Wilderern. Säugetiere, die man häufiger sieht, sind z. B. Hirsch und Reh, Gämse, Mufflon (ein wilder Vetter des Hausschafs), Marder und Siebenschläfer.

Vögel, Reptilien & Amphibien

Etwa 370 Vogelarten, darunter viele seltene, wurden in Kroatien gezählt. In jeder Region gibt es gute Möglichkeiten für Vogelbeobachter. Gänsegeier nisten in den Klippen von Cres, zahlreiche Weißstörche im Feuchtgebiet Lonjsko Polje und auch in den übrigen Landesteilen. An der Küste und auf den Inseln kann man Kormorane,

ERLEBNIS: Tiere beobachten

In Kroatien gibt es viele Plätze, an denen man wildlebende Tiere erspähen kann. Für die Vogelbeobachtung eignen sich am besten Kopački Rit und Lonjsko Polje, zwei Feuchtgebiete in Slawonien. Letzteres ist für seine große Storchenkolonie bekannt. Weitere Feuchtgebiete, in denen viele Vögel leben, sind z. B. der Vrana-See bei Šibenik und Crna Mokra bei Jastrebarsko. Im Krka-Nationalpark und im Velebit sind Greifvögel zu sehen.

Der Gänsegeier, einst in Kroatien weit verbreitet, nistet inzwischen nur noch in den Felsen bei Beli auf der Insel Cres, wo ein Schutzgebiet für sie eingerichtet wurde: **Caput Insulae** (www.supovi.hr). Im Falknerhof **Sokolarski Centar Dubrava** (www.sokolarskicentar.com) bei Šibenik kann man verschiedene Raubvögel aus der Nähe kennen lernen.

Kroatiens drei große Landraubtiere – Braunbär, Grauwolf und Luchs – lassen sich nur sehr selten aufspüren, am wahrscheinlichsten ist es, sie in den abgeschiedenen Gebieten Korski Kotar und Velebit zu Gesicht zu bekommen. Braunbären leben auch im Schutzgehege für verwaiste Jungtiere in Kuterevo im Nördlichen Velebit (www.kuterevo-medvjedi.hr). Vor der Küste und den Inseln sieht man häufig Delfine. Und Schmetterlinge tummeln sich auf der Halbinsel Kamenjak in Istrien und in den Zwillingsschluchten des Paklenica Nationalparks im Südlichen Velebit.

Die Chancen, Tiere in freier Wildbahn zu sehen, sind auf speziellen Touren mit kundigen Führern höher, wie sie z. B. Pro-Birder (www.probirder.com) anbietet. Informationen über Braunbär, Wolf und Luchs finden Sie bei der **Large Carnivore Initiative for Europe** (www.lcie.org), alles über in Kroatien lebende Wölfe weiß das **LIFE-Projekt für den Schutz und die Verwaltung von Wölfen in Kroatien** (www.life-vuk.hr). Und weitere Informationen über Schutzgebiete in Kroatien liefert das **Staatliche Institut für Naturschutz** (www.dzzp.hr).

Ein Baummarder – Kroatiens Nationaltier – sucht im Schnee nach Futter

Zwergscharben, Grau- und Purpurreiher, Schwarzstorch, Löffler und Eleonorenfalken erspähen. Im Landesinneren sollte man nach Steinhuhn, Schlangenadler, Uhu, Rotrückenwürger, Gartenammer und noch vielen anderen Vögeln Ausschau halten.

Kroatiens felsige Karstlandschaften sind der ideale Lebensraum für Reptilien, z. B. die hochgiftige Hornotter, auf Kroatisch *poskok*, zu erkennen an ihrem weichen Horn an der Schnauze. Weitere hier lebende Reptilien sind die ungiftige Balkan-Zornnatter, die Riesen-Smaragdeidechse und die Griechische Landschildkröte. Zu den in Kroatien vorkommenden Amphibien gehören der Feuersalamander und – in den Grotten des Krka-Nationalparks – der Olm, eine blinde, unter der Erde lebende, molch-ähnliche Amphibie, die ausschließlich in Südosteuropa heimisch ist.

Weitere Tiere und Pflanzen

In Kroatien gibt es vielerlei Motten und Schmetterlinge (über 180 Spezies), darunter Segelfalter, Südlicher Schwalbenschwanz, Weißer Waldportier, Schwarzbrauner Trauerfalter, Dalmatinischer Mohrenfalter, Weißling und Faulbaum-Bläuling.

Zu den Bäumen, die man in den Bergwäldern am häufigsten antrifft, gehören Buche und Aleppo-Kiefer, den Rest der Vegetation machen zumeist widerstandsfähige Büsche oder Macchia aus. Vielerorts wachsen Steineichen, und Zwergkiefern klammern sich hartnäckig an felsige, windgepeitschte Gipfel. Zu den in Kroatien endemischen Blumen gehören *Degenia velebitica* und *Dianthus velebiticus,* die, wie die Namen vermuten lassen, nur im Velebit-Gebirge wachsen. ■

Essen & Trinken

Unter kroatischer Küche stellen sich viele gegrillten Fisch und Meeres-früchte vor. Es stimmt zwar, dass diese Köstlichkeiten aus dem Meer häu-fig auf den Tisch kommen, doch gibt es weit mehr als Seafood, darunter auch einige sehr schmackhafte Regionalgerichte.

Kroatien bietet eine große Palette an leckeren Speisen und Weinen, und essen zu gehen – ob in ein nobles Restaurant oder eine einfache Pizzeria – ist immer ein Vergnügen. Kroatiens Küche (bzw. Küchen, da es regionale Unterschiede gibt, siehe Kasten S. 52) ist an der Küste und in Istrien mediterran und italienisch beein-flusst, in den nördlichen Provinzen spürt man die Nähe zu Österreich und Ungarn. Einige Gerichte teilt sich Kroatien mit seinen östlichen Nachbarn Serbien und Bos-nien, die meisten Kreationen sind jedoch eigenständig.

Frische Meeresfrüchte in einem Restaurant in Rovenska auf der Insel Losinj

Fischgerichte

An der Küste steht häufig Fisch auf der Speisekarte, z. B. Meeräsche *(cipal)*, Rotbarbe *(arbun)*, Seehecht *(oslić)*, Brasse *(orada)*, Petersfisch *(kovač)*, Makrele *(skuša oder lokarda)* und Aal *(jegulja)*. Wenn Sie in einen Privathaushalt eingeladen sind und es frisch gefangenen Fisch gibt, werden eventuell ausgefallenere Arten aufgetischt. Einige Restaurants bieten auch Oktopus *(hobotnica)*, Tintenfisch *(lignje)*, Muscheln *(dagnje)* und Austern *(kamenice)*. Im Landesinneren gibt es Süßwasserfische wie Forelle *(pastrva)* und Karpfen *(šaran)*.

Fisch wird gekocht *(kuhano)*, gegrillt *(na žaru)*, gebraten *(prženo)* oder gebacken *(pečeno)* und häufig mit einer Mixtur aus frisch gehackter Petersilie, zerstoßenem Knoblauch und Olivenöl serviert. Eine trationelle und besonders köstliche Zubereitungsart von Fisch und Fleisch ist *ispod peke* („unter der Haube"): Die Zutaten garen dabei im Holzofen unter einem schmiedeeisernen Deckel. Auf diese Weise zubereiteter Oktopus ist besonders schmackhaft, häufig wird er auch mit Kartoffeln, Zwiebeln und Olivenöl zu einem Salat *(salata od hobotnice)* verarbeitet. Eine beliebte Zubereitungsart von

Schalentieren *(školjke)*, vor allem Hummerschwänzen und Riesengarnelen (beides *škampi* genannt), ist *buzara*: Sie werden mit Knoblauch, Olivenöl und Weißwein in einem großen Topf gegart und sorgen garantiert für bekleckerte Hemden. Gebratener Tintenfisch (häufig mit dem italienischen Wort *calamari* bezeichnet) ist sehr beliebt und am besten frisch aus dem Meer, er wird aber auch gefüllt und im Ofen gebraten serviert *(punjene lignje)*. In Slawonien wird Karpfen mit Peperoni *(fiš paprikaš)* zum Eintopf verarbeitet.

Das beste Lammfleisch kommt von der Insel Pag, wo sich die Tiere von aromatischen Kräutern ernähren.

Fleischgerichte

Kroaten sind große Fleischesser. Lamm *(janjetina)*, im ganzen Land ein Favorit, wird traditionell mit viel Rosmarin und Knoblauch am Spieß gebraten oder nach *Ispod-peke*-Art „unter der Haube" gegart. Das beste Lammfleisch kommt von der Insel Pag, wo sich die Tiere von aromatischen Kräutern ernähren, da Gras auf den trockenen Böden rar ist. Die Kräuter wie auch die salzige Meeresbrise tragen, so heißt es, zum Geschmack des Fleisches bei.

Wild – hauptsächlich Wildschwein *(divlja svinja)*, das zu einem exzellenten Eintopf verarbeitet wird, und Reh *(srnetina)* – ist vor allem im bergigen Gorski kotar und anderen Bergregionen beliebt. Auch Froschschenkel und Schnecken kommen im Gorski kotar auf den Tisch. Erstaunlicherweise servieren einige Bergrestaurants auch Bärenfleisch, obwohl Bären in freier Wildbahn so selten sind und das Fleisch eigentlich für den menschlichen Gaumen nicht geeignet ist.

Obst & Gemüse

Zwei leckere Gemüsegerichte aus dem Backofen sind *zeljanica* (Blätterteig mit Spinat, Hüttenkäse und saurer Sahne) und *bučnica* (Kürbisstrudel). Regional angebautes Obst und Gemüse kommt je nach Saison auf den Tisch. Zu Seafood gibt es als Beilagen traditionell Pellkartoffeln *(krumpir)* und Mangold *(blitva)*. Manchmal ersetzt man den Mangold auch durch Kohl *(kupus)*, was ebenfalls eine leckere Kombination ergibt. Und Pommes frites *(pomfrit)* gibt es natürlich fast überall. In Kroatien wachsen vielerlei Pilze *(gljive)*, vom Steinpilz bis zum Röhrling *(vrganj)*, und in der Saison findet man sie in hohen Stapeln an den Marktständen.

Da Fisch und Fleisch so beliebt sind, haben es Vegetarier in Kroatien etwas schwer, ein geeignetes Gericht zu finden. Meistens gibt es jedoch für jeden Geschmack etwas. Wenn Sie aber auf der Speisekarte tatsächlich keine vegetarischen Optionen finden, fragen Sie den Kellner: *„Imate li nešto bez mesa?"* („Haben Sie etwas ohne Fleisch?")

Regionale Spezialitäten

Kroatien hat wunderbare Regionalprodukte, von heimischem Käse bis zu raffinierten Vorspeisen. Eine dalmatinische Spezialität, die ganz ohne Meeresfrüchte auskommt, ist *pašticada*, ein fantastisch üppiges Gericht aus mariniertem Rind- oder Kalbfleisch und Trockenpflaumen, zu dem es häufig selbstgemachte Gnocchi und Parmesan gibt. *Paški sir* von der Insel Pag ist wohl Kroatiens berühmtester Käse (siehe S. 178), und Ston bei Dubrovnik ist für seine Austern berühmt. In Slawonien im Landesinneren lieben die Bewohner herzhafte Gerichte wie *fiš paprikaš* (würziger Eintopf aus Karpfen und Paprika), *sarma* (Kohlrouladen) und *kulen* (exzellente einheimische Wurst), wozu gut *kajmak* (geschlagene Sahne) passt. Das Binnenland von Istrien ist für seine exzellenten Trüffel, *tartufi*, bekannt, die jedoch preisgünstiger als die italienischen oder französischen sind.

Kroatien ist für sein leckeres Eis bekannt

Desserts & Getränke

Kuchen und Desserts werden in allen Formen und Größen serviert, von fluffigen *kiflice* (Hörnchen) und üppigen *Jelačić kocke* (Cremeschnitten) bis *makovnjača* und *orahovnjača* (Teigstrudel mit Mohn- bzw. Walnussfüllung). Sowohl an der Küste wie auch im Landesinneren gibt es sehr gutes Eis *(sladoled)*.

Kaffeetrinken *(kava)* ist eine Art nationale Freizeitbeschäftigung – wie könnte man sich auch angesichts der sonnigen Straßencafés an malerischen mittelalterlichen Plätzen angenehmer die Zeit vertreiben? Der Standardkaffee ist Espresso, serviert mit einem Glas Wasser, wie es sich gehört. Wie er genannt wird, hängt vom Aufenthaltsort ab. An der Küste und auf den Inseln bestellt man einfach einen Espresso, im Rest des Landes sagt man *kava* oder *obična kava* („normaler Kaffee") dazu. Kaffee mit Milch ist *kava s mlijekom,* Latte macchiato heißt *makiato,* und Cappuccino nennt sich *kapučino.* Sie können einen kleinen oder einen großen Kaffee bestellen. Wer lieber Tee *(čaj)* mag, hat meist eine große Auswahl, darunter verschiedene Kräutertees *(voćni čaj).*

ERLEBNIS: Weine probieren

Kroatien mit seinen steilen, felsigen Hängen und den vielen Sonnentagen produziert zahlreiche Weine, darunter sehr gute. Es gibt drei Qualitätskategorien: *vrhunsko vino* (die höchste Qualität, wörtlich „Top-Wein"), *kvalitetno vino* (Standardqualität) und *stolno vino* (Tafelwein). Der Preis ist meist (wenn auch nicht immer) ebenfalls ein guter Qualitätshinweis.

In den letzten Jahren wurden mehrere Boutique-Weine entwickelt, von denen einige wirklich exzellent, aber im Vergleich mit jenen aus Westeuropa oder den USA zuweilen sehr teuer sind. Die besten Rotweine *(crno vino)* kommen aus der Region **Dingač** auf der Halbinsel Pelješac (siehe S. 259), wo man aus der Plavac-Mali-Traube kräftige, fruchtige Weine produziert. Ein paar sehr gute rote Tropfen stammen auch aus der Ortschaft **Ivan Dolac** auf der Insel Hvar (siehe S. 215).

Liebhaber von Weißwein *(bjelo vino)* sollten nach Weinen Ausschau halten, die in Slawonien aus der Traminac-Traube gewonnen werden, wie etwa **Iločki Podrum** aus Ilok (siehe S. 119), sowie nach dem hervorragenden **Malvazija** aus Istrien *(http://vinistra.com)*. Auch einige Inseln produzieren gute Weißweine, Krk beispielsweise den **Žlahtina** und Vis den **Vugava Viška**. Fans von Dessertweinen sollten den süßen, klebrigen *prošek* probieren.

Wenn Sie einen guten Wein kaufen wollen, meiden Sie besser die Supermärkte – dort stehen die guten Flaschen meist ganz oben im Regal, aufrecht, in der Hitze und viel zu lange. Gehen Sie stattdessen in eine Weinhandlung, die es in vielen Ortschaften gibt, wie etwa **Bornstein** *(www.bornstein.hr)* in Zagreb. Auch direkt bei den Winzern und auf Märkten kann man Weine kaufen. Auf selbst gekelterten Wein machen Schilder am Straßenrand aufmerksam – manche dieser Tropfen sind sehr gut und günstig.

Wenn Sie in Dubrovnik kroatische Weine kosten wollen, gehen Sie zu **D'Vino** *(www.columis.net/dvino)*, der über hundert verschiedene offene Weine anbietet. In Kroatien gibt es etliche **Weinstraßen**, darunter Plešivica (siehe S. 96), Ilok *(www.turizamilok.hr)* und mehrere in Istrien.

Im Angebot stehen auch vielerlei Fruchtsäfte *(voćni sok* oder nur *sok)*, z. B. Blaubeersaft *(sok od borovnice)*, Apfelsaft *(sok od jabuke)* und Orangensaft *(sok od naranče)*. Mineralwasser, *mineralna voda*, gibt es *gazirana* (mit Kohlensäure) oder *negazirana* (still).

Zu den einheimischen Bier*(pivo)*-Sorten gehören die weit verbreiteten Karlovačko (in Karlovac gebraut), Ožujsko (aus Zagreb) und Tomislav (ein dunkles Bier aus Zagreb) sowie die seltener angebotenen, aber exzellenten Sorten Velebitsko Pivo (in Gospić hinter den Velebit-Bergen gebraut). Viele schätzen auch die Biere der Mikrobrauerei Ličanka in Donje Pazarište.

Wein gibt es in allen Lebensmittelläden zu kaufen (siehe Kasten). Eine Spirituose, die Ihnen in Kroatien immer wieder begegnen wird, ist *rakija*, ein starker Schnaps, von dem es mehrere Sorten gibt: *Loza* besteht aus Weintrauben und ist dem italienischen Grappa sehr ähnlich, *travarica* wird mit Kräutern hergestellt, *šljivovica* mit Pflaumen und *medovača* mit Honig. Selbst gebrannter *(domaće) rakija* kann sehr gut sein – auch das Gegenteil kann bisweilen der Fall sein. Das herauszufinden, gehört zum Kroatien-Erlebnis, aber trinken Sie nicht zu viel und niemals, wenn Sie Auto fahren. Die Promillegrenze liegt in Kroatien wie bei uns bei 0,5. Promille.

Esskultur

Essen und dessen Zubereitung sind ein wichtiger Bestandteil kroatischer Kultur. Tiefkühlgerichte sind hier nicht sehr populär, obwohl es viele Fast-Food-Restaurants gibt. Wenn Sie günstig essen wollen, bietet sich eine Pizza an, die es überall mit dünnem, knusprigen Boden und vielerlei Belägen gibt. Auch Nudelgerichte findet man fast überall. Für viele Kroaten ist die wichtigste Mahlzeit des Tages das Mittagessen, bestehend aus einer Suppe *(juha)*, danach Fisch oder Fleisch mit Gemüse und Salat als Hauptgang *(glavno jela)*. Abends isst man etwas Leichteres.

Das traditionelle Weihnachtsessen ist *puretina* (Truthahn) mit *mlinci* (gebackenen Nudelteigflecken, die im Truthahnsaft gekocht werden) als Beilage, an Heiligabend gibt es häufig *bakalar* (Stockfisch). ■

Trinkgeld

In den letzten Jahren wurde es in kroatischen Restaurants, vor allem in den Städten, üblich, Trinkgeld zu geben. Es wird zwar nicht erwartet, aber vom Personal sehr geschätzt, wenn der Service gut war. Die Höhe richtet sich nach der Qualität des Service – zwischen fünf und zehn Prozent sind angemessen. Taxifahrer erwarten ebenfalls kein Trinkgeld, freuen sich aber immer über eine kleine Gabe.

Fässer, gefüllt mit lokalen Weinen, und Spirituosen auf einem Markt in Makarska

Die Hauptstadt Kroatiens und pulsierendste Stadt des Landes mit einem herrlich erhaltenen historischen Zentrum

Zagreb

In der Innenstadt von Zagreb geben sich Geschichte und Moderne ein Stelldichein

Zagreb

Mit knapp 800 000 Einwohnern präsentiert sich die Kapitale Kroatiens als pulsierende Großstadt mit herrlicher Architektur, grünen Parks und Plätzen, einer Fülle hervorragender Museen und einer wunderschönen Altstadt. Viele Urlauber fahren zwar schnurstracks ans Meer, doch ohne einen Zwischenstopp in Zagreb ist keine Kroatienreise komplett.

Bei einer Kaffeepause in einem der zahlreichen Cafés von Zagreb kehrt Ruhe von der täglichen Hektik ein

Zagreb liegt am Fuße der Medvednica, einem bewaldeten Gebirgszug nördlich des Flusses Sava. Die ursprüngliche Gestalt der Stadt – die beiden mittelalterlichen Siedlungen Gradec (heute: Gornji Grad; „Oberstadt") und Kaptol, getrennt durch einen kleinen Fluss – lässt sich noch deutlich erkennen, wenngleich der ursprüngliche Fluss heute durch die Tkalčićeva überbaut ist, eine Verkehrsader mit vielen netten Cafés.

Gornji Grad erstreckt sich rund um den Markusplatz mit seiner markanten Kirche, diversen Regierungsgebäuden und schmalen Gassen. In Kaptol ragt die Kathedrale mit ihrer neugotischen Fassade und den Doppeltürmen auf; in der Nähe befindet sich der größte Markt der Stadt: Dolac.

Unterhalb von Gornji Grad und Kaptol breitet sich Donji Grad („Unterstadt") um den Jelačić-

Platz aus, das elegante, verkehrsfreie Zentrum des modernen Zagreb. Südlich des Jelačić-Platzes beginnt das sogenannte Grüne Hufeisen — mehrere begrünte Plätze, gestaltet nach dem Erdbeben von 1880. Am Südufer der Sava präsentiert sich Novi Zagreb (Neues Zagreb) als moderner Vorort; es entstand nach dem Zweiten Weltkrieg.

Für eine Stadt, die so groß nun auch wieder nicht ist, verfügt Zagreb über ungewöhnlich viele und auch exquisite Museen und Kunstgalerien – allen voran Meštrović Atelier, das Ethnografische Museum sowie die Moderne Galerie — außerdem zahlreiche imposante Skulpturen unter freiem Himmel. Opern und Konzerte werden in noblem Ambiente aufgeführt, aber auch die moderne Musikszene und die Jazzclubs beeindrucken. In den hübschen Straßen der Innenstadt locken schicke Boutiquen, hervorragende Restaurants und unzählige Cafés mit Tischen im Freien. Außerhalb vom Zentrum liegen der stimmungsvolle Friedhof Mirogoj, weitere Parks wie Maksimir und der See Jarun; der Gebirgszug Medvednica vor der Haustüre bietet viele Wanderwege.

Die Bewohner von Zagreb können sich seit geraumer Zeit eines zunehmenden Wohlstands erfreuen, und entsprechend viele Autos gibt es in Zagreb – womit der Stadtplaner allerdings nicht Schritt halten konnten. Die Innenstadt mit dem Auto zu erkunden, kann sich somit schwierig gestalten, zumal der Verkehr um die Fußgängerzonen herumgeleitet wird, in denen sich wiederum viele Sehenswürdigkeiten befinden. Da auch das Parken zum Problem wird, ist es sinnvoller, die öffentlichen Verkehrsmittel zu nutzen oder zu Fuß zu gehen. Wem die Füße schmerzen, der steigt einfach in eine der Trambahnen, die an sich schon für ein Abenteuer gut sind (siehe Kasten S. 75). ∎

NICHT VERSÄUMEN

Das pulsierende Leben in Gornji Grad, der Altstadt von Zagreb 60–67

Die Markuskirche mit ihrem bunten Ziegeldach 60

Die Skulpturen, die im Meštrović Atelier und über die ganze Stadt verstreut zu bewundern sind 61–62

Auf dem Dolac-Markt nach Gaumenfreuden suchen 65–66

In der Abenddämmerung eine Fahrt mit der Zahnradbahn unternehmen, um den herrlichen Blick über die Stadt auf sich wirken zu lassen 67

Sich abends auf dem Jelačić-Platz unters Volk mischen 70–71

Durch den Maksimir oder andere schöne Parks von Zagreb spazieren 83–84

Das historische Zentrum

Im 19. Jahrhundert wurde Zagreb nach dem verheerenden Erdbeben von 1880 einem überaus ambitionierten Sanierungsprogramm unterzogen. Aus dem landwirtschaftlich genutzten Gebiet südlich der Altstadt entstand Donji Grad, die Unterstadt, rund um eine Reihe von Parks und Gärten, die heute das sogenannte Grüne Hufeisen ausbilden. Die historischen Siedlungen Kaptol und Gradec wurden zu Gornji Grad umgestaltet, der Oberstadt.

Das Dach der Markuskirche ist nicht nur eines der Wahrzeichen von Zagreb, sondern sogar von ganz Kroatien

Gornji Grad

Im Herzen von Gornji Grad befindet sich der **Markusplatz** (Markov Trg), eine weitläufige Freifläche mit Kopfsteinpflaster, die sich rund um die **Markuskirche** (Sv. Marko) erstreckt. Das Gotteshaus datiert ursprünglich aus dem 13. Jahrhundert, wurde jedoch öfters umgebaut. Ein Großteil des heutigen Gebäudes stammt aus dem 14. und 15. Jahrhundert, wobei der markante barocke Glockenturm erst im 17. Jahrhundert hinzukam. Das Bauwerk wurde nach dem Erdbeben von 1880 von dem renommierten Architekten und Stadtplaner Herman Bollé (siehe Kasten S. 83) restauriert.

Das Ziegeldach – es ist nach jahrelanger Renovierung seit 2009 nun wieder zu bewundern – wurde im 19. Jahrhundert ergänzt und lässt die Wappen von Kroatien und Zagreb (siehe Kasten gegenüber) sehen. Das ebenfalls frisch restaurierte Südportal mit Skulpturen aus dem späten 14. und frühen 15. Jahrhundert – sie stellen Christus, die Jungfrau Maria und die Apostel dar - stammt von Kunsthandwerkern aus Prag. Im Kircheninneren beeindrucken Gemälde von Jozo Kljaković (1889–1969) sowie eine eindrucksvolle „Kreuzigung" von Ivan Meštrović (siehe Kasten S. 62); er gestaltete in den

1930er Jahren die Strukturelemente aus dem 19. Jahrhundert um.

Rund um den Markusplatz:

Dem Markusplatz kam im 15. Jahrhundert die Funktion eines Marktplatzes zu; der hier alljährlich abgehaltene Markusmarkt zählte damals zu den wichtigsten Ereignissen in der Stadt. Zu den imposantesten Gebäuden rund um den Platz gehört das 1908 erbaute **Kroatische Parlament** (Sabor) an der Ostseite.

An der Westseite befindet sich das ehemalige **Palais Ban** (1800). Das Gebäude wurde 1991 von einer serbischen Rakete getroffen, während der kroatische Präsident und der Premierminister dort weilten – es wurde keiner von beiden verletzt. An der Südseite des Platzes beeindruckt ein steinerner Kopf, der angeblich Matija Gubec zeigt, den Anführer des fehlgeschlagenen Bauernaufstands von 1573; Gubec wurde von den österreichischen Herrschern hingerichtet – man setzte ihm eine glühende Krone aufs Haupt.

Gleich nördlich des Platzes befindet sich das **Meštrović Atelier**

INSIDERTIPP

Es macht Spaß, in der Abenddämmerung mit den Lampenanzündern durch die Oberstadt zu ziehen, die alle Gaslaternen von Hand entzünden. Manchmal posieren sie sogar für ein Foto.

CAROLINE HICKEY
NATIONAL GEOGRAPHIC-Lektorin

(Meštrović Atelje), das ehemalige Wohnhaus und Atelier des Bildhauers, das zu einem hervorragenden Museum umgestaltet wurde. Durch eine wuchtige Holztür tritt man in einen Hof mit unzähligen Skulpturen. Das Haus selbst ist wunderschön gepflegt und lässt viele der Originalmöbel sehen, aber natürlich auch das Werk des Künstlers selbst: Skizzen und Modelle – darunter ein winziger Gregor von Nin, der als Monumentalskulptur im Diokletianspalast in Split (siehe Kasten S. 176 und Special S.198f) zu bewundern ist -, aber auch vollendete Werke.

Zagreb

🗺 59, 65

Besucherinformation

✉ Trg Bana
   J. Jelačića 11
☎ 014 814 051

**www.zagreb-
touristinfo.hr**

**Touristeninfor-
mation Zagreb**

✉ Preradovieva
   Ulica 42
☎ 014 873 665

www.tzzz.hr

Markuskirche

🗺 65
✉ Markov Trg
   Gornji Grad
☎ 014 851 611
💲 Spende

Meštrović Atelier

🗺 65
✉ Mletaka 8,
   Gornji Grad
☎ 014 851 123
🕐 Mo geschl.
💲 €

**www.mdc.hr/
mestrovic**

Flaggen & Symbole

Das Dach der Markuskirche zieren mehrere Wappen, die man auf einer Kroatienreise immer wieder zu sehen bekommt. Das große Wappenschild links setzt sich aus drei Teilen zusammen: Das rot-weiße Karomuster (*šahovnica*) stellt das Grundelement der kroatischen Flagge dar. Rechts daneben befindet sich das Wappenschild von Dalmatien (mit drei Löwenköpfen), darunter das von Slawonien (ein Baummarder (*kuna*)

zwischen den Flüssen Sava und Drava). Diese Elemente sind alle auch auf der Flagge Kroatiens vertreten, dazu die Wappen von Istrien (ein goldener Ziegenbock mit rotem Gehörn), der ehemaligen Republik Dubrovnik (zwei rote Streifen) sowie das älteste kroatische Wappenschild überhaupt: der Morgenstern über einem silbernen Mond. Die Burg mit Türmchen rechts auf dem Dach ähnelt dem Wappen Zagrebs.

Ivan Meštrović & seine Skulpturen in Zagreb

Zagreb kann mit einer beeindruckenden Fülle von Skulpturen aufwarten, die unter freiem Himmel aufgestellt sind. Mit Ausnahme von König Tomislav und Ban Josip Jelačić handelt es sich bei den meisten Dargestellten um literarische Größen. Bei einem Stadtbummel beeindrucken die Arbeiten von vielen kroatischen Bildhauern des 19. und 20. Jahrhunderts, darunter Ivan Kožarić, Ivan Rendić, Stjepan Gračan, Miro Vuco und Marija Ujević Galetović. Am häufigsten vertreten ist jedoch Ivan Meštrović (1883–1962), dessen Werke überall in Zagreb zu bewundern sind – vom „Brunnen des Lebens" vor dem Kroatischen Nationaltheater bis zu seiner Darstellung von Bischof Juraj Strossmayer am Strossmayer Platz. Sein ehemaliges Domizil und Atelier in Gornji Grad,

das Meštrović Atelier (siehe S. 61), ist eines der schönsten Museen der Stadt.

Meštrović, vielen durch seine Skulptur von Grgur Ninski (Gregor von Nin) in Split bekannt, wurde in Slawonien geboren, wuchs jedoch in Dalmatien auf. Er machte in Split eine Lehre als Steinmetz, studierte dann in Wien und lebte in Paris und Rom. 1920 zog er nach Zagreb, 1947 nach Amerika – 20 Jahre nach der Enthüllung seines Denkmals „Der Bogen- und der Speerschütze" in Chicago. Meštrović lehrte an der Syracuse University in New York und war der erste Künstler, dem im New Yorker Metropolitan Museum of Art die Ehre einer Einzelausstellung zuteil wurde. Begraben liegt er in Otavica bei Drniš, nicht weit von der Dalmatinischen Küste entfernt.

Museum für Naturgeschichte

- ⛰ 65
- ✉ Demetrova 1, Gornji Grad
- ☎ 014 851 000
- 🕐 Mo geschl.
- 💲 €

www.hpm.hr

Stadtmuseum Zagreb

- ⛰ 65
- ✉ Opatička 20, 1000
- ☎ 014 851 361
- 🕐 Mo geschl.

www.mgz.hr

Museum für Naive Kunst

- ⛰ 65
- ✉ Sv. Čirila i Metoda 3, Gornji Grad
- ☎ 014 851 911
- 🕐 Mo geschl.

www.hmnu.org

Das Atelier wurde in eine lichte Skulpturengalerie verwandelt, in der nun Werke wie „Mutter und Kind" (1942), „Moses" (1918) und „Frau am Meer" (1926) zu bewundern sind. Im Garten steht u. a. das Werk „Geschichte der Kroaten" (1932).

Nach dem Meštrović Atelier führt die Demetrova links zum **Museum für Naturgeschichte** (Hrvatski Prirodoslovni Muzej) mit einer umfassenden Sammlung von Fossilien, Steinen und Mineralien sowie Exponaten aus der Welt der Zoologie und Botanik. Rechts befindet sich das **Stadtmuseum Zagreb** (Muzej Grada Zagreba). Es war früher im Steinernen Tor (siehe S. 67) zu Hause; heute beherbergt es der Konvent der Armen Klarissinnen aus dem 17. Jahrhundert. Zu sehen sind ebenso faszinierende wie informative Exponate zur Historie von Zagreb, und

zwar von der Frühgeschichte bis heute, darunter Fragmente von Steinmetzarbeiten aus der Kathedrale vor ihrer Zerstörung 1880.

Hinter dem Stadtmuseum ragt der **Priesterturm** (Popov Toranj) auf, ein Wehrturm in Kaptol (siehe S. 74f), der aus dem 13. Jahrhundert stammt und in dem sich nun eine Sternwarte befindet. Die Opatička führt von hier in Richtung Süden am Steinernen Tor vorbei zum Jesuitenplatz.

Südlich vom Markusplatz:

Das **Museum für Naive Kunst** (Muzej Naivne Umjetnosti), ein Stück bergab vom Markusplatz, kann mit einer herrlichen Sammlung von über 1600 Werken aufwarten. Die meisten Arbeiten stammen von kroatischen Künstlern sowie von einer Schule für Malerei, die in den 1930er Jahren in Hlebine (Nordslawonien) unter

Autodidakten wie Ivan Generalić (1914–92) entstand. Das Museum wurde 1952 als Galerie der Bauernmalerei gegründet und ist weltweit eines der ältesten seiner Art.

Gleich südlich vom Museum ragt die griechisch-orthodoxe Kirche **St. Kyrill und Method** auf. Sie ist zwar meistens geschlossen, lohnt aber auch von außen einen bewundernden Blick.

Weitere Plätze: Südlich der Kirche befindet sich links der **Katharinenplatz** (Katarin Trg) mit der **Katharinenkirche** (Sv. Katarina), einer der schönsten Barockkirchen Kroatiens. Sie wurde von den Jesuiten im 17. Jahrhundert just an der Stelle erbaut, wo zuvor eine Dominikanerkirche in den Himmel ragte. In der Katharinenkirche beeindrucken der Altar und die herrlichen Stuckarbeiten.

Neben dem Gotteshaus erstreckt sich der **Jesuitenplatz** (Jezuitski Trg). Das Gebäude an der Ostseite des Platzes war früher ein Jesuitenkloster, wurde dann aber zum Teil als Gymnasium *(gimnazija)* genutzt – das erste der Stadt, in dem die Schüler bis heute die Schulbank drücken.

In dem Gebäude ist auch die **Klović Palast Galerie** (Galerija Klovićé Dvori) untergebracht, eine Kunstgalerie mit wechselnden Ausstellungen. Hier sollte eigentlich auch die Sammlung Mimara unterkommen, die sich nun aber am Roosevelt-Platz befindet (siehe S. 80). Von dem serbischen Bildhauer Simeon Roksandić (1874–1973) stammt der schöne Brunnen auf der gegenüberliegenden Seite des Platzes.

Wer an der Kirche vorbei zu einer weitläufigen Terrasse spaziert, genießt einen schönen Blick über die Dächer Zagrebs hinweg bis zur Kirche St. Maria (siehe S. 68), zur Kathedrale von Zagreb (siehe S. 68ff) und darüber hinaus. Nun geht es Richtung Süden hinunter zu einer weiteren von Bäumen gesäumten Terrasse, auf der sich die Skulptur von Matoš (siehe S. 67) erhebt.

(Fortsetzung S. 67)

Klović Palast Galerie

- ✉ Jezuitski Trg 4, Gornji Grad
- ☎ 014 851 926
- 🕐 Mo geschl.
- 💲 €

www.galerijaklovic.hr

Lotrščak Turm

- 🔼 65
- ✉ Kaptol 31
- 🕐 Mo & Nov.–April geschl.
- 💲 €

Eine Zahnradbahn verkehrt zwischen der Ober- und der Unterstadt

Rundgang durch Zagreb

Die Innenstadt von Zagreb lässt sich locker zu Fuß erschließen. Dieser Rundgang ist an einem Tag machbar, aufgrund der Fülle von Sehenswürdigkeiten jedoch auch gut ausdehnbar. Am besten nutzt man die eleganten Trambahnen und Busse der Stadt, um an beliebiger Stelle mit dem Bummel zu beginnen.

Kaum zu glauben, dass anstelle der Tkalčićeva mit ihren hübschen Cafés früher ein Bach plätscherte

Ausgangspunkt ist das Reiterstandbild von Ban Josip Jelačić (siehe Kasten S. 67) mitten auf dem **Jelačić-Platz ❶**. Von hier bummelt man zur Nordwestecke des Platzes, um dann rechts in die Radićeva abzubiegen. Links geht es in eine schmale Gasse, die Strossmayer Promenade, die über die Befestigungswälle von **Gornji Grad** nach unten führt. Oben befinden sich der **Lotrščak Turm** (siehe S. 67) und die Haltestelle der Zahnradbahn (siehe S. 67).

Oberstadt

Bevor es weitergeht, will rechts auf einer von Bäumen gesäumten Terrasse die Skulptur von **Antun Gustav Matoš** (1873–1914) bestaunt werden, dem beliebtesten kroatischen Dichter, der hier auf einer Bank sitzt. Ein Stück weiter links eröffnet sich ein schöner Blick auf die

---

NICHT VERSÄUMEN

Denkmäler am Markusplatz • **Cafés in der Tkalčićeva** • **Botanischer Garten**

Kathedrale. Westlich der Terrasse gelangt man links zur Katharinenkirche und zum Jesuitenplatz (siehe S. 63). Nun biegt man rechts ab und geht an der griechisch-orthodoxen **Kirche St. Kyrill und Method** (siehe S. 62f) vorbei zum **Museum für Naive Kunst** (siehe S. 62) und weiter zum **Markusplatz ❷** (siehe S. 61ff) im Herzen der Altstadt. Mitten auf dem Platz ragt die imposante **Markuskirche** (siehe S. 60) mit ihrem charakteristischen Ziegeldach auf. Sie stammt ursprünglich aus dem 13. Jahrhundert, wurde jedoch umgebaut. Das Gebäude ist unbedingt sehenswert– auch das große Kruzifix von Ivan Meštrović im Kircheninneren ist sehr schön. An der Ostseite des Platzes steht der **Sabor**, das Kroatische Parlament, an der Westseite das **Palais Ban**, das ehemalige Domizil von Ban Josip Jelačić, in dem sich heute die Amtsräume des Präsidenten befinden.

Nun führt der Spaziergang gen Norden weiter. Rechts beeindruckt das hervorragende **Meštrović Atelier ③ (siehe S. 61f)**, in dem der berühmteste Bildhauer Kroatiens einst wohnte. Wer rechts in die Demetrova abbiegt, gelangt zum **Stadtmuseum Zagreb** (siehe

S. 62) in einem ehemaligen Konvent. Über die Opatička geht es gen Süden, dann links oben an der Radićeva zum **Steinernen Tor** (**siehe S. 67**) hinunter.

Markt & Kathedrale

Man biegt nun rechts ab und bummelt die Radićeva hinunter, dann geht es nach Überqueren

> ⚠ Siehe auch Karte S. 59
> ➤ Jelačić-Platz
> 🕑 2,5 Stunden
> ↔ 6 km
> ➤ Jelačić Platz

der **Tkalčićeva** mit ihren vielen einladenden Cafés links in die Krvavi Most und weiter zum **Dolac** (siehe S. 68), dem riesigen Markt von Zagreb, der unter freiem Himmel stattfindet. An der linken Ecke des Markts ragt Zagrebs **Kathedrale** ④ (siehe S. 69f) auf; die neugotische Fassade und die Zwillingstürme sind das Werk von Herman Bollé.

Nun geht man rechts die **Stara Vlaška** (siehe S. 72) mit reizenden alten Geschäften und einer Statue des kroatischen Dichters **August Šenoa** (1838–81) hinunter; er lehnt lässig an einer Säule, auf der ein Gedicht von ihm zu lesen steht. Jetzt biegt man rechts in die Draškovićeva und noch einmal rechts in die Jurišićeva ab. An der **Hauptpost** (siehe S. 73) vorbei gelangt man zurück zum Jelačić-Platz.

Grünes Hufeisen

Nun bummelt man über die Praška gen Süden zum **Zrinjevac-Platz**, einer Grünfläche, die den Reigen der begrünten Plätze mit diversen Museen und Galerien eröffnet. Interessant ist die Wetterstation an der Nordseite des Platzes. Wer gen Süden spaziert, kommt rechts zum **Archäologischen Museum** (siehe S. 73) ⑤. Weiter geht es zum Südende des Platzes,

Am Steinernen Tor legen Passanten am Bild der Jungfrau Maria, das eine Feuersbrunst überstand, gern eine Pause zum Beten ein

wo am anderen Ende der Josipa Ruđera Boškovićeva die **Akademie der Wissenschaften und Künste** ⑥ (siehe S. 77) auf interessierte Besucher wartet. In der Eingangshalle ist die **Tafel von Baška**, eines der bedeutendsten Dokumente Kroatiens (siehe Marginalspalte S. 164), zu bestaunen. Das Gebäude beherbergt auch die **Strossmayer Galerie der Alten Meister** mit Gemälden aus dem 14. bis 19. Jahrhundert. Hinter dem Gebäude steht am **Strossmayer Platz** die schöne Statue von Bischof **Juraj Strossmayer** (1815–1905; siehe S. 111).

In Richtung Südwesten befindet sich am nächsten Platz die **Moderne Galerie** (siehe S. 77). Über die Trenkova gelangt man zum **Kunstpavillon** (siehe S. 78) am Tomislav-Platz. Am südlichen Ende beeindruckt hier das **Reiterstandbild von König Tomislav** ⑦, dem ersten kroatischen König des Mittelalters (siehe Kasten S. 77). Südlich des Tomislav-Platzes schließt sich der **Hauptbahnhof** (siehe S. 78) an. Wer rechts in die Mihanovićeva einbiegt, kommt nach ein paar Blocks gen Westen zum **Botanischen Garten** (siehe S. 78) auf der linken Seite.

Am westlichen Ende des Gartens geht es nun rechts zum **Kroatischen Staatsarchiv** ⑧ (siehe S. 78), das in einem imposanten Jugendstilgebäude mit Eulen auf dem Dach untergebracht ist. An der Nordseite steht die Skulptur des Renaisssance-Schriftstellers **Marko Marulić** (1450–1524). Weiter nördlich befindet sich links am **Mažuranić-Platz** das **Ethnografische Museum** ⑨ (siehe S. 79) mit dem **Marschall-Tito-Platz** dahinter. An der Südwestecke des Platzes gelangt man über die Frankopanska zum **Museum für Kunsthandwerk und Gewerbe** (siehe S. 80) und weiter zum Roosevelt-Platz mit dem **Mimara Museum** (siehe S. 80f). In der Mitte des Marschall-Tito-Platzes beeindruckt das **Kroatische Nationaltheater** ⑩ (siehe S. 79f).

Nun biegt man rechts in die Masarykova ein und dann links zum **Cvjetni-Platz** ⑪ (siehe S. 81) ab, einer Fußgängerzone mit Cafés. Auf der Bogovićeva lohnt die Skulptur **„Gelandete Sonne"** (siehe S. 81) einen Blick. Dann geht es links am Hotel Dubrovnik zurück zum Jelačić-Platz.

**Rund um die alten Stadt-
mauern:** Am oberen Ende der
1889 erbauten Zahnradbahn ragt
der **Lotrščak Turm** auf, der einst
zu den Wehranlagen aus dem
13. Jahrhundert gehörte. Im Turm
wurde in früheren Zeiten abends
eine Glocke geschlagen, die die
Schließung des Stadttors verkündete; seit 1877 tönt jeden Tag um
zwölf Uhr mittags ein Kanonen-
schuss, der in ganz Zagreb zu hö-
ren ist. Wer den Turm erklimmt,
freut sich oben über den herrlichen Blick über die Stadt. Von der
Terrasse neben der oberen Haltestelle der Zahnradbahn aus ist der
Blick aber auch überaus reizvoll.

Ein Stück weiter links sitzt die
bekannte Skulptur von **Antun
Gustav Matoš** (1873–1914) auf
einer Bank, ein Werk des Bild-
hauers Ivan Kožarić. Der kroatische
Dichter Matoš mochte dieses
Fleckchen Erde besonders gern
und schrieb einst: „Es gibt eine
Bank, von der aus Zagreb im
Herbst am schönsten ist."

Treppen und ein abschüssiger
Weg (Strossmayer Promenade)
führen von hier zum Jelačić-Platz.
Die breite Promenade mit viel
Grün rechts und links vom
Lotrščak Turm verläuft am Rand
der Altstadt entlang.

Steinernes Tor: Östlich vom
Markusplatz steht das Steinerne
Tor (Kamenita Vrata), das einzige
erhaltene der ursprünglich vier
Stadttore aus dem 13. Jahrhundert. Grund für seinen Fortbe-
stand ist ein Marienbild, das auf
wundersame Weise 1731 eine
Feuersbrunst in dem Raum über
dem Tor unbeschadet überstand.

Ban Josip Jelačić

**1848 unterstützte Kroatien Österreich, das
sich einem Aufstand der Ungarn gegenüber-
sah – und erwartete als Gegenleistung mehr
Unabhängigkeit von Österreich sowie die
Einführung des Kroatischen als Amtssprache
anstelle von Ungarisch. Ban Josip Jelačić
(1801–59), kroatischer Offizier in der österreichischen Armee und Statthalter *(ban)* in
Kroatien von 1848 bis 1859, wurde als Anführer einer Armee nach Ungarn entsandt.**

**Zum Leidwesen der Kroaten reagierten
die Österreicher nach der Niederschlagung
des Aufstands mit noch stärkeren Repressio-
nen und führten in den kroatischen Schulen
Deutsch als offizielle Sprache ein; in der Folge wurde auch die kroatische Flagge verboten. Jelačić ist auf den 20-Kuna-Geldschei-
nen abgebildet.**

Dieses befindet sich hinter einem
herrlichen schmiedeeisernen Git-
ter aus dem 18. Jahrhundert und
wird bis heute von Gläubigen verehrt. Innen ist das von kleinen Kerzen schwach erleuchtete Tor, in
dem später ein Altar aufgestellt
wurde, mit Votivtafeln bedeckt.

Das Steinerne Tor wird auch
gern mit Hexen in Zusammenhang
gebracht. Im 17. und 18. Jahrhundert wurden viele vermeintliche
Hexen am nahen Markusplatz verbrannt. Diese Ereignisse verewigte
die kroatische Schriftstellerin Marija Jurić Zagorka (1876–1957) in
ihrem populären Romanzyklus
„Die Hexe von Grić". In der Tkalčićeva hat man der Schriftstellerin
ein Denkmal gesetzt.

In der Nähe des Steinernen
Tors befindet sich eine kleine **Apotheke,** die schon seit 1355 existiert. Jenseits des Steinernen Tores
beeindruckt am oberen Ende der

Radićeva, die zum Jelačić-Platz führt, eine Statue des hl. Georg, der einen Drachen tötet.

Kaptol

Weiter unten in Richtung Radićeva erinnert eine Straße auf der linken Seite an eine besonders blutige Auseinandersetzung zwischen den Siedlungen Gradec und Kaptol im Jahr 1396, nach der diese Gegend bis heute benannt ist. **Krvavi Most** bedeutet „Blutige Brücke" – vorhanden ist heute allerdings keine mehr. Die angrenzende **Tkalčićeva,** eine Fußgängerzone mit Cafés und Boutiquen, entspricht dem Verlauf des Baches Medveščak, der die beiden Siedlungen Gradec und Kaptol einst trennte und auch mehrere Wassermühlen bediente. Da dieser Bach immer wieder die

Unterstadt unter Wasser setzte, wurde er in den 1930er Jahren umgeleitet und das Flussbett zugeschüttet. Der Bach verläuft nun meist in unterirdischen Kanälen ein Stück weiter östlich.

Von der Krvavi Most auf der anderen Seite der Tkalčićeva führt die Skalinska zum Dolac-Markt (siehe Kasten gegenüber) hinauf. Unten an der Radićeva liegt vor dem Jelačić-Platz rechts der Zugang zur Strossmayer Promenade (Strossmayerovo Šetalište), die zurück zum Lotrščak Turm führt.

Hinter dem Jelačić-Platz erstreckt sich auf einer weitläufigen Terrasse der **Dolac,** Zagrebs wichtigster und buntester Markt, der unter freiem Himmel stattfindet. Die mittelalterliche Siedlung Dolac musste 1925 dem Markt weichen.

In der Innenstadt von Zagreb verkauft eine Marktfrau am Dolac ihre Blumen

ERLEBNIS: Proviant vom Dolac-Markt für ein Picknick

Zagreb kann gleich mit mehreren Märkten unter freiem Himmel aufwarten, mit Abstand am größten und betriebsamsten ist jedoch der Dolac hinter dem Jelačić-Platz. Hier macht es besonders viel Spaß, Essbares für ein Picknick oder auch eine lange Busfahrt einzukaufen.

Am besten beginnt man mit den Einkäufen an den Ständen auf der **oberen Terrasse**, wo frisches Obst und Gemüse erhältlich sind. Man sucht sich aus den Bergen von Paprika, Pflaumen, Tomaten etc. einfach das Passende aus. Auch getrocknete Feigen (*suho smokve*), Oliven (*masline*) und Olivenöl (*masline ulje*) von der Küste sind hier erhältlich. Auf dem großen **Fischmarkt** (*ribarnica*)

hinten in der Ecke sind vielerlei einheimische Fischarten und Krustentiere erhältlich – absolut frisch natürlich.

Nun geht es in den **überdachten Bereich** hinunter, wo an Ständen frisches und getrocknetes Fleisch feilgeboten werden, außerdem Eingelegtes, Käse und Milchprodukte. Hier bekommt man auch *paški sir,* den bekannten Schafskäse von der Insel Pag, allerlei andere Käsesorten sowie *pršut* (Räucherschinken aus Dalmatien) und *kulen* (slawonische Wurst). Lecker ist auch das frische Brot aus mehreren Getreidearten.

Um einen Irrtum aufzuklären: Gefeilscht wird hier ebenso wenig wie im Supermarkt zu Hause.

Westlich davon ragt in einer schmalen Gasse, die zur Tkalčićeva führt, die Kirche **St. Maria** auf. Sie datiert ursprünglich aus dem 13. Jahrhundert, zu sehen ist jedoch größtenteils eine Rekonstruktion aus dem 18. Jahrhundert.

Kathedrale: Östlich vom Dolac ragt oben an der Straße, die an der Nordwestecke des Jelačić-Platzes abzweigt, die beeindruckende Kathedrale mit ihren Doppeltürmen auf – ein Wahrzeichen Zagrebs. Sie wurde im 11. Jahrhundert zu Ehren von Mariä Himmelfahrt errichtet. Nach der Zerstörung des Originalbauwerks im 13. Jahrhundert wurde das Gotteshaus in mehreren Etappen wieder aufgebaut; die neue Westfassade kam dann im 14. und 15. Jahrhundert hinzu. Ein Brandschaden im 17. Jahrhundert konnte durch ein neues Gewölbe behoben werden.

Nach dem Erdbeben von 1880, dem der Glockenturm aus dem

17. Jahrhundert zum Opfer fiel, wurde die Kathedrale unter der Regie von Herman Bollé (siehe Kasten S. 83) umfassend saniert; er restaurierte die gesamte Fassade und ergänzte die neugotischen Türme. Gleichzeitig wurde ein Rundturm vor der Kathedrale entfernt. Unlängst wurden die Türme nun für viele Jahre eingerüstet – zur gründlichen Reinigung und sorgfältigen Restaurierung.

Im Kircheninneren sind ein hölzernes Chorgestühl aus dem 16. Jahrhundert zu bewundern, ein dreiteiliges Altarbild (1495) von Albrecht Dürer und Objekte, die an Petar Zrinski und Krsto Frankopan erinnern, die beiden Adeligen, die nach einem fehlgeschlagenen Aufstand gegen die Österreicher 1664 hingerichtet wurden; die zwei Männer sind auf dem Fünf-Kuna-Geldschein dargestellt. Interessant sind ferner die riesige Orgel (1855) und an der Westwand eine glagolitische Inschrift von 1941.

Zagreb-Card

Wer sich eine Weile in Zagreb aufhalten und auch mehrere Museen besuchen möchte, sollte den Erwerb der Zagreb-Card (www. zagrebcard.fivestars.hr) in Erwägung ziehen. Die Karte wird in Hotels und vielen Geschäften verkauft, ist aber auch online erhältlich und verschafft dem Inhaber eine erhebliche Ermäßigung auf Eintrittskarten in Museen (bis zu 50 Prozent), auf Theaterkarten,

kostenlose Trambahn- (ZET) und Busfahrten in der Innenstadtzone sowie einen geringfügigen Nachlass (10 Prozent) in einigen Restaurants. Die Ermäßigung ist allerdings häufig an Barzahlung geknüpft. Die Zagreb-Card ist in zwei Varianten erhältlich: für 24 Stunden (€€) oder für 72 Stunden (€€€) ab dem jeweils gewählten Zeitpunkt.

Die Kathedrale beherbergt auch das **Grabmal von Kardinal Alojzije Stepinac** (1898–1960), dem Erzbischof von Zagreb von 1937, mit einer Skulptur von Ivan Meštrović. Der umstrittene Stepinac bezog anfangs nicht eindeutig Position gegen die Grausamkeiten

INSIDERTIPP

In der Ilica Straße finden sich viele Cafés und tolle Geschäfte, die italienische Schuhe führen, aber auch die Boutique Axa Moda (Ecke Dežma nova), die in einem Tag ein maßgeschneidertes Kleid fertigt.

AMBER NICHOLSON
*National Geographic-
Mitarbeiterin*

der Nezavisna Država Hrvatska (NDH), der faschistischen Marionettenregierung, die während des Zweiten Weltkriegs Kroatien im Auftrag der Nazis regierte. Der Kirchenmann kritisierte später zwar das brutale Regime, wurde nach

Kriegsende aber zu fünf Jahren Zwangsarbeit verurteilt und dann in seinem Geburtsort Krašić bei Jastrebarsko (südwestlich von Zagreb) mit einem Ausgangsverbot belegt. Dennoch ernannte ihn Papst Pius XII. 1953 zum Kardinal.

Die Kathedrale steht mitten im Zentrum der einstigen mittelalterlichen Siedlung Kaptol, dem Erzrivalen von Gradec und Bischofssitz von 1094 (siehe S. 74f). Sie ist an drei Seiten von Wehranlagen umgeben, wuchtigen Rundtürmen aus dem 16. Jahrhundert.

Unmittelbar neben der Kathedrale steht das **Erzbischöfliche Palais** aus dem 18. Jahrhundert (nicht zugänglich) mit der **Kapelle des hl. Stefan** (Sv. Stjepan) und Freskenresten aus dem 14. Jahrhundert. In der Schatzkammer des Erzbischofs beeindruckt ein Umhang des ungarischen Königs Ladislaus aus dem 11. Jahrhundert.

Auf dem Platz vor der Kathedrale plätschert ein **Brunnen** von Herman Bollé, überragt von einer hohen Säule mit einer Darstellung der Jungfrau Maria; sie stammt von Anton Dominik Fernkorn (1813—78), der vor allem für seine Statue von Ban Josip Jelačić am Jelačić-Platz bekannt ist.

Donji Grad

Das moderne Zagreb erstreckt sich rund um den **Jelačić-Platz** (Trg Bana Jelačića), auf dem bis 1854 ein überaus betriebsamer Markt mit Namen Harmica stattfand, der in den 1920er Jahren nach Dolac verlegt wurde. Der Platz war bis Mitte des 20. Jahrhunderts in einem jämmerlichen Zustand und wurde zum Teil als Parkplatz genutzt. Sein heutiges Aussehen verdankt er einem 1979 ausgeschriebenen Architekturwettbewerb. Im Zuge der Umgestaltung wurden sämtliche Gebäude saniert und das gesamte Areal in eine Fußgängerzone umgewandelt.

In der Mitte imponiert das **Reiterstandbild von Ban Josip Jelačić** (1801–59; siehe Kasten S. 67); es stammt Anton Dominik Fernkorn (1813–78), einem österreichischen Bildhauer. Die 1866 vollendete Statue des Statthalters und Offiziers mit gezogenem Schwert schaute ursprünglich in die andere Richtung – nach Ungarn im Norden. Sie wurde unter Tito entfernt, als der Platz in Platz der Republik umbenannt wurde und Jelačić als Kollaborateur mit Österreich-Ungarn in Ungnade fiel. Seitdem das Standbild 1991 wieder aufgestellt wurde, blickt die Statue gen Süden nach Knin, einer schwer umkämpften Stadt in Dalmatien, die damals von den Serben belagert wurde.

Die Ilica entlang: Vom Jelačić-Platz verläuft gen Westen die Einkaufsstraße **Ilica**. Sie führt am **Britischen Platz** (Britanski Trg) mit

Beim Internationalen Folklore Festival, das jedes Jahr im Juli in Zagreb stattfindet, sind viele schöne Trachten zu bewundern

Miroslav und Bela Krleža Gedenkmuseum

🅰 65
✉ Krlezin Gvozd 23
☎ 014 834 922
🕐 Mi–Mo geschl.
💲 €

Kroatisches Zentrum der Visuellen Künste

🅰 59
✉ Trg Zrtava Fasizma bb
☎ 014 611 818
💲 €
www.hdlu.hr

seinem kleinen Gemüse- und Antiquitätenmarkt vorbei in die westlichen Vorstädte Zagrebs hinaus. Nördlich des Britischen Platzes erstreckt sich das hübsche Waldgebiet **Zelengaj;** hinter den Gebäuden nordwestlich der Kreuzung Ilica/Frankopanska liegt der grüne **Tuškanac** (Stadtwald). Am unteren Ende des Tuškanac beeindruckt die **Statue von Miroslav Krleža** (1893–1981), der als einer der größten kroatischen Schriftsteller des 20. Jahrhunderts gilt. Krležas ehemaliges Domizil, die Villa Rein, befindet sich gleich auf der anderen Straßenseite – heute das **Miroslav und Bela Krleža Gedenkmuseum** mit Stilmöbeln und der Bibliothek Krležas; das Haus gehört mit zum Stadtmuseum Zagreb (siehe S. 62). Am oberen Ende des Tuškanac beeindruckt in einem Park am Rand von Zelengaj ein weiteres Monument: die **Statue von Vladimir Nazor** (1876–1949), einem kroatischen Dichter, Politiker und Partisanen.

Östlich des Jelačić Platzes:

Am Ende der Palmotićeva verläuft die **Stara Vlaška;** hier befanden

sich im ausgehenden 18. Jahrhundert ein Waisenhaus und eine Druckerei, in der Bücher auf „Illyrisch" gedruckt wurden — also auf Kroatisch und nicht auf Deutsch oder Ungarisch, die beiden Sprachen, die der Bevölkerung aufgezwungen wurden. Es finden sich hier heute noch mehrere alte Geschäfte und Häuser. Übrigens wurden das Waisenhaus und die Druckerei mit Geldern von Maksimiljan Vrhovac finanziert, dem Zagreber Bischof, der sein Amt in den 1790er Jahren bekleidete und dem die Stadt auch einen der größten öffentlichen Parks, den Maksimir (siehe S. 83), verdankt.

An der Ecke der Stara Vlaška erhebt sich die **Statue von August Šenoa** (1838–81). Der kroatische Dichter kam in dieser Straße zur Welt und war als Beamter und später Senator von Zagreb bis zum Erdbeben 1880 tätig. Šenoa lehnt lässig an einer Säule, auf der eines seiner Gedichte über die Stadt geschrieben steht.

Ein paar Blocks in Richtung Südosten befindet sich am **Platz der Opfer des Faschismus** (Trg Žrtava Fašizma) das **Kroatische**

Stadt der Museen

Zagreb kann mit vielen hervorragenden Museen und Galerien aufwarten, darunter das schöne **Meštrović Atelier** (siehe S. 61f) in Gornji Grad, das sich niemand entgehen lassen sollte, selbst wenn er kein Fan von Meštrović ist. Außerdem locken das **Archäologische Museum** (siehe S. 73 und 76) in der Praška mit dem Original der Vučedol Taube (siehe S. 117), das **Ethnografische Museum** (siehe S. 79) mit einer beeindruckenden

Sammlung alter Trachten und Spitzen, die **Moderne Galerie** (siehe S. 77) mit ihrer unvergleichlichen Sammlung kroatischer Kunst aus dem 19. und 20. Jahrhundert sowie die **Kroatische Akademie der Wissenschaften und Künste** (siehe S. 77) mit dem Original der Tafel von Baška (siehe S. 164). Als Informationsquelle empfiehlt sich die Website (www.mdc.hr) über virtuelle Museen in Kroatien.

Zentrum der Visuellen Künste
(Dom Hrvatskih Likovnih Umjetnika). Der große Rundbau von Ivan Meštrović wurde in den 1930er Jahren errichtet; zu sehen sind Wechselausstellungen. Unter Tito wurde das Gebäude – mit Minaretten – als Moschee genutzt. Heute hat es sich angeblich Präsident Tuđman als sein Mausoleum auserkoren.

Wieder auf dem Jelačić-Platz beeindruckt an der Ecke Draškovićeva/Račkoga die **Kroatische Nationalbank**; in der Jurišićeva befindet sich die elegante **Hauptpost** von Zagreb, 1902 bis 1904 von Greiner und Varoing mit nur einem Obergeschoss errichtet; die zweite Etage kam später hinzu.

Grünes Hufeisen

Wer vom Jelačić-Platz gen Süden in die Praška einbiegt, gelangt an die Ecke des **Zrinjevac-Platzes** (auch: Zrinjevac, Zrinski Trg und Trg Nikole Šubića Zrinskog genannt), wo das Zeleni Potkov, das sogenannte Grüne Hufeisen beginnt — mehrere gepflegte Grünanlagen und Parks, die sich durch die gesamte Innenstadt ziehen. Sie wurden nach dem Erdbeben von 1880 von Milan Lenuči (1849 bis 1924) geplant und umfassten auch diverse elegante Gebäude wie die Akademie der Wissenschaften und Künste (siehe S. 77) und das Kroatische Nationaltheater (siehe Kasten S. 80). Das „Hufeisen" verläuft südlich der Zrinjevac zum Hauptbahnhof, dann nach Westen durch den Botanischen Garten und gen Norden zum Marschall-Tito-Platz – bis heute eine fast durchgehende grüne Oase im Herzen der Stadt.

Statue von August Šenoa in der Stara Vlaška

Rechts vom Zrinjevac-Platz befindet sich ein Stück Richtung Süden das **Archäologische Museum** mit einer faszinierenden Sammlung, die einen Bogen von der Frühzeit bis zum Mittelalter schlägt, darunter Inschriften aus den antiken griechischen Kolonien an der Adria, Schmuck, Keramik, eine umfassende Münzsammlung sowie eine Sammlung mit alten pharmazeutischen Geräten.

Zu den bedeutendsten Exponaten zählen der Bronzekopf einer jungen Frau aus Salona (möglicherweise ein Porträt der römischen

(Fortsetzung S. 76)

Archäologisches Museum

🅰 65
✉ Zrinski Trg 19
☎ 014 873 101
🕐 Mo geschl.
💲 €

www.amz.hr

Zwei Städte, eine Geschichte

Zagreb bestand ursprünglich aus zwei Ortschaften: Gradec und Kaptol. Jahrhundertelang waren sich die beiden nur durch den Bach Medveščak getrennten Siedlungen wenig gewogen. In den 1930er Jahren, als sich das heutige Zagreb entwickelte, wurde dieser strittigen Trennungslinie schließlich der Garaus gemacht: Der Bach wurde umgeleitet, das Flussbett zugeschüttet, und anstelle des Bachlaufs entstand eine Straße, die Tkalčićeva. Die beiden Orte vereinten sich schließlich zu Gornji Grad, und Zagreb breitete sich auch auf die tiefer liegenden Gebiete aus.

Goldene Engel sind vor dem Erzbischöflichen Palais in Kaptol zu bewundern

Die mittelalterliche Siedlung Kaptol, die sich einst rund um die Kathedrale gen Norden erstreckte, ist der älteste Teil Zagrebs. Erste schriftliche Aufzeichnungen aus dem 11. Jahrhundert belegen, dass König Ladislaus von Ungarn Kaptol 1094 zum Bischofssitz erhob.

Das etwas jüngere Gradec in unmittelbarer Nachbarschaft baute seine Wehranlagen immer weiter aus, um sich vor Kaptol, aber auch vor anderen Feinden zu schützen. 1242 erhielt Gradec vom ungarischen König Bela IV. den Status einer freien Stadt verliehen und präsentiert sich bis heute als geschlossenes Viertel, das den größten Teil der Oberstadt aus dem

19. Jahrhundert einnimmt. Kaptol, das Areal rund um die Kathedrale, lässt seine ehemaligen Strukturen nicht mehr eindeutig erkennen.

Handelszentren

Beide Siedlungen waren früher strategisch von großer Bedeutung, denn sie lagen an der Kreuzung mehrerer Handelsstraßen. Der Bach Medveščak versorgte beide Orte mit Wasser und betrieb auch mehrere Getreidemühlen.

Die beiden wichtigsten Ereignisse im Leben der einstigen Bewohner von Gradec und Kaptol waren zwei alljährlich abgehaltene Märkte von jeweils zwei Wochen. Gradec erhielt von Ungarn bereits 1256 die Erlaubnis, auf dem Hauptplatz an der Markuskirche einen Markt abzuhalten, Kaptol für seinen Kraljevo-Markt erst später.

Die Rivalität, die zwischen den beiden Siedlungen bestand, artete bisweilen sogar in blutige Kämpfe aus, etwa 1396, als die beiden Orte am Medveščak aneinandergerieten — an dieser Stelle zweigt heute eine Straße von der Tkalčićeva ab, die Krvavi Most („Blutige Brücke"). Später, als der Ban (Statthalter) aus Sicherheitsgründen seine Residenz von Kaptol nach Gradec verlegte, nahm diese Rivalität langsam ab. Kaptols politische Bedeutung ging zurück, seine religiöse Vormachtstellung blieb hingegen erhalten.

Historische Relikte

Im Gegensatz zu Gradec verfügte Kaptol anfangs nicht über Wehranlagen, weshalb ein Großteil der Siedlung – auch die Kathedrale – in der Mitte des 13. Jahrhunderts der Zerstörung durch die Mongolen anheimfiel. Der Ort erhielt erst im 15. Jahrhundert die Erlaubnis, zum Schutz vor den vorrückenden Osmanen Wehranlagen zu erbauen, die im 19. Jahrhundert jedoch fast vollständig abgerissen wurden. Früher befand sich zwischen dem Jelačić-Platz und der Kathedrale ein Stadttor; zwischen der Franziskanerkirche von Kaptol und der Tkalčićeva sind nur Spuren zu erahnen.

Die ursprünglich dreieckige Form von Gradec lässt sich noch gut erkennen, da es in seiner Anlage dem Hügel entspricht, auf dem die Siedlung erbaut wurde. Die Ausdehnung von Kaptol erschließt sich dagegen nicht so einfach. Die Straße, die von der Kathedrale Richtung Norden führt, heißt noch heute Kaptol; diese war einst vermutlich von unzähligen mittelalterlichen Kanonen bestanden, doch nichts hat überdauert, mit Ausnahme der Franziskanerkirche. Das angrenzende Viertel Dolac fiel in den 1920er Jahren der Abrissbirne anheim, um Platz für den Markt (siehe S. 68f) zu schaffen. Einige Gebäude in der Opatovina, die hinter dem Markt parallel zur Kaptol verläuft, lassen noch etwas von der Pracht des 18. Jahrhunderts erahnen. Die Franziskanerkirche wurde im 13. Jahrhundert errichtet, wobei das derzeitige Gebäude aus dem 17. Jahrhundert datiert und im 19. Jahrhundert von Herman Bollé (siehe Kasten S. 83) restauriert wurde.

Die Unterstadt entstand ab dem 18. Jahrhundert auf ehemaligem Ackerland. Aufgrund der ehrgeizigen Stadtplanung in den 1880er Jahren verlagerte sich der Fokus allmählich nach Süden. Der ehemalige Viehmarkt von Harmica wurde später der Jelačić-Platz, und vor nicht allzu langer Zeit entstand die Vorstadt Novi Zagreb (Neuzagreb) am anderen Ufer der Sava.

ERLEBNIS: Auf Schienen unterwegs

Mit den **Trambahnen** (tramvaj) von Zagreb können Besucher völlig unproblematisch die Ober- und Unterstadt erkunden und auch zu weiter entfernten Sehenswürdigkeiten gelangen. Außerdem bietet so eine gemütliche Fahrt Gelegenheit, sich unters Volk zu mischen und sich für kurze Zeit selbst einmal wie ein Zagreber zu fühlen. An allen Haltestellen finden sich informative Fahr- und Routenpläne.

Seit 2009 sind Fahrten in der Innenstadt von Zagreb kostenlos. Tickets für längere Strecken (€) sind beim Fahrer oder – etwas billiger – an den Zeitungskiosken erhältlich. Damit der Fahrschein gültig ist, muss er an den Automaten in Tram oder Bus entwertet werden. Von diesem Zeitpunkt an kann er in einer Richtung zwei Stunden auf unterschiedlichen Strecken benutzt werden, und zwar in Bus und Tram in der Innenzone. In Zagreb sind Trambahnen mehrerer Generationen unterwegs, von alten, eckigen Modellen bis hin zu schnittigen neueren Vehikeln. Das Trambahn- und blaue Stadtbusnetz untersteht der staatlichen Transportbehörde ZET (www.zet.hr/english.aspx).

Die Statue von König Tomislav verschönt den gleichnamigen Platz

Kaiserin Plautilla), die außergewöhnliche Statue des Apoxyomenos (im Meer bei Lošinj gefunden) sowie eine Inschrift aus dem 9. Jahrhundert, die den kroatischen Prinzen Branimir erwähnt. Im Museum befindet sich auch die **Vučedol Taube (**Vučedolska Golubica); die berühmte Tonfigur wurde bei Vukovar entdeckt und gilt als eines der herrlichsten Artefakte aus der Zeit der Vučedol-Kultur (siehe S. 116f). Das Museum ist im früheren Vranyczány-Hafner Palais untergebracht, von F. Kondrat im Stil der Neurenaissance entworfen und 1879 vollendet.

Das Archäologische Museum gehörte ursprünglich zum Nationalmuseum – dem ältesten Museum Zagrebs, das 1846 gegründet wurde und in Gornji Grad in einem Palais untergebracht war, in dem sich heute das Museum für Naturgeschichte (siehe S. 62) befindet. 1939 wurde das Archäologische Museum als eigenständiges Museum konzipiert und zog schließlich 1945 in sein heutiges Domizil um.

Hinter dem Museum lockt im Garten ein kleines Café; die Gäste sitzen inmitten von alten Sarkophagen und Überresten antiker Steinmetzarbeiten. Am nördlichen Ende des Zrinjevac-Platzes befindet sich eine kleine Wetterstation, die ein hiesiger Arzt 1884 spendete, und ein Stück weiter Richtung Süden beeindruckt ein großer Brunnen, der von dem Künstler stammt, der diese Stadt am meisten geprägt hat: Herman Bollé.

Richtung Süden bis zum Bahnhof:
Südlich des Zrinjevac-Platzes erstreckt sich der **Strossmayer Platz** (Trg J. J. Strossmayera); an seinem nördlichen Ende beeindruckt die **Akademie der Wissenschaften und Künste**, ein Gebäude im Stil der Neorenaissance von 1880. In der Eingangshalle ist die **Tafel von Baška** zu bewundern, eines der bedeutendsten historischen Dokumente Kroatiens. Die Tafel hält die Landschenkung des kroatischen Königs Zvonimir im 11. Jahrhundert auf der Insel Krk (siehe S. 162) fest.

Im Obergeschoss des Gebäudes ist die **Strossmayer Galerie der Alten Meister** zu Hause; zu bewundern sind Werke aus dem 14. bis 19. Jahrhundert von Fra Angelico und Pieter Brueghel dem Jüngeren, aber auch von kroatischen Künstlern.

Juraj Strossmayer, dem ehemaligen Bischof von Đakovo (siehe S. 111) kommt bei der Gründung der Akademie der Wissenschaften und Künste eine besondere Bedeutung zu – viele Werke in der Strossmayer Galerie stammen aus seiner eigenen Sammlung. Eine schöne Statue von Ivan Meštrović, die den Bischof darstellt, steht hinter der Akademie – und würdigt diesen großen Mann.

An der Ecke Strossmayer Platz/Hebrangova präsentiert die **Moderne Galerie** (Moderna Galerija) eine Sammlung von Werken kroatischer Künstler aus dem 19. und 20. Jahrhundert, die ihresgleichen sucht. Einige Namen klingen vertraut — Vlaho Bukovac, Ivan Meštrović, Frano Kršinić —, andere weniger, aber beeindruckend ist die Sammlung in jedem Fall. Sie befindet sich in einem neubarocken Palais aus dem späten 19. Jahrhundert – das ehemalige Domizil von Baron Lujo Vranyczány. Das Gebäude wurde in den 1990er Jahren restauriert; zwei Etagen hat man dabei als Galerie umgestaltet.

Akademie der Wissenschaften und Künste
- 🅰 65
- ✉ Trg Nikole Šubića Zrinskog 11
- ☎ 014 895 111
- 🕐 Mo geschl.
- 💲 €

info.hazu.hr

Strossmayer Galerie der Alten Meister
- ✉ Zrinskog 11
- ☎ 014 813 344
- 🕐 Mo geschl.
- 💲 €

www.mdc.hr/strossmayer

Moderne Galerie
- 🅰 65
- ✉ Andrija Hebrangova 1
- ☎ 016 041 040
- 🕐 Mo geschl.
- 💲 €€

www.moderna-galerija.hr

Das Reiterstandbild von König Tomislav

Die Statue von König Tomislav vor dem Zagreber Hauptbahnhof wurde nach dem Ersten Weltkrieg konzipiert, als sich Kroatien von der jahrelangen österreichischen Herrschaft emanzipierte – ein Projekt, das unter den Österreichern völlig undenkbar gewesen wäre. Der Zeitpunkt fällt mit dem 1000 Jahrestag der Krönung Tomislavs im Jahr 925 zusammen.

Aufgrund politischer Unsicherheiten und fehlender Gelder konnte die Statue allerdings erst 1933 vollendet werden. Es sollte weitere 14 Jahre dauern, bis sie schließlich 1947 auf ihrem Sockel zu stehen kam. Der Bildhauer Robert Frangeš war damals bereits verstorben, und aus dem Königreich Serbien, Kroatien und Slowenien, war Titos Jugoslawien geworden.

Botanischer Garten

⚠ 65

✉ Marulićev Trg 9a

☎ 014 898 060

🕐 Dez.–Mai geschl.

💲 € (Pavillon)

hirc.botanic.hr/vrt/ home.htm

Konzertsaal Lisinski

⚠ 59

✉ Trg Stjepana Radića 4

☎ 016 121 111

💲 €–€€€€€

www.lisinski.hrr

Kroatisches Staatsarchiv

⚠ 65

✉ Marulićev Trg 21

☎ 014 829 000

🕐 Mo geschl.

💲 €

www.arhiv.hr

Südlich des Strossmayer Platzes liegt der **Tomislav-Platz** (Tomislavov Trg) mit einem Kunstpavillon im Stil der Sezession, der ursprünglich für die Weltausstellung in Budapest 1896 erbaut worden war und zwei Jahre später nach Zagreb zurückgebracht wurde. An der Südseite des Tomislav-Platzes beeindruckt das gewaltige **Reiterstandbild von König Tomislav,** Kroatiens erstem König (siehe Kasten S. 77) – es sticht sofort ins Auge, wenn man aus dem Bahnhof tritt.

Südlich des Tomislav-Platzes befindet sich der **Hauptbahnhof** (Glavni Kolodvor). Zagreb war zwar schon 1862 mit dem Zug erreich-

INSIDERTIPP

Das Grüne Hufeisen besteht aus acht Parks, angelegt in U-Form. Sie sind wunderschön – allerdings empfiehlt es sich, jede Menge Insektenschutzmittel einzustecken. In den Grünanlagen und an den Seen brüten mehrere der 20 in Kroatien heimischen Mückenarten.

CAROLINE HICKEY
National Geographic-Lektorin

bar, das riesige neoklassizistische Gebäude wurde jedoch erst 1892 vollendet. Der Entwurf stammt von dem ungarischen Architekten Ferenc Pfaff, der auch für zahlreiche andere Bahnhöfe in Ungarn sowie in Rijeka und Osijek verantwortlich

zeichnet. Der Hauptbahnhof von Zagreb lag an der Route des *Orient Express* von Paris nach Istanbul.

An der Südseite des Bahnhofs gelangt man durch eine unterirdische Mall zum Konzertsaal **Lisinski**, Zagrebs bester Adresse in Sachen klassischer Musik. Der Saal wurde 1973 erbaut und ist nach dem kroatischen Komponisten Vatroslav Lisinski (1819–54) benannt, der 1846 die erste kroatische Oper schrieb.

Weitere Grünflächen: Westlich des Bahnhofs liegt an der Mihanovićeva der **Botanische Garten** (Botanički Vrt). Er wurde 1889 unter der Leitung von Antun Heinz von der Universität Zagreb im Stil eines englischen Landschaftsgartens konzipiert – mit sich dahinschlängelnden Wegen, Teichen, Gewächshäusern und einem Ausstellungspavillon. Am interessantesten sind die drei Steingärten mit endemischen Pflanzenarten, unterteilt in Karst-, mediterrane und submediterrane Pflanzen.

Gegenüber vom Botanischen Garten liegt der **Marulić-Platz** (Marulićev Trg), benannt nach einem Spliter Schriftsteller aus dem 15. Jahrhundert; hier beginnt der Westteil des Grünen Hufeisens.

Am Südende des Platzes befindet sich das **Kroatische Staatsarchiv** (Hrvatski Državni Arhiv) im wohl schönsten Art Nouveau-Gebäude Kroatiens. Der hiesige Architekt Rudolf Lubyinski (1873–1935) errichtete das herrliche Gebäude von 1911 bis 1913, wobei er erstmals in Zagreb auch Beton verwendete. Auf dem Dach tragen riesige Eulen Weltkugeln. Am Eingang zeigen vier Reliefs von Robert Frangeš

Die Skulptur „Brunnen des Lebens" von Ivan Meštrović ist vor dem Kroatischen Nationaltheater zu bewundern

die vier Traditionswissenschaften Philosophie, Medizin, Jura und Theologie. Innen beeindrucken ein riesiges Gemälde von Vlaho Bukovac, dazu Jugendstillüster, Wandmosaiken und Buntglasfenster. Das Gebäude beherbergte bis 1995 die National- und Universitätsbibliothek, die dann ihr neues Domizil südlich vom Bahnhof am Fluss Sava bezog. An der Südseite des Gebäudes steht eine **Skulptur von Marko Marulić** (1450–1524).

Kunstwerke: Nördlich des Marulić-Platzes liegt der **Mažuranić-Platz** (Trg Mažuranića), der nach dem kroatischen Dichter, Sprachwissenschaftler und Politiker Ivan Mažuranić (1814–90) benannt ist. Der große Reformator Mažuranić war gezwungen, von 1873 bis 1880 im Exil zu leben; er ist auf dem 100-Kuna-Geldschein abgebildet.

An der Westseite des Mažuranić-Platzes befindet sich das hervorragende **Ethnografische Museum** (Etnografski Muzej) in einem weitläufigen Palais aus dem Jahr 1904. Das Museum verfügt über eine herausragende Sammlung von Trachten aus dem späten 19. und frühen 20. Jahrhundert, die aus ganz Kroatien zusammengetragen wurden, zudem werden traditionelle Spitzen von der Insel Pag (Čipka-Spitze), aus Lepoglava in Hrvatsko Zagorje und aus Dubrovnik präsentiert. Zu bewundern sind ferner Schmuck, Musikinstrumente und Exponate, die sich mit der Land- und Viehwirtschaft beschäftigen, sowie einige Objekte, die nicht aus Kroatien stammen.

Hinter dem Mažuranić-Platz liegt der Marschall-Tito-Platz mit dem **Kroatischen Nationaltheater** (Hrvatsko Narodno Kazelište;

Ethnografisches Museum

🅰 65
✉ Trg Mažuranića 14
☎ 014 826 220
🕐 Mo geschl.
💲 €

www.emz.hr

Kroatisches Nationaltheater

🅰 65
✉ Trg Maršala Tita 15
☎ 014 888 418
💲 €€€

www.hnk.hr

Museum für Kunsthandwerk und Gewerbe

🏛 65

✉ Trg Maršala Tita 10

☎ 014 882 111

🕐 Mo geschl.

💲 €€

www.muo.hr

Mimara Museum

🏛 65

✉ Rooseveltov Trg 5

☎ 014 828 100

🕐 Mo geschl.

💲 €€

abgek. HNK) inmitten von bunten Blumenbeeten. Das große neobarocke Gebäude wurde 1895 vollendet und ist das Werk der beiden Wiener Architekten Hermann Helmer und Ferdinand Fellner, die noch zahlreiche andere berühmte Bühnen schufen, beispielsweise das Konzerthaus und das Burgtheater in Wien sowie die Oper in Odessa. Bei einem Zagrebbesuch sollte eine Opern-, Theater- oder Ballettvorstellung keinesfalls fehlen (siehe Kasten unten).

Vor dem Theater ist die Skulptur **„Brunnen des Lebens"** (1905) von Ivan Meštrović zu bewundern; sie stammt aus der Zeit, als der Bildhauer mit den Wiener Sezessionisten ausstellte. Auf der anderen Seite der Masarykova will vor dem Gebäude der Juristischen Fakultät eine Kopie des berühmtesten Werks von Meštrović bestaunt werden, seine **„Mutter der Kroaten"**(1932) — eine sitzende Frauenfigur mit überschlagenen Beinen, die eine Steintafel mit glagolitischer Inschrift hält.

An der Westseite des Platzes befindet sich das **Museum für Kunsthandwerk und Gewerbe** (Muzej za Umjetnost i Obrt). Das Gebäude, das früher ein Museum und eine Kunstschule beherbergte, erbaute Herman Bollé von 1888 bis 1892. Seit 1999 dient es ausschließlich als Museum. Aus der riesigen Sammlung von rund 160 000 Objekten sind Keramik, Glas, Möbel, sakrale Kunst und Textilien ausgestellt, die der Entwicklung von Kunsthandwerk und Gewerbe vom Mittelalter bis zum 20. Jahrhundert nachspüren.

Östlich des Tito-Platzes

Nur ein kleines Stück von der Südwestecke des Marschall-Tito-Platzes steht am **Roosevelt-Platz** (Rooseveltov Trg) eine weitere **Statue des hl. Georg mit dem Drachen**, die viel lebendiger wirkt als die am Steinernen Tor (siehe S. 65). An diesem Platz ist auch das riesige **Mimara Museum** (Muzej Mimara) von Anton Dominik Fernkorn zu Hause. Es wurde 1895 als weiterführende

---

ERLEBNIS: Kunstgenuss

Wer sich in Zagreb aufhält, sollte unbedingt im **Kroatischen Nationaltheater** am Marschall-Tito-Platz eine Oper, ein Konzert oder ein Ballett besuchen. Auf der Bühne geben allabendlich Schauspieler, Musiker oder Tänzer abwechselnd ihr Können zum Besten. Die Preise der Eintrittskarten (€€–€€€€) sind im Vergleich zu anderen europäischen Großstädten moderat. Da das Programm ständig wechselt, besteht sogar die Möglichkeit, während des Zagreb-Aufenthaltsmehr als eine Vorstellung zu besuchen.

Empfehlenswert ist sonntags die Matinee (online abfragbar), die Kammermusik mit Kaffee und Kuchen kombiniert. Einen schönen Konzertabend kann man aber auch im Konzertsaal **Lisinski** (www.lisinski.hr) südlich des Bahnhofs erleben.

Vor der Vorstellung empfiehlt es sich, im **Kazaliske Kavana** am Marschall-Tito-Platz noch einen Drink zu nehmen; dort hielten schon Anfang des 20. Jahrhunderts Dichter wie Antun Gutav Matos und Tin Ujevic Hof.

Schule errichtet und 1986 in ein Museum umfunktioniert, das nun die Sammlung kroatischer Kunst von Ante Topić Mimara birgt. Präsentiert werden 1500 Objekte – von Perserteppichen bis zu antikem Glas, aber auch Werke von Velásquez, Raphael und Goya.

An der Nordwestecke des Marschall-Tito-Platzes lockt ein hübsches Café, das Kazališke Kavana, in dem sich früher die Literaten der Stadt trafen. Östlich vom Marschall-Tito-Platz steht in der Masarykova/Ecke Preradovićeva die **Statue von Nikola Tesla** (1856–1943, siehe Kasten S. 233) von Meštrović. Der Elektroingenieur legte den Grundstein für die moderne Stromversorgung. Wer hier rechts abbiegt, gelangt zu einem kleinen Café hinter dem Archäologischen Museum.

Links schließt sich der **Blumen-Platz** (Cvjetni Trg) an, einer der schönsten Plätze der Stadt mit zahlreichen einladenden Cafés. An der Nordseite erhebt sich die **Statue von Petar Preradović** (1818–72), einem kroatischen Dichter und Offizier im österreichischen Regiment; das Werk stammt von dem bedeutenden kroatischen Bildhauer Ivan Rendić; dahinter ragt die orthodoxe **Kirche der Heiligen Transfiguration** auf.

Das **Europa Kino** an der Westseite des Platzes zählt zu den besten der Stadt. In der Varšavska, die hier am Platz abgeht, befindet sich die **Statue von Tin Ujević** (1891–1955), dem hochgeschätzten kroatischen Dichter, der aufgrund seines unkonventionellen Lebensstils Belgrad verlassen musste; er war Stammgast im Kazališke Kavana an der Ecke des Marschall-Tito-Platzes.

INSIDERTIPP

Bummeln Sie die Nikola Tesla Straße (Telina Ulica) in Donji Grad entlang, setzen Sie sich in ein Café und fragen Sie einen der Einheimischen: „Also wer ist eigentlich dieser Tesla?" – selbst wenn Sie die Antwort wissen.

MICHAEL CALDWELL
National Geographic-Stipendiat

Rechts verläuft die Bogovićeva, eine weitere zur Fußgängerzone umgestaltete Straße mit Cafés, Geschäften und Eisdielen. Hier befindet sich die Skulptur **„Gelandete Sonne"**, ein Werk von Ivan Kožarić (1873–1914), dessen besser bekannte Figur des Dichtes Antun Gustav Matoš am Rand von Gornji Grad auf einer Bank sitzt. Kožarić's „Gelandete Sonne" bildet den Mittelpunkt einer Reihe von Skulpturen von Planeten und Sonnensystemen, die der Künstler Davor Preis in jüngster Zeit kreierte. Sie sind über die Vorstädte Zagrebs verstreut und weisen alle den korrekten Maßstab und die richtige Entfernung zu einer „Sonne" in Bogovićeva auf. Vom Blumen-Platz gehen zahlreiche Seitenstraßen ab; wer auf der Suche nach einem Andenken ist, bummelt durch die Bogovićeva mit vielen Ständen, an denen oft Kunst und Kunsthandwerk feilgeboten werden. Am Ende der Bogovićeva geht es über die Gajeva vorbei am Hotel Dubrovnik wieder zurück zum Jelačić-Platz. ■

Außerhalb des historischen Zentrums

Alles, was in Zagreb interessant ist, liegt im Umkreis von Gornji Grad, Kaptol und dem Hauptbahnhof. Aber auch außerhalb des Stadtzentrums warten diverse Sehenswürdigkeiten: weitläufige Parks, die neueste Kunstgalerie der Stadt und der historische Friedhof Mirogoj.

Ein bei Familien beliebter Tagesausflug ist der Besuch des weitläufigen Maksimir-Parks im Westen Zagrebs

Friedhof Mirogoj

Der Friedhof Mirogoj *(Mirogoj 10, Tel. 014 696 700)* ist von Kaptol nur ein paar Bushaltestellen (Nr. 106) entfernt und einer der stimmungsvollsten Orte Zagrebs. Das Flair dieser Totenstadt erinnert an den Wiener Zentralfriedhof oder den Pariser Cimetière Père Lachaise. Der Friedhof wurde auf dem ehemaligen Grund und Boden des Begründers der Illyrischen Gesellschaft, Ljudevit Gaj, nach dessen Tod 1872 angelegt; zu diesem Zeit-

punkt waren die meisten Friedhöfe der Stadt voll. Der Entwurf stammt von Herman Bollé (siehe Kasten gegenüber). Die erste Beerdigung fand 1876 statt.

Der Friedhof besteht aus vier Arealen, dem katholischen, orthodoxen, jüdischen und protestantischen, durch die sich breite Wege schlängeln; hübsche Arkaden mit Kuppeln zieren die von Efeu überwucherten Mauern.

Viele kroatische Literaten liegen hier begraben, darunter Tin Ujević,

Miroslav Krleža und Antun Gustav Matoš, aber auch bekannte Politiker – von Stjepan Radić, dem Führer der Kroatischen Bauernpartei, der 1928 im Parlament in Belgrad erschossen wurde, bis hin zu Franjo Tuđman, dem Präsident Kroatiens während des letzten Krieges; er war von 1990 bis zu seinem Tod 1999 im Amt.

Auf dem Friedhof gibt es unzählige Skulpturen der renommiertesten Bildhauer des Landes zu bewundern: von Ivan Meštrović (Grabmal der Familie Rittig), von Robert Frangeš-Mihanović – von ihm stammt auch das Denkmal König Tomislavs vor dem Hauptbahnhof – sowie von Ivan Rendić und Antun Augustinčić, der im Jüdischen Viertel den Moses geschaffen hat.

Maksimir

Zagreb kann auch außerhalb des historischen Zentrums mit vielen Parks aufwarten. Östlich vom Jelačić-Platz erstreckt sich gegenüber dem Fußballstadion Dinamo Maksimir eine 316 Hektar große Park-

landschaft, nur ein paar Tramhaltestellen vom Zentrum entfernt. Der Park wurde von Maksimiljan Vrhovac, dem Zagreber Bischof, der sein Amt von 1787 bis 1827 bekleidete, ins Leben gerufen. Er stiftete Ende des 18. Jahrhunderts einen Großteil seines Landbesitzes, um einen öffentlichen Park zu schaffen, der nun seinen Namen trägt.

Eigentlich sollte der Park im Stil eines klassischen französischen Gartens gestaltet werden, doch Vrhovacs Nachfolger Juraj Haulik

INSIDERTIPP

Dem Museum für Zeitgenössische Kunst in Novi Zagreb (siehe S. 84) sollten Sie unbedingt einen Besuch abstatten. Am Ende verlässt man es über eine Riesenrutsche – echt ungewöhnlich!

IVOR KARAVANIC
National Geographic-Stipendiat

Maksimir

- 🏔 59
- ✉ Maksimirski Perivoj bb
- ☎ 012 320 460
- 🚋 Tram 11 & 12

www.park-maksimir.hr

Herman Bollé: Zagreb neu erbaut

Der Wiederaufbau der Stadt nach dem Erdbeben von 1880 wird vor allem mit dem Bauingenieur Milan Lenuci (1849–1924), der das „Grüne Hufeisen" konzipierte, und dem österreichischen Architekten Herman Bollé (1845–1926) in Verbindung gebracht; dieser zeichnete für die Wiedererrichtung verschiedener Gebäude verantwortlich. Beiden Persönlichkeiten ist heute das architektonische Erbe der Stadt zu verdanken.

Am bekanntesten ist Bollé wohl für den Wiederaufbau der Kathedrale im neugotischen Stil, zu seinen Entwürfen gehörte aber auch das Museum für Kunsthandwerk und Gewerbe sowie der Friedhof Mirogoj (siehe S. 82f). In der ganzen Stadt ist seine Handschrift zu erkennen – von der Markuskirche bis hin zum Brunnen auf dem Zrinjevac-Platz. Auch andere Projekte in Kroatien gehen auf Bollé zurück, z. B. die Kathedrale von Križevci oder die Kirche der Jungfrau Maria in Marija Bistrice.

Bollé lebte bis zu seinem Tod in Kroatien. Gleich beim Eingang zum Friedhof Mirogoj steht seine Büste; die Straße vor dem Friedhof trägt seinen Namen: Hermanna Bolléa.

Zoo von Zagreb

◭ 59
✉ Maksimirski
  Perivoj bb
☎ 012 302 198
💲 €€

www.zgzoo.com

Museum für Zeitgenössische Kunst

◭ 59
✉ Avenija
  Dubrovnik 17
☎ 016 052 700
🕐 Mo geschl.
💲 €€

www.msu.hr

bevorzugte eine weniger formelle Anlage mit Spazier- und Kutschwegen, künstlichen Seen, einem Aussichtspunkt (Vidikovac) sowie dichten Wäldern.

Im Maksimir befindet sich auch der **Zoo von Zagreb.** Er wurde 1925 gegründet und beherbergt 275 Tierarten – über 2000 Tiere insgesamt. Die meisten leben in weitläufigen Gehegen. Der Zoo ist auf mehrere Inseln in einem künstlichen See verteilt. Er nimmt am Programm zum Erhalt gefährdeter Arten teil; Ziel ist es, seltene Tiere zu züchten, um sie später in freier Natur wieder heimisch zu machen.

Novi Zagreb

Das **Museum für Zeitgenössische Kunst** (Muzej Suvremene Umjetnosti) wurde 1954 gegründet und befand sich bis vor Kurzem noch im Palais Kulmer in Gornji Grad, das allerdings längst zu klein war. 2009 bezog das Museum dann seine neuen Räumlichkeiten am Fluss Sava.

Das Museum kann mit einer Sammlung moderner und zeitgenössischer Kunst aufwarten; das Spektrum reicht von kroatischen bis zu internationalen Künstlern verschiedenster Medien, darunter Fotografie, Film und Fernsehen.

Jarun: Im Südwesten der Stadt liegt der bei den Bewohnern beliebte künstliche See Jarun *(Tram 17 ab Jelačić Platz)*, der 1987 für die Universiade (internationale Jugendolympiade) mit Stränden, Fußgänger- und Radwegen sowie einigen Nachtclubs angelegt wurde.

Die Tiger im Zoo von Zagreb sind eine Attraktion, die viele Besucher begeistert

Medvednica & Medvedgrad

Die Medvednica, der bewaldete Berg, der am nördlichen Stadtrand von Zagreb aufragt, gehört zum **Naturpark Medvednica**. Er bietet gut ausgeschilderte Wanderwege und ist das beliebteste Ausflugsziel der Einheimischen am Wochenende (siehe Kasten). Der Name des Berges leitet sich von *medvjed*, „Bär", ab; die hier lebenden Bären wurden allerdings längst von Jägern ausgerottet. Wer nicht gut

INSIDERTIPP

Die Region Sljeme ist ideal zum Wandern, Mountainbiken und Skifahren. Wer im Januar hier ist, sollte sich das Snow Queen Trophy-Skirennen ansehen – im Slalom die Medvednica hinunter.

IVOR KARAVANIC
National Geographic-Stipendiat

zu Fuß ist, kann mit dem Auto auf den Gipfel fahren oder die Seilbahn nehmen, die an der Tramhaltestelle Mihaljevac abfährt (Achtung: Wegen Renovierung seit 2009 geschl.)

Es gibt mehrere Berghütten und nicht weit vom Gipfel ein großes Hotel, in dem sich die Wanderer stärken können. Die oberen Hanglagen sind im Winter beliebte Skigebiete. An einem schönen Tag besteht die Möglichkeit, die Medvednica zu überqueren und nach **Marija Bistrica** zu wandern, einer

ERLEBNIS:
Zu Fuß auf die Medvednica

Der Gipfel Sljeme ist mit 1033 Metern der höchste Punkt der Medvednica. Hier geht es dank Restaurant, Seilbahnstation, Parkplatz und dem nicht weit entfernten Tomislav Dom Hotel oft recht betriebsam zu. Wer Ruhe in unberührter Natur sucht, sollte westlich vom Tomislav Dom Hotel zur **PD Graficar-Berghütte** wandern – dort wartet ein wirklich leckeres Mittagessen (außer montags). Auf jeden Fall ist hier richtig, wer gern den Bohneneintopf *(grah)* probieren möchte. Beim Essen sitzt man draußen im Freien mit Mitgliedern des hiesigen Wandervereins zusammen. Nicht weit von der Hütte befindet sich die **Zrinski Mine**; hier wurde im Mittelalter Erz abgebaut. Die Mine wurde unlängst restauriert und steht nun am Wochenende zur Besichtigung offen *(€, www.pp-medvednica.hr)*.

Pilgerstätte, die mit Skulpturen bekannter kroatischer Künstler aufwartet (siehe S. 95).

Auf einem Vorsprung an der Südseite der Medvednica sind die Ruinen der mittelalterlichen Festung **Medvedgrad** aus dem 13. Jahrhundert zu sehen; sie wurde aufgelassen, in den 1990er Jahren aber teilweise restauriert. Vor der Festung befindet sich der „Altar der Heimat", der die Gefallenen des letzten Krieges ehrt. Er besteht aus Steinblöcken, die aus verschiedenen Regionen Kroatiens stammen, und wurde 1994 errichtet, als der Konflikt noch nicht gelöst war – ein in Anbetracht der Kosten umstrittenes Projekt. Archäologische Funde, die in der **Veternica-Höhle** am Westhang der Medvednica zutage kamen, belegen, dass hier vor 40 000 Jahren bereits Neandertaler lebten. ■

Naturpark Medvednica

🅰 59
✉ Bliznec bb Zagreb
☎ 014 586 317

www.pp-medvednica.hr

Eine ansprechende Mischung aus Barockstädten, herzhaftem Essen und beeindruckenden Burgen

Nordkroatien

Edle Weine sind nur eine der Attraktionen Nordkroatiens

Nordkroatien

Nordkroatien umfasst die Gebiete nördlich, westlich und südlich von Zagreb; dort erwarten die Besucher historische Funde, die viele Tausend Jahre alt sind und sogar bis in die Jungsteinzeit zurückreichen. Die Städte beeindrucken mit wunderschönen Barockgebäuden, in denen heute Museen und Galerien zu Hause sind. Auf dem Land, das für seine Weingüter bekannt ist, ragen zwischen den Hügeln imposante Burgen auf.

Die alte Festung – Stari Grad – dominiert Varaždin, die größte Stadt Nordkroatiens

In der zweiten Hälfte des 18. Jahrhunderts fungierte die gut erhaltene Barockstadt Varaždin im äußersten Norden Kroatiens als Hauptstadt des Landes. Heute ist die Stadt für das Špancirfest bekannt, ein riesiges Kunstfestival, das jedes Jahr abgehalten wird. Nordöstlich von Varaždin in Richtung ungarische Grenze schließt sich die Gespanschaft Međimurje mit der Regionalhauptstadt Čakovec an. Ausländische Besucher verschlägt es kaum hierher, den Kroaten ist diese Region jedoch als Sitz der mächtigen Familie Zrinski wohlbekannt; diese versuchte im 17. Jahrhundert ein vom Heiligen Römischen Reich unabhängiges Kroatien zu schaffen.

Südwestlich von Varaždin liegen über die Gespanschaft Krapina-Zagorje verstreut zahlreiche beeindruckende Burgen. Am bekanntesten sind die Burgen Veliki Tabor und Trakošćan. Die meisten dieser Burgen wurden im 16. Jahrhundert mit Wehranlagen versehen, als die Habsburger Herrscher versuchten, diesen Teil Kroatiens als Westgrenze gegen das sich immer weiter ausbreitende Osmanische Reich zu etablieren.

Die Geschichte Krapinas reicht allerdings erheblich weiter zurück. Von hier stammen einige der frühesten jungsteinzeitlichen Funde ganz Europas. Im Dorf Kumrovec befindet sich das Geburtshaus des Ex-Präsidenten Josip Broz Tito (siehe S. 33), das in ein Ethnografisches Museum umgewandelt wurde.

Südlich von Kumrovec bewahrt die Antun Augustinčić Galerie in Klanjec das Werk eines der größten kroatischen Bildhauer des 20. Jahrhunderts. Und nur ein Stück nördlich des Berges Medvednica ist eine Holzstatue, die schwarze Madonna mit Kind, Attraktion für jährlich an die 600 000 Besucher, die nach Marija Bistrica, dem bedeutendsten Wallfahrtsort Kroatiens, pilgern.

Westlich von Zagreb bietet die hübsche Kleinstadt Samobor Gelegenheit, in den Samobor Hügeln (Samoborsko Gorje) zu wandern oder am malerischen Stadtplatz Kaffee und Kuchen zu genießen. Südwestlich von hier führt von der Stadt Jastrebarsko aus die Weinstraße Plešivica durch beschauliche Landschaften mit unzähligen Weingütern, die zu Verkostungen einladen, bis zum Rand der Samobor Hügel. Südwestlich von Samobor und Jastrebarsko liegt, nicht weit von der Autobahn nach Rijeka entfernt, Karlovac mit Resten einer perfekten Renaissance-Zitadelle. Eine weitere beeindruckende Burg befindet sich nur ein kleines Stück außerhalb der Stadt. ■

NICHT VERSÄUMEN

Einen Bummel durch das barocke Zentrum von Varaždin   **90**

Beim Špancirfest von Varaždin Livemusik und Straßenkünstler miterleben   **91**

In den Thermalbädern, die schon die Römer schätzten, im warmen Wasser abtauchen   **91**

Der imposanten Burg Trakošćan einen Besuch abstatten   **92**

Eine der frühesten Stätten des Urmenschen in Europa erkunden   **94**

Kumrovec, den Geburtsort von Josip Broz Tito, besuchen   **94**

Durch die Rebberge die Plešivica-Weinstraße entlangfahren   **96**

Am Stadtplatz von Samobor köstliche *kremšnite* **probieren**   **99**

Nördlich von Zagreb

Nordkroatien kann mit eleganter Barockarchitektur, einigen faszinierenden historischen Stätten sowie einer Reihe von wuchtigen Burgen aufwarten. Von der einen oder anderen Sehenswürdigkeit abgesehen, zieht es in diese Gegend nur wenige ausländische Besucher.

Einheimische plaudern in einer Straße von Varaždin

Varaždin

🅰 89 B3

Besucherinformation

✉ Franjevački Trg 7

☎ 042 390 544

www.turizam-vzz.hr

Touristenverband der Stadt Varaždin

✉ Ivana Padovca 3

☎ 042 210 987

www.tourism-varazdin.hr

Varaždin

Nur 80 Kilometer nördlich von Zagreb und etwa halb so weit von der ungarischen Grenze entfernt, lässt sich Varaždin in 90 Minuten mit dem Zug oder in 2,5 Stunden mit dem Bus von Zagreb aus erreichen. Die Stadt trug ursprünglich den deutschen Namen Garestin und fand erstmals in einem Dokument aus dem Jahr 1181 Erwähnung, das auf König Bela III. von Ungarn zurückgeht. 1209 erlangte Varaždin als erste kroatische Stadt den Status einer königlichen freien Stadt — ein Privileg, das ihr die ungarischen Herrscher verliehen.

Die Burg im Herzen der Stadt wurde Mitte des 16. Jahrhunderts

grundlegend umgebaut, als der italienische Architekt Domenico dell' Allio – von ihm stammt übrigens auch die Festung in Graz – die Wehranlagen ergänzte. Damals wurde ein Großteil dieser Region Kroatiens befestigt – zum Schutz vor den nach Westen vorrückenden Osmanen.

Varaždin erlangte im 17. Jahrhundert erheblichen Wohlstand und fungierte von 1756 bis 1776 kurzzeitig als Hauptstadt Kroatiens. Nach einem verheerenden Feuer wurde die Kapitale 1776 jedoch wieder zurück nach Zagreb verlegt.

Innenstadt: Varaždin wird häufig als „Wien Kroatiens" bezeichnet. Die Innenstadt weist herrliche Barockarchitektur und viele Fußgängerbereiche auf.

Das historische Herz der Stadt bildet bis heute die alte Festung **Stari Grad** im Norden des Stadtzentrums, die mit ihren wuchtigen weißen Mauern und imposanten Wehrtürmen beeindruckt. Die Burggräben und Wälle wurden in luxuriöse Gärten umgestaltet, die gesamte Burganlage restauriert; sie beherbergt seit 1925 das **Stadtmuseum** (Gradski Muzej Varaždin).

Südöstlich vom Museum befindet sich die Franziskanerkirche **St. Johannes der Täufer** von 1650; sie steht an der Stelle, wo

INSIDERTIPP

Ex-Jugoslawiens Präsident Tito ist nördlich von Zagreb geboren. Sein Geburtshaus, heute ein Museum, sollte besuchen, wer die Geschichte Kroatiens besser verstehen möchte.

GRACE FIELDER
National Geographic-Mitarbeiterin

ein Feuer die Vorgängerkirche samt Kloster verschlang. Die **Kathedrale**, die ganz in der Nähe aufragt, stammt ebenfalls aus der Mitte des 17. Jahrhunderts, wurde jedoch mehrfach umgebaut. Sie beherbergt einen herrlichen vergoldeten Altaraufsatz. Zur **Nikolauskirche** (Sveti Nikola) aus dem 18. Jahrhundert gehört ein gotischer Glockenturm älteren Datums. Der hl. Nikolaus ist der Schutzpatron der Stadt.

Gegenüber der Nikolauskirche beeindruckt das **Kroatische Nationaltheater** (siehe Kasten S. 80), ein prächtiges Gebäude an der Südwestseite eines großen Parks. Im Theater finden das ganze Jahr über Konzerte und Theateraufführungen statt, am beliebtesten ist jedoch das Festival der Barockmusik im September.

Varaždin kann mit noch einem weiteren wichtigen Festival aufwarten, dem zehntägigen Špancirfest (*www.spancirfest.com*), das Ende August mit Musik und Tanzvorführungen sowie Straßentheater stattfindet; es lockt Besucher

aus ganz Kroatien an. Wer um diese Zeit einen Aufenthalt in Varaždin plant, sollte deshalb sein Quartier lange im Voraus buchen.

In der Innenstadt ist im **Palais Herzer** das **Museum Welt der Insekten** untergebracht. Die faszinierende Sammlung umfasst ein paar Tausend Arten, darunter vielerlei Schmetterlinge und Käfer. Die meisten Exemplare sammelte der aus Varaždin stammende Lehrer und Entomologe Franjo Košce, der seine Sammlung 1959 der Stadt stiftete. Seine Tochter Ružica ergänzte weitere Arten.

Das **Palais Sermage** aus dem späten 17. Jahrhundert beherbergt eine Kunstgalerie, die überwiegend Gemälde kroatischer Meister präsentiert. Varaždins wunderschöner Friedhof westlich der Innenstadt lässt sich in nur zehn Minuten zu Fuß erreichen.

Rund um Varaždin: Etwa 15 Kilometer südöstlich von Varaždin liegt **Varaždinske Toplice**, die alte Römerstadt Aquae Lasae, heute ein luxuriöser Kurort, wo eine Thermalquelle mit einer Wassertemperatur von 58° C sprudelt. Aber Achtung: Varaždinske Toplice nicht mit Aqua-City am Stadtrand von Varaždin verwechseln, einem Erholungszentrum mit Kieselstrand am Ufer der Drava.

Gleich nördlich von Varaždin liegt zwischen der Drava und der ungarischen Grenze die kleine Gespanschaft Međimurje mit der Regionalhauptstadt **Čakovec**. Hier beeindruckt eine Burg aus dem 16. Jahrhundert, einst Sitz der Familie Zrinski; die berühmte

(Fortsetzung S. 94)

Stadtmuseum

✉ Strossmayerovo Šetalište 7

☎ 042 658 773, 042 658 754

🕐 Mo geschl.

www.gmv.hr

Kroatisches Nationaltheater

✉ Augusta Cesarca 1

☎ 042 214 688

💲 €–€€€€€

www.hnkvz.hr/

Palais Herzer

✉ Franjevački Trg 6

☎ 042 658 760

🕐 Mo geschl.

www.gmv.hr

Palais Sermage

✉ Miljenko Stančić Trg 3

☎ 042 214 172

🕐 Mo geschl.

www.gmv.hr

Varaždin Toplice

🅰 89 B3

Besucherinformation

✉ Trg slobode 16

☎ 042 633 133

www.tzm.hr

Čakovec

🅰 89 B3

Besucherinformation

✉ Ruđera Boškovića 3

☎ 040 390 191

www.tzm.hr

Burgen in Nordkroatien

Eine ganze Reihe beeindruckender Burgen, auf Kroatisch *dvorac*, verteilen sich über Nord-kroatien. Viele davon wurden im 16. Jahrhundert erbaut – oder umgebaut und mit Wehr-anlagen versehen –, als die Region eine Verteidigungslinie mit vielen Festungen zu errich-ten versuchte, um Westeuropa vor den Osmanen zu schützen.

Die Burg Trakošćan ragt über einem künstlichen See auf, der im 19. Jahrhundert angelegt wurde

Obwohl die meisten Burgen im Norden Kroati-ens ihr heutiges Aussehen erst im 16. oder 17. Jahrhundert erhielten, stammen die Burg-anlagen ursprünglich aus einer erheblich frühe-ren Epoche. Bei einigen handelt es sich um klei-ne Festungen, die bereits im 13. Jahrhundert er-baut worden waren, andere weisen eine Besied-lungskontinuität auf, die bis in prähistorische Zeiten zurückreicht. Die meisten Burgen haben sich die zweckmäßige, aus dem 16. Jahrhundert stammende Anlage bewahrt, manche wurden im Lauf der Jahrhunderte aber auch restauriert, sodass ihr ursprüngliches Aussehen nun von neoklassizistischen oder neugotischen Elemen-ten überlagert wird.

Mit den Burgen in Nordkroatien werden vor allem zwei Namen assoziiert: Zrinski und Fran-kopan, zwei Adelsfamilien, aus denen diverse *bans* – kroatische Herrscher (siehe S. 26f) – her-vorgingen, darunter auch einige bedeutende Dichter. Nach dem Friedensvertrag von Vasvár 1644 (siehe S. 29) überließ Österreich den Os-manen weite Bereiche Kroatiens und Ungarns – Land, das die Kroaten zuvor im Namen Österreichs gegen die Osmanen verteidigt hatten. Petar Zrinski und sein Schwager Fran Krsto Frankopan zettelten daraufhin einen Auf-stand gegen Österreich an. Die beiden wurden jedoch verraten und 1671 in Wien hingerichtet.

Mythen & Legenden

Jede richtige Burg hat auch ihre Legende. Die Burg Maruševec soll nach einer Frau tschechi-scher Herkunft benannt sein, die einst hier leb-te; ein Bauernmädchen soll in die Wände der Burg Veliki Tabor eingemauert sein, nachdem es sich in den Sohn des Ban verliebt hatte.

Nicht alle Burgen Nordkroatiens stehen zur Besichtigung offen. Manche lassen sich mit öffentlichen Verkehrsmitteln erreichen, nicht jedoch alle. Wer nur einen Tag Zeit hat, um zu erkunden, was die Region zu bieten hat, sollte deshalb einen Mietwagen nehmen (siehe Reiseinformationen S. 276).

Familiensitze der Drašković

Burg Trakošćan *(Tel. 042 796 281, €€, www. trakoscan.hr)*, etwa 40 Kilometer südwestlich von Varaždin und 80 Kilometer nördlich von Zagreb, ist eine der meistbesuchten Sehenswürdigkeiten Nordkroatiens. Sie wurde im 13. Jahrhundert erbaut, kam 1584 in Besitz der Familie Drašković und blieb dort bis 1944. Wie die Burg im 16. Jahrhundert auch ausgesehen haben mag – einer Inschrift ist jedenfalls zu entnehmen, dass die Familie 1592 den Rundturm ergänzte. Im 19. Jahrhundert wurde die Burg von ihren Bewohnern verlassen und verwahrloste. Die Familie lebte während dieser Zeit in ihrer anderen Burg, Klenovnik. Die Draškovićs gestalteten Trakošćan von 1840 bis 1862 schließlich zu dem prächtigen Landhaus im neugotischen Stil um, wie es sich heute präsentiert. Innen sind eine Sammlung mit Waffen und Rüstungen, außerdem viele Stilmöbel und Porträts von Juliana Drašković (1847–1901) zu bestaunen. Von Varaždin verkehren Busse nach Trakošćan.

Nicht weit von Trakošćan entfernt – 10 Kilometer nordöstlich von Lepoglava – liegt die Burg **Klenovnik,** die größte des Landes. Sie wurde ab 1800 erbaut und war das Domizil der Familie Drašković, bis diese wieder nach Trakošćan zog und Klenovnik verkaufte, um die Umbauten bezahlen zu können. Die Burg ist heute ein Sanatorium inmitten eines riesigen Parks.

Fünfeckige Festung

Veliki Tabor *(Košnicki Hum 1, Desinii; Tel. 049 343 963; €; www.veliki-tabor.hr)* stammt aus dem 12. Jahrhundert und thront oben auf einem 333 Meter hohen Hügel bei Miljana. Die Burg weist die Form eines unregelmäßigen Fünfecks auf; die halbrunden Wehrtürme wurden im 16. Jahrhundert ergänzt, weitere kamen im 19. Jahrhundert hinzu.

Die Räumlichkeiten der Burg Trakošćan sind voller Erinnerungsstücke an die Familie Drašković

Weitere Burgen

Kalnik, eine weitere Burg aus dem 13. Jahrhundert, liegt etwa 25 Kilometer südöstlich von Varaždin. Zwar sind von der Burg nur noch kümmerliche Reste vorhanden, doch die herrliche Lage auf einem Bergkamm eröffnet einen wunderbaren Panoramablick bis hin zum Berg Medvednica im Südwesten. Gekennzeichnete Wanderwege führen hinauf.

Burg Bežanec *(Valentinovo 55, Pregrada; Tel. 049 376 800; www.bezanec.hr),* 12 Kilometer östlich von Veliki Tabor, stammt aus dem 17. Jahrhundert, wurde jedoch im 19. Jahrhundert im neoklassizistischen Stil umgebaut. Das wunderschön restaurierte Gebäude ist heute ein Hotel.

Burg Zrinski in Čakovec wurde im 16. Jahrhundert errichtet und beherbergt heute das Museum von Međimurje *(www.mdc.hr/cakovec),* das sich der Familie Zrinski widmet. Zur Sammlung gehört auch ein Brief von Petar Zrinski an seine Frau Katarina, den er am Tag vor seiner Hinrichtung wegen Hochverrats verfasste.

Burg Feštetić, drei Kilometer von Čakovec im Dorf Pribislavec, ist heute eine Schule.

In dieser Gegend lohnen zudem die Burg **Miljana** (westlich von Veliki Tabor), **Maruševec** (westlich von Varaždin), **Lovrečina** (südlich von Križevci) und natürlich die imposante Festung **Stari Grad** in Varaždin (siehe S. 90) einen Besuch.

Museum von Međimurje

- ✉ Trg Republike 5, Čakovec
- ☎ 040 313 285
- 🕐 Mo geschl.
- 💲 €

www.mdc.hr/cakovec

Krapina

- 🗺 89 B3

Besucherinformation

- ✉ Magitratska 11
- ☎ 049 233 653

www.tzg-krapina.hr

Museum des Urmenschen von Krapina

- ✉ Šetalište V. Sluge bb, Krapina
- ☎ 049 225 830
- 🕐 Okt.–März Mo geschl.
- 💲 €

www.tz-zagorje.hr

INSIDERTIPP

Wären Sie ein Neandertaler, würden die Höhlen von Krapina eine tolle Behausung abgeben. Besuchen Sie das Museum des Urmenschen von Krapina und inspizieren Sie dann die Höhlen.

MICHAEL CALDWELL
National Geographic-Stipendiat

Adelsfamilie unterhielt in dieser Region gleich mehrere Festungen. In der Burg Čakovec befindet sich nun das interessante **Museum von Međimurje.** Zu sehen sind Funde aus dem Neolithikum und der Römerzeit, aber auch dekorative Kunst, eine ethnografische Sammlung sowie Exponate, die sich mit der Familie Zrinski beschäftigen.

Östlich von Čakovec befindet sich das Dorf **Donji Kraljevac,**

der Geburtsort des Philosophen Rudolf Steiner, der die Waldorfschulen begründete. Sein Geburtshaus kann nach Voranmeldung besichtigt werden (bei der Touristeninformation der Grafschaft Međimurje anfragen).

Krapina

1899 entdeckte der Archäologe Dragutin Gorjanović-Kramberger eine Stätte aus der Jungsteinzeit, die sich auf dem Berg Hušnjak in der Ortschaft Krapina befindet. In dieser 130 000 Jahre alten Siedlung kamen über 800 Fundstücke zutage, die man rund 75 Neandertalerskeletten zuordnen konnte, zudem Werkzeug und Waffen. Die meisten Artefakte befinden sich im Museum für Naturgeschichte in Zagreb (siehe S. 62).

Das **Museum des Urmenschen von Krapina** widmet sich besagten Funden von Krapina. In den Höhlen auf dem Berg Hušnjak beeindruckt die Besucher eine Ausstellung, die lebensgroße Neandertalerfiguren zeigt.

Josip Broz Tito

Josip Broz Tito, der als Führer der Partisanenbewegung im Zweiten Weltkrieg gegen die Achsenmächte kämpfte, war von 1946 bis 1980 Präsident des neu gegründeten Staates Jugoslawien. Er kam am 25 Mai 1892 im Dorf Kumrovec zur Welt und hatte kroatisch-slowenische Vorfahren.

Im Ersten Weltkrieg diente Tito in der Österreichisch-Ungarischen Armee. Nach seiner Gefangennahme durch die Russen kämpfte er während der Russischen Revolution für die Bolschewiken. 1920 avancierte Tito, wieder zurück in seiner Heimat, zur zentralen Figur der Kommunistischen Partei

Kroatiens. Er kam ins Gefängnis, wurde dann wegen seiner Aktivitäten in der Partei des Landes verwiesen und ging zurück nach Russland. Nach seiner Rückkehr wurde er 1937 Generalsekretär der Kommunistischen Partei Jugoslawiens.

Nach dem Zweiten Weltkrieg gründete Tito die Föderalistische Volksrepublik Jugoslawien. Er brach 1948 mit Stalin und betrieb mit Unterstützung des Westens eine Politik der Neutralität. Am 4. Mai 1980 starb er. An seinem Staatsbegräbnis nahm eine erstaunlich hohe Zahl an Staatsoberhäuptern teil.

In Kumrovec feiern als Partisanen verkleidete Tito-Anhänger das Leben ihres Idols

Kumrovec
🄰 89 B3

Staro Selo Museum
✉ Kumrovec bb
☎ 049 225 830
💲 €
www.mdc.hr/ kumrovec

Antun Augustinčić Galerie
✉ Trg Antuna Mihanovića 10, Klanjec
☎ 049 550 343
🕐 Okt.–März Mo geschl.
💲 €

Marija Bistrica
🄰 89 B2
Besucherinformation
✉ Zagrebačka bb
☎ 049 468 380
www.info-marija-bistrica.hr

Kumrovec

Die bescheidene Kleinstadt Kumrovec spielt in der Geschichte des ehemaligen Jugoslawien eine interessante Rolle, denn sie ist der Geburtsort von **Josip Broz Tito** (siehe Kasten gegenüber). Das 1953 gegründete Freilichtmuseum **Staro Selo** zeigt 25 sorgsam restaurierte Gebäude, darunter auch das Geburtshaus Titos, sowie einige traditionelle Scheunen.

Ein paar Kilometer südöstlich von Kumrovec befindet sich in der Kleinstadt Klanjec die **Antun Augustinčić Galerie.** Augustinčić, einer der bedeutendsten kroatischen Bildhauer des 20. Jahrhunderts, wurde 1900 in Klanjec geboren und schenkte 1970 der Galerie viele seiner Werke.

Marija Bistrica

Die kleine Ortschaft Marija Bistrica am Nordhang des Medvednica-Gebirges stellt mit ihrer Kirche der hl. Jungfrau Maria den bedeutendsten Wallfahrtsort Kroatiens dar. Die Kirche wurde über mehreren älteren Vorgängerbauten errichtet und datiert aus dem späten 19. Jahrhundert. Sie ist das Werk des österreichischen Architekten Herman Bollé, der auch die Fassade der Kathedrale von Zagreb (siehe S. 68f) entwarf. Rund 600 000 Gläubige pilgern alljährlich zur wundertätigen schwarzen Madonna mit Kind. Die Figur aus dunklem Holz stammt von einem unbekannten Bildhauer aus dem 15. Jahrhundert.

Hinter der Kirche befindet sich ein Kreuzweg mit 14 Stationen, das Werk verschiedener bekannter kroatischer Bildhauer. Vor allem an Mariä Himmelfahrt am 15. August wandern viele von Zagreb auf die Medvednica, um dann über den Kreuzweg zur Kirche abzusteigen. ∎

Weinstraße Plešivica

Diese Route führt durch Landschaften, Dörfer und Weingärten, die allesamt zwischen Jastrebarsko und Samobor liegen. Die erste Hälfte der Strecke — und um sie geht es hier vor allem — ist unter dem Namen Weinstraße Plešivica (Plešivića Vinska Cesta) bekannt. Nach Verlassen des Weinbaugebiets wird die Fahrt über Rude nach Samobor fortgesetzt.

Antike hölzerne Weinpresse auf einem der Weingüter von Plešivica

Bei dieser Tour, die zu Fuß oder mit dem Fahrrad unternommen werden kann, stehen neben der wunderschönen Landschaft und den historischen Gebäuden natürlich auch Weinproben auf dem Programm; die edlen Tropfen werden in den vielen Weingütern an der Weinstraße bei Jastrebarsko gekeltert. *(Wer auf seiner Tour ab und zu Wein verkosten möchte, sollte vorher auf dem jeweiligen Gut anrufen.)* Einige der Weingüter bieten ihren Gästen, die in Ruhe alles genießen wollen, auch Quartier und Verpflegung an.

Alternativ lässt sich die Strecke auch mit dem Auto zurücklegen. Allerdings darf der Fahrer dann keinen Alkohol trinken; die Promillegrenze liegt in Kroatien bei 0,5 Promille.

Im Zentrum von **Jastrebarsko** ❶ geht es auf der Straße nach Zagreb in Richtung Norden. An der kleinen Kirche **Sveti Duha** biegt man links auf die Weinstraße Plešivica ab, die zum Dorf **Donja Reka** führt, wo das Gut **Tomac** *(Donja Reka 5, Tel. 016 282 617)* zu Weinproben einlädt. Weiter geht es in Richtung Norden durch Gornja Reka, dann bei Vranov Dol rechts

NICHT VERSÄUMEN

Weine von den Weingütern der Region • Die malerischen Samobor Hügel • Kuchen mit Vanillefüllung

und weiter durch **Prilipje** ❷ mit den Weingütern **Haramije** *(Prilipje 3, Tel. 016 294 823)* und **Zdravko Režek** *(Prilipje 1/1, Tel, 016 293 066)*. Nächstes Ziel ist die Kirche Sveti Juraj aus dem 16. Jahrhundert in **Plešivica** ❸.

Auf der Weinstraße führt der Weg nun weiter nach Südosten zum hervorragenden Restaurant **Ivančić** *(Plešivica 45, Tel. 016 293 303, www.restoran-ivancic.hr)*, in dem man gut zu Mittag isst, und dann zu den Weingütern **Jagunić** *(Plešivica 25, Tel. 016 293 094, www.jagunic.hr)* und **Krešimir Režek** *(Plešivica 39, Tel. 016 294 836, www.rezek.hr)* ❹; Letzteres ist wirklich sehr hübsch und bietet sogar Zimmer, wenn jemand den Ausflug auf zwei Tage ausdehnen möchte. Gleich in der Nähe liegt ein weiteres Weingut: **Damir Režek** *(Plešivica 39 A, Tel. 016 294 800)*.

Wieder in Plešivica nimmt man die rechte Abzweigung, die an der Barockkirche **St. Franziskus Xaver** (Sveti Franje Ksaverskog; 17. Jahrhundert) vorbeiführt, bevor es links wieder auf die Weinstraße geht.

Von Plešivica gelangt man Richtung Norden durch Jurjevčani und Prekriže Pleš mit zwei weiteren Weingütern: **Kurtalj** *(Plešivica 59, Tel. 016 293 120)* und **Boltina Hiža** *(Tel. 016 293 104, www.boltinahiza.com)*. Anschließend ist das Dorf **Rude** ❺ mit der Kirche St. Barbara (Sveti Barbara), die im 17. Jahrhundert von Bergarbeitern erbaut wurde, erreicht. Das Dorf ist auch für seinen *Rudarska greblica* bekannt, den leckeren

„Bergarbeiterkuchen" mit Käse, Spinat und Nüssen. Die Tour führt weiter durch ein Tal, an dem sich links die Samobor Hügel entlangziehen, bis nach **Samobor** ⑥. Hier mundet am barocken Stadtplatz ein Stück *kremšnite*, der leckere Kuchen (siehe Kasten S. 99), der von hier stammt.

Wer beschließt, nach Jastrebarsko zurückzufahren, kann zur Abwechslung auch die Route über Vranov Dol wählen, bevor es weiter nach **Prodin Dol** geht. Einen kleinen, aber lohnenswerten Umweg macht, wer links auf eine Staubstraße fährt, die zum Weingut und Restaurant **Klet Jana** *(Prodin Dol bb, Tel. 016 287 372, www. jana.hr)* ⑦ führt. Dann geht es weiter nach

Westen durch Prodin Dol, Ivančići und **Gorica Svetojanska** ⑧ (auch bekannt als Sveta Jana; am 26. Juli Feier des Stadtpatrons). Man fährt nun in Richtung Süden nach Belčići, kommt dann durch Srednjak und Črnilovec, bevor es links (gen Osten) zurück nach Jastrebarsko geht. In der Touristeninformation der Gespanschaft Zagreb *(Preradovićeva Ulica 42, Zagreb; Tel. 014 873 665; www.tzzz.hr)* sind kostenlose Radkarten erhältlich; weitere Informationen erteilt die Touristeninformation Samobor *(Trg Kralja Tomislava 5, Samobor; Tel. 013 360 044; www.tz-samobor. hr)*. Landkarten finden sich auch auf der kroatischen Website Pedala *(www.pedala.hr)*.

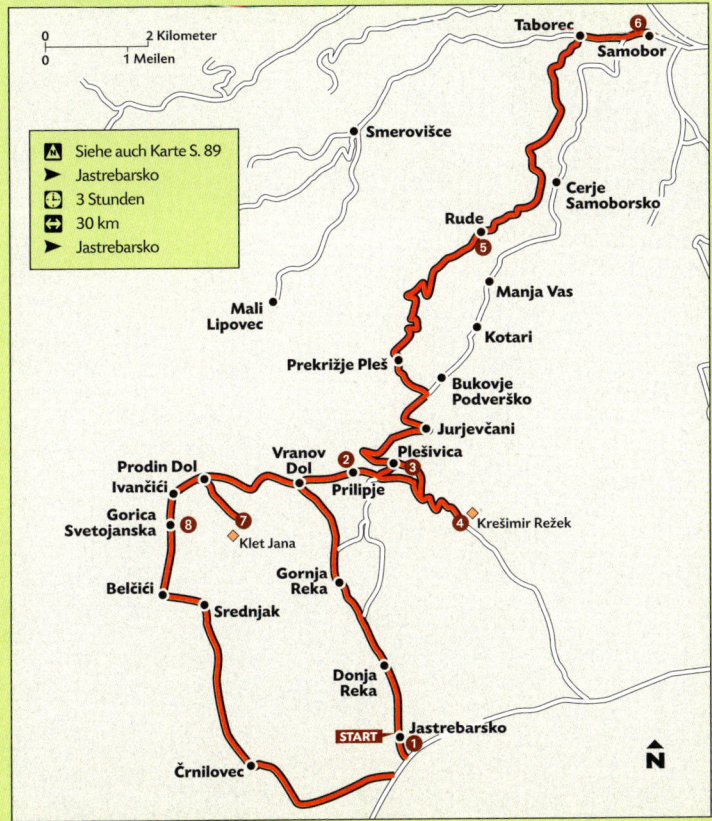

Südwestlich von Zagreb

Südwestlich von Zagreb erstreckt sich entlang der Grenze zu Slowenien eine Landschaft mit sanften grünen Hügeln. Hier warten weitere Barockbauwerke und einladende Weingüter.

Regionale Delikatessen werden in der Innenstadt von Samobor verkauft

Samobor

🅰 89 A2, 96

Besucherinformation

✉ Trg Kralja
   Tomislava 5

☎ 013 360 044

www.tz-samobor.hr

Samobor Museum

✉ Livadiieva 7

☎ 013 361 014

🕐 Mo geschl.

Samobor

Der kleine Ort, der keine 20 Kilometer westlich von Zagreb am Rand der sanft geschwungenen Žumberak Hügel liegt, steht bei den Großstädtern als Erholungsgebiet am Wochenende hoch im Kurs. In Zagreb fahren regelmäßig Busse von Cernomerec *(am Ende der Tramlinie 2, 6 und 11)* in dieses reizende Städtchen.

Samobor ist für seine leckere *kremšnite* (siehe Kasten gegenüber) bekannt, kann jedoch auch mit einer gut erhaltenen barocken Innenstadt punkten, die sich rund um den zentralen Platz (Trg Kralja Tomislava) erstreckt. Nicht weit

davon erstreckt sich ein Park mit Picknicktischen und einem kleinen Bach. Nur ein ein paar Schritte vom Platz entfernt ragt die frühbarocke Kirche **St. Anastasia** (1675 vollendet) auf, das **Samobor Museum** befindet sich am Rand des Parks. Ein kurzes Stück zu Fuß ist es vom Hauptplatz zum **Marton Museum**, das vielerlei Objekte aus der Kollektion des kroatischen Kunstsammlers Veljko Marton zeigt; eine der Hauptattraktionen ist die Porzellansammlung.

Die wenigen Reste, die sich von der Burg aus dem 13. Jahrhundert, **Stari Grad** („Altstadt") erhalten haben, nehmen einen bewaldeten

Felsvorsprung am westlichen Stadtrand ein; die Burg war bis zum Ende des 18. Jahrhunderts bewohnt. Über einen Weg, der am Park beginnt, geht es hinauf. *(Achtung: Der Pfad ist stellenweise nicht ungefährlich, auch wegen des Steinschlags).*

Die Hügel rund um Samobor heißen Samoborsko Gorje und gehören zum **Naturpark Žumberak-Samobor,** durch den sich viele einfache Wanderwege schlängeln. Die Stadt hat sogar ein eigenes Festival, das **Salami Festival** Ende März/Anfang April.

Jastrebarsko

Auch wenn der Ort heute weitab der üblichen Touristenrouten liegt, war Jastrebarsko früher ein durchaus bedeutendes Zentrum dieser Region. 1257 verlieh der ungarische König Bela IV. Jastrebarsko den Status einer freien Stadt, und im Mittelalter spielte die Festung eine wichtige Rolle. Vladko Maček (1879–1964), der Führer der Kroatischen Bauernpartei, kam in Jastrebarsko zur Welt. Kardinal Stepinac (1898–1960), Erzbischof von Zagreb, wurde gleich in der Nähe im Dorf Brezarić geboren.

Heute fungiert der Ort, 35 Kilometer südwestlich von Zagreb, als Tor zur **Weinstraße Plešivica** (siehe S. 96f).

Karlovac

Bei den Kroaten ist Karlovac vor allem für sein **Karlovačko Pivo** bekannt, eines der beliebtesten Biere des Landes, das hier gebraut wird. Seine Existenz begann der Ort allerdings als perfekt konzipierte, befestigte Renaissancezita-

delle — eine sechseckige Anlage mit wuchtigen Wehrtürmen an jeder Ecke. Den Ort, der von einem Gitternetz von Straßen durchzogen ist, umgeben Gräben und Wälle. Heute sind nur mehr Reste vorhanden, wobei der Grundriss der Zitadelle in der modernen Stadt noch deutlich erkennbar ist.

Die Zitadelle wurde in den 1580er Jahren errichtet, um den Zusammenfluss von Kupa, Korana, Dobra und Mrežnica an der Handelsroute Zagreb-Rijkea zu bewachen. Die Osmanen griffen Karlovac mehrmals an, konnten die Zitadelle jedoch nicht einnehmen. Am Hauptplatz, dem Trg Bana Jelačića, stehen eine **Pestsäule** aus dem Jahr 1671, als die Krankheit die halbe Stadt dahinraffte, sowie das **Franziskanerkloster** mit der **Dreifaltigkeitskirche** aus dem 17. Jahrhundert. Das **Stadtmuseum** (*Strossmayerov Trg 7, Tel. 047 615 980, €*) befindet sich im **Palais Frankopan**, das aus dem frühen 17. Jahrhundert stammt und eines der ältesten Bauwerke von Karlovac darstellt. Unweit der Stadt beeindruckt die **Burg Dubovac** aus dem 13. Jahrhundert. ■

Marton Museum
- ✉ Jurjevska 7
- ☎ 013 670 600
- ⏰ Nur Sa & So geöffn.
- 💲 €

www.muzej-marton.hr

Naturpark Žumberak-Samobor
- ✉ Slani Dol 1, Samobor
- ☎ 013 327 660
- 💲 €

www.park-zumberak.hr

Jastrebarsko
- ▲ 89 A2

Touristeninformation
- ✉ Strossmayerov Trg 13
- ☎ 016 281 110

www.jastrebarsko.hr

Karlovac
- ▲ 89 A2

Touristeninformation
- ✉ Ulica Petra Zrinskog 3
- ☎ 047 615 115

www.karlovac-tourist info.hr

Eine der gastfreundlichsten Regionen Kroatiens mit beeindruckenden Bauten, ausgedehnten Feuchtgebieten und einer langen Geschichte

Slawonien

St.-Peter-und-Paul-Kathedrale in Đakovo

Slawonien

Die Provinz Slawonien (Slavonija) im Osten Kroatiens verzeichnet weit weniger Touristen als die Adriaküste, doch ist sie eine faszinierende Region mit interessanter, weit zurückreichender Geschichte. Trotz tiefer Narben, die der Kroatienkrieg hinterließ, bietet Slawonien herausragende Bauwerke, eine herzhafte Küche, leckere Weine und einige besuchenswerte Festivals.

Die Geschichte Slawoniens geht bis ins 3. Jahrtausend v. Chr. zurück, als im Osten der Region die Vučedol-Kultur ihre Blütezeit erlebte. Diese frühe Zivilisation entstand an der Donau nahe der heutigen Stadt Vukovar. Das berühmteste Artefakt aus diesem Gebiet, die sogenannte Vučedol-Taube, ist im Archäologischen Museum von Zagreb (siehe S. 76) ausgestellt.

Im 1. Jahrhundert v. Chr. war Slawonien von illyrischen und keltischen Stämmen besiedelt, ehe die Römer das Gebiet kontrollierten und die Region zum römischen Pannonien wurde. Die Römer waren die ersten, die in der Gegend um Ilok Wein anbauten, und noch heute ist Ilok für seine Weißweine berühmt – rund um die Stadt verläuft eine beliebte Weinstraße.

Die Osmanen herrschten im 16. und 17. Jahrhundert über Slawonien. Später geriet die Region unter den Machteinfluss Österreich-Ungarns, und im 18. Jahrhundert wurden slawonische Städte als Teil einer strategischen Militärgrenze befestigt. Von den noch existie-renden Festungsanlagen sind jene in Sisak sowie die ummauerte Altstadt von Osijek am eindrucksvollsten.

Im Kroatienkrieg (siehe S. 34f) wurde Slawonien erbittert umkämpft. Die Schlachten und Massaker in Vukovar stehen heute als mahnende Beispiele für die Schrecken und die Brutalität dieses Krieges.

Lage und Geographie

Slawoniens Grenzen werden von drei großen Flüssen definiert: Die Drava (Drau) im Norden bildet die Grenze nach Ungarn, die Sava im Süden grenzt Kroatien von Bosnien und Herzegowina ab, und die Donau im Osten verläuft an der Grenze zu Serbien. Innerhalb dieser Grenzen ist Slawonien fast vollständig flach, vor allem in der östlichen Hälfte. Die Ebene wird nur von den bewaldeten Hängen des Papuk-Gebirges – wo es schöne Wanderwege sowie mehrere Burgruinen und bizarre Felsformationen gibt – und ein paar Hügeln bei der Stadt Požega unterbrochen.

Die ausgedehnten Feuchtgebiete an der Sava sowie am Zusammenfluss von Drau und Donau umfassen zwei herausragende Naturschutzgebiete: Lonjsko Polje und Kopački Rit, denen in der sogenannten Ramsar-Liste zum Erhalt und Schutz von Feuchtgebieten internationale Bedeutung zukommt. Lonjsko Polje soll demnächst in die Liste der Unesco-Welterbestätten aufgenommen werden. Beide Naturparks sind wichtige Zwischenstopps für zahlreiche Zugvögel und deshalb hervorragende Plätze für Hobby-Ornithologen. Lonjsko Polje (und vor allem das Dorf Čigoč) ist für seine große Anzahl von Störchen berühmt, die hier im

Zur Orientierung

Frühling nisten; zudem findet man einige charakteristische Sorten seltener heimischer Nutztiere: Turopolje-Schweine, Posavina-Pferde und podolische Rinder. Die Stadt Đakovo weiter östlich ist für ihre Lipizzaner-Pferde bekannt, die hier seit dem 16. Jahrhundert gezüchtet werden.

Regionale Kultur

Osijek, Đakovo und Vukovar können mit herrlichen Bauwerken aufwarten, die stilistisch vom Barock bis zur Neugotik reichen. Insbesondere Osijek und Đakovo sind für die rote Ziegelkirche beziehungsweise die Kathedrale berühmt,

und Osijeks befestigte barocke Altstadt (Tvrđa) ist eine der besterhaltenen in ganz Kroatien.

Die bäuerlichen Dörfer an den Ufern der Sava in Lonjsko Polje präsentieren traditionelle, in Kroatien einzigartige Holzbauten, von denen viele über 200 Jahre alt sind. In der Gegend finden mehrere bedeutende Festivals statt, darunter Kroatiens größtes Volkstanzfest in Slavonski Brod und ein Festival in Đakovo, das sich der Spitze widmet.

Große Teile des barocken Zentrums von Vukovar wurden nach dem Kroatienkrieg wiederaufgebaut. Einige Geäude, wie etwa der alte Wasserturm, wurden als Mahnmal in ihrem zerstörten Zustand belassen. Auf dem riesigen Kriegerfriedhof am Rande der Stadt befindet sich das größte Massengrab Europas seit dem Ende des Zweiten Weltkriegs. Eine bewegende Gedenkstätte erinnert an ein weiteres dunkles Kapitel in Kroatiens Geschichte: das Konzentrationslager der Nationalsozialisten aus dem Zweiten Weltkrieg in Jasenovac. ■

Westslawonien

DIe Fahrt von Zagreb nach Slawonien führt durch die Feuchtgebiete von Lonjsko Polje — mit wunderbarer Vogelwelt, Viehweiden und herrlicher ländlicher Architektur – und zu den Papuk-Bergen, einem Naturschutzgebiet mit imposanten Burgruinen.

Wild lebende Herde stämmiger Posavia-Pferde im winterlichen Lonjsko Polje

Sisak

📍 103 A1

Besucherinformation

✉ Rimska bb

☎ 044 522 655

www.sisakturist.com

Stadtmuseum Sisak

✉ Kralja Tomislava 10

☎ 044 811 811

🕐 Mo geschl.

💲 €

www.muzej-sisak.hr

Sisak

Südöstlich von Zagreb, an einer strategisch wichtigen Stelle am Zusammenfluss von Sava und Kupa, liegt die Stadt Sisak, die – wenig überraschend – einen bedeutenden Flusshafen hat. Sisak geht auf die illyrische und keltische Siedlung Segesta zurück. Als Octavian (der spätere römische Kaiser Augustus) den Ort 35 v. Chr. erobert hatte, bauten die Römer hier ihre eigene Stadt, die den Namen Siscia erhielt.

Sisak ist vor allem als Schauplatz einer Schlacht im Jahr 1593 berühmt. Obwohl die kroatische Armee aus nur halb so vielen Soldaten wie die der Osmanen bestand, schaffte sie es, deren westlichen Vormarsch für Jahrzehnte aufzuhalten.

Das moderne Sisak beherrschen zwar Industrieanlagen wie die Ölraffinerie am südlichen Stadtrand, doch noch immer thront die gut erhaltene dreieckige **Festung** (1544–50 erbaut) auf einem schmalen Grünstreifen am Zusammenfluss der beiden Flüsse. Ein paar bescheidene römische Ruinen findet man auch am Jelačić-Platz. Das **Stadtmuseum Sisak** (Gradski Muzej Sisak) besitzt eine umfangreiche Sammlung ethnografischer und römischer Funde, und wenn man über die **Sisak-Promenade** (Sisačka Setnica) spaziert, kommt man an der auf einer Bank sitzenden Statue des viel gerühmten kroatischen Dichters Antun Gustav Matoš (siehe S. 81) vorbei. Dies ist eine Kopie der Statue in Zagrebs Gornji Grad.

Naturpark Lonjsko Polje

Südöstlich von Sisak, am Nordufer der Sava, erstreckt sich der **Naturpark Lonjsko Polje**, eine herrlich üppige Landschaft aus Wiesen und Bächen, durchsetzt von malerischen Dörfern. Der Park, in dem zahlreiche Zugvögel einen Halt einlegen, ist einer der besten Plätze in ganz Europa, um Störche zu beobachten. Die großen Vögel nisten auf den Dächern der Häuser und Scheunen, häufig auf Holzgerüsten, die die Dorfbewohner extra für sie installieren. Die meisten sind Weißstörche, aber zuweilen sieht man auch die selteneren Schwarzstörche, ganz zu schweigen von Löfflern und mehreren anderen Stelz- und Wildvögeln.

Die Hauptzugänge zum Park befinden sich in den kleinen Dörfern **Čigoč** und **Krapje**.

Ersteres wurde aufgrund der großen Anzahl hier nistender Vögeln zum „Europäischen Storchendorf" erklärt. In beiden Dörfern gibt es Informationszentren.

Neben der Vogelwelt und der Landschaft ist der Park auch für seine wunderbare **traditionelle**

Naturpark Lonjsko Polje

✉ Krapje 30
☎ 044 672 080
💲 €

www.pp-lonjsko-polje.hr

INSIDERTIPP

Die Dörfer in Lonjsko Polje sind halb Märchenwelt, halb Wildtierpark. Auf den Dächern der hutzeligen alten Häuser bauen sich Storchenpaare unordentliche Nester aus Lehm und Ästen.

TOM JACKSON
National Geographic-Mitarbeiter

Holzarchitektur, vor allem im Dorf Krapje, bekannt, wo einige der Holzhäuser älter als 200 Jahre sind. In einigen dieser Gebäude sind heute Restaurants mit Fremdenzimmern untergebracht (siehe Kasten S. 105).

(Fortsetzung S. 108)

Dorftourismus

In diversen Regionen Kroatiens erfreut sich der Dorftourismus *(seoski turizam)* wachsender Beliebtheit. Als eines der ersten hatte das Gebiet Lonjsko Polje mit diesem Konzept Erfolg. Statt in konventionellen Hotels oder Privatzimmern zu nächtigen, haben Besucher die Möglichkeit, in einem traditionellen Landhaus zu wohnen, Hausmannskost – häufig regionale Spezialitäten – zu genießen und das authentische kroatische Landleben zu erfahren. Zwei hervorragende Anbieter dieser Urlaubsart – ob Sie nun an einem Ort bleiben oder die Gegend mit Auto oder Fahrrad erkunden wollen – sind **Usti Lonja** im Dorf Lonja und **Tradicije Čigoč** in Čigoč (siehe Reiseinformationen S. 285).

Radtour durch Lonjsko Polje

Das fast vollständig flache Terrain und das sehr geringe Verkehrsaufkommen machen das Feuchtgebiet Lonjsko Polje zum perfekten Radwandergebiet. Die vorgeschlagene Route folgt dem Lauf der Sava von Sisak nach Jasenovac, passiert pittoreske Dörfer und bietet zahlreiche Gelegenheiten, Störche und andere Stelzvögel zu entdecken und das faszinierende kulturelle Vermächtnis der Region kennenzulernen. Trotz der wenigen Autos sollten sich Radfahrer auf den schmalen, kurvigen Straßen dennoch vor Rasern in Acht nehmen.

Alte Boote rosten am Ufer der Sava bei Sisak vor sich hin

Vom Stadtmuseum in **Sisak** (siehe S. 104f) aus folgen Sie der Kralja Tomislava gen Osten. Nachdem Sie die Sava überquert haben, heißt die Straße Galdovačka. Biegen Sie rechts in die Poljska und dann links in die Savska ab, ehe Sie an der Kreuzung erneut nach rechts und wieder links ins Dorf **Toplovac** fahren. Von hier aus führt die Straße wieder nach Süden, biegt dann an einem toten Flussarm scharf links ab und führt durch das Dorf **Preloščica.**

Nach Preloščica ist der Streckenverlauf unkomplizierter. Folgen Sie einfach der Straße, die sich am Nordufer der Sava entlangschlängelt – ein kleiner Umweg führt um einen toten Flussarm. Achten Sie auf das Vieh (siehe S. 108), das auf den üppigen Weiden am Fluss grast. Und halten Sie Ausschau nach Störchen, die auf den Dächern nisten –

NICHT VERSÄUMEN

**Traditionelle Holzhäuser in Čigoč
• Herden einheimischen Viehs bei Preloščica • Köstliche Regionalküche**

nirgends in so großer Anzahl wie im Dorf **Čigoč ❶**, etwa 25 Kilometer von Sisak entfernt. Interessant sind auch die traditionellen Holzhäuser in diesen Dörfern (insbesondere in Čigoč und Krapje) und die Art, wie sich die schmalen Häuser und Grundstücke vom Fluss weg strahlenförmig ausbreiten. Manche dieser Häuser sind über 200 Jahre alt.

Besuchen Sie in Čigoč den **Naturpark Lonjsko Polje** (siehe S. 105). Die Strecke zwischen Čigoč und Krapje ist die schönere Etappe der Fahrt, erkunden Sie diese Gegend ausgiebig – oder, falls Sie mit dem Auto anfahren, beginnen Sie in Čigoč, Lonja oder Krapje mit der Radtour.

In **Kratečko** befindet sich die Anlegestelle einer kleinen Fähre, die an diesem Abschnitt der Sava die einzige Möglichkeit ist, den Fluss zu überqueren. Rund 40 Kilometer von Sisak entfernt, erreichen Sie das Dorf **Lonja** ❷, in dem ebenfalls schöne Holzhäuser stehen, die sich (neben Čigoč) für eine Übernachtung anbieten. Von Lonja aus fahren Sie dann weiter durch die Dörfer Trebež, Plesmo und **Krapje** ❸ bis nach **Jasenovac** (siehe S. 109), rund 65 Kilometer von Sisak entfernt.

Nun können Sie die Tour ausdehnen: Entweder Sie nehmen in Kratečko die Fähre und fahren nach Süden weiter, oder Sie wenden sich in Krapje oder Trebež nach Norden und durchfahren die Feuchtbiotope von Lonjsko Polje. Folgen Sie den ungeteerten Straßen nach **Lipovljani** auf der anderen Seite der Autobahn. Sie können auch von Jasenovac Richtung Südosten zum Bauerndorf **Mlaka** fahren. Diese Gegend litt jedoch

schwer unter dem Kroatienkrieg, und abseits der Straßen liegen hier noch Landminen.

Wenn Sie die Tour in Jasenovac beenden, können Sie etwas nördlich, in Novska, den Zug zurück nach Zagreb nehmen. Die Verwaltung des Naturparks Lonjsko Polje gibt eine gute Straßenkarte mit Details für Radfahrer und andere Informationen heraus. Die Karte erhalten Sie in den Informationszentren in Čigoč und Krapje.

Organisierte Radausflüge & Dorffeste

Wer nicht auf eigene Faust losradeln möchte, kann sich im Juni (von Sisak nach Čigoč) oder im September (von Krapje nach Novska und Lipovljani, beide nördlich des Parks) organisierten Radtouren anschließen. Die Ausflüge, die zeitlich mit den Dorffesten in Čigoč beziehungsweise Krapje (siehe S. 108) zusammenfallen, sind sehr beliebt, und auch viele Einheimische reisen dafür mit dem Zug nach Sisak. Details erfahren Sie in den Naturparkbüros in Čigoč und Krapje.

In der ländlichen Szenerie von Lonjsko Polje werden auch einheimische Nutztiere gezüchtet: Posavina-Pferde, Turopolje-Schweine und podolische Rinder. Die Tiere weiden in gemischten Herden und bieten einen Einblick in eine bäuerliche Tradition, die im Rest des Landes verlorengegangen ist. Im Frühling und Herbst sind die Weiden manchmal überschwemmt, das Autofahren abseits der Hauptstraßen ist dann schwierig.

Čigoč hält alljährlich am letzten Samstag im Juni ein kleines Festival ab, den „Tag des Europäischen Storchendorfs", und in Krapje finden im September die „Tage des europäischen Bauerbes" statt. Eine Schau einheimischer Posavina-Pferde präsentiert im Juli das Dorf **Sunja**, südlich der Sava und etwas außerhalb des Lonjsko-Polje-Parks gelegen. Wenn Sie eine dieser Veranstaltungen besuchen wollen, müssen Sie weit im Voraus ein Zimmer buchen, da es nicht viele Unterkünfte gibt.

Der Naturpark Lonjsko Polje umfasst 492 Quadratkilometer geschützter Landschaften.

Leider sollen sich in der Gegend um Jasenovac noch immer Landminen aus dem Kroatienkrieg befinden, weshalb man hier keinesfalls die ausgewiesenen Wege verlassen sollte.

Anfahrt: Unter der Woche fahren täglich drei Busse von Sisak zu den Dörfern des Naturparks Lonjsko Polje. Samstags verkehrt nur ein Bus, sonntags gar keiner. Auto- und Radfahrer sollten bedenken, dass es in dieser Gegend keine Brücke über

Die Jasenovac-Gedenkstätte hat die Form einer Tulpe, denn „eine Blume symbolisiert das Leben, sie bedroht und verletzt niemanden" – so der Architekt und Bildhauer Bogdan Bogdanovĭc

die Sava gibt. Sie müssen den Fluss in Kratečko mit der kleinen Fähre überqueren.

Jasenovac

Im südöstlichen Teil von Lonjsko Polje, an der Grenze zu Bosnien und Herzegowina, liegt die Stadt Jasenovac. Hier befand sich einst eine berüchtigte Stätte: Kroatiens grausamstes Konzentrationslager des Zweiten Weltkriegs. Das Lager (eines von mehreren) wurde von der Ustaša (Kroatiens faschistischer Bewegung, siehe S. 30) errichtet, die nach dem Einmarsch der Deutschen in Jugoslawien als Marionetten-Regierung eingesetzt worden war.

Keiner weiß, wieviele Menschen hier zwischen 1941 und 1945 ermordet wurden. Die Schätzungen schwanken zwischen 60 000 und 700 000 – darunter vor allem Serben, Roma und Juden, aber auch kroatische Dissidenten und andere Gegner des Ustaša-Regimes.

Im Unterschied zu den Konzentrationslagern in anderen europäischen Ländern wurde Jasenovac nach dem Krieg fast vollständig zerstört. Heute sehen die Besucher der **Jasenovac-Gedenkstätte** am Stadtrand dort, wo einst Zellen, Baracken und Massengräber lagen, hügelige Felder und schweigende Wäldchen. Ein großes Denkmal in Blumengestalt, geschaffen 1966 von Bogdan Bogdanović, erinnert an jene, die hier starben, und 1968 wurde ein **Museum** eröffnet. Im Park der Stadt Jasenovac selbst steht ein weiteres Denkmal mit dem Titel „Die Toten öffnen die Augen der Lebenden", ein Werk von Stanko Jančić.

Naturpark Papuk

Aus der slawonischen Ebene, die in weiten Teilen sehr flach ist, erheben sich die bewaldeten Hügel der Papuk-Kette bis auf 900 Meter. Den Park, den eine kurvige Straße durchschneidet, können die Besucher von Norden oder Süden aus erkunden, von den Ortschaften **Orahovica** beziehungsweise **Velika** aus..

INSIDERTIPP

Die sechseckigen Felsensäulen von Rupnica in einem Tal am Südeingang des Papuk-Naturparks wirken wie von Menschenhand geschaffen, sind aber natürlich entstanden.

TOM JACKSON
National Geographic-Mitarbeiter

Über die grünen Hügel verstreut liegen die Ruinen mittelalterlicher Burgen – die imposanteste darunter **Ružica Grad** bei Orahovica.. Die weitläufigen Überreste dieser im 14. Jahrhundert erstmals erwähnten Festung bieten einen eindrucksvollen Anblick. Vom Orahovica-See führt ein bequemer Weg durch den Wald zur Burg Ružica Grad. Für den Hin- und Rückweg braucht man jeweils ca. 25 Minuten. In den Ruinen muss man sich vor herabfallenden Steinen hüten. ■

Jasenovac-Gedenkstätte
- ✉ Braće Radić 147
- ☎ 044 672 319
- 🕐 Mo geschl.

www.jusp-jasenovac.hr

Papuk-Naturpark
- ✉ Stjepana Radića 46, Velika
- ☎ 034 313 030
- 💲 €

www.pp-papuk.hr

Ostslawonien

Der Osten Slawoniens – mit den Städten Đakovo, Osijek und Vukovar sowie dem Feucht-gebiet Kopački Rit – nimmt im Herzen der Kroaten einen besonderen Platz ein. Die Grenz-region war immer hart umkämpft und wurde erst vor wenigen Jahren erneut verteidigt.

Die Drau in Osijek glänzt im Sonnenuntergang

Slavonski Brod

⛰ 103 B1

Besucherinformation

✉ Trg Pobjede 28/I

☎ 035 447 721

www.tzgsb.hr

Slavonski Brod

Wer von Lonjsko Polje aus auf der Hauptstraße nach Osten fährt, passiert unweigerlich Slavonski Brod. Der Verkehrs-knotenpunkt weist die Überreste einer sternförmigen österrei-chisch-ungarischen Festung aus dem 18. Jahrhundert auf (kurz vor der Abzweigung nach Đako-vo). Wer im Juni in Slavonski Brod ist, kann Kroatiens größtes Volkstanzfestival, Brodsko Kolo, erleben, das seit über 40 Jahren abgehalten wird und viele Zu-schauer anlockt.

Đakovo

Đakovo kann, wie nahezu ganz Slawonien, auf eine lange Sied-lungskontinuität zurückblicken. Erstmals findet die Stadt in Do-kumenten aus dem 13. Jahr-hunderts Erwähnung, als sie Bischofssitz wurde. Nach nur kurze Zeit während osmani-scher Herrschaft (1535–1690) wurde die Stadt 1773 Zentrum

INSIDERTIPP

Ein Muss ist die unter Bischof Strossmayer erbaute Kathedrale von Đakovo mit imposanter Innen- und Außenansicht. Probieren Sie danach Regionalspezialitäten wie die würzige Wurst *kulen*.

IVOR KARAVANIC
NATIONAL GEOGRAPHIC-Experte

des Bistums Đakovačko-Srijemska, das ein sehr großes Gebiet umfasste.

Đakovos Hauptattraktion ist unbestritten die **Kathedrale St. Peter und Paul** (Katedrala Sv. Petra i Pavla) – ein prächtiger roter Ziegelbau, der Stadt und Umgebung dominiert. Aus der Ferne betrachtet, ragen die zwei Türme aus scheinbar endlosen Sonnenblumenfeldern. Papst Johannes XXIII. beschrieb die neoromanische Kathedrale einst

als „schönste Kirche zwischen Venedig und Istanbul".

Das Bauwerk, Đakovos dritte Kathedrale, ersetzte einen schlichteren Vorgängerbau aus dem 17. Jahrhundert. Den Auftrag erteilte Bischof Strossmayer (siehe Kasten), erbaut wurde die Kirche von 1866 bis 1882 von den Wiener Architekten Karlo Rösner und Frederic Schmidt. Die Zwillingstürme erreichen imposante 84 Meter, und eine hohe Kuppel überspannt den Mittelteil der Kirche. Fresken schmücken die Wände im riesigen Innenraum, dessen Decke mit goldenen Sternen auf blauem Grund bemalt ist. Strossmayers Grab befindet sich in der Krypta.

Die **Allerheiligenkirche** (Crkva Svi Sveti) diente zur Zeit der osmanischen Herrschaft als Hauptmoschee (Ibrahim-Pasha-Moschee) der Stadt, wurde jedoch im 19. Jahrhundert zur Barockkirche umgebaut.

Im **Bischofspalast** (18. Jh.) findet sich noch immer die Verwaltung des Bistums Đakovačko-

Đakovo

🗺 103 C1

Besucherinformation

✉ Kralja Tomislava 3

☎ 031 812 319

www.tz-djakovo.hr

Bischof Strossmayer

Bischof Josip Juraj Strossmayer (1815–1905), eine der bedeutendsten und einflussreichsten Figuren in Kroatiens Kirche und Politik des 19. Jahrhunderts, kam in Osijek zu Welt und studierte in Budapest und Wien. 1849 wurde er Bischof von Đakovo, und in diesem Amt blieb er bis zu seinem Tod. Ab 1860 war er auch Anführer der Kroatischen Volkspartei.

Sein Name wird mit vielen wohltätigen Werken, z. B. der Einrichtung von Schulen, in Verbindung gebracht, und bei der Gründung von Zagrebs Akademie der Wissenschaften und Künste spielte er eine Schlüsselrolle. Strossmayer gab auch den Auftrag zum Bau von Đakovos Kathedrale. Außerdem setzte er sich dafür ein, dass kroatische Schulkinder in ihrer Muttersprache unterrichtet wurden, und befürwortete die Vereinigung von Kroaten, Serben und anderen slawischen Völkern, wenn auch innerhalb der österreichisch-ungarischen Monarchie, die Kroatien, Serbien und Slowenien zu jener Zeit regierte – diesbezüglich standen sich Strossmayer und Ante Starčević (siehe S. 114) konträr gegenüber.

Strossmayer-Museum
- ✉ Botića 2
- ☎ 031 813 698

Đakovo-Museum
- ✉ Anta Starčevića 34
- ☎ 031 813 254
- 🕐 Sa, So geschl.
- 💲 €

www.muzej-djakovstine.hr

Lipizzaner-Stall
- ✉ Augusta Šenoe 45
- ☎ 031 813 286

www.ergela-djakovo.hr

Srijemska untergebracht. An der Nordseite der Kathedrale präsentiert das **Strossmayer-Museum** Briefe und andere Exponate, die mit dem Stadthelden in Verbindung stehen. Auf ein breiteres Publikum ausgerichtet ist das **Đakovo-Museum** (Muzej Đakovštine), das archäologische und etnografische Ausstellungsstücke sowie andere Gegenstände aus der Stadtgeschichte zeigt. Die Sammlungen waren zur Zeit des kommunistischen Jugoslawiens unter Tito im Bischofspalast untergebracht, erhielten aber in den 1990er-Jahren, als der Palast wieder in Kirchenbesitz überging, eine neue Unterkunft.

Đakovo ist auch für seine Lipizzaner-Pferde bekannt, die hier seit 1506 (auf dem Balkan insgesamt jedoch schon viel länger)

gezüchtet werden. Ein **Lipizzaner-Stall** (Državna Ergela Lipicanaca Đakovo) liegt am Stadtrand, ca. 15 Gehminuten von der Kathedrale entfernt.

Wenn Sie Anfang Juli in der Stadt sind, sollten Sie das **Đakovo-Spitzen-Festival** (Đakovački Vezovi) besuchen, das sich traditioneller Spitze widmet und mit Konzerten, Paraden und Lipizzaner-Vorführungen unterhält.

Osijek

Osijek am Ufer der Drau ist eine der attraktivsten Städte Slawoniens, mit herausragender Architektur, interessanten Museen und Kunstgalerien, Trambahnen, Luxushotels und vielen Sehenswürdigkeiten in der näheren Umgebung. Die Zugfahrt von Zagreb nach Osijek dauert fünf Stunden.

Die Drau lockt viele Wassersportler an

Die römische Siedlung Mursa, die sich an dieser Stelle befand, rückte unter Kaiser Hadrian zur Kolonie auf. Nach osmanischer Herrschaft übernahm Ende des 17. Jahrhundert Österreich-Ungarn die Stadt. Unter dessen Regiment wurde das Festungsviertel **Tvrđa** errichtet. Das heutige moderne Zentrum, **Gornji Grad** (Oberstadt), entwickelte sich separat von **Donji Grad**, der Unterstadt, weiter flussabwärts. Im späten 18. Jahrhundert wurden diese drei Siedlungen zu einer Stadt vereint.

Tvrđa: Die Festung in Osijek hatte innerhalb einer sternförmigen Wehranlage einen zentralen Platz (Trg Sv Trojstva), umgeben von einem Gitternetz gepflasterter Straßen und prächtigen Bauten. Die Wehrmauern wurden größtenteils abgerissen und die Gräben mit Wasser gefüllt, doch der Kern der Anlage ist gut erhalten und bildet eines der schönsten Barockensembles ganz Kroatiens.

Die Piazza, die von einer Pestsäule überragt wird, säumen das **Museum Slawoniens** (Muzej Slavonije) und Osijeks neues **Archäologisches Museum** (Arheološki Muzej) mit Exponaten aus römischer Zeit und einem keltischen Helm.

Die Gebäude an der Nordseite des Platzes beherbergten einst die österreichisch-ungarische Militärkommandantur. Ein Stück der Originalstadtmauer blieb an Tvrđas Nordostseite erhalten. Am besten sieht man sie von der nahen Brücke über die Drau aus.

Fiš Paprikaš

Eine Spezialität im Osten Slawoniens ist *fiš paprikaš*, ein reichhaltiger, herzhafter Eintopf. Das häufig recht scharfe Gericht, bestehend aus Süßwasserfischen (hauptsächlich Karpfen, *šaren*) und Paprikaschoten ist auch jenseits der Grenzen in Serbiens Vojvodina-Region sowie in Ungarn, beliebt. Alljährlich gibt es Fiš-Festivals und -Kochwettbewerbe, unter anderem in Kutina und Slavonski Brod. Achten Sie auf Gräten!

Eines der alten **Stadttore** (Vodena Vrata, Wassertor) führt noch immer aus der Stadt hinaus an die Drau. Im Westen der Tvrđa steht die **Kirche St. Michael** (Sv. Mihovil) mit ihren auffälligen Zwiebeltürmen, im Nordosten die **Heiligkreuzkirche** der Franziskaner. Beide wurden Mitte des 18. Jahrhunderts an Stellen früherer Moscheen erbaut.

Gornji Grad: Das eindrucksvollste Bauwerk in Osijek ist die **Kirche St. Peter und Paul** (Sv. Petra i Pavla) in Gornji Grad – eine herrliche neugotische Konstruktion mit Strebebögen an den roten Ziegelfassaden. Die Kirche wird wegen ihrer Größe – ihre gestufte Turmspitze ist mit 90 Metern nach jener von Zagrebs Kathedrale die zweithöchste in Kroatien – häufig „Kathedrale" genannt. Auch sie gab Bischof Strossmayer (siehe Kasten S. 111)

Osijek

⬛ 103 C1

Besucherinformation

✉ Županijska 2

☎ 031 203 755

www.tzosijek.hr

Museum Slawoniens

✉ Trg Sv Trojstva 6, Osijek

☎ 031 250 730

🕐 Mo geschl.

💲 €

www.mdc.hr/osijek/ eng/home.html

Archäologisches Museum Osijek

✉ Trg Sv Trojstva 2

☎ 031 232 132

🕐 Mo geschl.

💲 €

Galerie der Schönen Künste, Osijek

✉ Europska Avenija 9

☎ 031 251 280

🕐 Mo geschl.

💲 €

www.gluo.hr

Naturpark Kopački Rit

🅰 103 C2

☎ 031 285 370

💲 € (Eintritt), €€€ (inkl. Bootsfahrt zum und Besuch im Schloss Tikveš)

www.kopacki-rit.com

im Jahr 1894 in Auftrag. Der kroatische Künstler Mirko Rački schuf die Fresken im Inneren.

Der angrenzende **Ante-Starčević-Platz** (Trg Ante Starčevića) ist nach dem kroatischen Politiker und Schriftsteller Ante Starčević (1823–1896) benannt, dessen Statue den Platz dominiert. Der „Vater Kroatiens" (Otac Hrvatska, wie es auch an der Statue steht) gründete 1861 die Partei des Rechts und lehnte jede mögliche Vereinigung mit Serbien ab. Die Cafés am Platz laden zu einer Pause ein.

Die **Galerie der Schönen Künste von Osijek** (Galerija Likovnih Umjetnosti Osijek) besitzt eine exzellente Sammlung von Gemälden, Drucken und Skulpturen kroatischer Künstler vom 18. bis zum 20. Jahrhundert. In der Gegend stehen interessante Gebäude aus dem frühen 20. Jahrhundert, allen voran

das **Kino Urania** von 1912 mit seiner gewölbten Fassade.

Osijeks Küche ist hervorragend, probieren Sie Regionalgerichte wie den opulenten Fischeintopf (*fiš paprikaš*; siehe Kasten S. 113), Wild oder die Dauerwurst *kulen*, zu der Art großer, würziger Salami, zu der gern dicke saure Sahne, *kajmak*, serviert wird. Das Bier Osiječko wird hier seit 1687 in Kroatiens ältester Brauerei hergestellt.

Osijek ist eine gute Basis für Tagesausflüge in die Umgebung, etwa in die Feuchtbiotope des Naturparks Kopački Rit oder in die Städte Đakovo und Vukovar.

Naturpark Kopački Rit

Dieses einzigartige Feuchtgebiet mitten in der riesigen Ebene am Zusammenfluss von Drau und Donau besteht aus Seen, Kanälen, ausgedehnten Röhrichten und Wäldern. Das ganze Gebiet ist Schwemmland, das vom Frühling bis in den Hochsommer überflutet ist.

In den Feuchtbiotopen des Parks finden viele Wild- und Stelzvögel ideale Lebensbedingungen – an die 300 Arten wurden gezählt, von denen mehr als 140 ständig hier leben oder regelmäßig zu Gast sind. Man sieht Grau-, Purpur- und Silberreiher, Weiß- und Schwarzstörche und eine große Kormorankolonie – die größte in Kroatien. Im Winter legen riesige Wildvogelschwärme auf ihrem Weg in den Süden hier einen Halt ein.

Die Gegend ist auch zum Angeln beliebt (wofür man eine Lizenz des Besucherzentrums

ERLEBNIS:

Vogelbeobachtung im Naturpark Kopački Rit

Hobby-Ornithologen wollen vielleicht mehr sehen, als es auf einer Standard-Bootsfahrt möglich ist. Sie können an der sechsstündigen speziellen Birdwatching-Tour mit erfahrenem Führer teilnehmen, die im Besucherzentrum angeboten wird. Diese Ausflüge beinhalten die Fahrt in kleinen Booten zum Vogelschutzgebiet oder – falls der Wasserstand nicht hoch genug ist – eine Wanderung durch den Wald. Da die Teilnehmerzahl auf 15 begrenzt ist, empfiehlt es sich, im Voraus zu buchen. Im Frühling (April–Juni) und Herbst (August–Oktober) sieht man die meisten Arten.

Im Naturpark Kopački Rit sind viele Reiher zu Hause

benötigt), und das heute leerstehende **Schloss Tikveš**, das innerhalb der Parkgrenzen liegt, war Titos Lieblings-Jagddomizil.

Anfahrt: Organisierte Ausflüge in den Naturpark Kopački Rit werden in Osijek angeboten. Mit dem Auto fahren Sie von Osijek in Richtung Nordosten, über Bilje. Regelmäßig fahren Busse von Osijek nach Bilje, von hier aus ist es ein drei Kilometer langer Fußmarsch zum Besucherzentrum in Kopačevo. Im Park können Sie mit dem Boot an den Rand des Vogelschutzgebietes fahren – dies ist die beste Möglichkeit, um Vögel zu beobachten, und tatsächlich die einzige Möglichkeit, mehr als nur die Randgebiete des Parks zu sehen.

Der Naturpark Kopački Rit bietet Patenschaften für Vogelarten an. Mit den Spenden werden weitere Umweltschutzprogramme finanziert. Einzelheiten hierzu erfährt man im Besucherzentrum und im Internet.

Da Kopački Rit an Serbien grenzt, hatte der Park im Kroatienkrieg schwere Schäden zu verzeichnen, und in weiten Teilen liegen noch immer Landminen. Überall, selbst auf Bootsfahrten, sieht man entsprechende Warnschilder.

Vukovar

Einst eine wunderschöne Barockstadt, ist Vukovar an der Donau das ergreifendste Mahnmal im Land, das an den Kroatienkrieg erinnert. Die 1991 belagerte und fast bis auf die Grundmauern zerstörte Stadt bezeichnete der kroatische Präsident Stipe Mesić als „Kroatiens Stalingrad". 2000 kroatische Soldaten und

(Fortsetzung auf S. 118)

Vukovar

103 C1

Besucherinformation

J. J. Strossmayer 15

032 442 889

**www.turizam
vukovar.hr**

Die Vučedol-Kultur

Die Vučedol-Kultur bestand zwischen 3000 und 2200 v. Chr. im Osten Slawoniens, am Westufer der Donau und in der näheren Umgebung. Benannt ist die Kultur nach der archäologischen Stätte Vučedol (Wolfstal) etwa fünf Kilometer außerhalb des heutigen Vukovar. Ausgrabungsfunde sind im Archäologischen Museum in Zagreb und im Stadtmuseum von Vukovar ausgestellt.

Bronzener Axtkopf aus der Vučedol-Kultur

Die Menschen, die dieser Kultur angehörten, waren Fischer, Jäger und Bauern. Ihre Siedlungen waren kompakte Dörfer oder Tells (Hügelsiedlungen). Was wir über sie wissen, entstammt im Wesentlichen der Fundstätte von Vučedol. Archäologen vermuten hingegen, dass sich hier nur ein Zentrum einer größeren Zivilisation befand, die sich über die pannonische Ebene und jenseits der Donau bis nach Ungarn ausdehnte. Wahrscheinlich handelte es sich um Nachfahren von Einwanderern aus östlicheren Gebieten. Es gibt Hinweise, dass sie mit der mykenischen Kultur in Griechenland Handelsbeziehungen pflegten.

Die Vučedol-Stätte

Ihre Häuser waren rechteckig oder etwas abgerundet und zum Teil in die Erde gegraben worden. Auf dem Fußboden aus festgestampftem Lehm stand ein runder Ofen. Das Dach bildeten einfache Zweige.

Obwohl sie hauptsächlich vom Jagen und Sammeln lebten, hielten die Angehörigen der Vučedol-Kultur auch Nutztiere und verfügten über einfache Karren, die vermutlich von Ochsen gezogen wurden. Die Bevölkerungszahl schätzt man auf etwa 3000.

Die im Kroatienkrieg schwer beschädigte Fundstätte ist 2,8 Hektar groß und war wohl von einer Art Wehrmauer umgeben. Ausgrabungen brachten zutage, dass sich in der Mitte ein großes, rechteckiges, von Gräben umgebenes Bauwerk befand. Bereits in der Jungsteinzeit bestand an dieser Stelle wohl eine Siedlung der noch älteren Starčevo-Kultur.

Kupferwerkzeug

Die Angehörigen der Vučedol- Kultur waren indoeuropäischen Ursprungs. Ihnen war auch die Kunst der Kupferherstellung geläufig, und sie wandten eine neue Gussmethode an: Sie benutzten zweiteilige Lehmformen, die wiederverwendet werden konnten. Mit dieser Methode stellten sie z. B. einen Axtkopf her, der zum Schaft hin breiter wird, während die Klinge selbst flach ist.

Da die Nachfrage nach Kupfer stieg, breitete sich diese Kultur in Mittel- und Südosteuropa immer mehr aus, so auch in den heutigen Ländern Österreich, Ungarn, Tschechien sowie Bosnien und Herzegowina. Doch nur in der Fundstätte von Vučedol (heute als Gradac bekannt) fand man Beweise für die Kupferherstellung und Gussformen.

Keramik

Die prähistorischen Handwerker schufen auch schöne Keramikwaren – z. B. Becher und Schüsseln – und werden vor allem mit bikonischen Gefäßen (geformt wie zwei zusammengefügte Kegel) assoziiert, die zum Teil auch Henkel aufweisen. Außerdem stellten sie Ritualgefäße und Tierfiguren her.

Der berühmteste ausgegrabene Gegenstand jener Zeit ist die sogenannte Vučedol-Taube (Vučedolska Golubica), eine dreibeinige Keramikfigur eines Vogels (vermutlich eher eines männlichen Rebhuhns als einer Taube), die als rituelles Gefäß diente. Die ca. 19 Zentimeter hohe Figur hat am Hinterkopf einen Kamm und eingeritzte Muster an den Flügeln und auf der Brust sowie stilisierte Doppeläxte am Hals. Diese Verzierungen wurden mit einer hellen Paste aus zerstoßenen Muscheln und Harz gefüllt. Das 1938 in Vučedol gefundene Original ist im Archäologischem Museum von Zagreb (siehe S. 73) ausgestellt, eine Kopie im Stadtmuseum Vukovar (siehe S. 118). Die Vučedol-Taube, die in Kroatien Kultstatus genießt, ist auf der Rückseite des 20-Kuna-Scheins abgebildet, und Nachbildungen man in Souvenirläden im ganzen Land.

Sehr interessant ist auch ein Keramikgefäß, das man unter dem Hotel Slavonia in Vinkovci fand. Das als Vučedol-Orion

bekannte Artefakt bildet eine Art astrologischen Kalender ab, der auf den Sternbewegungen beruht. Die Dekoration des Gefäßes besteht aus vier Streifen mit vielen Kästchen, die jeweils ein Symbol für eine bestimmte Sternenkonstellation enthalten, wie sie in der Abenddämmerung am Horizont erscheint. Zusammen illustrieren die vier Streifen die vier Jahreszeiten. Das bedeutet, dass die Angehörigen der Vučedol-Kultur den Jahresbeginn bestimmen konnten, wenngleich wir nicht wissen, aus wie vielen Tagen ihr „Jahr" bestand. Das Vučedol-Orion wurde etwa um 2600 v. Chr. angefertigt und gilt als ältester Kalender Europas. Er folgt dem gleichen System wie die Kalender der alten Sumerer und Ägypter, ist aber auf die nördlichen Breiten abgestimmt.

Neues Museum

Zurzeit entsteht ein neues Museum an der Vučedol-Fundstätte. Das ehrgeizige und architektonisch reizvolle Projekt soll mehrere Etagen haben und wird direkt in den Hügelhang gebaut, sodass nur die breiten Fensterfronten zu sehen sind und es sich harmonisch in die Landschaft einfügt. Bislang ist nicht bekannt, wann es fertig sein wird.

Die Vučedol-Taube

Franziskaner-kloster
- ✉ Samostanska 5
- ☎ 032 441 381

Vukovar-Museum im Exil
- ✉ Županijska 2
- ☎ 032 441 270
- 💲 €

Radio Vukovar
- ✉ Dr. Franje Tuđmana 13
- ☎ 032 450 470

Zivilisten ließen bei der Belagerung Vukovars (siehe Kasten) ihr Leben, und erst 1998 wurde es der kroatischen Regierung zurückgegeben.

In den Jahren nach dem Krieg hat man Vukovar nach und nach wiederaufgebaut und ein paar der schönen Barockbauten liebevoll restauriert, darunter weite Teile des **Stadtzentrums** (entlang der Dr. Franje Tuđmana) und das **Franziskanerkloster**. Doch noch immer existieren zahlreiche bittere Erinnerungen an den Krieg – keine ist wohl berühmter als der alte, 1913 errichtete **Wasserturm**, der in

INSIDERTIPP

Viele im Krieg beschädigte Bauten, etwa das Schloss Eltz, kann man nicht besichtigen, weil sie restauriert werden. Der Wasserturm hingegen bleibt als Mahnmal unrenoviert.

IVOR KARAVANIC
National Geographic-Experte

bewusster Absicht nicht restauriert wurde. Seine Mauern sind von Einschusslöchern und Granatsplittern durchsiebt.

Das **Schloss Eltz** aus dem 18. Jahrhundert wurde im Krieg ebenfalls schwer beschädigt und ist zurzeit wegen Restaurierung geschlossen. Früher war hier das Stadtmuseum untergebracht, doch die meisten Exponate

wurden im Krieg gestohlen oder zerstört. Ein paar inzwischen wieder aufgetauchte Stücke wurden ins Mimara-Museum in Zagreb (siehe S. 80) verbracht.

Ende 1992, als sich Vukovar noch immer in serbischer Hand befand, wurde eine neue Museumssammlung begründet. Das **Vukovar-Museum im Exil** besteht aus gespendeten Werken kroatischer und ausländischer Künstler. Diese Sammlung wird im Stadtmuseum zu sehen sein, sobald das Schloss Eltz restauriert ist. Bis dahin sind die Kunstwerke im ehemaligen Haus von Kroatiens erstem Nobelpreisträger, Lavoslav Ružička – der 1887 in Vukovar zur Welt kam und 1939 den Nobelpreis für Chemie erhielt –, zu sehen.

Kriegsdenkmäler: Vukovars **Gedenkfriedhof** liegt 3,5 Kilometer außerhalb der Stadt an der Straße nach Ilok. Er umfasst eines der größten Massengräber Europas seit dem Zweiten Weltkrieg. Viele der 938 namenlosen weißen Holzkreuze sind mit „Hravtski Branitelj" („Verteidiger Kroatiens") beschriftet – und erinnern an all die schlecht ausgerüsteten Zivilisten, die sich gegen Serbiens bewaffnete Streitkräfte verteidigten.

Ein weiteres Kriegsdenkmal ist die vom kroatischen Bildhauer Mladen Mikulin geschaffene **Büste von Siniša Glavašević** in der Eingangshalle von **Radio Vukovar** (Hrvatski Radio Vukovar). Glavašević, ein kroatischer Rundfunkjournalist, war einer der Zivilisten, die bei der Belagerung

Die Belagerung von Vukovar

Im September 1991, während das weltweite Medieninteresse der Belagerung Dubrovniks galt, besetzten Streitkräfte der Jugoslawischen Volkspartei (JNA) Vukovar. In den folgenden zwei Monaten zerstörte die Artillerie die Stadt erbarmungslos. Viele der Einwohner flohen in Keller, während die Verteidiger – in Anzahl und Bewaffnung heillos unterlegen – in den Straßen kämpften. Als die Stadt am 18. November fiel, retteten sich viele der Überlebenden ins Krankenhaus – nur um dort am Tag darauf gnadenlos abgeschlachtet zu werden, ehe das Rote Kreuz sie – wie eigentlich abgemacht – evakuieren konnte. Die restlichen Bewohner wurden zusammengetrieben, die Männer wurden von den Frauen getrennt und mussten abmarschieren. Keiner wurde jemals lebend wiedergesehen.

Vukovars getötet wurden. Er hatte beschlossen, auszuharren und aus der Stadt zu berichten, während die meisten anderen geflohen waren.

Am Stadtrand, am Ufer der Donau, liegt die archäologische Stätte **Vučedol** (siehe S. 116f).

Ilok

35 Kilometer südöstlich von Vukovar befindet sich an der Donau auf einem kleinen Stückchen kroatischem Terrain, das nach Serbien hineinragt, die Stadt Ilok.

Die Festung bzw. **Altstadt** (Stari Grad) liegt auf einem langgezogenen Hügel und ist von massiven Mauern umgeben. Sie lohnt einen Besuch, wenn man sich in diesem abgelegenen Teil Kroatiens aufhält. Im Zentrum liegt das **Schloss Odescalchi**, das 15. Jahrhundert für den hiesigen Regenten errichtet und seither mehrmals umgebaut wurde. Das Schloss samt Anwesen schenkte Ungarn im 17. Jahrhundert der Familie von Papst Innozenz XI. (einem geborenen Odescalchi), es blieb bis 1945 in deren Besitz. Heute befinden sich im Schloss das 2010 eröffnete **Stadtmuseum** sowie ein Nobelhotel mit Restaurant.

Das **Franziskanerkloster** wurde im 14. Jahrhundert gegründet, heute kann man noch die **Kirche des Heiligen Johannes von Capistrano** (Crkva Sveti Ivan Kapestran) besuchen, der in Ilok starb. Sie wurde im Lauf der Jahrhunderte mehrmals renoviert, im 19. Jahrhundert etwa fügte Herman Bollé (der die Fassade von Zagrebs Kathedrale und zahlreiche andere Bauwerke entwarf) gotische Elemente an.

Seit römischer Zeit wird in dieser Region Wein angebaut, und von den Weinbergen rund um Ilok stammen edle Tropfen. Die im Kroatienkrieg beschädigten oder zerstörten Reben wurden inzwischen ersetzt. Traminac ist eine weit verbreitete Traubensorte, die eigentlich aus Südtirol stammt und im slawonischen Klima gut gedeiht. Die Traminac-Weißweine sind sehr zu empfehlen. Bei der Stadt verläuft auch die **Ilok-Weinstraße** (www.vian ilok.hr), und die noch immer genutzten **alten Weinkeller** unter dem Schloss können auf Anfrage besichtigt werden. ■

Ilok

🅰 103 C1

Besucherinformation

✉ Trg Nikole
Iločkog 2

☎ 032 590 202

www.turizamilok.hr

Alte Weinkeller

✉ Stari Podrumi

☎ 032 590 088

Eine markante Halbinsel mit einer Fülle römischer Ruinen, byzantinischen Mosaiken und mittelalterlichen Bergstädten

Istrien

Eine ruhige Seitenstraße, nur einen Schritt vom geschäftigen Zentrum Lovrans entfernt

Istrien

Istrien (Istra) ist ein keilförmiges Stück Land, das nahe der slowenischen Grenze in die Adria ragt. Die Halbinsel konnte sich ihre regionale Identität bewahren und bietet ihren Gästen Wanderwege im bewaldeten Hinterland und sonnige Badeorte am Meer.

Sonnenuntergang am beschaulichen Hafen von Rovinj, an der Ostküste der Halbinsel Istrien

NICHT VERSÄUMEN

Dem verblichenen Glanz und der Pracht vergangener Tage an der Riviera Opatija nachspüren **125**

Sich vom außergewöhnlichen römischen Amphitheater in Pula beeindrucken lassen **128**

Die Filmfestivals von Pula und Motovun besuchen **132**

Den eleganten Glockenturm der Kirche St. Euphemia in Rovinj erklimmen **134**

Die Euphrasius-Basilika in Poreč mit ihren herrlichen byzantinischen Mosaiken bewundern **135**

Im Landesinneren Istriens die mittelalterlichen Bergdörfer erkunden **138**

Die Küche Istriens goutieren, die gern Trüffel der Region verwendet **141**

Der Name Istrien leitet sich von den Histri ab, einem illyrischen Volksstamm, der vor der römischen Eroberung diese Gegend besiedelte. Im Lauf der Jahrhunderte spielten Römer, Ostgoten, Kroaten und Venezianer eine bedeutende Rolle in der oft turbulenten Geschichte. In der zweiten Hälfte des 19. Jahrhunderts stand die Ostküste Istriens bei der österreich-ungarischen Oberschicht als Ferienziel bereits hoch im Kurs.

Im Hinterland ragen die steilen Gebirgszüge Učka und Ćićarija auf, wo es sich herrlich wandern lässt. An der Westküste rühmen sich die Städte Poreč und Pula der beiden bekanntesten Bauwerke Kroatiens: Die Euphrasius-Basilika in Poreč beeindruckt mit ihren herrlichen byzantinischen Mosaiken und wurde von der Unesco in die Welterbeliste aufgenommen; das römische Amphitheater von Pula ist eines der größten und besterhaltenen der Welt.

4 ▷

3 ▷

2 ▷

1 ▷

Golf von Triest

SLOWENIEN

Umag

Buje

Grožnjan

Salež

Buzet

44 Roč

Burg
Petrapilosa

Livade

Hum

Motovun

Butonega-
Stausee

Vranja

Novigrad

A9

ISTRIEN

A8

Beram

Pazin

Poreč

Baderna

Sveti Lovreč

Pićan

Limski Kanal

Raša

Okreti

Rovinj

A9

66

Vodnjan

Marčana

Fažana

NATIONAL-
PARK
BRIJUNI

Pula

Kamenjak

Premantura

Halbinsel
Kamenjak

ČIĆARIJA

Rupa

A7

PRIMORJE-
GORSKI
KOTAR

Volosko

Matulji

E61

Veprinac

Opatija

Vojak
1401 m

Lovran

NATIONALPARK
UČKA

66

Brestova

Porozina

Cres

Labin

Rabac

Kvarner Golf

Adria

N

0 ___ 10 Kilometer
0 ___ 5 Meilen

Zagreb

Zur Orientierung

A   B   C

Zwischen diesen beiden Städten liegt das attraktive Rovinj mit malerischen Gassen und reizvollen, die Küste säumenden Inseln. Der Limski Kanal, ein schmaler Meeresarm, schiebt sich 10 Kilometer weit ins Landesinnere hinein; die Pula vorgelagerten Brijuni-Inseln sind ein Nationalpark. Das Hinterland präsentiert sich als eine gänzlich andere Welt mit sanften Hügeln, gesprenkelt von malerischen mittelalterlichen Bergdörfern; in diesen oft winzigen Weilern wollen wunderbare Fresken istrischer Künstler bewundert werden.

Istrien ist für seine Küche berühmt – die beste Kroatiens. Aus dieser Region kommen weiße und schwarze Trüffel, und diese Köstlichkeiten prägen natürlich die Speisekarte. Auch wilder Spargel wächst in Istrien, mit dem sich delikate Gerichte zaubern lassen.

Istrien ist als Touristendestination überaus beliebt; in keine Region Kroatiens zieht es mehr Gäste aus dem Ausland. Der Fremdenverkehr konzentriert sich dabei vor allem auf die weitläufige Küste. Im Sommer ist deshalb eine frühzeitige Buchung des Quartiers unabdingbar. ■

Opatija & der Süden

Die Ostküste Istriens erstreckt sich vom Ferienort Opatija vor der Kulisse der steilen Gebirge Učka und Ćićarija nach Süden. Bereits im 19. Jahrhundert besuchten viele österreichische Touristen diese Gegend. Als Ende des 19. Jahrhunderts die Bahnlinie von Wien nach Triest und Rijeka eingerichtet wurde, nahm der Fremdenverkehr einen weiteren Aufschwung.

Blick von den bewaldeten Hügeln auf eine beschauliche Bucht unweit des Ferienorts Opatija

Opatija

⛰ 123 C3

Besucherinformation

✉ Vladimira Nazora 3

☎ 051 271 710

www.opatija-tourism.hr

Villa Angiolina

✉ Angiolina 1

🕐 Mo geschl.

www.opatija-tourism.hr

Opatija

Die im 15. Jahrhundert errichtete Benediktinerabtei *(abbazia* bedeutet auf Italienisch „Abtei") verlieh Opatija seinen Namen. Bis zur Mitte des 19. Jahrhunderts ging es in der Kleinstadt recht beschaulich zu. Doch dann errichtete Iginio Scarpa, ein reicher Geschäftsmann aus Rijeka, die **Villa Angiolina**, die Opatija zu einem mondänen Kurort der österreichischen Oberschicht avancieren ließ. Da die Gebirge Učka und Ćićarija dafür sorgen, dass die Sommer in Opatija nicht so heiß werden, erfreute sich der Ort enormer Beliebtheit und

lockte von Gustav Mahler bis Vladimir Nabokov Unmengen von Gästen an. Sogar Kaiser Franz Joseph erwarb im nahen Volosko eine Villa für seine Geliebte.

In Opatija ist vom Flair des ausgehenden 19. Jahrhunderts noch einiges spür- und sichtbar. Die großzügige Villa Angiolina befindet sich inmitten kunstvoller exotischer Gärten; dort ist auch das **Tourismusmuseum** (Hrvatski Muzej Turizma) untergebracht, das den Aufstieg und Niedergang des Fremdenverkehrs in Opatija und Kroatien dokumentiert, außerdem der **Juraj Šporer Kunst-**

pavillon (Umjetnički Paviljon „Juraj Matija Šporer"). Die **Kirche St. Jakob** (Sveti Jakov) ist der älteste erhaltene Teil der Benediktinerabtei; Restaurierungsmaßnahmen haben das Original allerdings fast bis zur Unkenntlichkeit verändert. Hier befindet sich die Kopie der berühmten „Pietà" des renommierten kroatischen Bildhauers Ivan Mestrović (siehe S. 83). Die **Verkündigungskirche** im neuromanischen Stil mit einer grünen Kuppel stammt von 1906.

Die Uferpromenade **Riviera Opatija** verläuft rund 12 Kilometer an der Ostküste der Halbinsel entlang, von Volosko im Norden bis nach Lovran im Süden – ein herrlicher Spaziergang.

Opatija ist selbst heute, hundert Jahre nach seiner Blütezeit, im Sommer als Ferienort beliebt. Wer wegen des Meeres kommt, sollte allerdings bedenken, dass die meisten Strände betonierte Freibäder sind – es gibt schönere in Kroatien.

Lovran

Rund sechs Kilometer südlich von Opatija liegt der hübsche Badeort Lovran; er ist nach den Lorbeerbäumen *(lovor)* benannt, die in den umliegenden Bergen überall zwischen den Kastanien und Kirschbäumen gedeihen. Lovran ist seit dem späten 19. Jahrhundert ein beliebter Ferienort.

Einige Reste der mittelalterlichen Wehranlagen haben sich erhalten: der **Stadtturm** und die **Stubica**, eines der alten Stadttore. Die **Kirche St. Georg** (Sveti Juraj) wurde im 14. Jahrhundert erbaut und im 15. Jahrhundert restauriert; einen Blick lohnen das der

Kirche St. Nikolaus in Pazin (siehe S. 136) nachempfundene sternförmige Gewölbe sowie Fresken, die 1479 einheimische Künstler schufen, darunter Szenen aus dem Leben Christi und aus der Legende des hl. Georg, des Schutzpatrons von Lovran. Die **Ordenskirche Hl. Johannes der Täufer** (Crkva Bratovstina Svetog Ivana Krstiteglia) stammt aus dem 14. Jahrhundert und wurde über einem älteren Vorgängerbau errichtet. Sie birgt Fragmente eines ähnlichen Freskenzyklus.

Kirche St. Jakob
- ✉ Park Sv. Jakova 2

Lovran
- 🅰 123 C3

Besucherinformation
- ✉ Šetalište Maršala Tita 63
- ☎ 051 291 740
- **www.tz-lovran.hr**

ERLEBNIS:
Kulinarische Workshops

Wer mehr über die Regionalküche erfahren möchte, kann an einem der kulinarischen Workshops teilnehmen, die Boris Mihovilić, der Chef des **Restaurant Villa Astra** *(Viktora Cara Emina 11, Tel. 051 294 604, E-Mail: sales@lovranske-vile.com)* während des Spargel- und Kirschfests (siehe unten) in Lovran durchführt. Das Hauptgewicht liegt dabei auf wildem Spargel und Nessel-Gerichten sowie auf Speisen, bei denen Kirschen aus der Region Verwendung finden.

In Lovran finden alljährlich gleich mehrere kulinarische Feste statt. Das **Spargelfest** zwei Wochen im April kulminiert in einer „Spargelorgie" mit der Zubereitung eines Riesenomelettes. Im Juni widmet sich das Kirschfest den Kirschen *(Brtosinska)* und endet wiederum mit einem Riesengelage: dem Verzehr eines gigantischen Kirschstrudels. Das längste Fest von Lovran ist jedoch das seit 1973 jährlich stattfindende Esskastanienfest *(Marunada)*. Es gibt

Učka

⛰ 123 C3

Naturpark Učka

✉ Liganj 42,
51415 Lovran

☎ 051 293 753

www.pp-ucka.hr

Labin

⛰ 123 C2

Besucherinformation

✉ Aldo Negri 20

☎ 052 855 560

www.rabac-labin.com

vielerlei Desserts und andere Gerichte mit Esskastanien oder *maruni*, wie die Einheimischen sagen.

Von Opatija und Pula verkehren regelmäßig Busse nach Lovran. Ein Spaziergang auf der Uferpromenade von Opatija nach Lovran dauert rund 1,5 Stunden.

Učka & Ćićarija

Wer in Richtung Süden unterwegs ist, sieht auf der rechten Seite die steilen, bewaldeten Bergketten **Učka** (1401 m) und **Ćićarija** aufragen. In der Bergregion gibt es einige Dörfer, außerdem gut ausgeschilderte Wanderwege, die durch den Naturpark **Učka** (siehe Kasten unten) führen. Im Park gedeiht eine beeindruckende Vielfalt an Blumen; Braunbären und Steinadler sind dort ebenfalls zu Hause. Der Učka Tunnel verbindet Küste und Hinterland und passiert das nette Bergdorf **Veprinac.** Dieses ist nach den Wildschweinen *(vepar),* benannt, die hier gejagt werden.

Labin & Rabac

Etwa auf halber Strecke zwischen Lovran und Pula liegt das mittel-

alterliche Bergdorf Labin und darunter an einer geschützten Bucht der beliebte Ferienort Rabac.

Labin fand erstmals 285 als römische Siedlung Albona Erwähnung, war jedoch bereits in der Bronzezeit besiedelt, später auch von den Illyrern. In der Stadt beeindrucken venezianische und barocke **Paläste**; neben einigen Teilen der **Wehranlagen** aus dem späten 16. Jahrhundert hat sich auch das **Stadttor** erhalten. In Labin kam der Kirchenreformator Matija Vlačić Ilirik (Matthias Flacius Illyricus, 1520–75) zur Welt; eine

ERLEBNIS: Wanderung im Učka-Gebirge

Auf den Gipfel des Učka-Gebirges führt zwar eine Straße, viel schöner ist es jedoch, vom kleinen Dorf **Lovran** unten an der Küste den Berg zu erklimmen. Es geht rund 1400 Höhenmeter hinauf, die Strecke ist jedoch recht einfach. Der gut ausgeschilderte Weg führt durch Wald und Wiesen, bis der Gipfel des Gebirgszugs erreicht ist. Er heißt **Vojak,** und auf ihm erhebt sich ein Fernmeldemast. Von hier bietet sich ein weiter Blick in alle Himmelsrichtungen.

Für den Aufstieg auf den Gipfel sind rund 4,5 Stunden einzuplanen, drei weitere für den Abstieg. Wichtig ist es, eine gute Wanderkarte (siehe Reiseinformationen S. 310) mitzunehmen, außerdem viel Wasser und warme, wasserdichte Kleidung, falls das Wetter plötzlich umschlägt. Unterhalb des Gipfels gibt es eine kleine **Berghütte** *(Poklon Dom, €€€),* die allerdings nur am Wochenende geöffnet hat. Ein Shuttlebus bringt sonntags Tagesgäste aus Rijeka her.

Der Stadtplatz von Pula bietet sich für Rast und Einkehr an

Gedenksammlung widmet sich seinem Leben. Bis in die 1970er Jahre, als die Gruben schlossen, spielte in Lubin der Bergbau eine wichtige Rolle. Exponate zu diesem Thema sind im **Stadtmuseum** (Narodni Muzej) ausgestellt.

Rabac war ein verschlafenes Fischerdorf, bis es Mitte des 19. Jahrhunderts im Zuge des Aufstiegs von Opatija als Badeort entdeckt wurde. Wegen des schönen Strands steht der Ort bei Badegästen bis heute hoch im Kurs.

Pula

Pula, im 1. Jahrhundert v. Chr. gegründet und einst eine bedeutende römische Siedlung, kann mit wunderschönen römischen Ruinen (siehe S. 128f) aufwarten. Die Stadt wurde im 5. Jahrhundert von den Goten geplündert, im 14. Jahrhundert auch von Venedig und Genua.

Im 17. Jahrhundert hatten Pest und Malaria die Bevölkerung bis auf 300 Einwohner dezimiert. Im 19. Jahrhundert machten die Österreicher aus Pula eine bedeutende Hafenstadt. Als die Stadt nach dem Ersten Weltkrieg an Italien fiel, versank sie erneut in die Bedeutungslosigkeit – was die Deutschen und die Alliierten allerdings nicht davon abhielt, sie im Zweiten Weltkrieg zu bombardieren.

Alldem zum Trotz präsentiert sich das moderne Pula als blühende Stadt, die viele Touristen anlockt. Der Flughafen liegt nur ein paar Kilometer nördlich; es verkehrt ein Shuttlebus ins Zentrum. Die Stadt lässt sich mit dem Bus von Zagreb in fünf Stunden und von Split in elf Stunden erreichen. Außerdem fahren von größeren Orten in Kroatien auch Züge nach Pula. Ein Schnellboot verkehrt im *(Fortsetzung S. 130)*

Gedenksammlung Matija Vlačić Ilirik
- ✉ Giusepinna Martinuzzi 7
- ☎ 052 852 477
- 🕐 Offen auf Anfrage
- **www.flacius.net**

Stadtmuseum Labin
- ✉ Ulica 1 Maja 6
- ☎ 052 852 477
- 💲 €

Rabac
- 🅰 123 C2

Pula
- 🅰 123 B1
- **Besucherinformation**
- ✉ Forum 3
- ☎ 052 219 197
- **www.pulainfo.hr**

Römische Ruinen in Pula

Einer Legende zufolge wurde Pula von den Kolchern, einer am Schwarzen Meer ansässigen Volksgruppe, gegründet, die sich nach ihrer erfolglosen Jagd auf Jason und die Argonauten dort niederließen. Die Geschichte Pulas reicht jedenfalls weit zurück. Mindestens 500 v. Chr. befand sich hier eine Siedlung der Illyrer. Die Römer kamen 400 Jahre später.

Der Triumphbogen der Sergier mit einem Basrelief führt in die Altstadt von Pula

Nur durch die Adria vom römischen Mutterland getrennt, haben sich in Istrien und vor allem in Pula mit die schönsten Beispiele römischer Baukunst überhaupt erhalten. Das Theater von Pula macht dem von Rom Konkurrenz, und die Tempel und Stadttore haben im Lauf der Jahrhunderte schon viele bedeutende Künstler und Architekten inspiriert.

Das römische Pula oder Colonia Julia Pollentia Herculanea, wie die Stadt offiziell hieß, wurde vermutlich vom ersten römischen Kaiser Augustus (63 v. Chr.–14) an der Stelle gegründet, wo sich die Illyrer-Siedlung befunden hatte. Sie entwickelte sich rasch zu einer blühenden Handelsstadt mit rund 30 000 Einwohnern. Wie reich diese Stadt war, lässt sich an der Qualität der erhaltenen Architekturdenkmäler ermessen.

Arena aus Stein

Die Starattraktion Pulas ist das herrliche und außergewöhnlich gut erhaltene römische Amphitheater, errichtet aus lokalem Kalkstein – die Arena, wie die Einheimischen sagen. Es befindet sich in der Via Flavia (der Römerstraße, die jetzt nach Poreč und Triest in Italien führt) außerhalb der Stadtmauer; es wurde vermutlich im frühen 1. Jahrhundert unter Augustus errichtet und unter Kaiser Vespasian (reg. 69–79) vollendet; somit stammt die Arena etwa aus der gleichen Zeit wie das Kolosseum in Rom.

Die Anlage weist eine leicht ovale Form auf und ist mit 132 Metern Länge und 105 Metern Breite das sechstgrößte erhaltene römische Amphitheater der Welt, das rund 20 000 Zuschauern Platz bot. Die erstaunlich gut erhaltenen Außenmauern bringen es auf eine Höhe von 32 Metern; sie bestehen aus zwei Geschossen mit Bögen, auf denen sich eine dritte Etage mit rechteckigen Öffnungen befindet (auf der höheren Landseite sind es nur zwei Etagen) sowie vier wuchtigen Türmen. Diese Türme hatten eine Doppelfunktion: Durch sie gelangte man über eine Wendeltreppe zu den Sitzplätzen, außerdem war hier Wasser von einem Aquädukt aufgestaut, das über diverse Kanäle in der Arena verteilt wurde.

Die Arena ist auch heute noch in Betrieb. Es werden hier bedeutende Konzerte und Opern aufgeführt und während des Filmfests von Pula (siehe Kasten S. 132) auch Filme gezeigt; 5000 bis 8000 Zuschauer finden in den Zuschauerrängen Platz. In den unterirdischen Gängen, die früher die Gladiatoren auf dem Weg zu ihren tödlichen Zweikämpfen benutzten, informiert heute eine Ausstellung über die Wein- und Olivenölproduktion im römischen Istrien.

In Pula gab es auch ein kleineres Theater. Relikte haben sich in der Altstadt zwischen der Bergfestung und dem Archäologischen Museum von Istrien, unweit des Zwillingstors, (siehe S. 130) erhalten.

Tempel

Neben der Arena gilt der **Augustustempel** als eine der Topsehenswürdigkeiten Pulas. Er befindet sich am ehemaligen Forum, dem Hauptplatz und Markt des römischen Pula. Der Tempel wurde vom 2. Jahrhundert v. Chr. bis zum Jahr 14 erbaut und ist der Göttin Roma sowie Kaiser Augustus geweiht.

Der Augustustempel präsentiert sich als außergewöhnlich schönes Gebäude, hoch, elegant, mit schlanken Proportionen, korinthi-

schen Säulen und herrlich verziertem Gebälk. Das Bauwerk wurde bei einem Bombenangriff im Zweiten Weltkrieg völlig zerstört, jedoch fast makellos restauriert. Der **Dianatempel**, der ebenfalls am römischen Forum stand, wurde im 13. Jahrhundert ins Rathaus inkorporiert, ist aber teilsweise an der Rückwand noch gut erkennbar.

Stadtmauer

Das römische Pula wies ursprünglich zwölf Stadttore auf, von denen zwei erhalten sind: das **Zwillingstor** (Porta Gemina) aus dem 2. Jahrhundert und das **Herkulestor** aus der Mitte des 1. Jahrhunderts v. Chr.; es ist das älteste erhaltene Element der Stadtmauer. Am Herkulestor sind die Überreste einer Darstellung des Herkules zu sehen, des Helden aus der antiken Mythologie, sowie eine Inschrift mit den Namen zweier römischer Funktionäre, denen man die Aufgabe übertragen hatte, in Pula eine Kolonie zu gründen.

Der **Triumphbogen der Sergier**, hinter einem weiteren Stadttor (Porta Aurea) errichtet, stammt aus dem 1. Jahrhundert und wurde von einem römischen Adelsgeschlecht (gens Sergia) in Auftrag gegeben. Den Triumphbogen mit seiner reich verzierten Westseite, flankiert von zwei Säulen, zeichneten im Lauf der Jahrhunderte viele Künstler und Architekten, darunter Michelangelo, Palladio und Robert Adam. Die Stadtmauern wurden im 19. Jahrhundert bis auf einige Fragmente eingerissen.

Archäologisches Museum von Istrien

✉ Carrarina Ulica 3

☎ 052 218 603

🕐 Im Winter Sa & So geschl.

💲 €

www.mdc.hr/pula

Kathedrale St. Maria

✉ Kandlerova Ulica 27

Sommer dreimal wöchentlich auf der Strecke Pula–Venedig.

Die Hauptattraktion der Stadt, das monumentale **Amphitheater** (siehe S. 128f), befindet sich ein Stück nördlich der Altstadt in der einstigen Via Flavia (heute: Flavijevska Ulica).

Südlich vom Amphitheater haben sich in der Carrarina zwei römische Tore erhalten, das **Zwillingstor** und das **Herkulestor** – mehr ist von den römischen Stadtmauern (siehe S. 129) nicht verblieben. Jenseits der Tore ragt der römische **Triumphbogen der Sergier** (siehe S. 129) auf. Eine Gedenktafel unweit des Bogens belegt, dass hier in der ehemaligen Berlitz-Schule vor 100 Jahren

James Joyce als Englischlehrer tätig war (siehe Kasten gegenüber).

Das Zwillingstor ist auch der Eingang zum **Archäologischen Museum Istriens** (Arheolski Muzej Istre) mit einer umfassenden Sammlung prähistorischer und klassischer Keramik, Stein, Glas, Waffen und Schmuck sowie Objekten aus dem Mittelalter, darunter frühchristliche Bodenmosaiken.

Westlich vom Zwillingstor:

Die **Marienkathedrale** (Kathedrale Sveti Marija) wurde im 6. Jahrhundert vermutlich auf den Fundamenten eines römischen Tempels erbaut. Nachdem die Venezianer und Genuesen das Gebäude bei Übergriffen schwer beschädigt hatten, wurde die Kathedrale im 15. und 16. Jahrhundert umfassend restauriert, wobei der byzantinische Grundriss erhalten blieb.

Im Inneren finden sich zahlreiche Elemente des Vorgängerbaus und anderer Gebäude aus Pulas Vergangenheit, die in der Kirche verbaut wurden, darunter römische und byzantinische Säulen sowie ein Fenstersturz aus dem Jahr 857 in der Südwand. Der Altar besteht eigentlich aus einem Sarkophag aus dem 3. Jahrhundert; er birgt – einer Legende zufolge – die Gebeine des ungarischen König Salomon aus dem 11. Jahrhundert.

Der **Glockenturm** der Kathedrale stammt aus dem 17. Jahrhundert. Hier wurden alle möglichen Relikte aus dem Amphitheater verbaut, auch einige Sitze.

Ein Stück weiter auf der Kandlerova Ulica steht an der Ecke des Römischen Forums der herrlich

Der Augustustempel in Pula musste nach Bombenschäden im Zweiten Weltkrieg völlig neu aufgebaut werden

erhaltene **Augustustempel** (siehe S. 129), in dem sich heute eine kleinere Skulpturensammlung befindet. Wer um das angrenzende **Rathaus** aus dem 13. Jahrhundert herumgeht, erkennt an der Rückwand noch die Umrisse des **Dianatempels** (siehe S. 129).

Spaziert man vom Augustustempel auf der Flaciusova Ulica

Altstadt: Vom Mosaik geht es ein Stück bergauf zu **Kirche** und **Kloster des hl. Franziskus** (Sveti Franjo) aus dem 14. Jahrhundert. Einen Blick lohnen das dekorative Westportal, der restaurierte Kreuzgang und die ungewöhnliche Doppelkanzel, die in die Straße ragt. Oben auf dem Berg thront eine venezianische **Festung**; sie

James Joyce & Pula

Der irische Schriftsteller James Joyce, der Verfasser des berühmten *„Ulysses"* (1922), verbrachte einige Jahre in Pula. Nachdem der junge Joyce sich mit seiner Verlobten aus Irland davongemacht hatte, arbeitete er hier an der Berlitz-Schule, wo er österreichisch-ungarischen Marineoffizieren in den Jahren 1905 und 1906 Englisch beibrachte. Hier entstand ein Großteil des Materials, auf dem „Ein Porträt des Künstlers als junger Mann" (1916) beruht. Joyce war von Istrien nicht begeistert und übersiedelte ins italienische Triest, sobald man ihm eine Stelle an der dortigen Berlitz-Schule angeboten hatte. Trotzdem ehrt Pula den Schriftsteller mit einer Skulptur. Mit seinem breitkrempigen Hut steht er vor dem Café Uliks – was auf Kroatisch „Ulysses" bedeutet.

Richtung Osten, kommt man zur winzigen byzantinischen **Kapelle St. Maria Formosa** (Sveti Marija Formosa) aus dem 6. Jahrhundert, dem Rest einer einst riesigen byzantinischen Basilika. Einige Fresken und Mosaiken sind noch vorhanden, die meisten befinden sich allerdings im Archäologischen Museum.

Gleich um die Ecke will in einem Hof ein komplettes römisches **Bodenmosaik** bewundert werden. Die mythologische Szene zeigt die Bestrafung der Dirke durch Antiopes Söhne – sie wird von einem Stier aufgespießt. Der Boden, Bestandteil einer römischen Villa, stammt vermutlich aus dem 3. Jahrhundert und wurde unter den Ruinen eines Hauses entdeckt, das im Zweiten Weltkrieg zerbombt wurde.

wurde im 17. Jahrhundert aus – entwendeten – Steinen der römischen Arena errichtet.

Auf der Halbinsel **Verudela** weiter südlich finden sich mehrere beliebte Strände und auch größere Hotelkomplexe; es verkehren Busse von der Altstadt dorthin. Auf der Halbinsel verstecken sich noch malerische Überreste diverser österreichischer Festungen, die sich ohne einheimischen Führer aber kaum auffinden lassen.

Kamenjak

Südlich von Pula erreicht Istrien mit der Halbinsel **Kamenjak** seinen südlichsten Punkt; die Stadt Premantura liegt auf halber Strecke. Auf der Halbinsel sind mehrere seltene Orchideenarten zu Hause. Im Meer lebt eine Spezies, die noch seltener ist: die Mediterrane

ERLEBNIS: Die Filmfestivals von Pula & Motovun

In Kroatien finden jedes Jahr mehrere Filmfestivals statt, wobei Istrien die beiden interessantesten vorweisen kann. Das eine findet in den römischen Ruinen von Pula statt, das andere im malerischen Bergdorf Motovun, ein Stück im Landesinneren. Das Festival von Pula ist das renommierteste und auch älteste Kroatiens; Motovun wurde hingegen erst vor einer kurzen Weile in den Festivalkalender aufgenommen. Beide Festivals zeigen in- und ausländische Filme an Aufführungsorten, die jeden Kinokomplex verblassen lassen.

Pula

Das Filmfestival von Pula *(Tel. 052 393 321, €, www.pulafilmfestival.hr)* wurde 1953 ins Leben gerufen und ist somit eines der ältesten der Welt. Im ehemaligen Jugoslawien war es das Filmereignis schlechthin, und bis heute ist es ein wichtiges Event für in- und ausländische Besucher. Die Filme werden an verschiedenen Aufführungsstätten kostenlos dargeboten, darunter die Festung auf dem Berg und – noch spektakulärer – das Amphitheater *(geringfügige Eintrittsgebühr)*.

Bei Regen werden die Freilichtveranstaltungen ins Nationaltheater verlegt. Nach dem Film trifft sich alles am Stadtplatz, dem ehemaligen römischen Forum, mit Unmengen Cafés und Restaurants mit Tischen im Freien.

Das Festival ist ein Publikumsmagnet und lockt auch immer mehr internationale Stars an. Sehen ließen sich hier schon Orson Welles, Sophia Loren, John Malkovich, Ben Kingsley und Ralph Fiennes.

Motovun

Das **Motovun Filmfestival** *(www.motovunfilmfestival.com)* wurde 1999 als Reaktion auf die Schließung zahlreicher kleiner Kinos in Kroatien ins Leben gerufen und hat seitdem seine Fangemeinde. Gezeigt werden hier eher Low-Budget-Produktionen, aber auch Kino von Weltrang. Manche Filme werden auf dem Hauptplatz des kleinen, verschlafenen Bergdorfs (siehe S. 140) vorgeführt, manche auch in einem renovierten Kino, das lange Zeit geschlossen war.

Beide Festivals finden im Juli statt; das von Pula dauert zwei Wochen, das von Motovun fünf Tage. Karten können im Voraus online, aber auch an der Abendkasse gekauft werden. Jedenfalls ist eine rechtzeitige Reservierung ratsam.

Abendliche Filmvorführung im Amphitheater von Pula im Rahmen des alljährlichen Filmfestivals

Mönchsrobbe. Nur 600 dieser Robben sind noch in freier Natur anzutreffen, zuletzt wurden 2010 einige bei Kamenjak gesichtet.

Brijuni-Inseln

Die Brijuni-Inseln (auch als Brioni-Inseln bekannt) liegen rund drei Kilometer vom Festland entfernt. Sie bestehen aus 14 Inseln; die größte, Veliki Brijun (Groß-Brijun), bringt es gerade einmal auf 5,2 Quadratkilometer. Die Inseln bilden den **Nationalpark Brijuni** mit vielen Relikten aus römischen und byzantinischen Zeiten. Gegen Ende des 19. Jahrhunderts waren sie größtenteils überwuchert und Brutstätten der Malaria. 1893 erwarb der österreichische Geschäftsmann Paul Kupelwieser das Archipel, befreite es vom Unterholz, machte der Malaria den Garaus und funktionierte die Inseln in Luxus-Wellnessresorts mit noblen Hotels, einem Zoo und einer Straußenfarm um.

Tito unterhielt Ende der 1940er Jahre ein Sommerdomizil auf den Inseln, wo er Würdenträger und Prominente empfing. Er importierte Tropenpflanzen und allerlei Tiere, und so sind die Inseln bis heute das Zuhause von Wild, Blauantilopen, Bergzebras, Somalia-Schafen und sogar eines indischen Elefanten namens Lanka; seine Gefährtin Sony verstarb leider 2010.

Die Inseln lassen sich im Rahmen eines Ausflugs erkunden, die in großer Zahl am Hafen **Fažana,** nördlich von Pula, starten; dort befindet sich auch das Besucherzentrum. Es besteht jedoch auch die Möglichkeit, eine Exkursion in einem der Reisebüros in Pula, Poreč oder Rovinj zu buchen – allerding möglichst frühzeitig, denn die Touren sind schnell voll.

Im Ausflug inbegriffen sind die Bootsfahrt zu den Inseln und zurück sowie eine geführte Besichtigung Veliki Brijuns, der größten der Inseln, die in einem Miniaturzug unternommen wird. Desweiteren steht der Besuch der römischen und byzantinischen Ruinen sowie ein Abstecher in den Safaripark auf dem Programm.

Gäste können in einem der kleinen Hotels und Apartments übernachten, von denen es allerdings nur wenige gibt; Auskunft erteilt die Nationalparkverwaltung.

INSIDERTIPP

Das Viertel hinter dem Balbi Bogen in Rovinj gleicht einem Freilichtmuseum. Wer ein Mitbringsel sucht, schaut sich in der Ulica Grisia um; dort bieten einheimische Künstler ihre Werke feil.

GRACE FIELDER
National Geographic-Mitarbeiterin

Rovinj

Das malerische Zentrum von Rovinj liegt auf einem Felsvorsprung, der ins Meer hinausragt. Ursprünglich eine Insel, wurde Rovinj im 18. Jahrhundert mit dem Festland verbunden. Die abgeschiedene Lage bedingt das reizvolle Stadtbild: ein Gewirr von Straßen, gesäumt von hübschen Häusern, die

Kamenjak
123 B1
Besucherinformation
www.kamenjak.hr

Nationalpark Brijuni
123 B1
Fažana
052 525 888
€€€€€
www.brijuni.hr

Rovinj
123 A2
Besucherinformation
Pina Budičina 12
052 811 566
www.tzgrovinj.hr

**Kirche
St. Euphemia**
✉ Zagrebačka 9

sich in mehreren Etagen erheben. Charakteristisch sind die zahlreichen Kamine auf den Dächern.

Rovinj ist erstmals im 8. Jahrhundert dokumentiert, obwohl sich hier schon viel früher eine Siedlung befand. Im 13. Jahrhundert kam die Stadt unter die Herrschaft Venedigs und war damals ein florierender Handelshafen.

Die große **Kirche St. Euphemia** (Sveti Eufemij) oben auf einem Hügel wurde 1725 bis 1736

Limski Kanal

Der Limski Kanal oder Limski Zaljev verläuft nördlich von Rovinj. Es handelt sich dabei um einen 10 Kilometer langen Fjord, genauer gesagt um ein überflutetes Flusstal. Der 1979 zum Naturpark erklärte Limski Kanal ist ein Zentrum für die Zucht von Muscheln und anderer Schalentiere. Interessante Bootsausflüge starten in Rovinj und Poreč. Wer Glück hat, bekommt sogar Delfine zu sehen.

an der Stelle eines älteren Gotteshauses errichtet und dominiert nun die Altstadt. Die Fassade wurde im 19. Jahrhundert angefügt. Im Kircheninneren befindet sich der Sarkophag der hl. Euphemia (16. Jahrhundert), der Schutzpatronin von Rovinj, die bei Konstantinopel Anfang des 4. Jahrhunderts als Märtyrerin starb. An der Seitentür stellt ein Relief aus dem 14. Jahrhundert die Heilige dar; ihre Statue thront oben auf dem Glockenturm. Der 62 Meter hohe **Glockenturm** stammt aus dem Jahr 1677 und ist somit älter als die Kirche. Er wurde in Anlehnung an den bekannteren – und höheren – Campanile auf dem Markusplatz in Venedig entworfen.

Man betritt die Altstadt durch den **Balbi-Bogen**, der eines der ursprünglichen Stadttore ersetzt. Drei von Rovinjs Stadttoren sind im Südosten der Altstadt jedoch noch zu bewundern: das **Tor des hl. Benedikt**, der **Portico** und das **Tor des Heiligen Kreuzes** (Vrata Sv. Križ). Das Stadtmuseum, in einem Barockgebäude am Tor des Heiligen Kreuzes untergebracht, präsentiert eine archäologische und eine ethnografische Sammlung, dazu Gemälde und Skulpturen alter Meister.

Südöstlich der Altstadt ragt am Lokva-Platz die **Dreifaltigkeitskapelle** (Kapelle Sveti Trojstvo) auf; das siebeneckige Gebäude im romanischen Stil datiert aus dem 13. Jahrhundert.

Vor Rovinj liegen mehrere kleine Inseln im Meer verstreut, die ein Naturreservat bilden; die nächstgelegene heißt **Otok Katarina**. Alle lassen sich von der Altstadt aus mit dem Boot erreichen. Südlich von Rovinj wartet die Halbinsel **Zlanti Rt** mit Kiesstränden und hübschen Waldwegen.

Am jeweils ersten Samstag im August feiert Rovinj das **Bale-Fest** und am letzten Samstag im August das **Žminj-Fest**. Besucher können die regionalen Trachten bestaunen und Spezialitäten der Region probieren. Am 16. September erinnern eine Prozession und allerlei Festlichkeiten auf dem Platz vor der Kirche St. Euphemia an den Tod der Heiligen.

Poreč

Das römische Poreč — Parentium — wurde im 1. Jahrhundert v. Chr. an der Stelle einer älteren illyrischen Siedlung errichtet. In zwei Straßen hat sich noch etwas von der römischen Stadtanlage erhalten: in der Dekumanska Ulica und der Ulica Cardo Maximus, den römischen Straßen Decumanus Maximus und Cardo Maximus. Das berühmteste Bauwerk der Stadt ist die Euphrasius-Basilika. Sie wurde errichtet, nachdem die Stadt 539 unter byzantinische Herrschaft geraten war. Poreč verbündete sich später mit Venedig.

Im 17. Jahrhundert befand sich die Stadt – wie Pula – in einem bemitleidenswerten Zustand, da die Pest nur 100 Einwohner verschont hatte.

Euphrasius-Basilika: Das Gotteshaus ist eines der bedeutendsten Gebäude Kroatiens. Es wurde von 543 bis 553 auf Anordnung des Bischofs Euphrasius erbaut. Vermutlich wurde die Basilika an der Stelle errichtet, an der sich das Oratorium des Maurus befand; dieses barg die sterblichen Überreste des hl. Maurus von Parentium, eines frühchristlichen Bischofs, der im 4. Jahrhundert den Märtyrertod erlitt. Die Unesco erklärte die Basilika 1997 zum Welterbe.

Wer das Gebäude betritt, steht zunächst in einem Vorhof. Links befindet sich das achteckige **Baptisterium**, geradeaus der **Bischofspalast**, die Kirche selbst ragt rechts auf. Auf der Seite des Baptisteriums ist eine Inschrift zu sehen, die vom Grabmal des hl. Maurus stammt. In der Kirche beeindrucken die Säulen; sie wurden anderen Gebäuden entnommen, wobei die Kapitelle jedoch das Monogramm von Bischof

Euphrasius aufweisen. Herrlich sind die Mosaiken aus dem 16. Jahrhundert. In der Kuppel sind der hl. Maurus (mit einer Urne in der Hand) und Bischof Euphrasius (mit einem Modell der Kirche) neben der Jungfrau Maria und dem Jesuskind dargestellt.

Römische Relikte: Am westlichen Ende des Miraflor-Platzes lag einst das Forum; Reste des **Jupiter**- und des **Marstempels** sind noch zu erkennen. Letzterer soll einer der größten Tempel Istriens gewesen sein. Der Altar des kleineren Jupitertempels befindet sich neben anderen Relikten aus der Römerzeit im nahen **Stadtmuseum**. ∎

Poreč
▲ 123 A3
Besucherinformation
✉ Zagrebačka 9
☎ 052 451 293
www.to-porec.com

Euphrasius-Basilika
💲 €€ (Bischofspalast & Glockenturm)

Stadtmuseum Poreč
✉ Dekuma Nska 9
☎ 052 431 585
🕐 Mo geschl.
💲 €

Detail eines Mosaiks in der Euphrasius-Basilika von Poreč

Das Landesinnere

Das Landesinnere von Istrien ähnelt weder der nahen Küste noch dem übrigen Kroatien. Hier kommen die Besucher in eine Welt mittelalterlicher Bergdörfer und erlesener Trüffel.

Die Zitadelle von Motovun bietet einen herrlichen Panoramablick über das ländliche Istrien

Pazin

⬛ 123 B3

Besucherinformation

✉ Franine i Jurine 14

☎ 052 622 460

www.tzpazin.hr

Pazin Museum/ Ethnografisches Museum von Istrien

✉ Trg Istarskog Razvoda 1

☎ 052 625 040 (Pazin Museum)

☎ 052 625 220 (Ethnografisches Museum)

🕓 Mo geschl.

💲 €€

www.emi.hr/en

Pazin

Pazin wurde nach dem Ende des Zweiten Weltkriegs zur Verwaltungshauptstadt von Istrien ernannt. Viele Besucher verschlägt es auf Fahrten durchs Landesinnere ganz zwangsläufig in diese Stadt – vor allem Reisende, die mit öffentlichen Verkehrsmitteln unterwegs sind. Die Geschichte Pazins reicht aber natürlich viel weiter zurück. Erstmals Erwähnung findet der Ort als Castrum Pisinum in einem Dokument aus dem 10. Jahrhundert.

Die Stadt kann mit einer Burg aus dem 16. Jahrhundert aufwarten, die sich auf den Überresten einer früheren Festung erhebt. Die Burg beherbergt heute das **Pazin Museum** und das **Ethnografische Museum von Istrien** (Etnografski

Muzeij Istre), das Trachten und Kunsthandwerk ausstellt. Das Pazin Museum präsentiert eine Sammlung von Kirchenglocken aus dem 17. bis 19. Jahrhundert.

Sehenswert ist außerdem die **Nikolauskirche** (Sveti Nikola) aus dem 13. Jahrhundert; sie wurde im 15. und 18. Jahrhundert umgebaut und lässt innen herrliche Fresken eines unbekannten Meisters aus Tirol sehen sowie einen interessanten Altarraum mit Sterngewölbe. Am ersten Dienstag jeden Monats findet in der Stadt ein bunter **Markt** statt.

Die Burg von Pazin thront auf einem Felsen, der sich über einer dramatischen Schlucht erhebt, durch die der Fluss Pazinčica tost. Rund 100 Meter unterhalb der

Burg verschwindet der Fluss in einer Doline im Kalkstein, der sogenannten **Grube von Pazin** (Pazinska Jama, www.pazinska-jama.com), wo er dann unterirdisch weiterfließt. Nach starken Regenfällen wird die Schlucht überflutet, und es entsteht vorübergehend ein See von über einem Kilometer Länge.

Ein einfacher, gut ausgeschilderter **Wanderweg** beginnt an der Vršić Brücke unweit der Burg und führt zur Pazinčica hinunter. (Es ist strengstens verboten, die Grube ohne Führer zu betreten!). Angeblich soll die überflutete Schlucht Dante zu seinem Höllentor in der „Göttlichen Komödie" inspiriert haben.

INSIDERTIPP

Die Kroaten nehmen das Kaffeetrinken sehr ernst. Wer immer zur selben Zeit das gleiche Café besucht, trifft Stammgäste, mit denen sich schnell Freundschaft schließen lässt.

ALISON INCE
NATIONAL GEOGRAPHIC-
Bibliothekarin

Westlich von Pazin

Nur einen Kilometer vom Weiler **Beram,** fünf Kilometer westlich von Pazin, befindet sich die **Kirche St. Maria auf den Felsen** (Sveta Marija na Skrilinah), die herrliche Fresken von Vincent von Kastav aufweist, darunter die überaus beeindruckende „Totentanz". Sie datieren aus dem Jahr 1474, wurden 1913 unter einer Gipsschicht

entdeckt und sind erstaunlich gut erhalten. Da die Kirche für gewöhnlich abgeschlossen ist, muss man seinen Besuch mit der Touristeninformation von Pazin, dem Gemeindeamt Tinjan oder einer Dame in Beram, die den Schlüssel hat (Sonja Šestan, Beram 38, Tel. 052 622 903), absprechen.

In Beram lohnt die **Gemeindekirche St. Martin** (Sveti Martina) einen Besuch. Sie wurde im letzten Jahrhundert umgebaut, erhalten sind jedoch Fresken aus dem 15. Jahrhundert, die sogar noch älter sind als die in der Marienkirche.

Südwestlich von Beram beeindruckt die mittelalterliche Stadt **Sveti Lovreč** mit ihren Wehranlagen, die bis in die Zeit zurückreichen, als die Stadt unter venezianischer Herrschaft stand; Sveti Lovreč fungierte als Machtzentrale Venedigs in Istrien. Die **Basilika St. Martin** (Sveti Martina) kann sogar mit Fresken aus dem 11. Jahrhundert aufwarten; die **Kirche St. Laurentius** (Sveti Lovreč) ein Stück außerhalb der Stadt stammt aus dem 8. Jahrhundert.

Südlich von hier befinden sich in **Vodnjan** in der **Kirche St. Blasius** (Sveti Blaž) die Reliquien gleich mehrerer Heiliger, darunter eine der ältesten und am besten erhaltenen Mumien Europas. Der Glockenturm der Kirche ist der höchste Istriens.

Motovun

Motovun ist zweifelsohne eines der malerischsten Bergdörfer Istriens. Die restaurierten venezianischen Stadtmauern laden zu einem Spaziergang rund um die Ortschaft (Fortsetung auf S. 140)

Beram
123 B3

Kirche St. Maria auf den Felsen
☎ 052 626 016 (Pfarramt Tinjan)
$ € (Spende)

Vodnjan
123 B3

Motovun
123 B3
Besucherinformation
✉ Trg Andrea Antico 1
☎ 052 681 726
www.istria-motovun. com

Mit dem Fahrrad in die Bergdörfer Istriens

Das Landesinnere Istriens ist nicht überall mit öffentlichen Verkehrsmitteln erreichbar, und wer Dörfer wie Roč und Hum besuchen möchte, muss ein Stück zu Fuß gehen, ein Auto mieten oder sich aufs Fahrrad schwingen. Informationsmaterial für Radfahrer bietet Istra-Bikeservice *(www.bike-istra.com)*. Aber Achtung: Bisweilen geht es ganz schön steil hinauf!

Mit dem Traktor unterwegs zu den Feldern: Bauern im Dorf Hum

Von **Buzet**, dem Ausgangspunkt der Radtour, führt der Weg in Richtung Südosten. Man kommt durch Selca und Čiritež, bevor man links zum winzigen Bergdorf **Roč** ❶, einst die römische Siedlung Rotium, abbiegt. In der **Kapelle Sveti Roč** sind Fresken aus dem 14. und 15. Jahrhundert zu bewundern. Die beiden anderen Kirchen des Ortes, **Sveti Antun** (14. Jahrhundert) und **Sveti Bartolomej** (im 18. Jahrhundert restauriert), lohnen ebenfalls einen Blick.

Die sieben Kilometer lange Straße südlich von Roč nach Hum wird als **Glagolitische Allee** ❷ bezeichnet; hier befinden sich an der Straße entlang elf Skulpturen bzw. Monumente, die mit glagolitischen Priestern und der glagolitischen Schrift in Verbindung stehen. Die Skulpturen stammen aus dem Jahr 1977 und beginnen mit dem glagolitischen Buchstaben „S" gleich bei Roč.

NICHT VERSÄUMEN

Fresken aus dem 12. Jahrhundert in der Kirche St. Hieronymus in Hum
• Skulpturen der Glagolitischen Allee

Ein Abstecher führt nach Süden zum winzigen Weiler **Hum** ❸ oben auf dem Berg. Der „kleinste Ort der Welt" besteht bloß aus einer Kirche, einigen Häusern und einem Restaurant *(konoba)*. Das Dorf ist hübsch und beschaulich – wenn nicht gerade ein Ausflugsbus seine Gäste ausspuckt. Die kleine Kirche St. Hieronymus lässt innen wunderschöne Fresken aus dem 12. Jahrhundert sehen, darunter Fragmente einer Verkündigung und Szenen aus dem Leben Christi sowie jahrhundertealte glagolitische Graffiti (siehe Special S. 26f). Ein Gemälde aus dem 16. Jahrhundert stellt den hl. Antonius dar.

Es besteht nun die Möglichkeit, auf der gleichen Straße nach Buzet zurückzuradeln oder aber bei Brnobići links (nach Westen) abzubiegen. Man kommt dann auf Staubstraßen und Pfaden durch **Kotle** 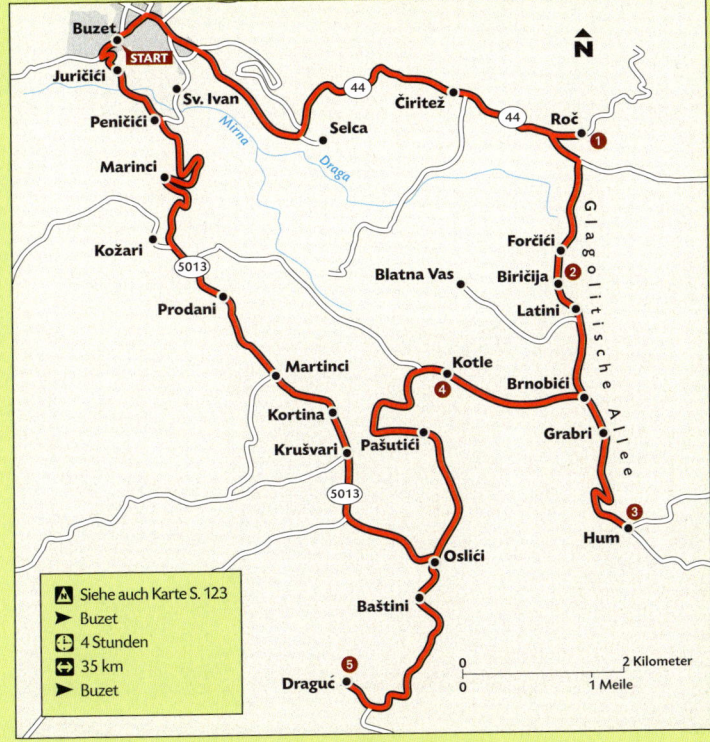 (auch: Kotli), einst eine Mühle. Nach Überqueren des Flusses Mirna geht es gen Süden durch Pašutići und Šengari; bei Osliči ist wieder die befestigte Straße erreicht. Wer hier links abbiegt, kommt nach weiteren fünf Kilometern ins malerische Bergdorf **Draguć** ❺.

Draguć war früher ein Zentrum der Seidenraupenzucht, heute ist der Ort durch etliche Film- und TV-Produktionen bekannt, die hier gedreht wurden. Der Hauptgrund für einen Besuch sind jedoch die mittelalterlichen Fresken.

Nahe dem Ortseingang ragt die **Kirche Sveti Rok** auf; sie wurde Ende des 16. Jahrhunderts gestiftet, um die Pest abzuwehren. Innen beeindruckt ein Freskenzyklus von Anton von Padua, auf den auch die Arbeiten aus dem 16. Jahrhundert in Hum sowie die Fresken von Oprtalj zurückgehen. Die Malereien aus den Jahren 1520 bis ca. 1530 zeigen die Anbetung der Könige, die Taufe Christi und die Versuchung in der Wüste. Die romanische **Kapelle Sveti Elizej** ein Stück außerhalb ist älter und birgt Freskenfagmente aus dem 13. Jahrhundert sowie eine römische Stele, die als Altar dient.

Wieder in Osliči geht es nun Richtung Nordwesten durch Krušvari und Prodani, dann bei Kožari rechts und über Marinci und Juričići zurück nach Buzet.

Grožnjan

123 A3

Besucherinformation

Umberta
Gorjana 3

052 776 131

www.tz-groznjan.hr/en

ein; von oben bieten sich herrliche Ausblicke. Die Kirche **St. Stefan** (Sveti Stjepan) stammt aus den Anfängen des 17. Jahrhunderts und geht möglicherweise auf Entwürfe des bekannten italienischen Architekten Palladio (1508–80) zurück. Der Glockenturm ist bereits aus zig Kilometern Entfernung zu sehen.

Seit 1999 findet in Motovun jedes Jahr im Juli ein Filmfestival (siehe Kasten S. 132) statt. Motovun wird jedoch auch mit der Geschichte vom Riesen Veli Jože des kroatischen Dichters, Schriftstellers und Politikers Vladimir Nazor (1876 bis 1949) assoziiert. Außerdem kamen hier 1940, als dieser Teil Kroatiens zu Mussolinis Italien gehörte, die beiden Formel 1-Rennstars Aldo und Mario Andretti zur Welt.

Grožnjan

Der Ort Grožnjan (ital. Grisignana) thront auf einer Felsklippe nordwestlich von Motovun und ist nur

15 Kilometer vom Meer entfernt. Als in den 1960er Jahren die Bevölkerung zurückging, entwickelte sich Grožnjan zu einer Art Künstlerkolonie. Heute laden hier unzählige Privatgalerien und Ateliers zur Besichtigung ein.

Sehenswert ist auch die **Kirche St. Vito und Modesto** aus dem 14. Jahrhundert; sie wurde im 18. Jahrhundert restauriert und weist einen hohen Glockenturm auf. Die **Kirche St. Kosmos und Damian** außerhalb der Stadtmauer wurde in der Mitte des 16. Jahrhunderts errichtet und im 19. Jahrhundert erneuert.

In Grožnjan findet im Juli und August das **Internationale Jazzfestival** statt, das unlängst zum besten Europas gekürt wurde, im September **Extempore**, ein Event mit Kunst und Musik.

Buzet

Nordöstlich von Motovun liegt über dem Mirna-Tal das Dorf Buzet,

Läden, in denen Trüffel, aber auch Öl und Gebäck erhältlich sind, sieht man in Istrien allenthalben

auch als „Ort der Trüffel" bekannt. Wie die anderen Bergdörfer, so ist auch Buzet seit der Bronzezeit besiedelt; in römischer Zeit hieß der Ort Pinquentum.

Das **Regionalmuseum Buzet** (Zavicajni Muzej Buzet), im **Bigatto Palast** aus dem 17. Jahrhundert untergebracht, präsentiert eine bescheidene Sammlung von Artefakten aus der Umgebung. Etwa sechs Kilometer westlich befinden sich die Ruinen der **Burg Petrapilosa.**

Buzet bietet seinen Besuchern zahlreiche Festivals und Veranstaltungen – vom Karneval im Februar, den Paragliding-Meisterschaften im August und der Grappa-Verkostung im Oktober bis hin zum Wochenende des Trüffels, das am ersten Wochenende im November stattfindet. Liebhaber der edlen Pilze bekommen jedoch noch mehr Events rund um diese Delikatesse geboten. So wird am zweiten Wochenende im September auf dem Fontana-Platz ein Riesenomelette aus 2000 Eiern und zehn Kilo Trüffeln zubereitet.

Gleich nordwestlich von Buzet erhebt sich in der Nähe des Dorfes **Salež** eine der wenigen erhaltenen steinernen **Schandsäulen** in Menschengestalt. Vermutlich wurden Gesetzesbrecher an dieser Säule festgebunden, um dann öffentlich gezüchtigt zu werden.

Roč & Hum

Südöstlich von Buzet liegen die zwei kleinen Dörfer Roč und Hum, beide im Mittelalter bedeutende Zentren der Gelehrsamkeit.

In Roč sind in der **Kirche Sveti Roč** Fresken aus dem 14. und 15. Jahrhundert zu bewundern.

Trüffel

Trüffel sind Pilze, die unter der Erde wachsen und mit Hilfe speziell ausgebildeter Hunde aufgespürt werden. Die weißen Trüffel – sie werden am größten und haben das intensivste Aroma – werden von September bis Dezember gesammelt, die schwarzen Trüffel das ganze Jahr über. Der größte bis dato in Istrien entdeckte weiße Trüffel wurde in Istrien 1999 in der Nähe des Dorfes Livade gefunden. Er bekam den Spitznamen Millennium und ging mit 1310 Gramm in die Rekordgeschichte ein – bis in Italien kurz darauf ein noch größeres Exemplar ausgegraben wurde. Im Allgemeinen sind Trüffelgerichte in Istrien preiswerter als in Italien.

Die kleine **Kirche St. Hieronymus** in Hum zeigt Fresken aus dem 12. Jahrhundert, außerdem diverse Graffiti, verfasst in glagolitischer d. h. altslawischer Schrift (siehe Special S. 26f), die es auf mindestens 500 Jahre bringen. Die Straße, die beide Dörfer verbindet, ist als **Glagolitische Allee** (siehe S. 138f) bekannt.

Weder nach Roč noch nach Hum fahren öffentliche Verkehrsmittel, die zwei Dörfer sind jedoch nicht weit von den beiden Bahnhöfen Stanica Roč bzw. Ročko Polje entfernt – dann geht es zu Fuß weiter. Die Straße von Roč nach Hum führt durch eine malerische Landschaft. Von Buzet lassen sich die beiden Dörfer jedoch auch mit dem Fahrrad gut erreichen. ■

Buzet
🅐 123 B4
Besucherinformation
✉ Trg Fontana 7/1
☎ 052 662 343
www.tz-buzet.hr

Regionalmuseum Buzet
✉ Bigatto Palace
☎ 052 662 792
🕐 Sa & So nur nach Vereinbarung
💲 €

Roč & Hum
🅐 123 B3

Kirche St. Hieronymus
✉ Hum Kbr 11

Eine Region, die kaum Wünsche offen lässt: von der Insel Rab mit ihren Glockentürmen bis zu den schneebedeckten Gipfeln des Gorski Kotar

Kvarner Bucht & Inseln

Der Turm der Kathedrale von Novi Vinodolski ragt hoch über dem Strand

Kvarner Bucht & Inseln

Die wie ein Dreieck geformte Kvarner Bucht erstreckt sich an der nordöstlichen Adria. Im Westen wird sie von Istrien begrenzt, im Südosten drängt der Nordzipfel Dalmatiens an ihre Küste. Die meisten Besucher richten ihr Augenmerk auf die Inseln der Bucht, die Abenteurer unter den Reisenden begeistern sich auch für das raue Hinterland.

Am Scheitelpunkt der Kvarner Bucht befindet sich Rijeka, Kroatiens geschäftigster Frachthafen und Europas zweitgrößte Karnevalshochburg, die nur noch von Venedig übertroffen wird. Zur italienischen Kultur besteht sowieso eine enge Verbindung. Als Folge des Ersten Weltkriegs annektierte Italien einen großen Teil der Region. Die Stadt Rijeka wurde zwischen Italien und dem Königreich Jugoslawien aufgeteilt.

Wer von Rijeka der Küste in südöstlicher Richtung folgt, kommt zu den beliebten Ferienorten Crikvenica und Novi Vinodolski und schließlich zur Küstenstadt Senj, dem ehemaligen Hauptquartier der Uskoken. Diese fast schon legendären Piraten machten einst der osmanischen und venezianischen Schifffahrt schwer zu schaffen. Ihre trutzige Burg thront noch heute auf einem Hügel über der Stadt.

Im Rücken der Küstenstädte erhebt sich der Gorski Kotar, ein breiter, zerklüfteter Gebirgszug. Er bildet den nördlichsten Teil der Dinarischen Alpen und umfasst den Nationalpark Risnjak sowie die Kalksteinformationen Bijele Stijene und Samarske Stijene (*stijene* bedeutet Fels). Die Felsenlandschaft mit ihren bewaldeten Hängen bietet einer reichen Tier- und Pflanzenwelt eine Heimat. Hier leben sowohl der Eurasische Luchs als auch gefährdete Tiere wie der Braunbär und der Wolf.

Die Inseln der Kvarner Bucht

In der Bucht befinden sich die beiden größten Adria-Inseln Cres und Krk sowie die zauberhafte Insel Rab. Ein schmaler Kanal trennt Cres von der Nachbarinsel Lošinj. Auf Cres bilden die Klippen bei Beli die letzte Bastion der Gänsegeier in Kroatien. Auf Krk und Rab liegen die beliebtesten Strände des Landes: Rajska Plaža (Paradiesstrand) säumt Rabs Halbinsel Lopar, und Vela Plaža erstreckt sich bei Baška auf Krk. Beide Inseln waren Zentren des glagolitischen Schrifttums. Die nach ihrem Fundort benannte Tafel von Baška trägt eine der ältesten Inschriften in glagolitischer Schrift.

Die Stadt Cres (Hauptort der Insel) bietet Zeitvertreib für einige Tage. Auf Rab besticht die gleichnamige Hafenstadt mit ihrer gut erhaltenen historischen Altstadt und einer Skyline mit vier romanischen Glockentürmen.

Die Kvarner Inseln sind weniger stark besiedelt als die dalmatinischen Inseln. Cres hat knapp über 3000, Krk etwa 18 000 Einwohner. Welche wirtschaftliche Bedeutung die Kanäle zwischen den Inseln in früheren Zeiten besaßen, spiegeln Aufstieg und Niedergang der Anrainerortschaften wider. So lässt sich z.B. die einstige Blütezeit des kleinen Ortes Osor auf Ces heute noch erahnen. Bis vor Kurzem befand sich auf

Goli Otok (nackte Insel), einer Nachbarinsel von Rab, ein Hochsicherheitsgefängnis – ein kroatisches Alcatraz.

Seit der Jungsteinzeit sind die Inseln in der Bucht bewohnt. Wie Spuren illyrischer Bergfestungen belegen, siedelte dieser Stamm auf den Inseln, bis sich die Römer dort festsetzten. Jahrhundertelang beeinflussten die Frankopans, eine mächtige regionale Adelsfamilie, die Geschicke der Region. Viele ihrer Burgen sind heute noch an der Küste und auf den Inseln zu sehen. Als die Kvarner Region im 18. Jahrhundert in den Besitz der Österreicher

überging, kam der Tourismus schnell in Gang, und die Inseln gehörten zu den bevorzugten Reisezielen der regionalen Oberschicht. ■

Zur Orientierung

Rijeka

Rijeka, Kroatiens bedeutendster Frachthafen, liegt an der Nordspitze der Kvarner Bucht. Landeinwärts rahmen die Berge des Gorski Kotar in einem großen Bogen die Stadt. Als wichtiger Fährhafen zieht Rijeka eine große Anzahl ausländischer Besucher an. Doch nur wenige verweilen länger, die meisten reisen gleich zu den Inseln oder nach Dalmatien weiter. Das ist schade, denn die Stadt besitzt viele Reize, darunter auch beeindruckende Architektur.

Der berühmte Glockenturm zeigt den Gästen, die die Cafés auf Rijekas Korzo frequentieren, die Zeit an

Rijeka

⬛ 145 B3

Besucherinformation

✉ Užarska 14

☎ 051 315 710

www.tz-rijeka.hr

Rijeka

Wie viele andere Orte der Region war auch Rijeka in früheren Zeiten erst eine illyrische, dann eine römische Siedlung. Im Gegensatz zu den meisten anderen Küstenstrichen blieb die Stadt von Venedigs Vorherrschaft jedoch verschont.

Vom 15. bis 18. Jahrhundert regierten die Habsburger die Stadt, dann übernahm Ungarn das Zepter. Nach dem Ersten Weltkrieg gründete der italienische Schriftsteller Gabriele D'Annunzio in Rijeka sein eigenes Königreich, das nur kurze Zeit Bestand hatte. Später

INSIDERTIPP

**In der Faschingszeit soll-
te man sich Kroatiens
größte Party – den Kar-
neval in Rijeka – nicht
entgehen lassen.**

IVOR KARAVANIC
National Geographic-Mitarbeiter

gehörte Rijeka (italienisch: Fiume)
bis zum Ende des Zweiten Weltkriegs dem Königreich Italien an.
Die Grenze bildete der Fluss Rječina. Damals entstand in Rijekas öst-
lichem Vorort Sušak eine überaus
betriebsame Werft.

Rijekas größte und beliebteste
Flaniermeile heißt **Korzo**. In der attraktiven Straße reiht sich eine Fülle
von Cafés und wunderschöner Architektur aneinander. Landeinwärts
(Richtung Norden) erstreckt sich
die Altstadt, die zwischen Korzo,
Museumsplatz (Musejski Trg) und
Jelačić-Platz (Jelačićev Trg) verläuft.
Das gesamte Gebiet südlich des
Korzo wurde dem Meer abgerun-
gen. Da 1750 ein Erdbeben die
Stadt weitgehend zerstörte,
stammt fast alles, was man heute
sieht, aus dem 18. Jahrhundert und
aus späterer Zeit.

Altstadt: Die **St.-Veit-Kirche**
(Dom) stammt aus dem 17. Jahrhundert. An der Stelle einer früheren Kirche wurde im 18. Jahrhundert die **Kirche Mariä Himmelfahrt** gebaut, deren freistehender
Glockenturm sich beträchtlich zur
Seite neigt. Im Zentrum der Altstadt befindet der **römische Bogen** aus dem 1. Jahrhundert.

Der alte **Glockenturm** am
Korzo wurde im 15. Jahrhundert
errichtet und später im Barockstil
umgebaut, in dem er sich auch
heute noch präsentiert. Das **See-
fahrts- und Geschichtsmuseum**
am nordöstlichen Ende der Altstadt zeigt maritime, archäologische und ethnographische Sammlungen. Nebenan beherbergt ein
ehemaliger Gouverneurspalast aus
dem 19. Jahrhundert das **Stadtmuseum**.

Abseits der Altstadt: Nördlich
der Altstadt liegt der kleine **Vladi-
mir-Nazora-Park**. Darin befindet
sich eine Villa, die einst dem Bruder
des österreichischen Kaisers Franz
Joseph I. gehörte. Heute dient sie
als **Staatsarchiv**. Im Süden verläuft
die **Riva** (Uferpromenade), wo sich
auch die imposanten Verwaltungs-
gebäude der **Fährlinie Jadrolinija**

**St.-Vitus-Kathed-
rale**
✉ Gravica 11
☎ 051 330 710

**Kirche Mariä
Himmelfahrt**
✉ Trg Vele Crikve

**Seefahrts- & Ge-
schichtsmuseum**
✉ Muzejski Trg 1
☎ 051 213 578
🕐 So & Mo geschl.
💲 €
www.ppmhp.hr

**Stadtmuseum
Rijeka**
✉ Muzejski Trg
☎ 051 336 711
💲 € (Mo Eintritt
frei)

Staatsarchiv
✉ Park Nikole Hos-
ta 2
☎ 051 315 710
🕐 So geschl.
**http://www.riarhiv.
hr/english/history.
html**

ERLEBNIS: Karneval in Rijeka

Kurz vor Beginn der Fastenzeit starten die
größten Spektakel im Rahmen des Karnevals in Rijeka *(www.ri-karneval.com.hr)*. Den
Anfang macht der **Kinder-Karnevalszug**
am Samstag. Bis Dienstag sind die Tage
angefüllt mit Festzügen, Konzerten, Mas-
kenbällen, Partys und kulinarischen Ge-
nüssen. Wer nicht tagelang an dem Trei-
ben teilnehmen möchte, sollte sich zumindest das absolute Highlight gönnen: die
Verbrennung des Pust. In einer farben-
prächtigen Parade wird die Puppe eines
Regierungsbeamten, der Pust, durch die
Straßen zum Hafen getragen. Bevor der
Pust auf dem Meer verbrannt wird, werden seine Sünden öffentlich verlesen.

Crikvenica

⛰ 145 B3

Besucherinformation

✉ Trg Stjepana Radića 1C

☎ 051 241 867

www.tzg-crikvenice.hr

Novi Vinodolski

⛰ 145 B3

Besucherinformation

✉ Kralja Tomislava 6

☎ 051 791 171

www.tz-novi-vino
dolski.hr

Senj

⛰ 145 C2

Besucherinformation

✉ Stara Cesta br. 2

☎ 053 881 068

www.senj.hr/muzej.
html

(www.jadrolinija.hr), die das Festland mit den Inseln verbindet, sowie einiger anderer Schifffahrtsgesellschaften aufreihen.

Weiter nordöstlich schließt der Stadtteil **Trsat** (einst eine illyrische Bergfestung) an. Dort befindet sich am östlichen Flussufer die Trsatske Stube, eine Treppe (stube) mit über 500 Stufen, die vom Tito-Platz (Titov Trg) die Anhöhe hinauf zur **Burg** führt. Diese stammt aus dem 13. Jahrhundert und war eine Festung der Frankopans. 1826 kaufte der österreichische Feldmarschall Laval Nugent die Burg und ließ sie im 19. Jahrhunderts restaurieren, was ihr die reichen Verzierungen und den schnörkeligen Stil einbrachte.

Crikvenica & Novi Vinodolski

Von Rijeka führt die Küstenstraße in südöstlicher Richtung zu den beliebten Touristenstädten Crikvenica und Novi Vinodolski. In der Nähe von Crikvenica kam Juraj Julije Klović (1498–1578), auch Julius

Clovius genannt, zur Welt. Er war Kroatiens berühmtester und einer der bedeutendsten Miniaturmaler der italienischen Hochrenaissance.

Sehenswert sind die **Kathedrale St. Philipp und Jakobus** (18. Jh.) mit ihrem holzgeschnitzten Chorgestühl (17. Jh.) sowie die Überreste einer Burg der Frankopans. In Novi Vinodolski wurde 1288 das Vinodolski Zakon (Gesetz von Vinodolski) unterzeichnet. Der Gesetzestext gehört zu Kroatiens ältesten vollständig erhaltenen historischen Dokumenten. Das Original befindet sich in der National- und Universitätsbibliothek Zagreb. Während des Mesopust (des örtlichen Karnevals) führen farbenprächtige Gruppen drei Tage lang den Volkstanz Novljansko Kalo auf.

Senj

Senj liegt 60 km südöstlich von Rijeka. Die geschichtsträchtige Stadt war lange Zeit der wichtigste Hafen an der Nordadria. Gegründet wurde sie vermutlich im 5. Jahrhundert v. Chr. von Senonen,

Die Uskoken von Senj

Als die Osmanen im 16. Jahrhundert auf den Balkan vordrangen, begannen vertriebene Bewohner einen Guerillakrieg gegen die Eindringlinge. Stützpunkt der Uskoken (von kroatisch Uskoci, deutsch: „einspringen") genannten Kämpfer war die Festung von Klis (bei Split). Sie fiel jedoch den Osmanen in die Hände. Viele Uskoken flohen nordwärts in die Hafenstadt Senj. Den dortigen österreichischen Machthabern kamen sie gerade recht, da Söldnertruppen im kroatischen und bosnischen Grenzland ein Bollwerk gegen die Osmanen bilden sollten.

In Senj wendeten sich die Uskoken der Piraterie zu. Mit kleinen, schnellen Booten griffen sie venezianische und osmanische Schiffe an (Österreich als Venedigs Handelsrivale schaute weg). Einige Uskoken kämpften sogar in der Schlacht bei Lepanto, in der die Osmanen spektakulär verloren. Letztendlich provozierten die Piraten einen offenen Krieg zwischen Venedig und Österreich. Das Friedensabkommen von 1617 war dann das Ende der Uskoken. Ihre Anführer wurden hingerichtet, die anderen wurden tief ins Landesinnere verban

Bei kroatischen Wörtern wie Lošinj (Insel) ist zu berücksichtigen, dass „š" wie „sch" in Schule gesprochen wird.

TOM JACKSON
National Geographic-Mitarbeiter

einem keltischen Volksstamm. Unter römischer Herrschaft hieß die Hafenstadt Senia. Im Gegensatz zu vielen anderen Küstenorten unterwarf sich die Stadt niemals den Venezianern. Im 16. Jahrhundert wurde sie jedoch Österreich einverleibt. Ungefähr zur gleichen Zeit entwickelte sie sich zum Zentrum der Uskoken. Als diese 1617 abziehen mussten, begann der allmähliche Niedergang der Stadt. Im Zweiten Weltkrieg wurde Senj von den Alliierten heftig bombardiert.

Senjs kulturelle Bedeutung zeigt sich in vielem. Hier gab es z. B. 1493 Kroatiens erste Druckerpresse, die in glagolitischer Schrift druckte. Die Stadt ist auch der Geburtsort zahlreicher kroatischer Schriftsteller, darunter Vjenceslav Novak (1859–1905) und Milan Ogrizević (1877–1923).

Altstadt: Die **Kathedrale** im Zentrum der Altstadt wurde im 11. Jahrhundert errichtet und im 18. Jahrhundert umgestaltet. Die Bomben des Zweiten Weltkriegs brachten Teile der Originalfassade zum Vorschein. Der **Sarkophag** des Senjer Bischofs Ivan Cardinalibus im Kircheninneren stammt aus dem späten 14. Jahrhundert.

Nördlich der Kathedrale liegt das älteste Stadtviertel, **Gorica,** das von Teilen der alten Stadtmauer umschlossen ist. Das **Kaštel** im Süden der Kathedrale ist eine riesige Festung aus dem 14. Jahrhundert. In Senj sind auch zahlreiche Renaissancepaläste zu sehen.

Das **Stadtmuseum** zeigt eine interessante Sammlung, die von archäologischen Fundstücken bis zu Exponaten zur Flora und Fauna des nahen Gebirgszugs Velebit reichen. Auch eine Druckplatte der berühmten, über 500 Jahre alten Druckerpresse ist ausgestellt. An das südwestliche Ende der Altstadt (wo eine weitere Festung steht) grenzt der **Senjer Schriftstellerpark** (Park Senjskih Knijizvenikal), den Skulpturen einheimischer Literaten zieren.

Außerhalb der Altstadt:

Oberhalb des Schriftstellerparks thront auf dem Hügel namens Trbušnjak die beeindruckende **Festung Nehaj.** Erbaut hat sie Ivan Lenković, der berühmteste Schiffskapitän der Stadt, im 16. Jahrhundert. Dank der gewaltigen Ecktürme und der 18 m hohen Zinnenmauern konnte man aus mehr als hundert Schießscharten auf Angreifer feuern – in Glanzzeiten unterstützt von elf schweren Geschützen.

In die Festung verbaut sind Teile anderer Gebäude. Eine Inschrift auf einer Mauer im Erdgeschoss geht etwa auf ein Kloster aus dem 13. Jahrhundert zurück.

Im Sommer finden Musikveranstaltungen in der Festung statt, und sie bietet einen faszinierenden Ausblick auf die Umgebung. ◼

Senj Kathedrale
✉ Trg Cimiter

Senj Stadtmuseum
✉ Milana Ogrizovića 5
☎ 053 881 141
🕐 Sept.–Juni Sa & So geschl.
💲 €
www.senj.hr/muzej.html

Nehaj Tumr
✉ Nehajeva bb
☎ 053 885 277
🕐 Nov.–April geschl.
💲 €
www.tz-senj.hr/en/nehaj-tower

Gorski Kotar

Der Gebirgszug Gorski Kotar erstreckt sich in einem großen Bogen von der slowenischen Grenze bis in die Umgebung von Senj und geht dort in das Velebit-Gebirge über (s. S. 180). Seine Hänge sind dichter bewaldet als die meisten anderen Höhenzüge im südlichen Kroatien. So bilden sie einen geschützten Lebensraum für zahlreiche seltene Tier- und Pflanzenarten. Viele der abgeschiedenen Dörfer blieben bisher vom Tourismus weitgehend unberührt.

Schneebedeckte Wälder im Gorski Kotar in der Nähe der Quelle des Flusses Kupa

Delnice
🏔 145 B3
Besucherinformation
✉ Lujzinska Cesta 47
☎ 051 812 156

Der Gorski Kotar ist eine ausgezeichnete Wandergegend. In seinem Norden liegt der Nationalpark Risnjak, und weiter südlich befinden sich die Kalksteinformationen der Bijele- und Samarske-Felsen. Park und Felsen zusammengenommen sind als Velika Kapela bekannt. In den Bergen kann es im Winter sehr kalt werden, die Temperatur sinkt häufig auf −24 °C.

Delnice

Die Stadt Delnice bildet gleichsam das Tor zum Gorski Kotar. Sie liegt hoch in den Bergen und an der Bahnstrecke zwischen Zagreb und Rijeka. Im Zweiten Weltkrieg war sie ein Zentrum der Widerstandskämpfer. Entlang der unbefestigten Straße, die oberhalb des nahen Dorfes Mrkopalj zu den Bjelolasica- und Samarske-Felsen führt, reihen sich in einer Wiese 24 Steinplatten auf. Sie erinnern an die zwei Dutzend Partisanen, die in der Gegend erfroren sind.

Nationalpark Risnjak

Der Nationalpark Risnjak umfasst ein Gebiet von 64 Quadratkilometer im Norden des Gorski Kotar. Die Berge **Risnjak** (1528 m) und **Snježnik** (1506 m) prägen das Bild dieses herrlichen Parks, der mit gut markierten Wanderwegen und verstreut liegenden Berghütten aufwarten kann. Detaillierte Wanderkarten sind problemlos erhältlich. In der Gegend leben kleine Braunbär-, Wolfs- und Luchspopulationen (s. S. 153). Eine Chance, diese Tiere zu sehen, besteht allerdings kaum. Hirsche, Rehe und Gämsen sind dagegen häufig anzutreffen.

Rund 12 Kilometer von Delnice entfernt liegt vor den Toren des Dorfes **Crni Lug** der Hauptzugangspunkt zum Park und das Besucherzentrum. Von dort führen mehrere Wege in den Park. Ein anderer Ausgangspunkt ist das Dorf **Gornje Jelenje.** Von hier ist der Weg auf den Gipfel des Risnjak etwas kürzer.

Höhlen, Gipfel & Schluchten

Südlich der Autobahn Zagreb–Rijeka liegt die reizvolle Bergsiedlung **Fužine.** Auf der Fahrt durch den Gorski Kotar lohnt es sich, hier eine Pause einzulegen. Gleich außerhalb von Fužine befindet sich die beein-

INSIDERTIPP

Einer örtlichen Legende zufolge ist der Gipfel des Klek ein Versammlungsort von Hexen. In Ogulin findet jährlich im Juni ein Hexen-Festival statt, das einen Besuch wert ist.

BARBARA JACKSON
National Geographic-Mitarbeiterin

druckende **Vrelo-Höhle**, die mit Unmengen von Stalaktiten und Stalagmiten bewachsen ist. Die 300 Meter lange Tropfsteinhöhle wurde zufällig in den 1950er-Jahren entdeckt. Nach starkem Regen ist sie manchmal überflutet.

Typisch für die Gegend sind Wildgerichte. Außerdem stehen häufig Froschschenkel sowie hausgemachter Käse auf der Speisekarte, der *skripavac* heißt (dabei handelt es sich um einen dem Mozzarella ähnlichen Frischkäse).

Nordöstlich von Delnice, Richtung slowenischer Grenze, ist die Ortschaft **Skrad** einen Abstecher wert, um die **Vrajži Prolaz** (Teufelsschlucht) zu besuchen. Diese außergewöhnlich enge Schlucht ist streckenweise kaum 2 Meter breit.

Ogulin: Die Stadt liegt am östlichen Rand des Gorski Kotar am Fluss Dobra, 35 Kilometer südwestlich von Karlovac – und ebenso wie die Ortschaft Skrad an der Bahnstrecke Zagreb–Rijeka.

Die meisten Besucher kommen nach Ogulin, um den Gipfel des **Klek** (1182 m) zu erklimmen. Bei den örtlichen Bergkletterern war die Nordwand des Berges lange eine beliebte Herausforderung (die Wand schmückt das Wappen des kroatischen Bergsteigerverbandes). Die Berghütte nahe dem Gipfel ist im Sommer an jedem Wochenende geöffnet. Vom Bahnhof der Stadt führt ein leichter Wanderweg (9,5 km, 3,5 Std.) zur Hütte hinauf. Ein kürzerer Weg (2,5 km, 1 Std.) beginnt im nahen Dorf **Bjelsko.**

In Ogulin thront am Rand der tiefen **Đula-Schlucht** eine imposante Festung aus dem 16. Jahrhundert. Die örtliche Legende erzählt, Đula, eine junge Adlige, habe sich in die Schlucht gestürzt, als ihr Liebster im Kampf fiel. Die Festung beherbergt heute Ogulins **Heimatmuseum.**

Im **Tomislav-Park** steht ein Denkmal des kroatischen Königs Tomislav (regierte 925–928), der 925 das mittelalterliche Königreich Kroatien gründete. Das Denkmal wurde anlässlich seines 1000-jährigen Jubiläums aufgestellt. ◼

Risnjak National Park
🅰 145 B3
Besucherinformation
✉ Bijela Vodica 48, Crni Lug
☎ 051 836 133
💲 €€
http://risnjak.hr

Fužine
🅰 145 B3
Besucherinformation
✉ Sveti Križ 2
☎ 051 835 163
www.tz-fuzine.hr

Vrelo Cave
☎ 051 835 163
🕐 Juni–Sept. tägl., außerhalb der Saison nur Sa & So
💲 €

Skrad
🅰 145 C3
Besucherinformation
✉ Goranska bb
☎ 051 810 316
www.tz-skrad.hr

Ogulin
🅰 145 C3
Besucherinformation
✉ Bernardina Frankopana 2
☎ 047 532 278
www.tz-grada-ogulina.hr

Wandern im Nationalpark Risnjak

Im Nationalpark Risnjak eignet sich die Gegend rund um die Berge Risnjak und Snježnik hervorragend zum Wandern. Ein ausgedehntes Netz gut markierter Wege durchzieht das gesamte Gebiet. Die Berghütte unterhalb des Gipfels ist ein ausgezeichneter Ausgangspunkt, um diesen Teil des Parks zu erkunden.

Der Nationalpark Risnjak bietet Wander- und Kletterrouten in allen Schwierigkeitsgraden

NICHT VERSÄUMEN

Panoramablicke vom Risnjak und Snježnik • Die sattgrünen Buchenwälder an den Berghängen • Den Horvatova Staza • Tiere und seltene Pflanzen im Park • Eine Nacht in einer Berghütte

Von Delnice fahren Regionalbusse zum Dorf **Crni Lug,** dem Ausgangspunkt der Wanderung. Von der Haltestelle bis zur Parkverwaltung in **Bijela Vodica** ❶ sind es nur ein paar Schritte. Nach dem Kauf der Eintrittskarte für den Park und einer Wanderkarte (auch auf den Hütten erhältlich) geht es in westlicher Richtung durch den Wald. Die Route folgt ein Stück weit dem Rundwanderweg **Leska**, einem Lehrpfad mit zahlreichen Informationstafeln (meist in Kroatisch). Dann beginnt der dreistündige Aufstieg auf einem steinigen Pfad bis zur Medveđa Vrata, wo der Pfad in einen von Gornje Jelenje kommenden Weg übergeht.

Von der Wegkreuzung sind es noch 30 Minuten in nordwestlicher Richtung bis zur Berghütte **PD Risnjak** ❷ (auch Schlosserov Dom genannt). Sie steht auf einem Bergsattel unterhalb des gleichnamigen Gipfels und eignet sich gut zum Übernachten *(Mai–Nov. geöffnet, Tel. 051 836 133, €€€€).* Im Winter bleibt ein kleiner Teil der Hütte (ohne Personal) als Schutzraum zugänglich.

Von der Hütte PD Risnjak führt ein steil ansteigender Weg in etwa 30 Minuten durch ein dichtes Gestrüpp aus Zwergbergkiefern zu den Kalksteinfelsen auf dem Gipfel des **Risnjak** ❸ (1528 m). Hier reicht der atemberaubende Blick über die grüne Berglandschaft des Gorski Kotar bis zur Kvarner Bucht.

Nach der Rückkehr zur Hütte muss man westwärts gehen und auf der Forststraße den Markierungen zum Snježnik und Platak folgen, um den felsigen Gipfel des **Snježnik** ❹

(1505 m; 2,5 Std. ab PD Risnjak) zu erklimmen. Wer auf einem anderen Weg zur Hütte zurückkehren möchte, geht nordöstlich zu der Straße Richtung **Lazac** und wandert dann südostwärts wieder zur Hütte, um dort eine zweite Nacht zu verbringen.

Um die Rückkehr nach Bijela Vodica zu variieren, kann man östlich der Hütte absteigen (4 Std.). Die Route verläuft in Serpentinen über den **Horvatova Staza** (*staza* heißt Weg). Er trägt den Namen des kroatischen Botanikers Ivo Horvat. Nach dem Durchqueren der **Vučja Jama** genannten Grube muss man die Forststraße überqueren und sich rechts halten, um nach Bijela Vodica zu gelangen. Übernachtungsmöglichkeiten gibt es in Crni Lug, Auskünfte erteilt die Parkverwaltung (*Tel. 051 836 133*). Campen ist im Park strikt untersagt.

Zwischen Juni und September ist die beste Zeit für Wanderungen im Nationalpark Risnjak. Es ist warm, wenn auch etwas kühler als in den Bergen weiter im Süden. Mit einer guten Ausrüstung, die vor Schnee und Frost schützt, sind Wandertouren auch im Winter möglich.

Besucher, die den Park intensiver erkunden möchten, sollten sich eine detaillierte Wanderkarte kaufen. Empfehlenswert sind die von SMAND – die Karte Nr. 14 (*Gorski Kotar IV*)

> ### Der Eurasische Luchs
>
> Der Eurasische Luchs (kroatisch: *ris*) gab dem Nationalpark Risnjak seinen Namen. Nachdem der Luchs durch Bejagung auf dem Balkan fast ausgerottet war, siedelte man ihn in Kroatien und Slowenien schrittweise wieder an. Mit einer Schulterhöhe von bis zu 75 Zentimetern, seinen großen Pranken und den auffälligen Haarpinseln an den Ohren sieht er einfach wunderschön aus. Zu Gesicht bekommt ihn allerdings kaum jemand. Schätzungsweise leben nur 40 bis 60 Luchse in ganz Kroatien.

deckt das gesamte Gebiet der beschriebenen Wanderung ab. Erhältlich sind die Karten in der Parkverwaltung oder in Zagreber Buchhandlungen. Der Park und seine weitere Umgebung bieten zahllose Möglichkeiten für kurze oder auch mehrtägige Touren.

▲	Siehe Karte S. 145
►	Bijela Vodica
↔	30,5 km
⊕	3 Tage
►	Bijela Vodica

Die Inseln

Vielen ausländischen Besuchern mögen die weiter im Süden gelegenen dalmatinischen Inseln vertrauter sein als die Inseln der Kvarner Bucht. Dessen ungeachtet gehören die Inseln in der Kvarner Bucht zu den schönsten des kroatischen Archipels. Mit ihrem überaus reichen kulturellen Erbe und der grandiosen Architektur eignen sie sich wunderbar als Urlaubsziel – zumal sie auch einige der schönsten Strände ganz Kroatiens bieten.

Der zentrale Platz in der Stadt Rab wird von Cafés und Restaurants gesäumt

Cres

⛰ 145 B1–3

Besucherinformation

✉ Cons 10

☎ 051 571 535

www.tzg-cres.hr

Cres

Die lange, schmale Insel Cres, nach Krk die zweitgrößte Adria-Insel, berührt in ihrem Süden fast die Nachbarinsel Lošinj. Eine kurze Straßenbrücke verbindet die beiden Inseln. Im Norden befindet sich Cres' höchster Punkt, der Gorice (648 m). Von hier fällt der Blick auf die steilen Klippen der Ostküste. Eine sanft geschwungene Hügellandschaft erstreckt sich an der Westküste, wo auch die meisten Städte liegen.

Besiedelt ist Cres seit der Jungsteinzeit. Etliche Festungen bauten die illyrischen Liburner. Von den beiden bedeutenden frühgeschichtlichen Siedlungen spielte Osor (Apsoros, später Ossero) eine größere Rolle als die Stadt Cres (Crpesa). Nach der Plünderung durch den Hunnenkönig Attila, erlangte Osor im byzantinischen Reich einen hohen Stellenwert.

Um 928 wurde die Insel Teil des mittelalterlichen Königreichs Kroatien unter Tomislav. Später suchte sie bei den Venezianern Schutz vor den Piraten. Osor verlor allmählich an Bedeutung, während die Stadt Cres 1459 zur venezianischen Inselhauptstadt aufstieg. In den 1920er- und 1930er-Jahren gehörte die Insel zum Königreich Italien.

Die Geschichte der Inseln **Lošinj** und Cres war lange Zeit eng miteinander verknüpft. Erst nach Osors Niedergang entwickelte Lošinj eine eigene Identität. Ihren Zenit erreichte die Insel als wichtiges Zentrum des Schiffbaus im 18. und 19. Jahrhundert unter der Herrschaft von Österreich-Ungarn. Diese führende Rolle verlor sie später an Rijeka und Triest.

Cres: Die an einem natürlichen Hafen gelegene Stadt Cres ist die größte der gleichnamigen Insel. Auch wenn die Stadt selbst nicht allzu viel Sehenswertes bietet, bildet sie einen günstigen Ausgangspunkt für Tagesausflüge nach Valun, Lubenice, Osor, Beli und zur Insel Lošinj.

Die **Pfarrkirche St. Maria Schnee** (Sv. Majka Božja Snježna) schmücken ein Renaissanceportal und eine holzgeschnitzte Pietà. Ihr Glockenturm stammt aus dem 18. Jahrhundert. Sehenswert sind auch die **St.-Isidor-Kirche** (Sv. Sidar) aus dem 12. Jahrhundert, das **Stadtmuseum** im **Palais Petris**, das wie die nahe Loggia im 15. Jahrhundert errichtet wurde. Ebenfalls einen Besuch wert ist das im Süden der Stadt liegende **Franziskanerkloster** aus dem 14. Jahrhundert.

Von der Stadtbefestigung der venezianischen Ära sind das Bragadina-Tor (mit einem Markuslöwen), das **Marcela-Tor**, das **Sv.-Mikulo-Tor** und ein Stück der Stadtmauer (nahe dem Bragadina-Tor) erhalten sowie ein Wehrturm im Norden der Stadt.

Die Fährlinie der Insel Cres verkehrt zwischen Porozina (im Norden der Insel) und Brestova (an Istriens Küste), Merag (an der Ostküste nahe der Stadt Cres) und Valbiska auf der Insel Krk. Auf Krk befindet sich Rijekas Flughafen und eine mautpflichtige Brücke zum Festland. Im Sommer fahren auch Fähren nach Zadar und Pula.

INSIDERTIPP

Für Umweltbewusste gibt es Erkundungstouren auf den sieben Ökowegen der Insel Cres. Sie führen durch Dörfer, Schluchten, Wälder, Sumpfgebiete, Steinlabyrinthe und über Strände.

ALISON INCE

National Geographic-Archiv Library

Valun: Das beschauliche Dorf Valun in einer tiefen Bucht im Süden von Cres ist als Fundort der Tafel von Valun (vermutlich ein Grabstein aus dem 11. Jahrhundert) bekannt. Da die Steinplatte neben lateinischen auch glagolitische Inschriften trägt, zählt sie zu Kroatiens frühesten Zeugnissen glagolitischer Schrift. Die Tafel ist in eine Mauer der örtlichen **Markus-Kirche** eingelassen.

Valun

🅰 145 B2

Ekopark Pernat

✉ Lubenice

☎ 051 513 010

www.ekoparkpernat.
org (Croat)

Beli

▲ 145 B3

**Eko Centar Caput
Insulae**

✉ Beli 4

☎ 051 840 525

🕐 Nov.–März
geschl.

💲 €€

www.supovi.hr

Osor

▲ 145 B2

Lošinj

▲ 145 B1–2

Besucherinformation

✉ Riva Lošinjskih
Kapetana 29,
Mali Lošinj

☎ 051 231 884

www.tz-malilosinj.hr

Nach Valun besteht keine tägliche Busverbindung. Der Weg zu Fuß führt über die Abzweigung an der Verbindungsstraße zwischen Cres und Lošinj oder von Cres-Stadt aus an der Küste entlang. Das letzte Stück der Zufahrtsstraße ist für den Autoverkehr gesperrt.

Lubenice: Das winzige Dorf Lubenice sitzt malerisch auf einer Klippe an der Westküste der Insel Cres. Von Valun führt eine kurvenreiche Straße (4 km) in diese dörfliche Idylle mit engen Gassen und kleinen Kirchen. Auf einem Pfad geht es hinunter zu einer geschützten Bucht mit Badestrand. Nördlich von Lubenice liegt der **Ekopark Pernat (**Ökopark Pernat), in dem verschiedene Wege Wanderer zu weiteren abgeschiedenen Dörfern bringen.

Beli: Im Norden von Cres schmiegt sich das Dorf Beli nahe den Klippen der Ostküste an einen Hang. Allein schon das Dorf lohnt einen Besuch, doch die Hauptattraktion bildet das ausgezeichnete **Eko Centar Caput Insulae** (s. S. 157). Das Zentrum widmet sich dem Schutz der bedrohten Gänsegeier, die vor Ort nisten.

Viele Besucher fahren von Cres-Stadt per Bus nach Beli. Sportlichere wandern von Porozina auf markierten Wegen zum Dorf. Vom Kap Križić dauert der Weg auf der Straße zwischen Cres und Porozina nur 90 Minuten.

Osor

In seiner Blütezeit war Osor die Hauptstadt der Inseln Cres und Lošinj. In römischer Zeit hatte die

Stadt über 20 000 Einwohner. Sie liegt an dem schmalen Kanal zwischen den beiden Inseln, der bis zum 15. Jahrhundert die Hauptschifffahrtsroute zwischen Dalmatien und der Nordadria bildete. Diese Lage verlieh der Stadt enorme strategische Bedeutung, die sie jedoch später verlor. Heute ist Osor nur noch ein kleiner Ort mit wenigen Einwohnern, der wie ein Freilichtmuseum wirkt. Zeugnisse der früheren Pracht sind z.B. die **Kathedrale** aus dem 15. Jahrhundert und der **Bischofspalast.** Das alte **Rathaus** mit Säulengang ist heute das **Stadtmuseum,** das römische und illyrische Funde der Insel zeigt. Den **Marktplatz** zieren u.a. Skulpturen von Ivan Meštrović neben architektonischen Fragmenten aus der langen Stadtgeschichte. Im Sommer finden hier Musikveranstaltungen statt.

Lošinj

Obwohl wesentlich kleiner als Cres, zieht die Insel Lošinj mehr Besucher an als ihr Nachbar. Das beliebteste Touristenziel ist

ERLEBNIS: Ausflug zu den Gänsegeiern auf Cres

Die spektakulären Klippen bei Beli auf der Insel Cres sind Kroatiens einziger Nistplatz der imposanten Gänsegeier. Das Personal des nahen Eko Centar Caput Insulae hält ein wachsames Auge auf die Vögel. Das Zentrum bietet hervorragende Freiwilligenprogramme, die Teilnehmern jeden Alters ermöglichen, selbst einen Beitrag zum Schutz dieser Vögel und ihrer Umwelt zu leisten. Darüber hinaus gewähren sie einen einzigartigen Einblick in das Leben dieser ländlichen Region.

Gänsegeier ernähren sich ausschließlich von Aas. Ihre Flügelspannweite misst bis zu 2,75 Meter, und ihr Gewicht beträgt ungefähr 14 Kilogramm. Früher kamen diese Vögel in Kroatien relativ häufig vor. Sie nisteten u.a. auf der Insel Rab und auf den Felsen im Nationalpark Paklenica. Vor einigen Jahren wurden die letzten im Park vorkommenden Gänsegeier vergiftet. Der einzige Ort, an dem sie heute noch nisten, sind die Klippen bei Beli.

Schätzungsweise 85 Brutpaare tummeln sich auf den Klippen bei Beli. Ihre Anzahl sinkt beständig, weil es an Aas fehlt. Durch den Rückgang der Schafhaltung mangelt es an Kadavern, auch wenn das Zentrum die Vögel derzeit mit Nahrung versorgt. Ein weiteres Problem sind die Touristenboote, die zu nah an die Klippen heranfahren und die Vögel aufscheuchen. Die noch flugunfähigen Jungvögel fallen ins Wasser und ertrinken.

Das **Eko Centar Caput Insulae** (ECCIB; s. S. 156) bei Beli unterhält eine **Pflegestation** für verletzte Vögel. Für Kinder bietet es **Bildungsprogramme**, die auf vorbildliche Weise versuchen, das Bewusstsein für Natur und Umweltprobleme zu fördern.

Einer der seltenen Gänsegeier hält Ausschau nach Nahrung

Die verschiedenen **Freiwilligenprogramme** *(März–Okt., €€€€)* des Zentrums eröffnen eine wunderbare Chance, eine aktive Rolle beim Schutz der Vögel zu spielen. Einige Programme konzentrieren sich auf die Mitarbeit und umfassen etwa die Mithilfe in der Pflegestation, Ausbesserung von Trockenmauern, Instandhaltung der Wanderwege oder das Sammeln von Daten über die Vögel. Zu manchen Programmen gehört die Führung von Besuchern durch die Lehrsammlungen, Verkaufsaktionen zugunsten des Zentrums oder auch die Unterstützung der Einheimischen in der Umgebung, etwa bei der Olivenernte. Jedes der Programme ist eine ausgezeichnete Möglichkeit, mehr über die Vögel zu lernen, Einheimische und andere Freiwillige zu treffen und die wertvolle Arbeit des ECCIB zu unterstützen.

Die Freiwilligenprogramme dauern zwischen einer und fünf Wochen. Im Preis enthalten sind Unterkunft, Verpflegung und eine Versicherung. Wer will, kann einen der Gänsegeier, die in der Pflegestation leben, adoptieren. Die Gebühr für die Adoption wird ausschließlich zum Wohl der Vögel verwendet.

**Franziskaner-
kloster**

✉ Franjevacki Sa-
mostan

☎ 051 237 123

www.tz-malilosinj.hr

Mali Lošinj

🅰 145 B1

Besucherinformation

✉ Riva Lošinjskih
Kapetana 29

☎ 051 231 547

www.tz-malilosinj.hr

**Kirche St. Anto-
nius**

✉ Trg Sv. Antun

☎ 051 237 123

Nerezine, eine alte, bereits im
14. Jahrhundert erwähnte Siedlung. Sie liegt vier Kilometer südlich der Straßenbrücke nach Osor
(auf Cres). Das **Franziskanerkloster** stammt aus dem frühen
16. Jahrhundert.

Nerezine wird von dem
schmalen Gebirgszug **Osorščica**
(588 m) überragt. Sowohl von
Nerezine als auch vom Kanalufer
(direkt gegenüber von Orsor) lässt
er sich auf bequemen Wanderwegen erklimmen. Auf dem niedrigeren seiner beiden Berggipfel steht
die kleine **Kapelle St. Michael.**

Mali Lošinj & Veli Lošinj

Trotz des Namens ist die Stadt
Mali Lošinj (*mali:* klein) größer als
der Nachbarort Veli Lošinj (*veliki:*
groß) – in der Vergangenheit
hingegen trafen die Namen noch
zu. Im Sommer verkehren Fähren
zwischen Zadar und Mali Lošinj,
die meisten der Passagiere wollen

jedoch in den kleinen Nachbarort.
Die von Cres kommenden Busse
halten in Mali Lošinj und fahren
weiter Richtung Süden nach Veli
Lošinj. Auch zu Fuß kommt man
von einem Ort zum anderen. Der
knapp einstündige Weg verläuft
vorwiegend entlang der Küste.

Die hübsche **St.-Antonius-
Kirche** am Hafen von Veli Lošinj
stammt aus dem 18. Jahrhundert.
Zahlreiche Gemälde der Venezianischen Schule schmücken den
Kirchenraum. In den Fußboden
sind Tafeln eingelassen, die einheimischen Seeleuten ein Denkmal
setzen. Auf der anderen Seite des
Hafens steht ein massiver Wehrturm, den die Venezianer 1455 zur
Abwehr der Uskoken (s. S. 148)
errichteten. Im Turm (*kula*) befindet sich das **Stadtmuseum.** Bemerkenswert ist auch der **Petrina-
Palast** aus dem 18. Jahrhundert.
Der ehemalige Wohnsitz einer der
einflussreichsten Familien der Stadt

Luxusjacht zwischen Fischerbooten und Wassertaxis im Hafen von Mali Lošinj

ist heute ein Seniorenheim und für die Öffentlichkeit nicht zugänglich.

Rab

Auf der Insel Rab siedelten zunächst die illyrischen Liburner, später die Römer, die es Felix Arba nannten (der Zusatz *felix*, „glücklich", war eine Art Auszeichnung). Die Insel ist in den Schriften von Plinius d. Ä. und Ptolemäus erwähnt. Nach der römischen Ära gelangte die Insel in byzantinischen Besitz. Danach gehörte sie im Mittelalter kurzzeitig zu Tomislavs Königreich Kroatien, um dann abwechselnd venezianischer und ungarischer Herrschaft zu unterliegen. 1409 verkaufte König Ladislaus von Neapel (regierte 1390–1414) seinen ererbten Anspruch auf die Insel an Venedig. Den Venezianern folgten Perioden unter der Herrschaft Österreichs und des französischen Kaisers Napoleon, den wiederum die Österreicher ablösten. Während des Zweiten Weltkriegs hielten Italien und Deutschland die Insel besetzt.

Eine lange Kette steiniger Hügel, Kamenjak genannt, die sich an Rabs Ostseite aufreihen, schützt den westlichen Teil der Insel vor der *bura* (Bora, ein kalter Nordostwind). Daher ist das Klima hier mild und die Landschaft unerwartet grün und fruchtbar. An der Ostküste reicht der Blick über den **Velebitski-Kanal** hinweg bis zum Velebit-Gebirge (s. S. 180).

Die Stadt Rab zählt zweifellos zu den schönsten Städten an der Adria. Ihre Altstadt nimmt eine lange, schmale Halbinsel ein. Vier markante Glockentürme ragen in die Höhe und vermitteln den Eindruck, als habe sich seit Jahrhunderten wenig verändert. An der Südspitze der Halbinsel liegt das älteste Viertel, **Kaldenac**, mit einem Gewirr an engen, verkehrsfreien Gassen. Der größte Teil des nördlich angrenzenden, nur wenig jüngeren Viertels **Varoš** entstand zwischen dem 14. und 17. Jahrhundert. Westlich von Varoš erstreckt sich der weitläufige **Komrčar-Park**, der im 19. Jahrhundert angelegt

Susak & Unije

Vor der Küste von Lošinj liegt eine Inselkette. Susak und Unije sind die beiden schönsten Inseln. Auf Susak dominieren Sand und Lehm (ungewöhnlich für eine Adria-Insel). Auf dem fruchtbaren Boden wurde lange Zeit Weinbau betrieben. Unije, einst von den Römern besiedelt, ist eine ruhige, autofreie Insel mit der gleichnamigen Stadt. Von Mali Lošinj fahren Boote zu den Inseln, ein Katamaran verbindet sie mit Rijeka.

wurde. Der Altstadt gegenüber, an der Nordseite des Hafens, breitet sich das moderne Stadtviertel **Gradska Luka** aus.

Kaldenac: Der Weg zur Altstadt führt über den **St.-Christophorus-Platz** (Trg Sv. Kristofora). Von hier aus führt die **Srednja Ulica,** die zentrale Einkaufsmeile, hinunter nach Kaldenac. Auf dem Weg dorthin kommt man an dem gut erhaltenen **Palača Dominis** vorbei. Dieser imposante Palast besitzt

Rab

145 B2

Besucherinformation

✉ Trg Municipium Arba 8

☎ 051 724 064

www.tzg-rab.hr

HINWEIS: **Fährlinien der Insel Rab**
Von Lopar (Nord) nach Valbiska (Krk);
Von Mišnjak (Süd) nach Jablanac;
Von Rab Stadt nach Novalja (Pag) und Rijeka

gotische Fenster und ein holzge-
schnitztes Renaissanceportal, über
dem ein Familienwappen prangt.
Ein paar Schritte weiter erhebt sich
eine **Loggia** von 1509.

Fast an der Spitze der Halbinsel
steht Rabs eindruckvollstes Bauwerk: die romanische **Domkirche
der Jungfrau Maria** von 1177.
Von 1514 stammt die Pietà über
dem Portal, das im späten
15. Jahrhundert entstand. Das
geschnitzte Chorgestühl aus Wal-
nussholz wurde 1445 gefertigt.
Der wunderschön geschnitzte
Baldachin des sechseckigen

INSIDERTIPP

**Den perfekten Blick auf
die Stadt Rab und ihre
vier anmutigen Glo-
ckentürme bieten die
Festungsanlagen in der
Altstadt nahe der Kirche
St. Christophorus.**

RUDOLF ABRAHAM
National Geographic-Autor

Ziboriums ruht auf alten Säulen
(drei davon vermutlich aus dem
9. Jahrhundert). Das Gotteshaus
wird als Dom bezeichnet, obwohl
es seit 1828 nur eine Pfarrkirche
ist. Das **Kirchenmuseum** hütet
einen silbernen Reliquienschrein,
der angeblich den Kopf des hl.
Christophorus (Schutzheiliger der
Reisenden) enthält.

Der Domkirche gegenüber,
aber einige Schritte davon entfernt,
steht der romanische **Glockenturm** aus dem 13. Jahrhundert
(einer der schönsten in Kroatien).

Über mehrere Stockwerke ragt er
28 Meter in die Höhe. Licht strömt
durch die Fenster ins Innere. Deren
Anzahl steigert sich von Stockwerk
zu Stockwerk, von einem Fenster
an jeder Seite im untersten bis zu
je fünf im obersten. Wer den Turm
erklimmt, genießt einen herrlichen
Ausblick über die Stadt. Übrigens:
Im 19. Jahrhundert baute der englische Architekt T. G. Jackson die
obersten Stockwerke des (seit
dem 15. Jahrhundert unvollende-
ten) Glockenturms der Domkirche
in Zadar nach dem Vorbild des
Turms in Rab.

Gleich hinter der Domkirche,
an der äußersten Spitze der Halb-
insel, wurde im 14. Jahrhundert
das **Franziskanerinnenkloster St.
Antonius** und die **Kirche
St. Antonius** errichtet. Neben
diesem Komplex folgt ein kleiner
Park mit einer Statue des hl. Marin.
Der im 4. Jahrhundert auf Rab
geborene Marin (ursprünglich ein
Steinmetz) wird als Begründer der
Republik San Marino verehrt.

Nördlich der Domkirche führt
die Ivana Rabljanina zur **Benediktinerkirche St. Andreas** und zum
Kloster St. Andreas, beide im
11. Jahrhundert erbaut. Dort ist
auch Rabs ältester Glockenturm zu
sehen. Das schlanke romanische
Bauwerk stammt von 1181. Die Kirche wurde im 16. Jahrhundert von
Grund auf restauriert. Der Flügel-
altar, ein Werk des venezianischen
Malers Bartolomeo Vivarini, ist
eine Kopie. Das Original befindet
sich im Museum of Fine Arts in
Boston (Massachusetts).

Varoš: Jenseits des Klosters
schließt das Viertel Varoš mit dem

Platz der Freiheit (Trg Slobode) an, auf dem eine einzelne Steineiche wächst. Gepflanzt wurde sie 1921 zum Gedenken an die Befreiung von den italienischen Besatzern, die nach dem Ersten Weltkrieg die Stadt beherrschten. Zwei Paläste säumen den Platz. Hier erhob sich angeblich einmal Rabs größter Glockenturm, der St.-Stephans-Turm.

Vom Platz der Freiheit führt die Gornja Ulica zur **Kirche der hl. Justina,** einer Barockkirche aus dem 16. Jahrhundert. Ihr Glockenturm trägt eine markante Zwiebelturmspitze. Das früher angrenzende Kloster wurde im 19. Jahrhundert abgerissen. Im weiteren Verlauf der Gornja Ulica trifft man auf die kleine **Heilig-Kreuz-Kirche** (Sv. Križ) mit einer Stuckdecke aus dem späten 18. Jahrhundert. Gleich hinter der Kirche liegen die Ruinen von **Kirche und Kloster des hl. Johannes.** Vermutlich wurden beide im 11. Jahrhundert anstelle einer Kirche aus dem frühen 5. Jahrhundert errichtet. Die hier gefundenen Mosaike und frühen Reliquienschreine befinden sich im Bischofspalast. Von dem noch erhaltenen Glockenturm lässt sich ein herrlicher Ausblick über Kalde-

nac und auf die drei anderen Glockentürme der Altstadt genießen.

Die nahe **St.-Christophorus-Kirche** war einst in die **Stadtmauern** der Altstadt integriert. Heute beherbergt sie Steindenkmäler aus der ganzen Stadt und bietet einen schönen Ausblick auf alle vier Glockentürme.

An der Nordseite des Komrčar-Parks befinden sich neben der kleinen **St. Franziskus-Kirche** von 1490 Überreste des **Franziskanerklosters.** Letzteres wurde im 19. Jahrhundert abgerissen und durch einen Friedhof ersetzt. In den Fußboden der Kirche sind Grabsteine ehemaliger Lokalgrößen eingelassen. Ein Blick auf die Gravuren lohnt sich, z. B. zeigt der Grabstein eines Schiffsbauers Werkzeuge seines Gewerbes.

Außerhalb der Stadt

Nordwestlich der Stadt Rab liegt ganz am Ende der St.-Euphemija-Bucht das schöne **Franziskanerkloster der hl. Euphemia** von 1446 mit hübschem Kreuzgang und Museum. Vom Komrčar-Park führt ein angenehmer Spaziergang hierher. Auf dem Weg zum Strand bei Kompor stößt man auf einen **Gedenkfriedhof,** den man auf dem Gelände des italienischen

Varos
▲ 145 B2

Lopar
▲ 145 B2
Besucherinformation
✉ Lopar bb
☎ 051 775 508
www.lopar.hr

Franziskanerkloster der hl. Euphemia
✉ Kamporska Draga

Gedenkfriedhof

✉ Kamporska Draga

Krk (Insel)

Ⓜ 145 B2–3

Besucherinformation

✉ Trg Sv. Kvirina 1, Krk

☎ 051 221 359

www.krk.hr

Krk (Stadt)

Ⓜ 145 B2

Besucherinformation

✉ Vela Placa 1

☎ 051 221 414

http://tz-krk.hr

Kathedrale

✉ Ulica Antuna Mahnica

☎ 051 221 341

Konzentrationslagers aus dem Zweiten Weltkrieg angelegt hat.

Rabs wichtigster **Fährhafen** mit regelmäßigen Fährverbindungen nach Krk ist Lopar im Norden der Insel. Von Mišnjak fahren Fähren in den Süden zur Insel Pag und zum Festland.

Krk

Die größte Insel im kroatischen Teil der Adria umfasst rund 406 Quadratkilometer. Der griechische Geschichtsschreiber Strabo nannte sie Cyractica, während ihrer byzantinischen Ära hieß sie Vecla und Veglia unter venezianischer Herrschaft. Wie auf Cres ließen sich auch auf Krk die Römer nieder (angeblich

INSIDERTIPP

Auf Krk lässt sich der schönste Blick auf das Velebit-Gebirge bei Baška genießen. Den besten Blick auf den nördlicher gelegenen Gebirgszug Velika Kapela hat Vrbnik zu bieten.

IVANA JOVIĆ ABRAHAM
Kroatischer Übersetzer

hatte Julius Cäsar hier einen Stützpunkt). Die Geschichte der Insel war lange Zeit mit der Familie Frankopan verknüpft. Als Lehnsherren unter venezianischer Lehnshoheit regierten die Frankopans die Insel, bis die Venezianer 1480 das Zepter selbst in die Hand nahmen. Bis tief ins 19. Jahrhundert bildete Krk eine Hochburg des

glagolitischen Schrifttums und eine Bastion der glagolitischen Liturgie.

Auf der Insel befindet sich Rijekas Flughafen. Krk ist seit 1980 durch eine 1,6 Kilometer lange Brücke mit dem Festland verbunden. Diese Faktoren machen die Insel zu einem beliebten Urlaubsziel, deshalb empfiehlt es sich, Ferienunterkünfte im Sommer frühzeitig zu buchen.

Altstadt: In der großen, modernen und ständig wachsenden Stadt Krk, dem Hauptort der Insel, überdauerte eine relative kleine, aber ziemlich gut erhaltene Altstadt.

Die romanische **Kathedrale** entstand im späten 12. Jahrhundert auf dem Gelände einer Kirche aus dem 5. Jahrhundert und einiger römischer Bäder. Antike römische Säulen und Säulen der früheren Kirche stützen die Gewölbebögen des Kirchenschiffs. Nur die Kapitelle wurden eigens für die Kathedrale gemeißelt. Eine der Säulen trägt ein herrliches romanisches Kapitell mit Symbolen des Abendmahls: zwei Vögel, die einen Fisch verspeisen. Die holzgeschnitzte Kanzel stammt aus dem 17. Jahrhundert. Eine Grabplatte im Fußboden erinnert an Bischof Johann, den Begründer der Kirche. Die **St.-Vitus-Kapelle** (Seitenkapelle im Nordschiff) aus dem 15. Jahrhundert ist den Frankopans gewidmet, deren Familienwappen im kunstvollen Gewölbe prangt. Unter dem Fußboden einer weiteren Seitenkapelle wurden Mosaike aus den römischen Bädern gefunden.

Gegenüber der Kathedrale liegt die ungewöhnliche **Kirche**

St. Quirin (Sv. Kvirina, Schutzheiliger von Krk) aus dem 11. Jahrhundert. Sie besteht aus zwei Etagen, die obere ist vom Glockenturm aus zugänglich. Im Erdgeschoss stützen Pfeiler das Kreuzrippengewölbe, während glatte Säulen die Arkaden der oberen Etage tragen. Die Kirche ist in Nordsüdrichtung und nicht wie üblich in Ostwestrichtung ausgerichtet. Über viele Jahre diente das Erdgeschoss als Weinkeller, bis es in den 1960er-Jahren restauriert wurde.

Kathedrale und St.-Quirin-Kirche teilen sich den im 16. Jahrhundert erbauten **Glockenturm** – eines der bekanntesten Wahrzeichen der Stadt. Gekrönt wird er von einem recht unpassenden Aufbau und einer Zwiebelkuppel mit einem Engel, der im 18. Jahrhundert hinzugefügt wurde.

Östlich der Kathedrale lassen sich auf dem **Kamplin** genannten Platz Teile einer großen **Festungs-** anlage erkunden. Das älteste der überwiegend quadratischen Bauwerke ist ein viereckiger Wehrturm von 1191. Ein gut erhaltenes Stück der **Stadtmauer** erstreckt sich westlich der Kathedrale, es verläuft zwischen der Obala Hrvatske Mornarice und dem Vela Placa.

Nahe dem Vela Placa befanden sich einst **römische Bäder.** Zu sehen ist noch ein gut erhaltenes Mosaik aus dem 1. Jahrhundert. Es zeigt den Gott Triton umgeben von Delfinen und anderen Meerestieren. Im Norden der Altstadt erhebt sich am **Trg Krckih Glagoljaša** die romanische **Kirche der Muttergottes der Gesundheit** (Majka Božje od Zdravlja) aus dem 12. Jahrhundert. Im Inneren hat man wie bei der Kathedrale alte Säulen wiederverwendet. In ein Kapitell ist ein Adler, der mit einer Echse kämpft, gemeißelt. Im 18. Jahrhundert wurde der Bau weitgehend restauriert.

Kirche der Muttergottes der Gesundheit
✉ Trg Krckih Glagoljasa

Uferpromenade in der Stadt Krk, dem Hauptort der gleichnamigen größten Insel Kroatiens

Kirche des hl. Franziskus

✉ Trg Krckih Glagoljasa 2

Punat

⛰ 145 B2

Besucherinformation

✉ Pod Topol 2
☎ 051 854 860
www.tz-punat.hr

Franziskaner-kloster

☎ 051 854 017
www.kosljun.hr

Baška

⛰ 145 B2

Besucherinformation

✉ Kralja Zvonimira 114
☎ 051 856 817
www.tz-baska.hr

In der Nähe befindet sich die **Kirche des hl. Franziskus** (Sv. Franjo) aus dem 14. Jahrhundert. In einer Seitenkapelle sind Kragsteine in Form von Menschenköpfen und Wiener Buntglasfenster aus dem 19. Jahrhundert zu sehen. Eine der Grabplatten im Fußboden erinnert an einen Kapitän, der an der Seeschlacht von Lepanto teilgenommen hat (bei der die mächtige osmanische Flotte 1571 eine vernichtende Niederlage erlitt).

Von Krk-Stadt fahren zahlreiche Busse nach Rijeka, die unterwegs in mehreren Orten halten. Auch die Busverbindungen nach Punat und Baška im Südosten der Insel sind gut. Regelmäßige Fährverbindungen bestehen zwischen Baška (Krk) und Lopar (Rab) sowie Merag (Insel Cres).

Punat: Von der Stadt Krk geht es zunächst ostwärts Richtung Kornić. Der Weg nach Punat führt entlang der großen, geschützten Bucht an der Südküste der Insel. Unterwegs trifft man auf die kleine frühromanische **Kirche des hl. Donatus** (Sv. Dunat). Von der schwer beschädigten Kirche hat sich die Kuppel im byzantinischen Stil noch recht gut

erhalten. Das Dorf **Punat** liegt am äußeren Ende der Bucht südöstlich der Stadt Krk.

In der Bucht, etwa auf der Höhe von Punat, ragt die teils bewaldete Insel **Košljun** aus dem Meer, die mit einem **Franziskanerkloster** aus dem 16. Jahrhundert aufwartet. Dieses wurde auf den Überresten eines früheren Benediktinerklosters errichtet. Das Klostermuseum besitzt eine interessante ethnografische Sammlung, die auch regionale Volkstrachten umfasst. Die Klosterbibliothek hütet viele seltene Bücher und Schriften. Wassertaxis fahren vom Hafen in Punat oder auch von Krk-Stadt zur Insel.

Baška: Die Stadt **Baška** am südlichen Ende von Krk ist der beliebteste Ferienort der Insel und die Fundstätte eines der größten kulturellen Schätze Kroatiens. Anfangs siedelten hier illyrische Japoden, später kamen die Römer. Erwähnt wurde die Stadt bzw. das Castelum Besca (die Burg vor Ort) erstmals 1232.

Als Baškas Hauptattraktion gilt der 1,8 Kilometer lange Kiesstrand **Vela Plaža** (fälschlich oft als Sandstrand beschrieben). Er ist

Tafel von Baška und die glagolitische Schrift

Die Tafel von Baška (Bašćanska Ploča) ist eine zwei Meter breite Kalksteinplatte. An ihrem oberen Rand verläuft eine Weinranke. Sie trägt eine der frühesten kroatischen Inschriften, die in glagolitischer Schrift geschrieben sind. Gefunden wurde sie 1851 nahe Baška im Dorf Jurandvor, eingelassen in den Fußboden der Kirche der hl. Lukretia. Entdeckt hat sie der Gemeindepfarrer Petar Dorčić.

Die Tafel stammt aus dem späten 11. Jahrhundert. Die Inschrift dokumentiert eine Landschenkung des kroatischen Königs Zvonimir (regierte 1075–1089) an die Kirche und das Kloster der hl. Lukretia. Die Inschrift zu entziffern hat einige Jahre gedauert. In der Kirche wird eine Kopie gezeigt. Das Original wird in der Kroatischen Akademie der Wissenschaften und Künste in Zagreb (s. S. 72) aufbewahrt.

Ein Taucher erkundet eines der vielen Schiffswracks in den Gewässern rund um die Insel Krk

häufig überfüllt, Alternativen bieten jedoch zahlreiche kleinere Strände in der Umgebung.

Die **Kirche Johannes des Täufes** mit dem ältesten Glockenturm der Region (1431) wurde im 11. Jahrhundert erbaut und im 19. Jahrhundert restauriert. Zu den Gemälden in der **Dreifaltigkeitskirche** aus dem 18. Jahrhundert zählt eine Darstellung der Dreifaltigkeit des venezianischen Malers Palma d. J. Die Kirche beherbergt ein kleines, interessantes **Volksmuseum.**

In dem nahen Dorf **Jurandvor** steht die **Kirche der hl. Lukretia** (Sv. Lucija), die als Fundstätte der **Tafel von Baška** (s. Kasten S. 164) berühmt wurde. Die Tafel weist 107 Wörter auf. Die Kirche stammt aus dem 11. Jahrhundert und gehörte früher einmal zu einer Benediktinerabtei.

Vrbnik: Die Stadt Vrbnik thront auf einem Hügel an der Ostküste der Insel Krk. Das Panorama ist beeindruckend: Im Osten erstreckt sich der Gebirgszug Velika Kapela (Große Kapelle) mit dem Berg Klek (s. S. 151). Das Gebirge ist Teil des Gorski Kotar. Südwärts ragt der Sjeverni (Nördliche) Velebit auf, Kroatiens längster Gebirgszug.

Die **Marienkirche** in Vrbnik stammt aus dem 15. Jahrhundert. Ihr Glockenturm, der im 16. Jahrhundert errichtet wurde, trägt eine später hinzugefügte Zwiebelkuppel (genauso unpassend wie bei der Kathedrale in Krk).

Die **Dinko-Vitezi-Bibliothek** besitzt eine Sammlung seltener Schriften, darunter zwei Kopien des Johann-David-Kochler-Atlasses (1612) und einige glagolitische Messbücher, die aus dem 15. Jahrhundert stammen. ■

Volkskundemuseum

✉ Ulica Kralja Zvonimira 28

Vrbnik

▲ 145 B3

Besucherinformation

✉ Placa Vrbničkog Statuta 4

☎ 051 857 479

Zahlreiche herrliche Inseln, Kroatiens schönste Bergkette und malerische mittelalterliche Städte

Norddalmatien

Vor der norddalmatinischen Küste: Kajakausflug bei Sonnenuntergang

Norddalmatien

In der Region südlich der Kvarner-Bucht liegt die Stadt Zadar, eines der bedeutendsten historischen Zentren Kroatiens. Mit spektakulärer Berg- und Inselwelt begeistern die Nationalparks Norddalmatiens. Die Gegend bietet außerdem weltberühmte Architekturdenkmäler wie die Kathedrale von Šibenik. Dennoch bereisen weniger ausländische Besucher diesen Teil Kroatiens als Zentral- und Süddalmatien.

Norddalmatien spielte in der Geschichte Kroatiens eine Schlüsselrolle. Während des Mittelalters, vom 9. bis zum 11. Jahrhundert, residierten die kroatischen Könige in Zadar, Nin und Biograd na Moru (siehe S. 26f). Davor und danach gleicht die Geschichte Norddalmatiens im Wesentlichen jener der restlichen Adriaküste. In der von Illyrern, Griechen und Römern besiedelten Region findet man zahlreiche römische Zeugnisse, etwa in Zadar und in Burnam am Fluss Krka. Später geriet das Gebiet unter die Herrschaft Venedigs, Österreichs und – für kurze Zeit – des Königreichs Italien.

Zadar, die größte Stadt Norddalmatiens, hat ein pittoreskes historisches Zentrum mit faszinierenden Bauwerken wie der einzigartigen Donatuskirche. Die Stadt lässt sich ganz entspannt erkunden, da weit weniger Besucher den Weg hierher finden als etwa ins südlich gelegene Split. Die kleinen Gassen mit Cafés, Kirchen und römischen Ruinen säumt eine breite Uferpromenade, die mit einer außergewöhnlichen Skulptur, der „Meeresorgel", auftrumpft, die die sanften Wellen der Adria zum Klingen bringt. Zadar wurde im Vierten Kreuzzug und kurz danach von den Mongolen geplündert – das sollte man bedenken, wenn man vor der massiven Stadtmauer steht. Im Zweiten Weltkrieg wurde die von Deutschen und Italienern besetzte Stadt von den Alliierten bombardiert, und auch der Krieg in den 1990er-Jahren hinterließ hier schwere Schäden.

In der nahen Stadt Nin, heute ein verschlafener Ort, steht eine kleine, aber wunderbare Kirche aus dem 9. Jahrhundert. Die prächtige Kathedrale von Šibenik ist Unesco-Welterbestätte und eines der schönsten Renaissance-Bauwerke Kroatiens. Das ganz aus Stein erbaute Gotteshaus (und vor allem sein Tonnengewölbe) ist eine erstaunliche technische Meisterleistung.

Hinter diesem Abschnitt der dalmatinischen Küste erhebt sich das Velebit-Gebirge – eine der imposantesten Bergketten des Landes, die mit Braunbären, spektakulären Karstlandschaften und einigen der besten Wanderrouten Kroatiens aufwarten kann. Der Velebit ist Teil der Dinarischen Alpen, die sich vom Gorski kotar weiter nördlich (siehe

4▷

Senj

NATIONAL-
PARK
NÖRDLICHER
VELEBIT

A1

Kuterevo

3▷

★
Mali Rajinac
1699m

Jablanac · **LIKA-SENJ**

Prizna · Lički Osik

Novolja · Žigljan

Gospić

Caska · Karlobag

Pag

A1

Pag

Vaganski Peak
▲1757m

Starigrad-
Paklenica

NATIONAL-
PARK PAKLENICA

Nin

Zaton

Jasenice · *Tulove Grede*
1120m

Adria

2▷

Božava

Ugljan · Petrčane

Obrovac

Brbinj · *Ugljan* · **Zadar**

Iž · Preko

ZADAR

Dugi Otok

Zaglav

E65

Biograd
na Moru

Pašman

Burnam

Krka

NATURPARK
TELAŠĆICA

Sali · Tkon

NATUR-
PARK
VRANA-
SEE

A1

**Bribirska
Glavica**

Roški-Wasserfälle

Žut

Skradin

Drniš

KORNATI-
NATIONAL-
PARK

**Skradinski
Buk**

KRKA-NATIONAL-
PARK

Vodice

Lozovac

Murter

Šibenik

**ŠIBENIK-
KNIN**

1▷

0 ——— 40 Kilometer
0 ——— 20 Meilen

Žirje

Trogir

△
A

△
B

△
C

N̂

Zagreb

Zur Orientierung

S. 150f) Richtung Süden bis Montenegro erstrecken, und umfasst zwei Nationalparks:
den schönen Sjeverni (Nördlichen) Velebit
und, weiter im Süden, Paklenica mit seiner
dramatischen Zwillingsschlucht. Die Schlucht
und die Wasserfälle der Krka nördlich von
Šibenik bilden einen weiteren Nationalpark.
Zwischen Zadar und Šibenik liegt der Vrana-
See, ein wichtiges Feuchtgebiet und Kroatiens
größter Süßwassersee.

Vor der norddalmatinischen Küste erstreckt sich die lang gezogene, schmale,

trockene Insel Pag. Sie ist für ihren Schafskäse
(Paški sir), die Salinen(die es hier seit römischer Zeit gibt) und die kunstvolle Spitze berühmt. Pag-Stadt präsentiert sich mit einem
schön erhaltenen mittelalterlichen Kern, das
nahe gelegene Novalja hingegen entwickelt
sich im Sommer zu Kroatiens Partymeile.
Weiter südlich liegen die dicht besiedelten Inseln Ugljan und Pašman, und noch weiter
draußen im Meer erstrecken sich die Kornati-
Inseln mit Klippen, zerklüfteten Buchten und
kristallklarem Wasser. ■

Zadar & Umgebung

Obwohl Norddalmatien weniger Besucher zu verzeichnen hat als Zentraldalmatien, bietet es doch viele wunderbare Sehenswürdigkeiten für jene, die die ausgetretenen Touristenpfade verlassen wollen. Nach einem entspannten Aufenthalt im historischen Zadar stehen einige der spektakulärsten Landschaften Kroatiens auf dem Programm: die felsigen Gipfel des Velebit oder die zerklüfteten Inseln, die den Kornati-Archipel bilden.

In Zadars Altstadt verläuft das Leben im Schritttempo

Zadar

⛰ 169 B2

Besucherinformation

✉ Ilije Smiljanića 5

☎ 023 212 222

www.visitzadar.net

Zadars Geschichte

Norddalmatiens wichtigste Stadt, die auf einer Halbinsel am Rand der Region Ravni kotari liegt und einen geschützten natürlichen Hafen aufweist, hat eine lange und faszinierende Geschichte. Obgleich Zadars Altstadt zahlrei-

che Architekturdenkmäler präsentiert, verzeichnet sie nur einen Bruchteil der Besucherzahlen von Split oder Dubrovnik und ist vor allem bei Urlaubern beliebt, die den Massen entfliehen wollen.

Seit dem 9. Jahrhundert v. Chr. erhebt sich hier eine Festung der illyrischen Liburner, doch erstmals erwähnt wurde Zadar bereits im 4. Jahrhundert v. Chr. als griechische Siedlung Idassa. 59 n. Chr. wurde es zum römischen Jadera. 752 n. Chr. war es Hauptstadt des byzantinischen Dalmatien, ehe es im frühen 12. Jahrhundert Teil Ungarns wurde.

Zadar gehörte danach abwechselnd zu Venedig und Ungarn. Unter ungarischer Herrschaft wurde es 1202, während des berüchtigten Vierten Kreuzzugs, auf Betreiben Venedigs geplündert. Danach brandschatzten die Mongolen aus Asien die Stadt erneut. 1409 wurde Zadar samt einem Großteil der Küste an Venedig verkauft und blieb wichtigste venezianische Stadt in Dalmatien, bis sie 1798 die Österreicher übernahmen.

Nach dem Ersten Weltkrieg fiel Zadar an das Königreich Italien. Im Zweiten Weltkrieg war die Stadt Zentrum der italienischen Operationen an der Küste und wurde deshalb von den Alliierten

INSIDERTIPP

Zadars Altstadt aus venezianischer Zeit bildet einen starken Kontrast zur Neustadt aus der Sowjetära, doch auch diese lohnt den Besuch, vor allem abends, wenn die Mauern am Ufer beleuchtet werden.

MICHAEL CALDWELL
National Geographic-Experte

bombardiert, ehe sie Teil von Titos Jugoslawien wurde.

Zadar hatte auch schwer unter dem Kroatienkrieg zu leiden. Auf Fotos aus jener Zeit sieht man die Straßen der Stadt voller Panzerabwehrminen. Heute wird Zadar nach und nach nicht nur von Geschichtsinteressierten als Urlaubsziel entdeckt. Tausende junger Leute strömen zum Garden Festival *(www.thegardenfestival.eu)*, einem riesigen Musikspektakel, das jedes Jahr im Juli im nahe gelegenen Dorf Petrčane stattfindet.

Zadars berühmtester Sohn ist der Renaissance-Dichter Petar Zoranić, der hier im Jahr 1508 zur Welt kam. (Manche halten den jungen Fußballstar Luka Modrić, der in einem Dorf in der Nähe geboren wurde, für diesen Titel ebenso qualifiziert.) Der Bildhauer Juraj Dalmatinac, der die herrliche Kathedrale in Šibenik gestaltete, hat hier ebenfalls seine Wurzeln.

Altstadt: Geht man von der Fußgängerbrücke über den Jachthafen (Luka Jazine) durch das Tor

in der **Stadtmauer**, gelangt man auf den hübschen, von Cafés gesäumten **Volksplatz** (Narodni Trg), wo man vor oder nach der Stadtbesichtigung wunderbar sitzen und bei einer Tasse Kaffee die Leute beobachten kann. Die **Loggia** (16. Jh.) an der Südostseite des Platzes beherbergt diverse Ausstellungen.

Gegenüber erhebt sich das in den 1930er-Jahren von den Italienern erbaute **Rathaus**. Der **Uhrenturm** stammt aus dem späten 18. Jahrhundert. In die nördliche Ecke des Platzes duckt sich die winzige **Laurentiuskirche** (Sv. Lovro) aus dem 11. Jahrhundert mit römischen und vorromanischen Säulenkapitellen. Der große **Markt**, der vormittags abgehalten wird, befindet sich nördlich des Volksplatzes. Man erreicht ihn über die Straße auf der rechten Seite, wenn man von der Stadtmauer aus den Platz betritt.

Domkirche der Heiligen Anastasia: Die Široka Ulica, von den Anwohnern Kalelarga genannt, geht vom Volksplatz nach rechts (nordwestlich) ab und ist Zadars größte Fußgängerzone. Vorbei an den Ruinen des römischen Forums (siehe S. 172) gelangt man zur prächtigen **Domkirche der Heiligen Anastasia** (Sv. Stošija), der größten romanischen Kathedrale Dalmatiens.

Das im 13. Jahrhundert auf den Resten eines älteren Kirchenbaus – schon im 10. Jahrhundert wird an dieser Stelle eine Kathedrale erwähnt – errichtete und 1285 umgeweihte Gotteshaus wurde 1202 vom Kreuzfahrerheer

Domkirche der Heiligen Anastasia

✉ Trg Svete Stošije
☎ 023 251 708

beschädigt. Schwere Schäden fügten dem Bauwerk (wie über der Hälfte der Gebäude in der Altstadt) auch die alliierten Bomben während des Zweiten Weltkriegs zu. Doch danach wurde der Dom sorgfältig restauriert.

Der obere Teil der Fassade hat zwei **Rosettenfenster** übereinander sowie eine Reihe von **Blendarkaden** (von denen sich eine an der Nordmauer fortsetzt) und ähnelt damit dem Dom von Pisa. An den drei Portalen sind schöne **Reliefs** zu bewundern, über dem Haupteingang etwa eine Darstellung der Jungfrau mit Kind, daneben die Heiligen Anastasia und Chrysogonus sowie an den Seiten vier andere Heilige, die wohl schon früher entstanden sind.

Im Inneren sind ein **Sarkophag** (9. Jh.) mit den Relikten der heiligen Anastasia (der Schutzheiligen der Witwen), das **Chorgestühl** aus dem 15. Jahrhundert und ein **Ziborium** (Altaraufsatz) aus dem 14. Jahrhundert – höher als jenes in Venedigs Markuskirche – zu bewundern. Die **Säulen** im östlichen Kirchenteil sind römischen Ursprungs, jene beim Westportal sind mit spiralförmigen Kanneluren und präromanischen Dekorelementen versehen.

Der untere Abschnitt des **Glockenturms** (auf dem Forum um die Ecke) wurde im 15. Jahrhundert errichtet, der obere Teil entstand hingegen erst im späten 19. Jahrhundert nach dem Entwurf des englischen Architekten T. G. Jackson, der ihn nach dem Vorbild des berühmten Glockenturms auf der Insel Rab gestaltete (siehe S. 159ff).

Römisches Viertel: Das römische **Forum** (Stadt- und Marktplatz der römischen Stadt) erstreckt sich gleich hinter dem Dom in ost-westlicher Richtung, parallel zur Kalelarga. Ursprünglich war es 95 Meter lang und 54 Meter breit. Von den Bauten ist nicht mehr als eine einzelne **Säule** erhalten: Achten Sie auf den Geier oben auf der Säule und die kleine Tafel an der Basis, die beide aus dem 9. Jahrhundert stammen, als die Säule vermutlich als Schandpfahl diente.

Das Forum ist mit den Säulenfragmenten und verfallenen Sarkophagen ein stimmungsvoller Ort. Am westlichen Ende stand einst ein großer **Tempel**.

An der rechten (nördlichen) Seite, wenn man von der Kalelarga aus das Forum betritt, thront

---

ERLEBNIS:
Zadars Sonnenuntergang

Laut Alfred Hitchcock, dem bekannten Hollywoodregisseur, ist der Sonnenuntergang an Zadars Küste schöner als alle, die er jemals in Kalifornien betrachtet hat. Die Einwohner Zadars zelebrieren den Sonnenuntergang speziell im Juli als besonderes Event. Sobald es dämmrig wird, drehen sie alle elektrischen Lichter aus und versammeln sich im Freien mit Kerzen, um am klaren Hochsommerhimmel den berühmten Sonnenuntergang zu bewundern. In Zadars Vollmondnächten im Sommer ist der Hafen voller Boote, die hier einen schwimmenden Markt für frisch gefangene Meeresfrüchte, Käse und Obst bilden. Halten Sie Ausschau nach dem süßen (und starken) Maraskino-Kirschlikör, eine weitere liebe Erinnerung Hitchcocks an Zadar.

die 27 Meter hohe **Kirche des Heiligen Donat** (Sv. Donat), ein kreisrundes Gebäude, das zu den auffälligsten Bauwerken Dalmatiens zählt. Die Bauarbeiten an dem Gotteshaus (ursprünglich Dreifaltigkeitskirche) begannen im 9. Jahrhundert, vermutlich unter Leitung des hiesigen Bischofs Donat, der später heiliggesprochen wurde. Wohl im 15. Jahrhundert wurde die Kirche ihm zu Ehren umbenannt. In die massiven Mauern sind Fragmente älterer Gebäude eingebaut, darunter Pfeiler und – in der Nähe des Haupteingangs – sogar die Altäre zweier römischer Tempel.

In späteren Jahrhunderten nutzten die Österreicher die Kirche als Munitionslager, danach beherbergte sie eine Skulpturensammlung – viele der Werke sind heute über das Forum verstreut. Inzwischen finden in der Kirche im Sommer Klassikkonzerte statt.

Gegenüber der Kirche, an der Ecke zur Kalelarga, befindet sich Zadars **Archäologisches Museum** (Arheološki Muzej). Das 1832 gegründete Museum besitzt hervorragende Exponate, die von der Steinzeit bis zum Mittelalter reichen, darunter zwei schöne Friese von Zadars **Kirche der Heiligen Dominica** (Sv. Nedleja) aus dem 11. Jahrhundert, die nicht mehr existiert, sowie Objekte aus der nahe gelegenen Stadt Nin (siehe S. 176f). Das Museum organisiert auch Ausstellungen in der Kirche.

Südlich des Archäologischen Museums befindet sich die im 11. Jahrhundert errichtete **Kirche der Heiligen Maria** (Sv. Marija), die einst zu einem Benediktinerin-

Einheimische Spitzenarbeiten werden vor der Marienkirche auf Zadars römischem Forum feilgeboten

nenkloster gehörte, das eine hiesige Adlige namens Čika gegründet hatte. Fassade und Portal stammen jedoch aus dem 16. Jahrhundert. Im ehemaligen Kloster nebenan zeigt das **Museum für sakrale Kunst** Gold- und Silber-Reliquien aus Zadar und der Region sowie Manuskripte, Skulpturen und Stickereien. Der elegante **Uhrenturm** wurde 1205 gebaut und ist somit einer der ältesten noch existierenden Uhrentürme dieser Größe in ganz

Archäologisches Museum

✉ Trg Opatice Cike 1

☎ 023 250 542

💲 €

www.amzd.hr

Museum für sakrale Kunst

✉ Trg Opatice Cike 1

☎ 023 250 496

🕐 So geschl.

Dalmatien. Er wurde nur einmal im 15. Jahrhundert restauriert.

Uferpromenade: Südlich des Forums erstreckt sich die **Obala Kralja Petra Krešimira IV**, Zadars *riva* – Strandpromenade –, auf der man nach einem köstlichen Seafood-Mahl entlangspazieren kann. Nahe dem nordwestlichen Ende findet man die **Meeresorgel** (Morske Orgulje). Diese kuriose, 2005 installierte Stufenkonstruktion ist ein herrlicher Platz, um in der Sonne zu sitzen und Boote zu beobachten – und liefert zur Szenerie den passenden Soundtrack! Unter den Marmorstufen sind in unterschiedlichen Winkeln verschieden große Pfeifen angebracht. Die Bewegungen des Meerwassers in den Pfeifen

drückt die Luft nach oben und erzeugt so im Rhythmus der Wellen brummende Töne. Am Ende der Halbinsel befindet sich eine weitere Kunstinstallation: **„Gruß an die Sonne"**, ein großer Kreis, bestehend aus etwa 300 bunten Glasplatten mit von Solarmodulen gespeisten Lampen darunter.

Ebenfalls am nordwestlichen Teil der Promenade thront das **Franziskanerkloster**, das angeblich der heilige Franz von Assisi höchstselbst gründete. Ursprünglich wurde es im 13. Jahrhundert in frühgotischem Stil erbaut, doch das heutige Bauwerk stammt größtenteils aus dem 18. Jahrhundert.

Mittelalterliche Bauten: Geht man vom Franziskanerkloster auf der Božidara Petrovića gen

Relaxen mit Soundtrack: die Meeresorgel in Zadar

Norden, gelangt man zum **Dreibrunnenplatz** (Trg Tri Bunari). An seiner Nordseite befinden sich das alte **Kettentor** (Lančana Vrata), von dem aus im Mittelalter zu Verteidigungszwecken eine massive Kette über den Hafen gespannt wurde, und das **Arsenal** (18. Jh.), heute ein Einkaufs- und Musikzentrum. Gehen Sie hier rechts zur Ruine eines römischen **Triumphbogens**, der das Tor zum Hafen bildet.

Rechter Hand gelangt man zur **Kirche des Heiligen Chrysogonus** (Sv. Krševan) eines der Schutzheiligen Zadars. Die Kirche, die einst zu einem im frühen 10. Jahrhundert gegründeten Benediktinerkloster (einem der ältesten in ganz Kroatien) gehörte, wurde 1175 in ihrer heutigen Form geweiht. Die schlichte Westfassade steht im Kontrast zur kunstvoll verzierten Südfassade mit ihren Arkaden und Spiralpfeilern und der Zentralapsis mit ihrer halbrunden Kolonnade. Die romanischen Fresken im Innenraum wurden restauriert. Der Turm, von dem nur der untere Teil fertiggestellt wurde, stammt aus dem 16. Jahrhundert.

Nordöstlich des Volksplatzes geht die Kalelarga in die Ulica E Kotromanić über, die zum Simeonplatz (Trg Šime Bundića) führt, an dem sich die **Kirche des Heiligen Simeon** (Sv. Šimun) erhebt. Diese wurde im 17. Jahrhundert über einem älteren Bauwerk errichtet. Innen ist der eindrucksvolle **Silbersarkophag** des heiligen Simeon zu bestaunen, von 1377 bis 1380 im Auftrag hiesiger Aristokraten und auf Anordnung

INSIDERTIPP

Gehen Sie, wenn es dunkel wird, ans Ende von Zadars Uferpromenade. Die Kunstinstallation „Gruß an die Sonne" erwacht dann zum Leben und präsentiert eine wirbelnde Show aus bunten Lichtern.

TOM JACKSON
NATIONAL GEOGRAPHIC-Mitarbeiter

der kroatisch-ungarischen Herrscherfamilie geschaffen. Er ist das Werk des Mailänder Goldschmieds Francesco di Antonio da Sesto und einheimischer Handwerker, darunter Andrija Markov aus Zagreb. Auf den Tafeln sind Szenen wie die Entdeckung des Leichnams des heiligen Simeon und das Boot, das ihn angeblich im 13. Jahrhundert nach Zadar brachte, sowie Mitglieder kroatisch-ungarischer Adelsgeschlechter abgebildet. Königin Elisabeth von Bosnien etwa, die Gattin König Ludwigs I. von Ungarn, überreicht auf der Rückseite des Sarkophags dem heiligen Simeon eine Schatulle.

Geht man an der Kirche nach rechts, gelangt man auf den **Fünfbrunnenplatz** (Trg Pet Bunari), der nach den fünf ornamentalen Brunnenköpfen benannt ist, die einst die Stadt bei Belagerungen aus einer darunterliegenden Zisterne mit Trinkwasser versorgten. Gegenüber erhebt sich das imposante **Landtor** (Kopnena Vrata) aus dem 15. Jahrhundert. Südlich

Museum für antikes Glas

- ✉ Poljana Zemaljskog Odbora 1
- ☏ 023 363 831
- 🕐 So geschl.
- 💲 €€

Nin

- 🅰 169 B2

Besucherinformation

- ✉ Trg Braće Radić, 3
- ☏ 023 264 280

des Tors liegt ein kleiner Hafen, **Foša**, und östlich davon befindet sich in einem Park die **Festung** (Fortea) aus dem 16. Jahrhundert.

Am Jachthafen: Die Fußgängerbrücke über den Hafen führt in den modernen Vorort **Borik**, wo sich die meisten Hotels und Wohnhäuser Zadars konzentrieren. Agenturen und Kioske am Hafen verkaufen Tickets für Bootsausflüge beispielsweise in den **Kornati-Nationalpark** (siehe S. 187) und in den **Krka-Nationalpark** (siehe S. 190f). Gleich westlich der Brücke, außerhalb der alten Stadtmauer, befindet sich im renovierten Cosmacendi-Palast Zadars neues **Museum für antikes Glas** (Muzej Antičkog Stakla) mit seiner umfangreichen Sammlung römischer Glaswaren aus der Region.

Nin

Heute kaum mehr vorstellbar, war die winzige Stadt Nin (in römischer Zeit: Aenona), 15 Kilometer nordwestlich von Zadar, einst von großer Bedeutung: Im 9. Jahrhundert war die Stadt Sitz der kroatischen Könige, und im 10. Jahrhundert residierte hier der berühmte kroatische Bischof Grgur Ninski (siehe Kasten). Unter den Ungarn behielt die Stadt ihre Bedeutung, ersuchte jedoch im 14. Jahrhundert um den Schutz Venedigs. Im 16. Jahrhundert wurde Nin angesichts der drohenden türkischen Invasion teilweise verlassen, und 1646 zerstörte ein absichtlich gelegtes Feuer die Stadt, die nie mehr ihren einstigen Ruhm erlangen konnte.

Nin liegt auf einer Insel (ursprünglich einer Halbinsel) in einem künstlich angelegten See

Grgur Ninski

Der kroatische Bischof Grgur Ninski (Gregor von Nin) wurde berühmt, als er im Jahr 925 auf dem Konzil von Split die Liturgie in glagolitischer (kroatischer) Schrift und slawischer Sprache einführte. Damals wurde die katholische Messe ausnahmslos in Latein zelebriert und deshalb von der Mehrheit der Kroaten nicht verstanden. Eine vom kroatischen Bildhauer Ivan Meštrović geschaffene Statue des Bischofs in mächtiger, einem Hexenmeister ähnlicher Pose existiert heute sogar in drei Ausfertigungen: Eine erhebt sich in Split hinter dem Diokletianspalast, eine in Varaždin und eine in Nin.

Zadar ist einfach mit dem Bus zu erreichen. Es gibt regelmäßige Verbindungen mit Zagreb, Split, Šibenik und den meisten anderen Städten Kroatiens. Fähren laufen die Inseln Ugljan, Dugi Otok und Lošinj sowie das italienische Ancona an. Zum Flughafen, rund neun Kilometer außerhalb der Stadt, fahren Shuttlebusse.

und ist über eine schmale Steinbrücke zu erreichen. Das interessanteste Bauwerk ist die kleine, schön restaurierte **Heiligkreuzkirche** (Sv. Križ) mit kreuzförmigem Grundriss, die im 9. Jahrhundert errichtet wurde und als erste Kathedrale der Stadt diente. Einer Inschrift über dem Portal ist zu entnehmen, dass die Kirche auf

Die Statue von Grgur Ninski vor der Heiligkreuzkirche in Nin ist ein Werk Ivan Meštrovićs

Anordnung des hiesigen kroatischen Župan (Fürst) Godežav erbaut wurde. Vor der Kirche steht eine **Statue von Grgur Ninski**.

Auf einem kleinen Hügel in der Nähe von Nin, den ein einzelner Baum krönt, steht die winzige **Kirche des Heiligen Nikolaus** (Sv. Nikola) aus dem 11. Jahrhundert mit Kleeblatt-Grundriss und achteckigem Turm. Der bei Kroaten wohlbekannte Ort ist häufig in historischen TV-Dramen und Filmen zu sehen.

Busse, die von Zadar nach Zaton unterwegs sind, halten in Nin.

Pag

Die lange, schlanke Insel Pag, die fünftgrößte Insel im kroatischen Teil der Adria, erstreckt sich parallel zur Küste. Der schmale Velebitski-Kanal trennt die Insel vom Velebit-Gebirgszug. Pag ist ganze 260 Kilometer lang, aber nur etwa 60 Kilometer breit und größtenteils unfruchtbar: eine karge Landschaft mit Steinmauern, zwischen denen genügsame Schafe an Salbei und anderen Wildkräutern nagen. Der höchste Punkt ist gerade mal 349 Meter hoch. Früher gab es auf Pag weit mehr Vegetation, aber, wie auch auf den umliegenden Inseln, wurden zahlreiche Bäume zum Bau der venezianischen Flotte gefällt, und die nachfolgende Überweidung führte zum nahezu kompletten Verlust der Ackerkrume.

Obgleich Pag zur Region Kvarner-Bucht gehört, ist die Insel im Süden über eine Brücke (Paški Most) mit dem dalmatinischen Festland (nahe Zadar) verbunden. Pag ist vor allem für seine kunstvolle Spitze (*čipka*) und seinen Käse (*Paški sir*) sowie die Salinen

Pag

🏔 169 B2–3

Besucherinformation

✉ Od Špitala 2

☎ 023 611 301

www.pag-tourism.hr

INSIDERTIPP

Der Schafskäse der Insel Pag ist zu Recht für seinen intensiven Geschmack und sein wunderbares Aroma berühmt. Probieren Sie ihn in der Stadt Pag, auf einer Bank am Platz, mit frischem Brot und einem Glas hiesigen Wein.

ANDREW MOORE
National Geographic-Experte

bekannt, die hier schon seit römischer Zeit zu finden sind.

Paški sir ist ein harter, salziger Käse, zubereitet aus der Milch der Inselschafe, der mit Olivenöl und Asche eingerieben wird, ehe er reift. Man sagt, die Ernährung der Schafe, die in dieser ansonsten unfruchtbaren Landschaft nur Wildkräuter (vor allem Salbei) finden, trage zum unverwechselbaren Geschmack des Käses bei. Paški sir, eine der bekanntesten kroatischen Käsesorten, wird in Restaurants im ganzen Land häufig mit *pršut* (luftgetrocknetem Schinken) als Entrée serviert. Es ist ein sehr harter Käse. Falls sich eine Scheibe wölbt, wenn man sie in der Mitte hält, ist der Käse angeblich von minderer Qualität.

Zu den römischen Siedlungen auf Pag gehörten Cissa (heute **Caska**) und Novalia **(Novalja)** sowie das alte Pagus südlich der modernen Stadt Pag. Cissa rangierte in römischer Zeit als Hauptstadt. Im mittelalterlichen König-

reich Kroatien hatte Novalja die Vorrangstellung, ehe die Insel 1071 vom kroatischen König Krešimir IV. administrativ zwischen Rab im Norden und Nin (und später Zadar) im Süden aufgeteilt wurde. Diese Teilung wurde in den folgenden Jahrhunderten größtenteils beibehalten, mit kurzen Intervallen unter venezianischer und ungarischer Herrschaft. 1409 wurde die Insel an Venedig verkauft. 1797 wurde sie Österreich zugesprochen. Im Ersten und Zweiten Weltkrieg besetzten die Italiener bzw. die Deutschen das Eiland, ehe es Teil Jugoslawiens und später Kroatiens wurde.

Stadt Pag: Pags „Neustadt" ist eigentlich die falsche Bezeichnung, denn die ersten Straßen wurden hier bereits 1443 angelegt – nach Plänen des Architekten Juraj Dalmatinac, der für die zweite Bauphase von Šibeniks prächtiger Kathedrale (siehe S. 189) verantwortlich war. Pag ist ein gutes Beispiel für die Stadtplanung in der Renaissance. Die Stadt liegt in einer Bucht an einem schmalen Kanal, der zu den Salinen (einem Gebiet namens Solana – von *sol*, „Salz") führt. Die Salzgewinnung ist vor dem Fremdenverkehr die Haupteinnahmequelle der Stadt.

Im Zentrum des regelmäßig angelegten Straßennetzes liegt der **Krešimir-IV.-Platz** (Trg Kralja Krešimira IV) mit der **Himmelfahrtskirche** (1443–88 erbaut), dem Werk von Architekten aus Zadar. Das Eingangsportal und das Rosettenfenster darüber flankieren vier nicht fertiggestellte gotische Skulpturen; die Jungfrau

Maria und der Erzengel Gabriel stehen beiderseits des Fensters. Über dem Portal ist ein Relief mit der Darstellung der Jungfrau Maria zu sehen, die die Bewohner Pags beschützt. Die Jungfrau trägt eine Lokaltracht aus dem 15. Jahrhundert (mit einer für die Region typischen Kopfbedeckung). Die Fassade ist jener der Kirche Mariä Entschlafung nachempfunden, deren Überreste am Westufer der Lagune südlich von Pag stehen.

Der Innenraum der Kirche präsentiert gotische und Renaissance-Säulen mit kunstvoll ziselierten Kapitellen, die u. a. Laubwerk und Tierfiguren darstellen. Achten Sie auf die Delfine im hinteren Teil der Kirche.

Der **Fürstenpalast** aus dem 15. Jahrhundert, ebenfalls am Hauptplatz, weist schöne Steinmetzarbeiten auf (darunter ein Wappen, 15. Jh.). Den Hof schmückt ein Zierbrunnen. Der **Bischofspalast** daneben blieb unvollendet. Pags **Spitzenmuseum** zeigt wunderbare Spitzen, für die die Insel so berühmt ist (siehe Kasten). Zum Museum gehört eine Schule für Spitzenfabrikation.

Nördlich des Platzes ragt der **Skrivanat-Turm** auf, ein Rest der Befestigungsanlagen aus dem 15. Jahrhundert, ursprünglich mit neun Türmen und vier Toren. Ganz in der Nähe liegt ein **Benediktinerkloster**. Im Nordosten des Platzes, an der Kreuzung zur Ulica Jurja Dalmatinca, findet man die kleine Renaissance-Kirche **St. Georg** (Sv. Juraj). Die alten **Salzlager** am anderen Kanalufer, in Prosika, gehen teilweise auf das 17. Jahrhundert zurück.

Pags **Karneval** findet alljährlich sowohl im Februar als auch im Juli statt. Das **Spitzenfestival**, 2010 erstmals abgehalten, soll ebenfalls zum jährlichen Event werden.

Novalja

Die Stadt Novalja, etwa 22 Kilometer nördlich von Pag, ist ein sehr beliebter Urlaubsort mit

Pags Spitzenmuseum

- ✉ Kralja Zvonimira
- 🕐 Okt.–Mai geschlossen

Pager Spitze

Čipka bezeichnet die traditionelle, von Hand gefertigte Spitze aus der Stadt Pag. Noch immer sieht man Frauen, ganz in Schwarz gekleidet, bei der Spitzenproduktion (*teg* genannt) oder beim Verkauf ihrer fertigen Produkte. Die Arbeit ist sehr kompliziert, und traditionell verwenden Pags Spitzenklöpplerinnen keine Mustervorlagen, sondern arbeiten nach seit Generationen überlieferten Anleitungen. Pager Spitze ist seit Langem hoch geschätzt. Schon die rumänische Königin Carmen Sylva und der österreichische Kaiser Franz Ferdinand haben diese Waren kommen lassen.

Im Jahr 1995 wurde im selben Gebäude wie das Spitzenmuseum die Schule für Spitzenherstellung wiedereröffnet, die hier schon um die vorletzte Jahrhundertwende existiert hatte. Die zum Verkauf angebotenen Stücke sind eher klein, aber erwarten Sie dennoch für echte Ware keine Schnäppchenpreise, denn die Produktion erfordert viel Zeit und Können. Neben den Spitzentraditionen der Insel Hvar im Süden und von Lepoglava bei Varaždin wurde die Pager Spitze 2009 in die Unesco-Liste des immateriellen Kulturerbes aufgenommen.

Novalja

⛰ 169 A3

Besucherinformation

✉ Trg Briščić 1

☎ 023 661 404

www.tz-novalja.hr

**Nationalpark
Nördlicher Velebit**

⛰ 169 B2–3

✉ NP Sjeverni
Velebit, Krasno

☎ 053 665 380

$ €€–€€€

www.np-sjeverni-
velebit.hr

**Nationalpark
Paklenica**

⛰ 169 B2

✉ Dr. Franje
Tuđmana 14a,
Starigrad-
Paklenica

☎ 023 369 155

$ €€–€€€

www.paklenica.hr

zahlreichen Hotels und Clubs. Im Norden schließt sich der **Strand Zrče** an, eine der populärsten Partymeilen Kroatiens. Auf dem fast einen Kilometer langen Kiesstrand wird die ganze Nacht hindurch gefeiert.

Nach Pag fahren regelmäßig Busse von Zadar (über die Inselbrücke) und Rijeka aus. Der Rijeka-Bus kommt mit der Fähre, die zwischen Prizna auf dem Festland und Žigljan auf der Insel pendelt. Von Novalja aus kann man auch mit dem Katamaran nach Rijeka fahren (über Rab).

Velebit

Kroatiens längster Gebirgszug, der Velebit, erstreckt sich über eine Länge von 145 Kilometer. Seine Karstlandschaft reicht von den Ausläufern des nördlichen Kapela-Gebirges, das zur Region Kvarner-Bucht gehört, bis zu den Zwillingsschluchten Velika und Mala Paklenica im Süden, ehe die Berghänge in den faszinierenden Kalksteinformationen des Tulove Grede auslaufen.

Die gesamte Velebit-Kette (insgesamt 200 000 Hektar) wurde 1977 von der Unesco zum Bisophärenreservat erklärt und schließt zwei Nationalparks ein: Der **Nördliche (Sjeverni) Velebit** wurde 1999 gegründet, **Paklenica** weiter südlich ist bereits seit 1949 als Nationalpark geschützt. Der Paklenica-Park zieht weit mehr Besucher als der Nördliche Velebit an, obwohl dieser mit seiner ursprünglicheren Wildnis die reizvollere Landschaft bildet.

Der Velebit ist zwar nicht Kroatiens höchstes Gebirge –

diese Ehre gebührt dem Berg Dinara bei Knin (siehe S. 233) –, wohl aber die attraktivste Bergkette des Landes, mit üppigem Wald, spektakulären Kalksteinformationen – darunter die Schutzgebiete **Hajdučki** und die **Rožanski-Felsen** oder *kukovi* –, vielen Wildtieren und Blumen (auch endemische Arten, die nur hier wachsen) sowie exzellenten Wanderwegen.

Für Wanderer gibt es viele Gipfel zu erklimmen, der höchste ist der **Vaganski** (1757 m), und auf Kletterer warten im Paklenica-Park gute Routen. Hier leben Braunbären (siehe Kasten S. 182), Grauwölfe, Rothirsche, Rehe, Wildschweine, Gämsen, Schlangenadler, Auerhähne und mehrere Reptilienarten, darunter die Hornotter, hier *poskok* genannt – Europas giftigste Schlange, die aber nur angreift, wenn sie sich bedroht fühlt.

Die faszinierende Karstlandschaft hat ein komplexes unterirdisches Bewässerungssystem, wozu einige besonders tiefe Dolinen gehören. Die Höhle **Lukina Jama** im Hajdučki-Schutzgebiet im Nördlichen Velebit wurde 1992 von Ozren Lukic, einem einheimischen Höhlenkletterer, entdeckt. Lukic, im Kroatienkrieg Mitglied einer speziellen Bergeinheit, wurde von einem Scharfschützen getötet. Das nach ihm benannte Höhlensystem ist bis zu 1000 Meter tief. Die Patkov-Grotte in der Nähe fällt jäh um 553 Meter ab und ist damit die zweittiefste der Welt. In einer dieser Dolinen fand man kürzlich eine neue Egelspezies, die nirgendwo sonst lebt.

VVP-Wanderroute: Kroatiens ausgedehntester Weitwanderweg, **Velebitski Planinarski Put** (oder einfach VPP), führt etwa 100 Kilometer weit über den Gebirgszug: vom Dorf **Oltare** im Norden bis zum **Paklenica-Nationalpark** im Süden. Der nördliche Abschnitt, der hervorragend ausgebaute **Premužičeva-Weg** *(staza),* ist Kroatiens schönster Wanderweg.

Der VPP in seiner Gesamtlänge erfordert Einsatzbereitschaft: Man braucht dafür zehn bis zwölf Tage und muss einen eigenen Schlafsack und den größten Teil des Proviants mit sich tragen. Immerhin gibt es Unterkünfte in Berghütten mit oder ohne Personal (siehe S. 182f). Wanderer sollten auch immer eine Tagesration Wasser im Rucksack haben, denn Bachläufe sind in der porösen Kalksteinlandschaft eher rar und weit voneinander entfernt.

Im südlichen Teil der Route passiert man Gebiete, in denen Landminen aus dem Kroatenkrieg noch immer eine Gefahr darstellen. Weichen Sie deshalb niemals von der Route ab – gute Wegekarten und ein informativer Wanderführer sind in solchem Terrain besonders wichtig.

Den Nördlichen Velebit erkundet man am besten von der exzellenten Berghütte **PD Zavižan** aus, die von den Dörfern Gornja Klada (in 4,5 Std.), Krasno und Oltare zu Fuß erreichbar sind. Der öffentliche Verkehr nach Krasno und Oltare ist sehr eingeschränkt. Mit dem Auto fährt man über eine kurvenreiche, zumeist ungeteerte Straße, und

Paklenica ist ein Paradies für Felsenkletterer

an der Hütte stehen nur wenige Parkplätze zur Verfügung.

Paklenica ist von der Stadt **Starigrad-Paklenica** leicht zu erreichen. Am Anfang der Schlucht Velika Paklenica befinden sich der Parkeingang und ein Büro, hier beginnen auch die Wanderwege. Eine Straße führt zum Parkplatz, und nach rund 2,5 Stunden Wanderzeit kommt eine große Hütte namens **PD Paklenica**. ∎

Wandern im Nördlichen Velebit

Auf der Strecke durch die wunderbare Karstlandschaft haben Wanderer zahlreiche Möglichkeiten, die einheimische Flora und Fauna zu entdecken. Ausgeschilderte Wege führen zu gut platzierten Berghütten (PD Zavižan und Alan). Und dennoch findet man hier nur wenige ausländische Outdoor-Fans.

Der Nationalpark Nördlicher (Sjeverni) Velebit lässt sich mit jedem Bus erreichen, der die Küstenstraße südlich von Senj befährt. Steigen Sie im Dorf **Gornja Klada** ❶, ein paar Minuten von der Hauptstraße entfernt, aus. Durchqueren Sie das Dorf, und folgen Sie dem markierten Weg die Hügel hinauf. Durch den Wald gelangt man über eine Reihe von Serpentinen zur Hütte **PD Zavižan** ❷ *(Tel. 053 614 209 oder 014 824 142, €€€)* am Ende eines grasbewachsenen Abhangs. Für diese Etappe braucht man 4,5 Stunden. Die ganzjährig geöffnete Hütte ist zugleich Wetterstation.

Zweiter Tag

Nach der ersten von zwei Übernachtungen in der PD Zavižan-Hütte geht es Richtung Osten, über die Straße und weiter zur Stelle, wo sich der Weg teilt: Einer führt nun zum Dorf **Krasno**, ein anderer zum nahen Berg **Zavižanski Pivčevac** (1676 m). Sie nehmen den Weg zum **Mali Rajinac** ❸ (1699 m; 2,5 Std.). Von diesem höchsten Gipfel im Park hat man eine hervorragende Fernsicht. Der markante Berg im Südwesten ist der Gromovača, Ihr späteres Ziel. Gehen Sie zur Kreuzung zurück und nach links zum

NICHT VERSÄUMEN

Karstformationen von Rožanski kukovi • Ausblick vom Mali Rajinac und vom Gromovača • Botanischer Garten bei Zavižan

Zavižanski Pivčevac. Steigen Sie auf der anderen Seite ab, gehen Sie dort nach rechts Richtung Zavižan-Hütte, vorbei an einer großen Schlucht, in der oft Schnee liegt. Kurz vor der Hütte geht es nach links in die grasbewachsene Talsenke zu Velebits 1966 gegründetem **Botanischem Garten** ❹ (Botanicki Vrt).

Dritter Tag

Nach der zweiten Nacht in der Berghütte gehen Sie gen Süden, am Botanischen Garten vorbei, dann rechts auf den markierten **Premužićeva-Weg** *(staza)*; er wurde in den 1930er-Jahren von dem einheimischen Forstingenieur Ante Premužić angelegt. Nach der Tour durch die Kalksteinformationen der **Rožanski-Felsen** nehmen Sie den Weg (knapp zwei Stunden von PD Zavižan entfernt) hoch zum Gipfel **Gromovača** ❺ (1676 m).

Braunbären

Der Braunbär *(Ursus arctos)* ist in kleiner Zahl in Kroatiens Bergen heimisch, vor allem kommt er im Velebit und im Gorski kotar vor. Angriffe auf Menschen sind äußerst selten, und die Chancen, Braunbären in freier Wildbahn zu erspähen, sind ebenso gering, weil sie die Nähe von Menschen meiden.

Die Bärenjagd ist in Kroatien nach wie vor erlaubt. Die Anzahl der jährlich getöteten Bären basiert auf den Angaben der Jäger, die Statistiken sind daher zu bezweifeln. In Kuterevo im Nördlichen Velebit gibt es ein Refugium für verwaiste Bärenjungen *(Tel. 053 799 222, www.kuterevo-medvjedi.hr)*, das freiwillige Mitarbeiter beschäftigt.

Klada
START
Gornja
Klada

Starigrad

Nach Krasno

PD Zavižan ②

Botanischer ④
Garten

Zavižanski
Pivčevac
1676m

③
Mali Rajinac
1699m

Rožanski-
Felsen

⑤
Gromovača ▲
1676m

Hajdučki-
Felsen

⑥ Rossijevo-
Hütte

⑦
Crikvena ▲
1641m

Velike●
Brisnice

**NATIONAL-
PARK
NÖRDLICHES
VELEBIT**

D8

🏔 Siehe Regionalkarte S. 169
► PD Zavižan
🕐 4 Tage
↔ 31,5 km
► Jablanac

Stinica

⑧ Alan-Hütte

Jablanac ⑨

0   2 Kilometer
0   1 Meile

Wandern Sie auf dem Premužićeva-Weg zur **Rossijevo-Schutzhütte** *(sklonište)* ⑥ (ca. 2,5 Std. von PD Zavižan), in der es kein Personal gibt, aber bis zu acht Personen Patz finden *(das Brunnenwasser muss gereinigt werden)*. Dahinter steigt der Weg zu einem Pass unterhalb des **Crikvena** ⑦ (1641 m) an, auf den man mithilfe von Stahlhaken in ein paar Minuten klettern kann, ehe man in den Wald hinabsteigt. Vorbei geht es an einem Weg linker Hand Richtung Lubenovac, einer weiten Fläche zwischen den **Hajdučki-** und **Rožanski-Felsen**. Nach einem Stück Weideland steigen Sie zur **Alan-Hütte** ⑧ *(Tel. 01 467 4259 oder 098 9218 587, nur im Sommer geöffnet, €€€)* ab (4 Std. von PD Zavižan), um dort die dritte Nacht zu verbringen.

Folgen Sie bei der Alan-Hütte der Straße nach **Jablanac** ⑨, das an der Küste (3,5 Std.) liegt. An der schmalen **Zavratnica**-Bucht gibt es eine kleine Schutzhütte *(Planinarska kuća Miroslav Hirtz, Tel. 098 1743 755, nur im Sommer geöffnet)*. Für Unterkunft und Transport kontaktieren Sie am besten das Fremdenverkehrsbüro Senj *(Tel. 053 881 068, www.tz-senj.hr)*.

Eintrittskarten in den Nationalpark sind in der Hütte in Gornja Kalada erhältlich und gelten für drei bis sieben Tage *(€€–€€€)*. Wegekarten gibt SMAND heraus *(16 Sjeverni Velebit, €€, http://smand.hr)*. Essen kann man nach Voranmeldung in der **Alan-Hütte**. Sie brauchen einen Schlafsack und auch im Sommer warme, wasserfeste Kleidung.

Südlich von Zadar

Zwischen Zadar und Split, der zweitgrößten Stadt Kroatiens, reihen sich viele alte Ortschaften aus der historischen Blütezeit des Landes. Malerische Dörfer wechseln sich ab mit Wassersportplätzen und idyllischen Nationalparks, vor der Küste liegen ursprüngliche Inseln.

Kleines Fischerdorf auf einer Insel im Kornati-Nationalpark

Ugljan
🗺 169 B2
Besucherinformation
✉ Ugljan 23275
☎ 023 288 011
www.ugljan.hr

Die Inseln Ugljan und Pašman befinden sich nur ein paar Kilometer vor Zadars Küste. Bis ins späte 19. Jahrhundert waren sie miteinander verbunden, dann wurde ein Kanal für die Schifffahrt gegraben, der die beiden Inseln trennte. Die Inseln warten mit schönen Stränden und interessanten Klöstern auf und sind bei den Bewohnern von Zadar und Biograd na Moru beliebte Ausflugsziele.

Ugljan

Auf Ugljan fallen die vielen Olivenbäume auf. Tatsächlich gilt das hier produzierte Olivenöl bei vielen als das beste in ganz Kroatien. Aufgrund seiner Nähe zu Zadar ist Ugljan die dichtest besiedelte Insel der Adria.

In **Preko**, der größten Stadt der Insel, steht die kleine **Kirche des Heiligen Johannes** (Sv. Ivan) aus dem 12. Jahrhundert, in der ein römischer Fries in einer Mauer verbaut ist. Eine einstündige Wanderung führt von Preko auf einen 262 Meter hohen Hügel mit der Ruine der **St.-Michaels-Festung** (Sv. Mihovil). Die 1203 von den Venezianern errichtete Festung wurde im 14. Jahrhundert restauriert. Unter den heute verfallenen Bauten befindet sich eine Klosterkirche aus dem 10. Jahrhundert. Die Aussicht auf die umliegenden Inseln und das Velebit-Gebirge ist spektakulär.

Direkt vor der Küste von Preko liegt die kleine, sehr fotogene Insel **Galovac** mit einem **Franziskanerkloster** aus dem 15. Jahrhundert, einer weiteren Feste der glagolitischen Priester. Zwischen Preko und der Insel, die auch ein paar schöne Strände aufweist, verkehren Taxiboote.

In der Ortschaft **Ugljan** selbst befindet sich ebenfalls ein **Franziskanerkloster**, das aus dem 15. Jahrhundert stammt und im Kreuzgang hübsche romanische Kapitelle aufweist, die mit Blättern, Fischen und Köpfen geschmückt sind.

Pašman

Bei **Tkon**, dem größten Ort auf der Insel Pašman weiter südlich, erhebt sich auf dem Hügel Čokovac das **Benediktinerkloster St. Cosmas und Damian** (Sv. Kuzma i Damjan). Mönche aus Biograd errichteten es im 14. Jahrhundert neu, nachdem es von den Venezianern gebrandschatzt worden war. Die Anlage, einst wichtiges Zentrum der glagolitischen Liturgie und im Zweiten Weltkrieg kurze Zeit eine Zentrale des alliierten Geheimdienstes, ist heute das einzige noch betriebene Benediktinerkloster in Kroatien. Zwischen Zadar und Preko sowie zwischen Biograd na Moru und Tkon verkehren Fähren.

Dugi Otok

Westlich von Ugljan und Pašman, noch weiter draußen im Meer und jenseits der kleinen Insel Iž, liegt Dugi Otok (Lange Insel), an deren Westküste schroffe Klippen aufragen. Da die Insel über keine Süßwasserquellen verfügt – sie wird durch Regen und Trinkwas-

INSIDERTIPP

Wenn Sie im Telašćica-Naturpark sind, besuchen Sie auch Dugi Otok. Die große, attraktive Insel hat im Binnenland einen See, dessen Wasser einen höheren Salzgehalt aufweist als die Adria.

MICHAEL CALDWELL
National Geographic-Experte

serlieferungen vom Festland versorgt –, ist Leitungswasser ein teures Gut, das man nicht verschwenden darf. Fast über die gesamte Länge der Insel verläuft eine Straße *(mit einer einzigen Tankstelle)*, doch erkundet man das Eiland am besten mit dem Boot, dem Fahrrad oder zu Fuß, zumindest die Telašćica-Bucht.

Die acht Kilometer lange **Telašćica-Bucht** nimmt das südliche Ende Dugi Otoks ein. Sie wurde zum Naturpark erklärt und ist Teil des Kornati-Nationalparks (siehe S. 187). Durch die Landzungen beiderseits der Bucht und die Südlage ist die Bucht besonders gut geschützt. Die

Pašman
🅰 169 B2
Besucherinformation
☎ 023 260 155
www.pasman.hr

Dugi Otok
🅰 169 A2, B2
Besucherinformation
✉ Obala Perta
   Lorinija bb
   23281 Sali
☎ 023 377 094
www.dugiotok.hr

ERLEBNIS: Segeln in der kroatischen Adria

Um die kroatische Adria auf dem Wasser zu erkunden, bieten sich nahezu grenzenlose Möglichkeiten, und mit dem Segelboot zwischen den Buchten der unzähligen Inseln zu schippern, gehört sicherlich zu den schönsten Arten, die Gegend kennenzulernen. Mit dem Segelboot lassen sich auch abgelegene Eilande oder abgeschiedene Buchten und Inselplätze ansteuern, die man mit Fähren oder Autos nicht erreicht.

Die schönste Art und Weise, die **Kornaten** – wie auch alle anderen Inseln der kroatischen Adria – zu entdecken, ist eine Bootstour. Zahlreiche Agenturen sowohl in Kroatien als auch im Ausland sind darauf spezialisiert (siehe Reiseinformationen S. 311). Die Ausflüge reichen von Eintages-Törns mit traditionellem Seafood-Picknick zur Mittagszeit bis zu ein- oder zweiwöchigen All-inclusive-Angeboten samt Segelkurs.

Sie können auch eine eigene Yacht chartern, um in Kroatiens große blaue See zu stechen. Diese Option hängt freilich von Ihrer Segelerfahrung bzw. der des besten Seglers an Bord ab. Falls Sie die erforderliche Eignung nicht haben, heuern Sie einfach einen Skipper an. In Sachen Boote gibt es eine schier unermessliche Auswahl.

Die meisten Jachthäfen in Kroatien gehören der Kroatischen Vereinigung des Seefahrtstourismus, wovon wiederum fast die Hälfte vom **Adriatic Croatia International Club**, ACI (www.aci-club.hr), betrieben wird. Im Allgemeinen sind die Häfen gut gepflegt und bieten Kraftstoff und Wasser sowie Läden für Proviant und Equipment.

Wettervorhersagen auf Kroatisch und Englisch senden die Hafenbehörden (Rijeka auf VHF 69, Pula auf VHF 73, Split auf VHF 67 und Dubrovnik auf VHF 73) sowie die Rundfunkstationen Radio Rijeka, Radio Split und Radio Dubrovniks VHF-Kanäle. Unterschätzen Sie niemals den Nordostwind, *bura* genannt, der Sturmstärke erreichen kann.

Der Standard-Segelführer für alle, die nautische Ferien in Kroatien planen, ist *Adriatic Pilot* von T. und D. Thompson, erschienen bei Imray (www.imray.com).

Denken Sie daran, dass Sie möglicherweise in Schutzgebiete geraten könnten wie etwa das Geier-Schutzgebiet auf Cres (siehe Marginalie S. 157). Meiden Sie diese Gegenden am besten, um Natur und Tiere nicht zu stören.

Die Adriainseln sind ein wahres Segelparadies

INSIDERTIPP

Wenn Sie Anfang August in Sali sind, ist das dreitägige, ausgelassene Festival Saljski Užanci, zu dem auch ein Eselrennen gehört, ein Muss.

TOM JACKSON
National Geographic-Mitarbeiter

Meeresklippen an der westlichen Landzunge erreichen mit dem **Grpašćak**-Felsen 161 Meter Höhe. Nahe der Spitze der südlichen Landzunge liegt der im Sommer herrlich warme **Friedensee** (Mir Jezero). Der See ist durch unterirdische Kanäle mit dem Meer verbunden, hat aber aufgrund von Verdunstung einen noch höheren Salzgehalt.

Die größte Ortschaft, **Sali**, liegt am südlichen Ende der Insel, unweit der Telašćica-Bucht. In der Nähe von Sali gibt es alte verfallene Kirchen zu sehen.

Nach Brbinj und Božava im Norden von Dugi Otok sowie nach Sali und Zaglav im Süden verkehren von Zadar aus Fähren.

Kornati-Inseln

Die Kornati-Inseln (oder Kornaten) sind die am stärksten zerklüfteten Inseln des kroatischen Archipels. Die rund 150 Inseln (die Zahl variiert, je nachdem, wer zählt) verteilen sich auf ca. 320 Quadratkilometer. Zwar sind zwei der Inseln, **Kornat** (32,5 qkm) und **Žut**, viel größer als die anderen, doch die durchschnittliche Größe der Kornaten beträgt nur knapp einen halben Quadratkilometer.

Ein Großteil der Kornaten – eine Fläche von 220 Quadratkilometern mit 89 Inseln – wurde 1980 zum Nationalpark erklärt, zu dem auch der **Telašćica-Naturpark** (Park Prirode Telašćica) im Süden der Nachbarinsel Dugi Otok gehört. Der irische Schriftsteller George Bernard Shaw war von der Inselwelt sichtlich beeindruckt, als er Anfang des 20. Jahrhunderts die Adria befuhr. Er schrieb: »Am letzten Schöpfungstag wollte Gott sein Werk krönen und schuf aus Sternen, Tränen und Windhauch die Kornaten.«

Am besten lassen sich die abgeschiedenen Klippen und Buchten per Boot erkunden – nur so ist der Nationalpark überhaupt erst zu erreichen. Für Taucher gibt es hervorragende Tauchgründe, für Wanderer schöne Wege zu hoch gelegenen Aussichtsplätzen.

Die Eintrittspreise in den Nationalpark werden tageweise pro Boot berechnet, je nach Bootslänge, und sind viel günstiger, wenn man sie im Voraus kauft. Eine Liste mit Verkaufsstellen finden Sie auf der Website des Nationalparks. Das Besucherzentrum liegt auf der Insel **Murter** nordwestlich von Šibenik. Murter ist mit dem Festland über eine Straßenbrücke verbunden und eignet sich perfekt, um Tagesausflüge zu den anderen Inseln oder längere Aufenthalte zu arrangieren.

Biograd na Moru

Etwa 27 Kilometer südlich von Zadar befindet sich **Biograd na Moru** (Biograd am Meer), heute ein populäres Ferienziel. Im

---

Telašćica-Naturpark

🅰 169 B2

Besucherinformation

☎ 023 377 096

www.telascica.hr

Murter

🅰 169 B1

Besucherinformation

✉ Rudina bb

☎ 022 434 995

www.tzo-murter.hr

Biograd na Moru

🅰 169 B2

Besucherinformation

✉ Trg Hrvatskih Velikana 2

☎ 023 383 123

www.tzg-biograd.hr

Šibeniks Jakobskathedrale ist für ihre schönen Steinmetzarbeiten bekannt

**Naturpark
Vrana-See**

⛰ 169 B2

✉ Kralja Petra
Svacica 2,
Biograd na Moru

☎ 023 383 181

http://vransko-jezero.
hr

Šibenik

⛰ 169 C1

Besucherinformation

✉ Fausta
Vrančića 18

☎ 022 212 075

www.sibenik-
tourism.hr

Mittelalter war der Ort, damals einfach Biograd genannt, eine bedeutende Stadt, Sitz von Bischöfen und kroatischen Königen — heute jedoch lässt nichts mehr darauf schließen. 1125 von Venedig bis zur Unkenntlichkeit abgefackelt, wurde die Stadt im 17. Jahrhundert erneut gebrandschatzt.

Naturpark Vrana-See

Südöstlich von Biograd na Moru und ungefähr auf halbem Weg zwischen Zadar und Šibenik breitet sich der **Vrana-See** (Vransko Jezero) aus, Kroatiens größter natürlicher See. Das 1999 zum Naturpark erklärte Gewässer, das unterhalb des Meeresspiegels liegt, füllt den Boden eines lang gezogenen Karsttals aus, das parallel zur Küste verläuft. Im salzhaltigen Wasser mit ausgedehntem Röhricht leben viele Vogelarten. Insgesamt wurden 241 Arten gezählt, von denen 102 auch im Park nisten, darunter die größte Nistkolonie von Zwergscharben in

Kroatien. Der See ist zudem das einzige Gebiet an der kroatischen Küste, in dem Purpur- und Silberreiher nisten. Die nordwestliche Ecke des Sees ist ein ausgewiesenes Vogelschutzgebiet. Überall gibt es Wander- und Radwege.

Šibenik

Einst von Slawen besiedelt, fand die Stadt erstmals 1066 Erwähnung, als der kroatische König Krešimir IV. in Šibenik zu einer Zusammenkunft einberufen hatte. Aus dem heutigen Biograd na Moru kamen Flüchtlinge hierher, als die Venezianer im 12. Jahrhundert ihre Stadt plünderten. 1298 wurde Šibenik Bischofssitz, Anfang des 15. Jahrhundert geriet es unter venezianische Herrschaft.

Die Stadt wurde mehrmals von den Osmanen überfallen und gehörte ab 1797 zu Österreichs Herrschaftsbereich. Im Ersten Weltkrieg besetzten sie die Italiener, 1921 wurde sie Teil Jugoslawiens. Im Zweiten Weltkrieg wurde

Šibenik von Italien und Deutschland besetzt. Nach dem Krieg wurde die Stadt Titos Jugoslawien, später dem heutigen Kroatien zugesprochen.

Šibenik ist an sich schon attraktiv, besonders sehenswert ist aber ein Bauwerk: die **Kathedrale des Heiligen Jakob** (Sv. Jakov), ein Meisterwerk der Renaissance-Architektur und Unesco-Welterbestätte.

Die von 1431 bis 1535 an der Stelle einer früheren Kirche erbaute Kathedrale vereint auf treffliche Weise Stilelemente der Gotik und der Renaissance. Verantwortlich waren nacheinander drei Bauherren: Francesco di Giacomo begann das Projekt, wurde jedoch 1441 durch Juraj Matejević Dalmatinac (auch als Giorgio Orsini bekannt) ersetzt, einem Bildhauer aus Zadar, mit dessen Namen die Kathedrale unauslöschlich verbunden ist. Nach dessen Tod stellte Nikola Firentinac ab 1475 die Fassade fertig und fügte die hohe, achteckige Kuppel an.

Beim Bau wurden ungewöhnliche Techniken eingesetzt, und alles – auch das Tonnengewölbe – besteht aus Steinen (ganz ohne Ziegel), die so perfekt zusammengefügt sind, als wäre es das Werk von Schreinern. Im 19. Jahrhundert wurden Teile restauriert.

Das sorgsam gearbeitete **Westportal** (das Werk von Bonino da Milano) zeigt Christus und die Apostel, das sogenannte **Löwenportal** (Lavlja Vrata) in der Nordmauer übernahm romanische Elemente der früheren Kirche, die einst hier stand. Die Kapitelle an den Säulen des Haupteingangs schmücken Statuen von Adam und Eva. Entlang der Ostmauer verläuft ein wunderbarer Fries mit 74 Köpfen, die sehr realistisch und individuell wirken. Eine Inschrift erinnert an die Fundamentlegung durch Juraj Dalmatinac im Jahr 1443.

Im Inneren sind Säulen mit stilisierten korinthischen Kapitellen, ein Skulpturenfries, der im Wind wehende Blätter zeigt, und eine hölzerne Kanzel (17. Jh.) zu sehen. Juraj Dalmatinacs Taufkapelle, deren marmornes Taufbecken mit einem von Pfeilern gestützten Kuppeldach überspannt ist, erreicht man über das Südschiff.

Neben der Kathedrale erhebt sich auf dem **Hauptplatz** der Stadt (Trg Republike Hrvatske) der **Bischofspalast** (15. Jh.), an

Stadtmuseum

✉ Gradska Vrata 3

☎ 022 213 880

www.muzej-sibenik.hr

ERLEBNIS: Falknerei-Kurse bei Šibenik

Sokolarski Centar Dubrava *(Tel. (091) 50-676-10, tägl. 10–13, 16–19.30 Uhr, €€–€€€€, www.sokolarskicentar.com; größere Gruppen nach Anmeldung)* ist ein Falknerhof, der sich ca. acht Kilometer von Šibenik entfernt beim Dorf Dubrava befindet. Es gibt Ein- und Fünftageskurse in Falknerei. Letztere beinhalten Theorie und praktische Unterweisungen im Beschneiden der Schnäbel und Klauen sowie in der Jagd mit Greifvögeln. Regelmäßig finden Flugschauen und Führungen statt. Zum Zentrum gehört eine kleine Klinik, in der kranke oder verletzte Vögel behandelt werden, ehe sie wieder in der freien Wildbahn ausgesetzt werden.

Stadtmuseum

✉ Gradska Vrata 3

☎ 022 213 880

www.muzej-sibenik.hr

Krka-Nationalpark

🄰 169 C1

Besucherinformation

✉ Trg Ivana Palva II, Šibenik

☎ 022 201 777

💲 €€€

www.npkrka.hr

Skradin

🄰 169 C1

Besucherinformation

✉ Trg Male Gospe 3

☎ 022 771 306

www.skradin.hr

einer weiteren Seite des Platzes thront eine **Loggia** (16. Jh.), die nach der Bombardierung im Zweiten Weltkrieg restauriert wurde. Das **Stadtmuseum** liegt ebenfalls hier. Von der Kathedrale aus am anderen Ende des Platzes findet man die kleine **Kirche der Heiligen Barbara** (15. Jh.) sowie – etwas weiter hinten – die **Neue Kirche** (Nova Crkva, 15./16. Jh.) mit schönen Bildhauerarbeiten und einer Pietà von Nikola Firentinac. Auch die **Kirche Mariä Himmelfahrt** (Uspenje Bogorodice, 14. Jh.) mit auffälligen Glockengerüsten befindet sich hier. Sie war ursprünglich eine Benediktinerkirche, wurde im 19. Jahrhundert jedoch serbisch-orthodox und steht an einer Stelle, die einst angeblich die Tempelritter beanspruchten. Von der **Festung** auf dem St.-Anna-Hügel eröffnet sich ein schöner Blick über die Altstadt.

Traditionelle dalmatinische Lieder *(klapa;* siehe S. 206) hört man in Šibenik den ganzen Sommer hindurch, und im August findet die Orgelsommerschule statt. Šibenik eignet sich als Basis für Besuche im Krka-Nationalpark (siehe unten) und im Naturpark Vrana-See (siehe S. 188).

Die meisten Busse, die die Küstenhauptstraße entlangfahren, halten an Šibeniks Busbahnhof in Hafennähe.

Krka-Nationalpark

Der Fluss Krka, der unterhalb des Berges Dinara bei Knin (siehe S. 233) entspringt, gräbt auf seinem Weg eine tiefe Schlucht und stürzt über spektakuläre Wasser-

INSIDERTIPP

Der Klostergarten von St. Lorenz (Sveti Lovro) in Šibenik ist ein versecktes Juwel mit grandioser Aussicht. Er liegt gleich hinter der Gasse, die zur St.-Anna-Festung hinaufführt. Auch das Café ist wunderbar.

ANDREW MOORE
NATIONAL GEOGRAPHIC-Experte

fälle hinab, ehe er bei Šibenik in die Adria mündet.

Der 109 Quadratkilometer große Krka-Nationalpark besteht seit 1985 und ist inzwischen einer der beliebtesten Parks in Kroatien. Die Hauptzugänge befinden sich bei **Skradin** und Lozovac. Boote fahren von Skradin aus flussaufwärts zu den Wasserfällen, wo man den Park über die Plankenwege gut zu Fuß erkunden kann. Vom Parkplatz in Lozovac fährt ein Shuttlebus bis zu den Plankenwegen hinunter. In beiden Fällen ist der Transport im Preis für die Eintrittskarte eingeschlossen.

Wie im Nationalpark Plitvicer Seen (siehe S. 230f) stürzen die Wasserfälle der Krka über Sinterterrassen, die sich aus jahrtausendealten Kalksteinablagerungen gebildet haben. Die eindrucksvollsten Kaskaden sind **Skradinski Buk**, wo die Boote aus Skradin anlegen, sowie die **Roški-Wasserfälle** etwas weiter den Fluss hinauf, bis zu der Stelle, wo er in den Visovac-See stürzt.

Der Nationalpark ist ein Paradies für Vögel – 221 Arten wurden gezählt –, und im Sommer sieht man hier auch viele Libellen. Die Gegend ist außerdem Heimat einer ungewöhnlichen Amphibie: des Grottenolms. Das blinde, rosarote Tier verbringt sein gesamtes Leben im dunklen Gewässer von Höhlen.

Auf der Insel **Visovac**, die von Skradinski Buk aus ein Stück flussaufwärts liegt, befindet sich ein **Franziskanerkloster**, das im Rahmen einer Bootstour *(2 Std., €€€)* besucht werden kann. Boote fahren auch von Skradinski Buk zu den Roški-Wasserfällen, diese Ausflüge umfassen eine kurzen Aufenthalt auf Visovac und bei den alten Wassermühlen aus dem 19. Jahrhundert *(3,5 Std., €€€€)*.

In beiden Fällen ist der Parkeintritt nicht im Preis inbegriffen.

Auch zum römischen Militärlager in **Burnam** *(€€)*, das an einer strategisch wichtigen Stelle der Krka liegt und zwischen dem 1. Jahrhundert v. Chr. und dem 1. Jahrhundert n. Chr. errichtet wurde, werden Ausflüge angeboten. Zu sehen sind ein Amphitheater und die Ruine eines Prätorianer-Gebäudes, das den Truppen unter dem direkten Kommando des römischen Kaisers gehörte.

Einige Agenturen organisieren Bootsfahrten von Šibenik zum Nationalpark. Nahe Skradin liegt **Bribirska Glavica**, eine illyrische und römische Stätte auf einem Hügel mit römischen und mittelatlerlichen Ruinen. Von hier oben sieht man 15 Kilometer weit. ∎

Erfrischendes Bad: ein Wasserfall im Krka-Nationalpark

Schöne, die Küste säumende Inseln und ein riesiger römischer Palast, der zahlreiche Besucher in die Stadt Split lockt

Zentraldalmatien

Die Inseln Zentraldalmatien, vor allem Hvar, sind berühmt für ihr Lavendelparfüm

Zentraldalmatien

Zentraldalmatien besitzt eine Reihe herausragender historischer Stätten, allen voran der Palast des römischen Kaisers Diokletian, der Heerscharen von Besuchern ins bereits seit 1700 Jahren besiedelte Split lockt. Die Region bietet als weitere Attraktionen landschaftlich reizvolle Inseln, großartige Wanderwege, lebendige Städte und eine unerreichte Dichte an Denkmälern, die der Liste des Unesco-Weltkulturerbes angehören.

Split ist Kroatiens zweitgrößte Stadt, ein lebhafter Verkehrsknotenpunkt, ein Industriezentrum und die Heimat eines eindrucksvollen Bauwerks: Der Diokletianspalast (von der Unesco als Weltkulturerbe eingestuft) stellt zwar eine Ruine dar, ist jedoch schon seit dem 4. Jahrhundert ins Stadtzentrum integriert und bewohnt. Es gehört zu den Höhepunkten eines Besuchs dieser Region, das Labyrinth aus Gassen, Ruinen und unterirdischen Kammern zu erkunden. Split besitzt darüber hinaus einige exzellente Museen. Der sich nach Westen anschließende Hügel Marjan mit gleichnamigem Park bildet ein schönes Gegenstück zur lebhaften Stadt Split.

Unmittelbar nördlich von Split liegt Trogir, ein weiteres Unesco-Weltkulturerbe. Das wunderbar erhaltene historische Stadtzentrum befindet sich auf einer Insel direkt vor der Küste, die durch eine kurze Brücke mit dem Festland verbunden ist. Die Kathedrale ist berühmt für ihr prachtvolles Portal und die Kapelle des Stadtpatrons Johannes Ursini. Wer von Split aus ins Hinterland reist, kommt zu der alten, strategisch günstig gelegenen Festung Klis. Südöstlich von Split eröffnet die felsige Karstlandschaft des Mosor-Gebirges und des Biokovo-Massivs (die von Split bzw. Makarska aus leicht zu erreichen sind) die Möglichkeit zu spektakulären Wanderungen – von Tagesausflügen bis hin zu längeren Expeditionen.

Die Inseln

Südlich vor der Küste Splits liegen die beliebten Inseln Brač und Hvar. Brač kann sich des bekanntesten Strands ganz Kroatiens rühmen: Zlatni Rat, eine schlanke Halbinsel mit goldenem Sand- und Kieselstrand, die sich in der Nähe der Stadt Bol vor der Küste erstreckt. Die Insel bietet außerdem faszinierende historische Stätten, darunter das abgeschiedene Kloster Pustinja Blaca und eine Höhle mit kultischen Reliefs. Im Landesinneren ist die Vidova Gora, der höchste Punkt der Insel (und überhaupt aller kroatischer Inseln), ein tolles Ziel für eine Wanderung von Bol aus. Von diesem Berg aus bietet sich ein spektakulärer Blick über Zlatni Rat.

Die lange schlanke Insel Hvar erstreckt sich im Süden parallel zu Brač. Hvar hat neben den meisten Sonnenstunden an der gesamten Adria großartige alte Städte – vor allem die Stadt Hvar, ebenfalls ein Unesco-Weltkulturerbe – und wunderbare Lavendelfelder zu bieten. Auch hier lässt

Zur Orientierung

sich eine fantastische Tageswanderung unternehmen, und zwar zum Sveti Nikola, wo an klaren Tagen der Blick sogar bis zum Appennin in Italien reicht. Auf Hvar werden gute Weine angebaut, darunter der Rotwein Zlatan Plavac und Bogdanjuša, ein charakteristischer lokaler Weißwein. Auf Hvar ist stets viel los. Der Trubel konzentriert sich aber im Großen und Ganzen auf den Westteil der Insel, während Besucher weiter östlich deutlich weniger Menschen antreffen werden.

Weiter draußen in der Adria liegt die ruhigere, idyllische Insel Vis mit ihren kleinen beschaulichen Städten und Dörfern. In den Buchten von Vis schwimmt man im saubersten Wasser der gesamten Adria. Im Zweiten Weltkrieg war Vis ein Hauptquartier von Titos Partisanen. Eine Höhle auf der Insel trägt noch heute seinen Namen und war bis 1989 als Hauptquartier der Marine des ehemaligen Jugoslawien für Ausländer gesperrt.

Von der Antike bis zur Gegenwart

In manchen Teilen Dalmatiens sind bereits seit dem 5. Jahrtausend v. Chr. menschliche Siedlugen nachgewiesen. Während der letzten vorchristlichen Jahrhunderte lebten Griechen und Illyrer in Dalmatien, bevor die Region im 1. Jahrhundert v. Chr. eine wichtige römische Provinz wurde. Salona, die alte römische Hauptstadt, wurde nach dem Zusammenbruch des Römischen Imperiums von barbarischen Horden geplündert. Seine Ruinen liegen unmittelbar außerhalb von Split. Im weiteren Verlauf der Geschichte geriet die Region unter die Herrschaft von Byzanz, Ungarn, Venedig, Österreich und Italien, während eines kurzen Zwischenspiels auch als Teil von Napoleons Provinz Illyrien unter französische Kontrolle. Nach dem Ersten Weltkrieg gehörte Kroatien zu Jugoslawien, bevor schließlich die moderne Republik Kroatien entstand. ■

Split

Zentraldalmatien gehört mit seinen weltberühmten historischen Monumenten in Split und Trogir sowie den nahe gelegenen, landschaftlich schönen Bergen oberhalb von Split zu den beliebtesten Ferienregionen an der kroatischen Küste. Split fungiert als Verkehrsknotenpunkt an der dalmatinischen Küste, Endpunkt der Bahnlinie von Zagreb und Ausgangspunkt zahlreicher Fährrouten zu den umliegenden Inseln und auch darüber hinaus.

Splits Fußgängerzone an der Riva ist ab Sonnenuntergang hell erleuchtet.

Split

  195 B2

Besucherinformation

✉ Peristil bb

☎ 021 345 606

www.visitsplit.com

Split ist die zweitgrößte Stadt Kroatiens und mit seinen mehr als 200 000 Einwohnern mit Abstand die größte an der dalmatinischen Küste. Sie besitzt einen florierenden Fährhafen und deutlich mehr Industrie als andere Städte der Region.

Die Stadt liegt auf einer breiten Halbinsel und endet in dem grünen Park oben auf dem Hügel Marjan. Die Altstadt und der Diokletianspalast befinden sich an der Südseite. Von hier aus erstreckt sich die Stadt nach Norden und Osten, während sich an der Nordküste und in dem Bereich gegenüber dem Fuß der Halbinsel viele Industriebetriebe konzentrieren. An der Küste östlich der Altstadt sind in den letzten Jahren einige große Hotelkomplexe entstanden. Gegenüber dem Hügel Marjan ragt der lange, ebenfalls grüne Arm der Insel Čiovo ins Meer. Diese beiden grünen Lungen schließen wie eine Zange einen breiten, geschützten Bereich ein, der von der malerischen Stadt Trogir im Westen bis zu den Ruinen von Salona im Osten reicht.

Splits Altstadt besteht zum einen aus der mehr oder weniger rechteckigen Anlage des Diokletianspalasts, deren labyrinthartige Gassen zu römischen Ruinen und gotischen Palästen, lebhaften Märkten und sonnigen Plätzen führen, und zum zweiten aus einem ungefähr ebenso großen, westlich gelegenen Bereich.

Herrscher über Split

Split entstand praktisch mit dem Bau des Diokletianspalasts im Jahr 295 n. Chr. Die Stadt hieß damals Aspalathos. Nach der Plünderung des nahen Salona durch die Awaren stieg die Bevölkerung Splits im 7. Jahrhundert stark an, da viele Einwohner Salonas hierher flohen.

Während Split unter byzantinischer Herrschaft eine prosperierende freie Stadt war, geriet sie 1205 unter ungarische Vormacht. Im Jahr 1420 schließlich übernahm Venedig die Kontrolle über die Stadt, die damals schon in Spalato umbenannt worden war.

Der Verlust der nahe gelegenen Festung Klis (siehe S. 200) an die Osmanen im Jahr 1537 war ein schwerer Schlag für die Stadt. Die Österreicher erlangten 1797 die Kontrolle über Split, bevor sie nach dem Ersten Weltkrieg Teil des Königreichs Jugoslawien wurde. Während des Zweiten Weltkriegs besetzten die Italiener die Stadt, was wiederum zu ihrer Bombardierung durch die Alliierten führte. Nachdem Split anschließend Teil von Titos Jugoslawien war, gehört es heute zur modernen Republik Kroatien.

Palastdistrikt

Vor dem Diokletianspalast liegt auf dem Meer abgerungenem Land die lange **Riva** (Promenade) mit ihren zahlreichen Cafés. Ursprünglich stellte die Palastmauer die Grenze zum Wasser dar. Die Riva ist ein schönes Fleckchen, um bei einem Kaffee oder einem Eis die Welt an sich vorüberziehen zu lassen.

Wer sich von all den Eisdielen und Konditoreien trennen kann, gelangt durch das **Südtor** in den **Diokletianspalast** (Dioklecijanova Palača). Dieses von den Römern ursprünglich Porta Aenea genannte Tor führte einst direkt zum Meer. Heute mündet es in eine unterirdische Gewölbehalle, in der sich ein **Kunsthandwerksmarkt** befindet.

Zu beiden Seiten dieses Bereiches liegt das **Prodrum,** ein ausge-

INSIDERTIPP

Die besten Schnäppchen gibt es dort, wo die Einheimischen zum Einkaufen hingehen, etwa auf den Markt neben dem Diokletianspalast, auf dem im Sommer jede Menge los ist.

GRACE FIELDER
National Geographic-Autorin

dehntes System unterirdischer Kammern, das die Anlage des kaiserlichen Wohnbereiches widerspiegelt, der sich früher oberhalb erstreckte. Im Prodrum finden sich Ausstellungen, imposante, an Basiliken erinnernde Hallen und original römische Holzbalken. Häufig werden hier Konzerte veranstaltet. Dieses faszinierende Labyrinth lohnt

(Fortsetzung auf S. 200)

Der Diokletianspalast

Der Diokletianspalast in Split ist eine außergewöhnliche Sehenswürdigkeit, ein komplexer, facettenreicher Ausschnitt der Geschichte, zugleich eine römische Ruine und das Stadtzentrum Splits mit mehreren Tausend Einwohnern. Die bereits seit mehr als 1700 Jahren ununterbrochen bewohnte Anlage strahlt ungeheuer viel Atmosphäre aus.

Im Herzen des Diokletianspalastes: ein Schrein in der Krypta der Kathedrale von Split

Es überrascht nicht, dass der Diokletianspalast in die von der Unesco geführte Liste des Welterbes aufgenommen wurde. Er ist aber mehr als das, nämlich eine lebende, atmende Ruine, gleichermaßen modern und zutiefst antik auf eine Weise wie nur wenige andere Orte auf der Welt.

Kaiserlicher Alterssitz

Der römische Kaiser Diokletian, der von 284 bis 305 n. Chr. regierte, wurde im nahe gelegenen Salona geboren. Er teilte das Römische Imperium gegen Ende des 3. Jahrhunderts in zwei Verwaltungsbezirke auf. Nachdem das Oströmische Reich eine Reihe von Jahren von der Zentraltürkei aus regiert worden war, erhielt es mit Byzanz eine neue Hauptstadt, die schon bald die große Stadt Konstantinopel (heute Istanbul) werden sollte. Rom blieb die Hauptstadt des Weströmischen

Reiches. Diokletian widmete sich dann dem Bau eines angemessen großen Palastes in der Nähe seiner Heimatstadt Salona, heute die Vorstadt Solin am Rand des modernen Split. Salona war seit dem 1. Jahrhundert n. Chr. das Verwaltungszentrum der römischen Provinz Dalmatien gewesen.

Aus gesundheitlichen Gründen trat Diokletian schließlich zurück und zog sich in seinen am Wasser gelegenen Palast zurück. Er starb dort 313 eines natürlichen Todes, einer der wenigen römischen Kaiser dieser Zeit, die einem gewaltsamen Tod entgingen.

Die Anlage des Palastes

Die Arbeiten am Palast begannen 295 und wurden 305 abgeschlossen. Der aus Kalkstein von der Insel Brač erbaute Komplex weist einen mehr oder weniger rechteckigen Grundriss auf und misst etwa 215 mal 180 Meter. Die Mauern der aufs Meer blickenden Südseite sind etwa 28 Meter hoch, auf dem höheren Grund an der Nordseite etwas weniger. Die Palastmauern sind bis zu zwei Meter dick und trugen ursprünglich 16 Türme, von denen heute nur noch drei Ecktürme erhalten sind. Der Palast lag früher wesentlich näher am Wasser, sodass die gesamte Südwand unmittelbar ans Meer grenzte.

Die Innenanlage orientierte sich an zwei Hauptachsen, dem *decumanus* (heute die Straße Krešimirova), der zwischen der **Porta Argentea** (Srebrena Vrata oder Silbernes Tor) und der **Porta Ferrea** (Žetnjeza Vrata oder Eisernes Tor) etwa von Osten nach Westen verlief, und dem *cardo* (heute die Straße Dioklecijanova), der von der Porta **Aurea** (Zlatna Vrata oder Goldenes Tor) nach Süden verlief. Ursprünglich führte der Haupteingang des Palastes, die Porta Aurea in der Nordmauer, auf die römische Straße nach Salona. Die kaiserlichen Quartiere lagen südlich des decumanus, während der nördlich von ihm liegende Bereich von der Garnison und den Unterkünften der Diener eingenommen wurde.

Der römische Grundriss

Im Zentrum der kaiserlichen Quartiere befand sich das **Peristyl**, ein offener Hof, der von ungefähr 35 mal 13 Meter großen Kolonnaden umgeben war. Westlich davon stand ein Jupitertempel, heute ein Baptisterium. Östlich vom Peristyl findet sich das achteckige **Mausoleum Diokletians**. Bedenkt man, dass Diokletian zu seinen Lebzeiten Christen verfolgen ließ, entbehrt es nicht der Ironie, dass sein Mausoleum 652 in eine Kathedrale umgewandelt wurde. Der hohe romanische Glockenturm neben der Kathedrale wurde im 13. Jahrhundert hinzugefügt, obwohl er heute in weiten Teilen auf eine Restaurierung Ende des 19. Jahrhunderts zurückgeht.

Unter dem Palastkomplex befindet sich ein ausgedehntes unterirdisches System aus Gewölbekammern (das **Podrum**). Diese waren lange mit Schutt und Müll gefüllt und sind erst nach dem Zweiten Weltkrieg ausgegraben und restauriert worden. Im Laufe der Zeit, vor allem im frühen Mittelalter, entwickelte sich der Bereich westlich des Palasts zu einem Wohngebiet von etwa gleichen Abmessungen. Die beiden Bereiche gehen heute fast unmerklich ineinander über.

Der Aufstieg Splits

Nachdem die Awaren Salona 614 gebrandschatzt hatten, floh die Bevölkerung nach Split. Dort bauten sich die Menschen innerhalb des Palastkomplexes Häuser aus dem Material, das gerade zur Hand war. Es ist daher keineswegs ungewöhnlich, dass die Wand einer Wohnung in der Altstadt ein Stück aus einem römischen Tempel enthält!

Splits Architektur übte einen bemerkenswerten Einfluss aus. Der schottische Architekt Robert Adam besuchte 1757 Split. Seine Zeichnungen des Palastes bildeten etwa die Grundlage für den sogenannten Adams-Stil und prägten die klassizistische Architektur in den Straßen Londons und Edinburghs, aber auch in den USA.

Das achteckige Mausoleum Diokletians wurde in eine christliche Kathedrale umgewandelt

**Kathedrale des Hl.
Dominus**

✉ Katedrala Svetog
Duje

☎ 021 342 589

🕐 Mittags geschl.

💲 €

**Ethnografisches
Museum**

✉ Iza Vestibula 4

☎ 021 344 164

🕐 Mo geschl.

💲 €

**www.etnografski-
muzej-split.hr**

vor oder nach der Stadtbesichtigung absolut einen Besuch. Am
Ende des Kunsthandwerksmarkts
führen Stufen hinauf zum **Peristyl**,
einst das Herz des Palastkomplexes.

Splits Kathedrale: Diokletians
achteckiges Mausoleum befindet
sich östlich des Peristyls. Es wurde
652 von Splits erstem Bischof in
die **Kathedrale des Hl. Dominus**
(Sv. Duje) umgewandelt und ist
heute ein Ort feierlicher Andacht.
Ihre prachtvoll geschnitzten Holz-
türen stammen aus dem Jahr 1214
und sind mit Szenen aus dem Leben
Christi verziert, die durch menschliche und tierische Gestalten inmit-

Salona durch Kaiser Diokletian den
Märtyrertod erlitt. Oben an der
Wand ist ein raffinierter **Fries** zu
sehen, der angeblich auch Porträts
von Diokletian selbst sowie seiner
Frau Prisca zeigt. In einer der Nischen beiderseits des Altars befindet sich ein Werk des Bildhauers
Juraj Dalmatina – der für seine
Werke in der Kathedrale von Šibenik (siehe S. 188f) bekannt ist – aus
dem 15. Jahrhundert mit einer dramatischen Geißelung Christi. Weitere ausgezeichnete Reliefarbeiten
schmücken das **Chorgestühl**. Sie
stammen aus der Zeit um 1200
und gehören zu den ältesten in
ganz Dalmatien.

Im ersten Stock finden sich eine
Schatzkammer und unter dem
Kirchenschiff eine **Krypta**. Der hohe romanische **Glockenturm** neben der Kathedrale ist eines der bekanntesten Wahrzeichen Splits. Er
wurde im 13. Jahrhundert angebaut, der Großteil dessen, was heute zu sehen ist, stammt von einer
Renovierung im 19. Jahrhundert.
Der Eingang wird von zwei Stein-
löwen bewacht.

Kaiserlicher Wohnbereich:
Südlich der Kathedrale liegen die
Ruinen des kaiserlichen Wohnbe-
reichs. Das geräumige **Vestibül**, das
einst als Eingang zu den kaiserlichen
Quartieren diente, hatte ursprüng-
lich eine Kuppel und war mit Mo-
saiken und Skulpturen dekoriert.
Neben diesem Bereich liegt das
Ethnografische Museum Splits.

Das Peristyl ist von ägyptischen
Granitsäulen (einige aus dem lokalen Kalkstein) mit korinthischen Kapitellen umstellt, die auf der
einen Seite frei stehen, auf der

Die Burg Klis

Etwa neun Kilometer nördlich von Split liegen
am Weg nach Sinji die Ruinen der auf den Klippen stehenden Festung Klis. Klis war schon zu
römischen Zeiten von strategischer Bedeutung.
Im 9. Jahrhundert war Klis das Lehen des kroatischen Prinzen Trpimir. Die Festung erhielt
aber erst im 15. Jahrhundert ihre heutige Gestalt. Sie war eine Trutzburg der Uskoks (siehe
S. 148), bevor sie 1537 an die Osmanen fiel.
Diese bauten die Befestigungen weiter aus, bis
die Venezianer sie im 17. Jahrhundert vertrieben. Die Buslinien 34 und 36 fahren vom Busbahnhof in Split aus nach Klis.

ten von Weinblättern voneinander
getrennt sind.

Im Inneren der Kirche ist die
wunderschön geschnitzte romanische **Kanzel** zu bewundern, angeblich eine Arbeit von Radovan, dessen Meisterstück das Portal der Kathedrale in Trogir (siehe S. 206)
darstellt. Ein **Altar** – eigentlich ein
frühchristlicher Sarkophag – ist
dem Hl. Dominus geweiht, der in

anderen in die angrenzenden Häuser integriert sind.

An der gegenüberliegenden (westlichen) Seite des Peristyls liegt, ein schmales Gässchen hinunter, der ehemalige **Tempel des Jupiter**, der später in ein **Baptisterium** umgewandelt wurde und ohne seine ursprünglichen Säulen zu bewundern ist. Die Granitsphinx, die sich hier befindet, gehört zu einem Paar, das einst Diokletians Mausoleum flankierte. Das Innere mit seinem Tonnengewölbe enthält eine Statue von Johannes dem Täufer (dem das Baptisterium geweiht ist) von Ivan Meštrović, ferner ein Taufbecken aus dem 11. Jahrhundert mit vorromanischen Steinmetzarbeiten sowie raffiniert gearbeiteten Blumen an der Gewölbedecke.

Silbernes Tor & Goldenes Tor:

An der Ostseite des Palastes steht unmittelbar hinter der Srebrena Vrata oder dem **Silbernen Tor** (das nach Zerstörungen im Zweiten Weltkrieg wieder errichtet wurde) die aus dem 13. Jahrhundert stammende **Kirche des Hl. Dominik** (Sv. Dominik). Südlich der Kirche findet ein großer **Markt** statt. Obst und Gemüse sind hier deutlich preiswerter als auf den Inseln.

Wer vom Peristyl aus die Straße Dioklecijanova in nördlicher Richtung geht, gelangt zur großen, beeindruckenden Zlatna Vrata, dem **Goldenen Tor**, ursprünglich der Haupteingang des Palastes, der durch die Nordmauer zu einem kleinen Park führt. Früher wurde das Tor von achteckigen Wachttürmen flankiert, von denen noch Spuren zu sehen sind. Außerdem zierten die Nischen oberhalb des Tores vermutlich Statuen. Zwischen dem inneren und dem äußeren Tor befand sich ein rechteckiges Vestibül. Die Galerie darüber diente

Einheimische kaufen auf dem Markt nahe des Diokletianspalastes Gemüse

Kapellen und viel Grün: der Marjan-Hügel in Split

ursprünglich als Wachhaus, durch das Besucher gehen mussten, bevor sie in den Palast eingelassen wurden. (Heute befindet sich hier eine kleine Kirche.) Obwohl niedriger als die Südmauer, vermittelt die **Nordmauer** von außen gesehen einen deutlich besseren Eindruck von dem ursprünglichen Festungsbau des Palastes.

Unmittelbar hinter dem Goldenen Tor steht die bekannteste Version von Ivan Meštrovićs monumentaler Statue des Bischofs von Nin, Grgur Ninski (von 1927; siehe Kasten S. 176). Diese wurde 1929 in Split enthüllt. Die Statue stand zunächst im Peristyl, die Italiener brachten sie jedoch aus dem Palast, als sie Split während des Zweiten Weltkriegs besetzt hielten. Sie wurde 1954 schließlich an ihren jetzigen Standort gebracht. Der Legende zufolge bringt es Glück, den großen Zeh des Bischofs zu

berühren – weshalb dieser Teil der Statue im Laufe der Zeit glatt gerieben wurde. Hinter der Statue können müde Besucher sich in einem kleinen Park mit Bänken ein wenig ausruhen.

Der **Glockenturm**, der sich in der Nähe befindet, war früher Teil eines größeren Benediktinerklosters, das im 19. Jahrhundert abgebrannt ist. Heute ist nur noch eine kleine Kapelle mit einem Altar des großen Juraj Dalmatinac aus dem 15. Jahrhundert erhalten.

Vom Eisernen Tor aus

Wer der Straße Krešimir in westlicher Richtung folgt, gelangt zur Žetnjeza Vrata, dem **Eisernen Tor** (die römische Porta Ferrea). Hier verlässt man den Palast, was allerdings unmerklich passiert, da die einzelnen Teile der Stadt direkt ineinander übergehen. Nach kurzer Zeit erreicht man die **Pjaca**, den

Platz des Volkes (Narodni Trg), mit vielen Cafés. Am Eisernen Tor steht ein mittelalterlicher **Glockenturm**, in der Nähe gibt es eine ganze Reihe verführerischer Eisdielen.

An der Nordseite der Pjaca steht das aus dem 15. Jahrhundert stammende **Rathaus** (Vijećnica) mit seiner charakteristischen dreibogigen gotischen Fassade, früher die Heimat von Splits Ethnografischem Museum. Westlich vom Platz, am Rand der Altstadt, gibt es an der Marmont-Straße, einen interessanten **Fischmarkt**.

Von der Pjaca aus geht es auf der Marulićeva zum **Renaissance-Platz** (Trg Preporoda), einem weiteren attraktiven Platz, den eine Statue des kroatischen Renaissance-Autors Marko Marulić, ebenfalls ein Werk Ivan Meštrovićs, und der barocke **Milesi-Palast** zieren. In einem kleinen Café an der Ostseite des Platzes ist ein Sarkophag in eine Wand eingebaut.

An der Südseite ragt ein **venezianischer Turm** (Hrvojeva Kula) aus dem 15. Jahrhundert auf, dahinter befindet sich ein Eingang in die Altstadt, der auf die Riva führt.

Marjan-Park & Museen

Reisende, die genug vom Trubel Splits haben, sollten sich von dem Bereich am Wasser vor dem Palast aus nach Westen wenden und durch die ruhigen Wohnstraßen von Veli Varoš zu dem auf einem Hügel gelegenen **Marjan-Park** gehen. Dieser bietet mit schönen Wegen und kleinen restaurierten Kapellen eine willkommene grüne und frische Abwechslung von der häufig drückenden Hitze unten in der Stadt.

Die meisten Sehenswürdigkeiten Splits liegen im oder am Palast. Einige der Museen erfordern allerdings einen kleinen Spaziergang außerhalb des Palastkomplexes. Nördlich vom Palast stellt das 1820 gegründete **Archäologische**

Archäologisches Museum

✉ Zrinsko Frankopanska 25

☎ 021 329 340

🕐 So ge~~schl.~~

💲

www.~~ ~~
split-arhe~~o~~

Die Riva von Trogir grenzt an das historische Stadtzentrum

20. Jahrhunderts in einem prachtvollen palastartigen Gebäude zeigt. Meštrović selbst war für den Entwurf des Gebäudes verantwortlich, das er als Wohnhaus und Atelier in Split nutzte. Es wurde 1952 nach dem Umzug des Künstlers in die Vereinigten Staaten zu einem Museum umgebaut.

Etwas weiter und auf der anderen Straßenseite befindet sich das **Kaštelet-Crikvine,** ein Sommerpalast aus dem 16. Jahrhundert, den Meštrović 1939 kaufte. Die Kapelle beherbergt eine faszinierende Reihe geschnitzter Walnusstafeln des Künstlers, die das Leben Christi illustrieren. Die Eintrittskarten für die Galerie sind auch hier gültig.

Direkt östlich der Galerie Meštrović stellt das **Museum Kroatischer Archäologischer Denkmäler** (Muzej Hrvatskih Arheoološkikh Spomenika) eine wunderbare Sammlung aus, die vom 7. bis zum 15. Jahrhundert reicht. Zu den Exponaten zählen architektonische Fragmente, Skulpturen, Inschriften, Sarkophage und noch vieles mehr.

In Split finden das ganze Jahr über Feste statt, vom Karneval im Februar bis zum Split Sommerfestival (Splitsko ljeto; www.splitsko-ljeto.hr) von Mitte Juli bis Mitte August. Dieses 1954 gegründete Festival vereint Theater, Tanz, Ausstellungen und Musik an unterschiedlichen Veranstaltungsorten in der Stadt zu einem großartigen Event.

Split ist Kroatiens zweitgrößte Stadt. Von hier aus starten Busse in die meisten Orte Kroatiens. Es gibt eine Bahnstrecke nach Zagreb, auf der auch Schnellzüge verkehren, die die Distanz in nur fünfeinhalb

Kunstgalerie

✉ Lovretska 11 & Kralja Tomislava 15

☎ 021 480 149

🕐 Mo geschl.

💲 €

www.galum.hr

Galerie Meštrović & Kaštelet-Crikvine

✉ Šetalište Ivana Meštrovića 46

☎ 021 340 800

🕐 Mo geschl.

💲 €€

www.mdc.hr/ mestrovic

Museum (Arheološki Muzej) seine interessante Sammlung aus prähistorischer, griechisch-römischer und frühchristlicher Zeit sowie aus dem Mittelalter aus. Darüber hinaus können Inschriften, vor allem aus Salona (siehe Kasten S. 203), und Funde aus der Meeresarchäologie bewundert werden. Ein paar Häuserblocks weiter östlich rühmt sich Splits **Kunstgalerie** (Galerija Umjetnosti) einer Sammlung von Gemälden kroatischer Meister seit dem 14. Jahrhundert.

Etwa 15 Gehminuten westlich des Palasts liegt unterhalb der grünen Hänge des Marjan die **Galerie Meštrović,** die einige Werke des großen kroatischen Bildhauers des

Stunden zurücklegen. Sowohl der Bahnhof als auch der Busbahnhof liegen in der Nähe des Fährterminals unmittelbar südlich des Diokletianspalasts (fünf Minuten zu Fuß am Kai entlang). Einige Katamaranlinien (z. B. nach Bol und Jelsa) legen direkt vor dem Palast ab. Busse und Taxis, die Splits internationalen Flughafen anfahren, der nordwestlich der Stadt zwischen Kaštela und Trogir liegt, starten direkt neben dem Privatpier. Einige lokale Busse halten ebenfalls hier, während andere vom örtlichen Busbahnhof an der Domivinskog Rata, einen kurzen Fußmarsch nördlich vom Palast gelegen, abfahren.

Oberhalb der Stadt

Der lange **Mosor-Gebirgszug** erstreckt sich von Split aus nach Südosten und ist ein schönes Terrain für Wanderer. Im Sommer ist es hier recht heiß, Wanderer werden aber durch atemberaubende Panoramen entschädigt. Die Wege beginnen entweder in den Dörfern **Gornje Sitno** und **Kućine**, die von Regionalbussen angefahren werden, oder in **Grlo** in der Nähe von Klis.

Wer hier wandern möchte, sollte zusehen, möglichst früh nach Gornje Sitno zu kommen. Von hier aus sollten Wanderer den ausgeschilderten Weg zur Berghütte (nur am Wochenende geöffnet) nehmen, von wo aus ein steiler Pfad zum Bergkamm und weiter zu einem winzigen roten Unterstand, in dem ein paar Leute stehen oder sitzen können, hinaufführt. Der Rückweg nach Gornje Sitno dauert rund fünf Stunden, wenn man vor dem Abstieg in die Ebene hinunter nicht noch weiter geht.

Trogir

Etwa 25 Kilometer westlich von Split liegt Trogir, seit 1997 Unesco-Weltkulturerbe. Die Stadt besitzt in der Tat einen der am schönsten erhaltenen historischen Stadtkerne an der gesamten Adria. Die Altstadt liegt auf einer kleinen Insel, ursprünglich eine Halbinsel, die im Mittelalter durch einen künstlichen Kanal vom Festland abgetrennt und dann mit einer Steinbrücke wieder mit ihm verbunden wurde.

Griechische Kolonisten aus dem sizilianischen Syrakus gründeten das damalige Tragurion im 3. Jahrhundert v. Chr. Zu Beginn des

INSIDERTIPP

Von einer Stadtmauer umschlossen und auf einer eigenen Insel gelegen, ist die Stadt Trogir ein kompakter Mikrokosmos kroatischer Kultur. Reisende sollten es wie die Einheimischen halten, sich ein Eis kaufen und durch das Straßenlabyrinth flanieren, um zu sehen und gesehen zu werden.

GRACE FIELDER
National Geographic-Autorin

1. Jahrhunderts n. Chr. wurde Trogir Teil der römischen Provinz Dalmatien. Die Stadt verlor an Bedeutung, als die römische Stadt Salona weiter südlich (siehe Kasten S. 203) aufblühte. Nach der Zerstörung Salonas durch die Awaren im

Museum Kroatischer Archäologischer Denkmäler

✉ Stjepana Gunjače bb
☎ 021 323 901
🕐 Mo geschl.
💲 €

www.mhas-split.hr

Trogir

🗺 195 A2

Besucherinformation

✉ Trg Ivana Pavla II 1
☎ 021 881 412

Kathedrale des Hl. Laurentius

- ✉ Trg Ivana Pavla II
- ☎ 021 881 426
- 🕐 Mittags geschl.
- 💲 €

7. Jahrhundert ging es für Trogir jedoch wieder aufwärts. Es geriet unter byzantinische Oberhoheit und war später, im 9. Jahrhundert, den kroatischen Königen tributpflichtig. Im Jahr 998 eroberten die Venezianer die Stadt, die dann im 12. Jahrhundert unter ungarische Herrschaft fiel. Von da an war Trogir, wie viele andere Orte an der Küste, Schauplatz eines langen Konflikts zwischen Venedig und Ungarn.

Trogir wurde 1123 von Arabern, 1171 von Venedig geplündert. 1242 suchte der ungarische König Bela IV. während seiner Flucht vor den Mongolen Zuflucht in der Stadt. Trogir blieb jedoch eine weitere Plünderung erspart: Die asiatischen Eroberer mussten heimkehren, als sie vom Tod des Vaters ihres Führers erfuhren. Venedig gelang es 1420, die Stadt dauerhaft in seinen Besitz zu bringen, in dem sie bis 1797 unter dem Namen Traù auch blieb. Anschließend gehörte sie zu Österreich (für eine kurze Zeit auch zu Napoleons Reich). Nach dem Ersten Weltkrieg war Trogir Bestandteil des Königreichs Jugoslawien, nach dem Zweiten Weltkrieg von Titos Jugoslawien, und heute gehört es zu Kroatien.

Altstadt: Besucher gelangen am besten durch die **Kopnata Vrata**, eines der alten Stadttore in das Herz der Stadt. Über dem Tor ist die Figur des Schutzheiligen der Stadt, des Hl. Johannes Ursini, zu sehen. Nach einem kurzen Fußmarsch in südlicher Richtung durch die enge Straßen der Altstadt gelangen Besucher zum **Johannes Paul II.-Platz** (Trg Ivana Pavla II).

Trogirs größte Attraktion, die aus dem 13. Jahrhundert stammende **Kathedrale des Hl. Laurentius** (Sv. Lovro), nimmt die Nordseite des Platzes ein. Sie ist mit ihrem großartigen **Westportal** eines der schönsten Beispiele für romanische Architektur in ganz Dalmatien. Das Portal ist das Werk des örtlichen Bildhauers Radovan, der seine Arbeit mit einer lateinischen Inschrift über der Tür signierte und auf 1240 datierte. Beide Seiten des Portals flankiert jeweils ein Löwe; die Tiere tragen die Statuen von Adam und Eva. Die Pilaster am Portal sind mit einem raffinierten Muster aus Weinblättern, Tieren, Aposteln und anderen Motiven, darunter Jagd- und ländliche Szenen, verziert. Bei den die Pilaster stützenden Figuren handelt es sich

ERLEBNIS: *Klapa*, traditionelle dalmatinische Gesänge

Klapa ist der traditionelle, wunderschöne dalmatinische a cappella-Gesang, der von kleinen Chören aufgeführt wird. Traditionell handelt es sich um Männerchöre, zunehmend erobern heute aber auch Frauen diese Bastion. *Klapa* wird im Sommer in vielen Küstenorten und auf vielen Inseln aufgeführt, etwa im Vestibül des Diokletianspalastes in Split oder in der mittelalterlichen Stadt Korčula, wo die Gesänge als Vorspiel zu *Moreška*-Aufführungen dienen (siehe S. 263). Wer sich im Juli in der Nähe der Stadt Omiš (siehe S. 208) aufhält, kann das jährlich stattfindende **Festival für dalmatinische *Klapa*** (www.fdk.hr) auf dem zentralen Michaelsplatz der Stadt (Trg Sv. Mikul) besuchen, an dem Chöre aus ganz Kroatien teilnehmen.

vermutlich um Türken und Juden. Das Bogenrelief über der Tür ist mit einer Krippenszene dekoriert.

Im Inneren der Kathedrale finden sich ein Altaraufsatz aus dem 13. Jahrhundert, eine romanische Kanzel aus derselben Zeit, Holzgestühl im venezianisch-gotischen Stil und vor allem die spektakuläre **Ursini-Kapelle**, ein Werk von Nikola Firentinac (1468–1497), einem Schüler des großen italienischen Renaissancemeisters Donatello. Ursini, der 1111 starb, war der erste Bischof von Trogir und ist einer der Schutzheiligen der Stadt. Über dem Altar enthält ein Sarkophag seine sterblichen Überreste.

Das **Baptisterium** aus dem 15. Jahrhundert ist ein Werk von Andrija Aleši. Dieser war gemeinsam mit Nikola Firentinac auch für das andere Renaissance-Meisterstück in Dalmatien verantwortlich, die Kathedrale von Šibenik (siehe S. 188). Der **Glockenturm** der Kathedrale von Trogir entstand in mehreren Bauphasen zwischen dem frühen 15. und dem späten 16. Jahrhundert und zeigt den Übergang von der Gotik (erstes Geschoss) über die venezianische Gotik (Mittelgeschoss) bis zur Renaissance (Obergeschoss).

Auf der gegenüberliegenden Seite des Platzes ragen die beiden Teile des **Čipiko-Palastes** (15. Jahrhundert) mit großen gotischen Fenstern auf. Einst verband ein beeindruckender Steinbogen über die Gasse hinweg die beiden Teile.

Auf der Südseite des Platzes stehen die **Loggia** und der alte **Glockenturm**, beide ebenfalls im 15. Jahrhundert von Nikola Firentinac entworfen. Hinter der Loggia

INSIDERTIPP

Wo auch immer man sich aufhält, man sollte immer einen lokalen kroatischen Wein kosten, einen Vugava aus Vis oder einen Graševina aus Ilok.

CAROLINE HICKEY
NATIONAL GEOGRAPHIC-Projektmanagerin

befindet sich die kleine **Kirche der Hl. Barbara** (Sv. Barbara) aus dem 11. Jahrhundert. Das große **Rathaus** (15. Jahrhundert), das im 19. Jahrhundert renoviert wurde, nimmt schließlich die südöstliche Ecke des Platzes ein. Es trägt über einer der Seitentüren das Wappen des Hl. Johannes Ursini und viele weitere Wappen im Innenhof.

Wer vom Platz aus weiter in südlicher Richtung geht, gelangt zur **Kirche des Hl. Nikolaus** (Sv. Nikola), die aus dem 15. Jahrhundert stammt und ein früheres romanisches Gotteshauses ersetzt, sowie zu Trogirs attraktiver **Uferpromenade** (Riva). Am Wasser entlang Richtung Westen folgt zunächst die **Dominikanerkirche** (14. Jahrhundert), danach die gedrungene venezianische **Kalemargo-Festung**.

Am Ostende der Riva sind über eine Brücke die moderneren Stadtviertel auf der Insel **Čiovo** erreichbar. Dort gibt es auch ein paar ruhige Felsenstrände.

Die Busse, die auf der Küstenstraße von und nach Split unterwegs sind, halten an Trogirs Ortseingang – ein echter Flaschenhals für den Verkehr. Die lokale Buslinie Nr. 37 pendelt etwa jede halbe

Ein Strand an der Makarska-Riviera mit den Bergen des Biokovo-Gebirges im Hintergrund

Omiš

⛰ 195 B2

Besucherinformation

✉ Trg Kneza Miroslava bb

☎ 021 861 350

www.tz-omis.hr

Makarska

⛰ 195 C2

Besucherinformation

✉ Obala Kralja Tomislava 16

☎ 021 612 002

www.makarska-info .hr

Muschelmuseum

✉ Franjevački Put 1

☎ 021 611 256

Stunde zwischen Split und Trogir. Splits internationaler Flughafen liegt deutlich näher an Trogir als an Split. Besucher, die mit dem Flugzeug kommen und in Trogir wohnen möchten, können sich den Umweg über Split also sparen.

Südlich von Split

Omiš: Wer von Split aus in südlicher Richtung reist, kommt durch die Stadt Omiš, die im Schatten des schroffen Berges **Omiška Dinara** an der spektakulären **Cetina-Schlucht** liegt, wo der Fluss Cetina in die Adria mündet. Es gibt eine Straße hinauf auf den Berg, ebenso einen Fußweg, der in der Stadt beginnt, stellenweise aber schlecht ausgeschildert ist. Im Juli findet in Omiš ein **klapa**-Festival (siehe Kasten S. 206) statt.

Makarska: Von Omiš aus weiter südlich liegt am Fuße des spektakulären Biokovo-Gebirgszugs die Stadt **Makarska** (römisch Murcurum), die die Osmanen 1499 einnahmen und für die nächsten 150 Jahre zu ihrem wichtigsten Hafen an der Adria machten. Die Stadt wurde während des Zweiten Weltkriegs bombardiert und 1962 durch ein Erdbeben beschädigt.

Die meisten Besucher kommen wegen der langen, beliebten Stände hierher, die die Stadt säumen und Teil der **Makarska-Riviera** sind. Der Hauptplatz von Makarska liegt etwas abseits des Wassers an der Ostseite. Ihn schmückt eine Statue des kroatischen Autors Andrija Kačić Miošić (18. Jahrhundert). Sie stammt von Ivan Rendić, einem berühmten kroatischen Bildhauer des 20. Jahrhunderts. Das etwa um 1400 gegründete und im 17. Jahrhundert wieder aufgebaute **Franziskanerkloster** birgt heute Makarskas **Muschelmuseum** (Malakološki Muzej). Die Sammlung zeigt Muscheln aus aller Welt, die von einem der Mönche, die hier in den 1960er Jahren lebten, zusammengetragen wurde.

Die Busse aus Split, die die Küstenstädte miteinander verbinden, fahren sowohl durch Omiš als auch durch Makarska.

Naturpark Biokovo: Direkt hinter der Stadt Makarska erhebt sich der Gebirgszug **Biokovo**, ein zerklüftetes Kalksteingebirge mit engen Tälern und Dolinen sowie dem zweithöchsten Gipfel Kroatiens, dem **St. Jure** (Sv. Jure; 1762 m). Eine kurvenreiche Gebirgsstraße führt hinauf zum Gipfel, der von einer gigantischen Radio- und Fernsehantenne gekrönt wird.

Gämsen und seltene Mufflonschafe bevölkern die felsigen Höhen, und es gibt in diesem Landschaftsschutzgebiet etwa 30 unterschiedliche Arten von Reptilien und Amphibien. Biokovo ist außerdem die Heimat einer Reihe endemischer Pflanzen und wurde 1981 zum Naturschutzgebiet erklärt.

Mehrere Reisebüros in Makarska bieten Tagesausflüge in dieses Gebirge für all jene an, die nicht selbst hinaufklettern möchten.

Transit durch Bosnien

Direkt südlich der Stadt Metković wird die kroatische Küste bei der Ortschaft Neum durch einen kleinen bosnisch-herzegowinischen Streifen unterbrochen – für viele Busfahrer ein willkommener Stopp für zollfreie Einkäufe. Obwohl dieser Streifen nur sieben Kilometer breit ist, sollten Reisende ihren Personalausweis bei sich tragen.

Wer den Transit durch Bosnien-Herzegowina vermeiden möchte, nimmt die Fähre von Ploče nach Trpanj auf der Halbinsel Pelješac um von hier die Reise in südlicher Richtung fortzusetzen. Es gibt außerdem Pläne, eine Autobahn über das Meer um die Grenze herum zu bauen, die sich auf diese Weise vollständig auf kroatischem Territorium befinden würde. ■

Naturpark Biokovo

✉ Marineta, Mala Obala 16

☎ 021 625 161

🕐 Nov.–März geschl.

www.biokovo.com

ERLEBNIS: Wandern im Naturpark Biokovo

Das Biokovo-Gebirge ist ein tolles Gebiet für Wanderfreunde. Es gibt zwar nur wenige Berghütten, doch stehen zahlreiche schöne, gut ausgeschilderte Wege zur Verfügung, die vom Meer bis hinauf zu den zerklüfteten Kalksteingipfeln führen. Eine der direktesten Routen beginnt in der Stadt Makarska und führt bis zum Gipfel des **Vošac** (1425 m) hinauf – eine Herausforderung für die Beinmuskulatur. Für die Anstrengung entschädigt der großartige Blick. Für den Aufstieg müssen dreieinhalb Stunden eingeplant werden, der Abstieg geht etwas schneller. In den Rucksack gehören ausreichende Wasservorräte, da es auf der Route keines gibt. Wer den St. Jure bezwingen möchte, muss vom Vošac aus noch einmal drei Stunden für den Hin- und Rückweg einplanen. Längere mehrtägige Wanderrouten führen am Bergkamm entlang nach Nordwesten über den Gipfel des **St. Elijah** (Sv. Ilija) und hinunter in die Dörfer **Gornja Brela** oder **Bast**. SMAND (*smand.hr*) gibt eine exzellente Karte dieser Gegend heraus (*Bogen 32, Biokovo Park Prirode, €€*).

Die Inseln

Kaum ein Tourist kommt nach Dalmatien, ohne auch die Inseln zu besuchen. Split ist der Ausgangspunkt für Abstecher auf die lebhafte Insel Brač und das elegante Eiland Hvar, zwei der beliebtesten Ziele in ganz Kroatien. Ihre früher vernachlässigten Nachbarn, die Inseln Šolta und Vis, werden für Reisende, die den Menschenmassen entfliehen wollen und dafür gerne auf ein paar Annehmlichkeiten verzichten, immer attraktiver.

Surfer vor dem Goldenen Kap an der Südküste von Brač

Brač

Die Insel Brač ist bereits seit dem Neolithikum von Menschen bewohnt. Ihr Name ist vermutlich eine Ableitung von dem illyrischen Wort *brentos* für „Hirsch". (Der griechische Name der Insel, Elaphos, bedeutet ebenfalls Hirsch.)

Bračs wichtigste Siedlung war ursprünglich der Küstenort Škrip. Später zog die Bevölkerung jedoch weiter ins Binnenland nach Nerežišća, um Piratenüberfällen zu entgehen. In letzter Zeit hat sich dann Supetar zum Hauptort der Insel entwickelt.

Brač ist die drittgrößte Insel Kroatiens. Trotz ihrer Größe hat es das Eiland aber nie zu einer dauerhaften größeren Stadt gebracht wie etwa die Inseln Rab, Korčula und Hvar. Bis zum Beginn des modernen Tourismus war Brač hauptsächlich landwirtschaftlich geprägt.

Der große kroatische Dichter und Politiker Vladimir Nazor wurde in einem Dorf unmittelbar östlich von Supetar geboren, und sein bekanntestes Werk *Pastir Loda* (*Der Hirte Loda*) beschreibt seine Heimatinsel mit all ihren Sitten, Gebräuchen und obskuren Dialekten.

Die Südhälfte der Insel erhebt sich hoch aus dem Meer. Der Berg Vidova Gora ist der höchste Punkt aller kroatischer Inseln überhaupt. Der Diokletianspalast in Split (siehe S. 198f) und die Kathedrale von Trogir (siehe S. 206) wurden aus dem hellen weißen Kalkstein von der Nordküste der Insel erbaut.

Bol & Umgebung: Trotz seiner zahlreichen Besucher gehört die hübsche Stadt Bol zu den weitgehend unberührten Teilen von Bračs Südküste. Als Hauptattraktion gilt hier gewöhnlich **Zlatni Rat** („Goldenes Kap"). Die lange Halbinsel, die aus feinen Kieseln und Sand besteht, ragt etwa 15 Gehminuten von Bol in westlicher Richtung aus der waldigen Küste hervor. Die Strömungen zwischen Brač und Hvar verändern das Aussehen der Strände hier immer ein wenig.

Das kroatische Wort für „Kap" lautet *rt*. Im modernen Kroatisch bedeutet das Wort *rat* hingegen „Krieg", doch ist diese Schreibung das Erbe eines alten örtlichen Dialekts. Urlauber können vor Zlatni Rat wunderbar schwimmen. In der Hochsaison kann es bisweilen laut und voll werden. Wer Ruhe und Einsamkeit sucht, sollte an der Küste entlang zu einer der abgelegeneren Felsbuchten gehen, an denen oftmals die hier typischen Kiefern Schatten spenden.

An der Ostseite von Bol erhebt sich ein **Dominikanerkloster** aus dem 15. Jahrhundert, das auf seinen eigenen schönen Strand blickt.

Fast direkt über Zlatni Rat ragt der 780 Meter hohe Berg **Vidova Gora** auf. Er ist von der Nordseite der Insel aus mit dem Auto oder aber zu Fuß von Bol aus über einen einfachen, deutlich markierten Weg (vier Stunden für den Rundgang) zu erreichen. Auf dem Weg nach oben kann es allerdings unglaublich heiß werden, da es so gut wie keinen Schatten gibt. Ausreichende Wasservorräte und ein Sonnenhut sind absolutes Muss. Der Blick vom Gipfel ist grandios, und es gibt auch eine kleine *konoba* (ein Café), die Essen und Erfrischungen serviert.

Westlich von Zlatni Rat liegt oberhalb einer unbefestigten Küstenstraße die sogenannte **Drachenhöhle** (Zmajeva Špilja; siehe Kasten S. 212) mit faszinierenden Felsmalereien, darunter ein Drache mit vielen Zähnen, und Kultgegenständen. Im 16. Jahrhundert lebten glagolitische Priester in der Höhle. Ein kaum zu erkennender Weg führt vom Dorf **Murvica**

Bol
195 B1
Besucherinformation
Porat bolskih pomoraca bb
021 635 638
www.bol.hr

ERLEBNIS:
Reisen mit der Fähre
Fähren sind in Kroatien zweifellos das attraktivste Transportmittel, um die Küste und die Inseln zu bereisen – und (jedenfalls für Passagiere ohne Auto) ein relativ preiswertes dazu. Das Spektrum reicht von großen Auto- und Passagierfähren bis hin zu kleineren Booten und schnellen Katamaranen (nicht für Autos). Der wichtigste Anbieter ist die staatliche Fährgesellschaft **Jadrolinija** (www.jadrolinija.hr). Vor allem die Katamarane und kürzeren Routen sind allerdings überwiegend in privater Hand, wobei die Privatunternehmen in der Regel teurer sind. Das Angebot ist recht umfassend, sodass die meisten Inseln gut erreichbar sind. Bei den Katamaranen und kleineren Boote sind die Plätze sehr begehrt. Man kann die Tickets aber leider meist nicht früher als einen Tag vor der Fahrt kaufen.

Supetar

⚑ 195 B2

Besucherinformation

✉ Porat 1

☎ 021 630 551

www.supetar.hr

(in dem es eine weitere nette konoba gibt) hinauf zur Höhle, die allerdings normalerweise abgeschlossen ist. Reisende müssen also entweder an einer Führung teilnehmen oder sich mit einem Blick durch das Metalltor begnügen.

Weiter westlich die Küste hinunter, außerdem höher und unzugänglicher gelegen, befindet sich das Kloster **Pustinja Blaca,** das ebenfalls von glagolitischen Priestern im 16. Jahrhundert gegründet wurde (siehe Kasten). Um von Bol

Verwaltungszentrum der Insel war. Supetar überflügelte bald seinen Nachbarn im Binnenland und entwickelte sich zum wichtigsten Ort auf Brač. Da Supetar Split am nächsten liegt, ging hier der berühmte Kalkstein aus den nahe gelegenen Steinbrüchen auf die Reise. Aufgrund einiger netter Sandstrände ist die Stadt auch bei Tagesausflüglern beliebt.

Škrip ist eine weitere Stadt, die früher eine wichtige Rolle auf der Insel einnahm, ihre Bedeutung aber

Zmajeva Špilja & Pustinja Blaca

In der relativ unzugänglichen Region Poljica hinter dem Mosor-Gebirge (dem großen, langgezogenen Gebirgskamm, der sich südöstlich von Split erstreckt) entwickelte sich im 11. Jahrhundert ein halb unabhängiges Fürstentum namens Poljička Kneževina. Angesichts der osmanischen Überfälle im

16. Jahrhundert siedelten seine Einwohner gemeinsam mit ihren glagolitischen Priestern auf die Insel Brač um. Die Priester ließen sich an den entlegenen, dem Meer zugewandten Hängen nieder, wo sie in der Zmajeva Špilja (Drachenhöhle) lebten, bevor sie das Kloster Pustinja Blaca gründeten.

hierhin zu gelangen, müssen Reisende eine der täglichen Bootsexkursionen buchen, die ihre Passagiere an der Küste unterhalb vom Kloster absetzen. Von hier aus führt ein gut markierter Pfad hinauf. Es gibt außerdem eine unbefestigte Straße von Nerežišća aus, die man auch über die Straße, die an Murvica vorüberführt, erreicht. Vom Ende dieser Straße führt ein gut sichtbarer Pfad hinauf zum Kloster. Der letzte Mönch starb hier 1963.

Bol ist durch schnelle Katamaranlinien mit Split und Jelsa auf Hvar verbunden. Außerdem verkehren Buslinien nach Supetar.

Supetar & Umgebung

Die Stadt **Supetar** entstand als Hafen für Nerežišća, als dieses das

im Laufe der Zeit verloren hat. Es liegt nur drei Kilometer von der Küste entfernt, direkt östlich von Supetar, und besitzt noch Reste einer massiven illyrischen **Verteidigungsmauer** sowie die kleine **Kirche des Heiligen Geistes** (Sv. Duh) aus dem 11. Jahrhundert (mit einem Glockengerüst aus dem 14. Jahrhundert). In Škrip gibt es ferner eine Burg (16. Jahrhundert) sowie das **Museum von Brač.** Weiter östlich liegt der beliebte Sandstrand von **Lovrečina.**

Milna, während der Napoleonischen Kriege für kurze Zeit eine russische Marinebasis, ist ein immer populärer werdender Ort am Westende der Insel. Er besitzt schöne Strände und eine **Barockkirche** mit feinen Stuckarbeiten.

Šolta

Viele Besucher Bračs ignorieren ihre kleine westliche Nachbarinsel und fahren zurück zum Festland oder lassen sich vom vornehmen Hvar anlocken. Die Insel Šolta hat jedoch einiges zu bieten. Kaiser Diokletian wählte sie 295 n. Chr. nicht umsonst als Basis für seine Fischereiflotte. Noch heute gibt es vor der Küste reichlich Fische, ebenso wie andere Meeresbewohner. Das klare Wasser rings um die Insel gehört zu den schönsten Tauchrevieren ganz Dalmatiens.

Menschen besiedeln Šolta schon seit prähistorischer Zeit. Seitdem hat es, wie praktisch alle Regionen an der kroatischen Küste, mehrmals den Besitzer gewechselt. Besucher finden auch hier antike Bergfestungen, römische Ruinen und alte Kirchen, die allerdings dem Vergleich mit denen auf den anderen Inseln nicht standhalten. Wie auch auf der Insel Brač sind die Ortschaften auf Šolta in ihrer Entwicklung im Grunde auf dem Stand großer Dörfer stehen geblieben.

Das größte Dorf ist gleichzeitig das älteste der Insel. **Grohote**, ein Bergdorf auf dem zentralen Hauptkamm der Insel, ist ein wahres Labyrinth aus engen Gassen. Das Dorf liegt an der wichtigsten Kreuzung von Šolta, die Rogač an der Nordküste mit dem Bergdorf **Gornje Selo** im Osten und dem Fischerdorf **Maslinica** im Westen verbindet. **Rogač** ist der natürliche Haupthafen der Insel. Die tägliche Fähre aus Split legt hier an.

Šolta

🗺 195 B2

Besucherinformation

✉ Trg Sv Stjepana bb, Hvar

☎ 021 741 059

www.solta.hr Hvar

Die Mole von Supetar, ein Fischerdorf im Norden von Brač

Die Straßen und Molen der Stadt Hvar sind voller Geschäfte und Stände, an denen Touristen selbst gemachten Schmuck, feine Spitze, Öl, Spirituosen und Lavendelbeutel kaufen können

Hvar

195 B1

Besucherinformation

✉ Trg Sv.
Stjepana bb

☎ 021 741 059

www.tzhvar.hr

Ein Stück östlich von Rogač liegt **Nečujam,** das jüngste Dorf der Insel und Šoltas wichtigster Touristenort mit der größten Bucht der Insel und einem schönen geschützten Sandstrand – ein seltener Luxus in diesem Teil Dalmatiens. Hier sind in den letzten Jahren große Hotelanlagen, Sommerhäuser und Privatwohnungen entstanden.

Šolta besitzt eine Schule der naiven Kunst, die ihren Höhepunkt in den 1980er Jahren erlebte und vor allem durch die Werke von Eugen Buktenica, Dinko Sule und Marin Kalajzic berühmt wurde. Alle diese Künstler stammen aus Grohote, häufig eines ihrer Motive.

Hvar

Die lange (68 km), schlanke Insel Hvar wird durch den Kanal von Hvar mit seinen starken Strömungen von der Insel Brač getrennt. Auf Hvar gibt es mehr Sonnenstun-

den als irgendwo sonst an der Adria. Viele Kroaten halten die viertgrößte kroatische Insel für das schickste Ziel an der gesamten Küste – die ultimative Mischung aus schöner Architektur, endlosem Sonnenschein und Schick. Die wichtigsten Städte und der Großteil der Bevölkerung konzentrieren sich am breiteren westlichen Ende der Insel, während der schmal auslaufende Ostteil nur dünn besiedelt ist.

Hvar war im frühen Neolithikum ein Zentrum der Danilo-Kultur. Im 4. Jahrhundert v. Chr. wurde die Insel von den Griechen kolonisiert, 385 v. Chr. wurde Pharos (wo sich heute das moderne Stari Grad befindet) gegründet und später Dimos (das heutige Hvar). Anschließend herrschte das mächtige illyrische Königreich Scodra über die Insel, bevor die Römer sie 229 v. Chr. einnahmen. Später wechselten sich Byzanz, das mittelalterliche Königreich Kroatien, Ungarn und Venedig in der Herrschaft ab. Die Hauptstadt wurde noch vor der Übernahme durch Venedig von Stari Grad nach Hvar verlegt.

In der Folge erlangte die Stadt Hvar als wichtigster Durchgangshafen der Venezianer in der Adria großen Reichtum. Die Osmanen attackierten die Insel im 16. Jahrhundert mehrmals, 1797 fiel sie schließlich an Österreich (vorher hatte sie noch kurz Napoleon bzw. den Briten gehört). Nach der italienischen Besetzung im Ersten Weltkrieg wurde Hvar 1921 Teil des Königreichs Jugoslawien, und nach dem Zweiten Weltkrieg gehörte es zu Titos modernem Jugoslawien.

Hvar-Stadt liegt inmitten von Lavendelfeldern – das Gewürz, das auf der ganzen Insel in wunderbar duftenden kleinen Beuteln verkauft wird. Hvar produziert darüber hinaus einige gute Weine, z. B. Zlatan Plavac, einen kräftigen Rotwein aus der Nähe von Sveta Nedjelja.

Die Insel besitzt eine lange Schauspieltradition. Das 1612 erbaute Theater in Hvar-Stadt gehört zu den ersten öffentlichen Theatern in ganz Europa. Die literarische Tradition der Insel reicht zurück bis in die Renaissance. Ein wichtiger Vertreter war der Dichter Petar Hektorović, dessen bekanntestes Werk sein bukolisches Ribanje i Ribarsko Prigovaranje („Fischen und Fischergespräche") ist.

Auf ihrem Weg zwischen Split und den Inseln Korčula, Vis und Lastovo legen Katamarane und Fähren in Hvar bzw. Stari Grad an. Katamarane pendeln auch zwischen Jelsa und Bol auf Brač und Split. Weitere Fähren fahren von

INSIDERTIPP

Hinauf zur Burg von Hvar nimmt man am besten die Treppe vom Hauptplatz aus. Unter einem verzierten Bogen signalisiert ein Steinhase, dass man auf dem richtigen Weg ist.

TOM JACKSON
National Geographic-Autor

Sućuraj an der Ostspitze der Insel nach Drvenik auf dem Festland. Regelmäßige Buslinien verbinden Hvar-Stadt und Stari Grad mit Vrboska und Jelsa.

Hvar-Stadt: Die Stadt Hvar ist der unumstrittene Favorit der Reichen und Schönen Kroatiens. Der alte Stadtkern ist sehr hübsch. Sein schöner Hauptplatz reicht bis zum Ufer, das von eleganten Palästen gesäumt wird, die sich unterhalb des steilen Španjola-Hügels mit seinen alten Befestigungen reihen. Ein großer Teil der Stadt musste nach einem verheerenden Angriff der Osmanen 1571 neu erbaut werden. Das meiste, was Besucher heute sehen, stammt aus dieser Zeit und weist einen deutlich venezianischen Einfluss auf. In Hvar kann es in der Hochsaison turbulent zugehen, und Unterkünfte sind in dieser Zeit bereits Monate im Voraus ausgebucht.

Der Hauptplatz, **Stephans-Platz** (Trg Sveti Stjepana), angeblich der größte in Dalmatien, erstreckt sich von dem kleinen, *(Fortsetzung auf S. 218)*

Wanderung zum Sveti Nikola

Die schönste Wanderung auf Hvar führt zum Gipfel des Sveti Nikola (Hl. Nikolaus) mit tollem Panoramablick – an einem schönen Tag bis zum Apennin in Italien. Die Route steigt vom Dorf Vrbanj aus langsam an; dieses liegt an der Busroute zwischen Stari Grad, Vrboska und Jelsa und ist mit öffentlichen Verkehrsmitteln leicht zu erreichen.

Weinberge unterhalb der meerseitigen Abhänge des Berges Sveti Nikola

NICHT VERSÄUMEN

- Spektakuläre Blicke vom Gipfel des Sveti Nikola
- Beschauliche Dörfer abseits ausgetretener Touristenpfade

Vrbanj ❶ ist ein hübsches kleines Dorf direkt oberhalb der Straße zwischen Stari Grad und Jelsa, das, überragt von Felswänden und inmitten von Feigenbäumen, die Ebene von Stari Grad (siehe S. 220) überblickt . Der Bus setzt seine Fahrgäste in der Nähe der Dorfkirche ab (nur während der Gottesdienste geöffnet), von der aus rotweiße Markierungen zum Dorfplatz führen. Dort angekommen müssen Wanderer den linken Pfad nehmen. Dieser bringt sie dann rasch zum Dorf **Svirče** und zur Straße nach Pitve.

Dort geht es links ab auf die Straße zur **Kirche der Hl. Maria Magdalena** (Sv. Magdalena) ❷, einem beeindruckenden Gebäude mit einem Kuppeldach, das von Palmen und Zypressen umstanden wird. Die Kirche stammt aus dem 20. Jahrhundert, ersetzt aber ein älteres Bauwerk.

Der Weg führt nun zunächst zurück auf die Straße und an Svirče vorbei. Schilder sorgen für Orientierung, bevor es rechts von der Hauptstraße abgeht. Ein markierter Weg führt dann von der Straße weg, der sie im weiteren Verlauf mehrmals kreuzt und sich stellenweise auch wieder mit ihr vereinigt, während es langsam den Berg hinaufgeht. An einer Stelle führt der Weg an einer kleinen Kapelle vorüber und dann wieder auf die Straße, bevor er zwischen zwei Hügeln hindurchgeht. Danach müssen Wanderer sich rechts halten und einer unbefestigten Straße mit ein paar Häusern am rechten Straßenrand folgen. Anschließend geht es auf den deutlich ausgeschilderten markierten Fußweg zu dem hohen Terrain auf der linken Seite. Dieser Pfad trifft schließlich auf den immer felsiger werdenden Kamm und den Gipfel des **Sv. Nikola** ❸.

Mit 626 Meter Höhe ist der Sveti Nikola der höchste Punkt auf Hvar. Das Panorama von seinem Gipfel aus ist schlicht atemberaubend: Man blickt über den langgezogenen Bergkamm, der quasi das Rückgrat der Insel bildet, weit nach Südosten bis hinter Pitva und Jelsa, wo sich die Insel zu ihrem langen und wenig besuchten Ostteil verjüngt. (Wanderer können mehrere Abschnitte des Gebirgskamms erkunden, die Pfade sind aber nicht immer einfach zu finden.) Das Terrain fällt ab zu den Weinbergen von Sveti Nedjelja im Süden. Der Blick nach Süden reicht bis Korčula und zur Halbinsel Pelješac. Die Inseln Lastovo und Vis sind klar zu erkennen. Auch die weit entfernte Insel Palagruža sollte zu sehen sein, ebenso wie an klaren Tagen der Apennin im Nachbarland Italien.

Die kleine **Kapelle** auf dem Gipfel, ursprünglich im 15. Jahrhundert errichtet, wurde mehrmals von Blitzen getroffen und wieder aufgebaut. Neben der Kapelle steht ein imposantes Kreuz.

Es geht nun über denselben Weg zurück und hinunter nach **Vrbanj**. Alternativ können Wanderer auch die unbefestigte Straße hinter dem Sveti Nikola nehmen und zum Dorf Dol absteigen, be-

vor sie von hier aus zurück nach Vrbanj gehen. Diese Route ist allerdings etwas länger und weniger gut markiert – auch das Panorama ist nicht ganz so schön. Eine weitere Möglichkeit besteht darin, vom Sveti Nikola zum Dorf Sveti Nedjelja an der Südküste hinunterzusteigen (siehe S. 221). Es ist jedoch nicht ganz einfach, nach Sv. Nedjelja und auch wieder von dort weg zu kommen. Ein Taxiboot ist die beste Wahl. Die Straße führt hier durch einen Tunnel durch den Berg, weshalb es keine Abkürzung nach Vrbanj gibt.

▲	Siehe Karte S. 195
►	Vrbanj
⊕	4 Stunden
↔	15 km
►	Vrbanj

Nach Split

Stari Grad

Vrboska

Dol

START
❶ **Vrbanj**

HVAR

❷ **Svirče**
Kirche der
Hl. Maria
Magdalena

Pitve

*Sveti Nikola
(Hl. Nicholas)
626m*
❸ ▲

Sveti Nedjelja

Ivan Dolac

Vis Kanal

N

0 ———— 2 Kilometer
0 ———— 1 Meile

geschützten Hafen **Mandrać** landeinwärts. Vom Wasser aus gesehen am äußeren Ende liegt die aus dem späten 16. und frühen 17. Jahrhundert stammende **Kathedrale des Hl. Stephan** (Sv. Stjepan), die eine ältere, vermutlich im 12. Jahrhundert errichtete Kathedrale ersetzt. Die elegante Fassade und der Glockenturm gehören zu den berühmtesten Sehenswürdigkeiten in Hvar.

In der Straße oberhalb der Nordseite des Platzes ragt die venezianisch-gotische Fassade des verfallenen **Hektorović-Palastes**

Eine malerisch Gasse in Stari Grad auf Hvar

auf, und noch ein wenig höher folgt das **Benediktinerinnenkloster**. Von hier aus führt ein leicht zu bewältigender Weg durch einen Wald aus Kiefern und Sukkulenten hinauf zur **Španjola-Festung** (16. Jahrhundert). Von den Mauern und Türmen aus eröffnen sich großartige Blicke über die Stadt und die nahe gelegenen Pakleni-Inseln. Im Sommer hat ein Restaurant in der alten Garnison geöffnet. Bereits seit dem 6. Jahrhundert (unter dem römischen Kaiser Justinian) ist hier eine Festung nachgewiesen, die von den Venezianern und Österreichern weiter ausgebaut und verbessert wurde. Die Verliese, die man über eine steile Steintreppe erreicht, sind vor Kurzem für Besucher geöffnet worden. Unten in den Zellen steht man inmitten der Fundamente und kann die Schichten der unterschiedlichen Baumaterialien sehen, die über die Jahrhunderte verwendet worden sind.

An der am Wasser gelegenen Ecke des Platzes steht das große **Arsenal** aus dem 16. Jahrhundert, das nach dem türkischen Überfall komplett neu gebaut wurde. Das Bauwerk diente u. a. als Dock für Galeeren, was sein großes Gewölbedach erklärt. Das 1612 oberhalb des Arsenals hinzugefügte **Theater** ist erst kürzlich renoviert worden.

Vom Arsenal aus links geht es an der mit Cafés gesäumten **Riva** am Anleger für Fähren und Katamarane vorüber zu einer engen Treppe, die hinauf in das alte Wohnviertel **Burg** führt. Weiter am Ufer entlang erhebt sich hinter einer Ecke ein **Franziskanerkloster** aus dem 15. Jahrhundert, das ein kleines Museum beherbergt und eine Reihe von Gemälden ausstellt, darunter eine imposante Darstellung des „Letzten Abendmahls" aus dem 17. Jahrhundert.

Unmittelbar vor der Spitze der Halbinsel im Süden von Hvar locken die **Pakleni-Inseln** mit den besten Stränden der Region. Taxiboote fahren Badegäste hinüber.

Umgebung von Hvar: Die Uferstraße führt vom Franziskanerkloster zu einer weiteren Bucht, an der die weniger teuren Hotels und Wohnungen liegen, ebenso wie der Fußballplatz der Stadt. Hier geht es aus der Stadt heraus, auch wenn noch etwa eineinhalb Kilometer lang weitere Häuser die Küste säumen, die hier steil abfällt.

Am Ende der Straße, ungefähr 45 Fußminuten von Hvars Zentrum entfernt, findet sich ein reizender Kieselstrand in einer ruhigen Bucht. Von hier an verwandelt sich der Küstenweg in einen Felsenpfad, der an manchen Stellen nur schwer zu erkennen ist. Es gibt hier eine Reihe kleiner Buchten. Etwa 90 Fußminuten weiter die Küste entlang gelangen Wanderer zum Dorf **Milna** (das mit dem Taxi von Hvar aus auch über die Hauptstraße zu erreichen ist).

Milna ist ein schönes Fleckchen für ein Mittagessen. Man kann auf einer schattigen Landzunge picknicken oder in dem vorzüglichen Restaurant Milina *(Tel. 021 745 023; im Winter geschl.)* an der Mole essen. Die Köche verwenden Olivenöl, das von den Olivenhainen oberhalb der Stadt stammt. Ebenfalls vor Ort wird der mit Preisen ausgezeichnete, organisch angebaute Weißwein Bili Potok produziert.

Stari Grad

Stari Grad befindet sich im Norden der Insel. Die Stadt ist lebhaft, es gibt aber doch deutlich weniger Touristen als in Hvar.

Die größte Sehenswürdigkeit ist **Tvrdalj,** der befestigte Palast des kroatischen Renaissancedichters Petar Hektorović (1487–1572). Dieser 1520 begonnene Palast ist mit seinem schattigen Garten und einem schönen Fischteich im Zentrum eines Kreuzgangs ein wundervoller, fast mystischer Ort. Hektorovićs berühmtestes Werk trägt in deutscher Übersetzung den Titel „Fischen und Fischergespräche". Der Teich ist mit Inschriften aus Hektorovićs Werk an den Wänden dekoriert und wird von einem steinernen Taubenschlag gekrönt.

Ganz in der Nähe weist die als Kapelle der Familie Hektorović erbaute kleine **Kirche von Sveti Rok** (16. Jahrhundert) Spuren von Bodenmosaiken aus einem alten römischen Badehaus auf. Direkt hinter der nächsten Ecke erhebt sich

Stari Grad
🅰 195 B1
Besucherinformation
☎ 021 765 763
www.stari-grad-faros.hr

In den Gewässern vor der Insel Vis gibt es eine große Vielfalt von Meeresflora und –fauna

Stari Grad Museum

✉ Ulaz Braće
   Biankini 2

☎ 021 766 324

🕐 Okt.–April &
   Mai–Sept. So
   geschl.

💲 €

www.stari-grad-
museum.net

Vrboska

🅰 195 B1

Besucherinformation

✉ Vrboska bb

☎ 021 774 137

Jelsa

🅰 195 B1

Besucherinformation

✉ Riva bb

☎ 021 761 017

www.tzjelsa.hr

das (nach weiteren Osmanenüber-
fällen) im 16. Jahrhundert wieder
aufgebaute **Dominikanerkloster,**
in dem sich heute das **Stari Grad
Museum** befindet. Ein paar Fußminuten weiter östlich in Richtung
des Busbahnhofs steht die kleine
romanische **Kirche des Hl. Johannes** (Sv. Ivan) angeblich an der Stelle der ältesten Kathedrale auf der
Insel. Es gibt außerdem ein weiteres
Museum im **Biankini-Palast.**

Die Autofähre nach Hvar legt in
Stari Grad an. Der Fährhafen liegt
allerdings etwas westlich vom
Stadtzentrum und leider nicht auf
der Route der lokalen Busse.

Östlich von Stari Grad: Östlich
von Stari Grad erstreckt sich die
Ebene von Stari Grad, ebenfalls
ein Teil des Unesco-Welterbes

(www.starogradsko-polje.net). Es handelt sich um eine landwirtschaftlich
genutzte Fläche mit einem Netz
aus steinernen Markierungen
(suhozid), die das Muster der Land-
nutzung abbilden, das die Griechen
vor rund 2500 Jahren etablierten.
Südlich der Ebene, hinter den Dörfern Dol und Vrbanj, erhebt sich
das Land zum höchsten Punkt der
Insel, dem **Sveti Nikola.**

Vrboska, ein etwas verschlafenes kleines Fischerdorf, das sich
heute fast ganz dem Tourismus verschrieben hat, ist ein schönes Plätz-
chen, wenn man Ruhe und Abge-
schiedenheit sucht. Es besitzt felsige
Strände auf der Landzunge und ein
schönes Zentrum am Ende einer
langen Bucht. Südöstlich von Vrboska, dort, wo sich die Insel verjüngt,
liegt das attraktive Städtchen **Jelsa**.

Von hier aus fährt der Katamaran nach Bol auf der Insel Brač ab.

An der Südküste der Insel schmiegt sich das Städtchen **Sveta Nedjelja** unter die mit Weinbergen bewachsenen Hänge des Sveti Nikola. Zlatan Otok, der den Wein Zlatan Plavac (*www.zlatanotok.hr*) produziert, organisiert hier Weinführungen. Sveti Nedjelja ist über eine Straße, die durch einen langen Tunnel durch den Berg hindurchführt, von Jelsa aus zu erreichen. Busse fahren hier jedoch nur selten.

Vis

Vis ist eine der abgelegeneren Inseln Kroatiens. Obwohl sie mit dem Katamaran von Split aus leicht erreichbar ist, kommen deutlich weniger Touristen hierher als zu den Nachbarinseln. Doch ist das Eiland absolut einen Besuch wert.

Die Griechen gründeten hier ihre erste Kolonie in der Adria: Issa, das heutige Vis. Issa entwickelte sich zu einer blühenden Stadt, sodass weitere Koloniegründungen in der Adria folgten, darunter Salona, die spätere Hauptstadt des römischen Dalmatien. Später kontrollierten die Römer und dann Byzanz die Insel. Im 15. Jahrhundert schließlich fiel sie an Venedig (sie wurde damals vom benachbarten Hvar aus verwaltet), anschließend an Österreich und das napoleonische Frankreich. Im 19. Jahrhundert entwickelte Vis sich unter den Briten zu einem wichtigen Marinestützpunkt und war 1866 Schauplatz der Schlacht von Lissa zwischen Italien und Österreich, der ersten Seeschlacht, bei der die Panzerschiffe zum Einsatz kamen.

Von strategischer Bedeutung war die Insel auch im Zweiten Weltkrieg, als Titos Partisanen ein Höhlensystem in ihrem bergigen Zentrum als Hauptquartier nutzten. Hier trafen sich 1944 Tito, Randolph Churchill, Sohn des britischen Premierministers, und der Romanautor Evelyn Waugh zu diplomatischen Gesprächen. Waugh initiierte gegen Kriegsende die Anbahnung von Kontakten zwischen den westlichen Alliierten und den kommunistischen Partisanen.

Bis vor Kurzem gab es auf einigen Teilen der Insel noch Minen aus dem Zweiten Weltkrieg. Als

Vis

🗺 195 A1

Besucherinformation

✉ Šetalište Stare Isse 2

☎ 021 717 017

www.tz-vis.hr

ERLEBNIS: Mit dem Fahrrad Hvar erkunden

Zwar gibt es durchaus Busse zwischen Hvar-Stadt, Stari Grad und Jelsa, doch lässt sich dieser Teil der Insel auch sehr gut mit dem Fahrrad erkunden. Wenn man von Jelsa auf der Hauptstraße in Richtung Westen nach Stari Grad fährt, passiert man die Dörfer **Vrbanj** und **Dol**, die am Fuße des **Sveti Nikola** (siehe S. 216f) liegen, bevor es weiter nach **Stari Grad** geht, wo das befestigte Haus des Renaissanceautors Petar Hektorović (siehe S. 219) einen Besuch wert ist. Wer eine längere Tour unternehmen möchte, kann die Fahrt von Stari Grad aus weiter bis

Hvar-Stadt fortsetzen. Wer zurück nach Vrboska und Jelsa fahren möchte, nimmt am besten die unbefestigte Straße entlang der **Ebene von Stari Grad** (siehe S. 220), einer landwirtschaftlich genutzten Fläche, die sich seit den Zeiten der Griechen vor rund 2500 Jahren kaum verändert hat. Von dort geht es auf die Hauptstraße und hinunter ins Fischerdorf **Vrboska**, wo man in einem Lokal am Wasser eine schöne Pause einlegen kann. Anschließend folgt die Route der schmalen Küstenstraße, die um die Landzunge herum zurück nach **Jelsa** führt.

Issa Museum

✉ Riva bb

☎ 021 713 455

**www.mdc.hr/
split-arheoloski**

Komiža

🄰 195 A1

Besucherinformation

✉ Riva Sv. Miikule 2

☎ 021 713 455

www.tz-komiza.hr

Marinehauptquartier Jugoslawiens war die Stadt Vis sogar noch bis 1989 für ausländische Besucher gesperrt. Dies könnte ein Grund sein, warum der Tourismus hier noch nicht wirklich Einzug gehalten hat.

Die wichtigsten Städte sind Vis im Nordosten und Komiža im Südosten. Darüber hinaus gibt es eine Reihe kleinerer Siedlungen, vor allem an der Südküste. Die Insel ist weitgehend auf Trinkwasser vom Festland angewiesen, weshalb Besucher dieses kostbare Gut nicht

INSIDERTIPP

Besucher sollten an Vis' Ufer entlang nach Osten gehen, bis sie das Viertel Kut erreichen. Hier liegen auf einem Soldatenfriedhof gefallene britische Matrosen aus den Napoleonischen Kriegen begraben.

BARBARA JACKSON
National Geographic-Autorin

verschwenden sollten. Der Vugova Viška ist ein guter lokaler Weißwein, außerdem gibt es eine besonders leckere örtliche Spezialität: eine mit Anchovis und Kapern gefüllte Pastete namens *poga*, die ein wenig an calzone erinnert. Zwischen Komiža und Vis fährt regelmäßig ein Bus.

Vis-Stadt: Vis liegt an einer Bucht im Nordosten der Insel und besitzt eine schöne Uferpromenade. Das **Issa Museum**, eine Nebenstelle des Archäologischen Museums in Split, zeigt eine gute Sammlung

von archäologischen Funden, darunter Töpferwaren, Schmuck, römische Bodenmosaike und ein bronzener Aphrodite-Kopf aus dem 4. Jahrhundert v. Chr. Über die Stadt liegen einige alte Paläste verstreut, und es gibt auf der Halbinsel Prirovo (an der Nordseite der Bucht) ein **Franziskanerkloster**, das am Ort eines alten römischen Amphitheaters erbaut wurde.

Oben auf der Landspitze befinden sich die Ruinen des **Wellington Fort,** eine aus einer ganzen Reihe von Festungen, die die Briten zwischen 1811 und 1814 erbauten. Eine weitere britische Hinterlassenschaft ist Cricket. Captain William Hoste, der unter Lord Nelson gedient hatte, gründete hier einen Club, der kürzlich reaktiviert wurde (*www.viscricket.com*).

Komiža

Komiža liegt an einer breiten Bucht und besitzt eine Reihe eleganter Häuser aus dem 16. und 17. Jahrhundert sowie schöne, nicht überfüllte Strände. Ein **venezianischer Turm** (16. Jahrhundert) am Ufer beherbergt das **Fischereimuseum** der Stadt, zu dessen Exponaten u. a. eine Kopie des traditionellen lokalen Fischerboots *(gajeta Falkuša)* gehört, das schon seit Jahrhunderten eingesetzt wird.

Oberhalb der Stadt stehen ein teilweise befestigtes **Benediktinerkloster** und die **Kirche des Hl. Nikolaus** (Sv. Nikola). Die Befestigungen stammen aus dem 16. Jahrhundert. Jedes Jahr am 6. Dezember, dem Festtag des Hl. Nikolaus, wird vor der Kirche ein Holzboot verbrannt, um die Bedeutung der Fischerei für die Insel zu zeigen.

Außerhalb von Vis und Komiža: Abseits der beiden Städte Vis und Komiža ist die Insel Vis sogar noch beschaulicher. **Milna** und **Rukavec,** zwei der kleinen Siedlungen an der Südküste, sind nur neun bzw. zehn Kilometer von Vis entfernt und liegen in der Nähe der Strände **Srebrena** und **Zagla,** die zu den schönsten und beliebtesten der ganzen Insel gehören.

Der Berg **Hum**, mit 587 Meter der höchste Punkt auf Vis, liegt in der Nähe von Komiža im Osten der Insel. Von hier aus ist es nicht weit zur **Titova Špilja,** der Höhle, in der sich Tito im Zweiten Weltkrieg häufig aufhielt. Es gibt von einem Parkplatz hinter dem Dorf Podšpilje aus einen kurzen ausgeschilderten Pfad zur Höhle. Der Berg Hum selbst wird von Funkantennen gekrönt und ist für die Öffentlichkeit gesperrt, aber der **Sveti Duh** liegt nur ein paar Meter tiefer und ist durch einen Wanderpfad (der von Podšpilje aus etwas weiter die Straße hinauf beginnt) erschlossen. Auf dem Gipfel werden Wanderer mit einem großartigen Inselpanorama belohnt.

Vor einigen Jahren trat ein Tourist in diesem Teil der Insel Vis auf eine Landmine aus dem Zweiten Weltkrieg. Obwohl die Gegend daraufhin noch einmal genau abgesucht und als sicher erklärt wurde, ist in dieser Region abseits der Wege Vorsicht angebracht.

Biševo

Die kleine Insel **Biševo** liegt einige Kilometer vor der Küste von Komiža. Die **Blaue Höhle** (Modra Špilja), die durch vom Meeresboden reflektiertes Sonnenlicht in das

In Komiža am Fuße des Sveti Nikola: Ein Esel hilft bei der Weinernte

blaue Licht getaucht wird, ist mit Abstand die größte und schönste Attraktion der Insel. Es kann hier sehr voll werden, und die große Anzahl an Booten stört zuweilen die idyllische Atmosphäre. Die Boote, die zur Höhle fahren, legen in Komiža und Vis ab, allerdings nur, wenn die See nicht zu rau ist. ∎

Biševo
⚑ 195 A1

Entlegene Region, versteckt hinter den Dinarischen Alpen, mit dem größten Naturwunder Kroatiens und dem spannendsten Festival

Das Hinterland Dalmatiens

Lanzenstecher oder *alkari* in wildem Galopp: Die jahrhundertealten Ritterspiele von Sinj sind eine Besucherattraktion

Das Hinterland Dalmatiens

Von einer Ausnahme abgesehen, ist das Hinterland Dalmatiens eine Gegend in Kroatien, in die es kaum je Touristen verschlägt. Diese Ausnahme stellt der Nationalpark Plitvicer Seen (Plitvička Jezera) dar, eine der Destinationen, für die in Kroatien am meisten geworben wird – was ihrem Reiz jedoch keinen Abbruch tut.

Das Hinterland Dalmatiens ist im Vergleich zum übrigen Kroatien eine abgelegene Region. Von den bekannten Städten an der Adria trennen es zerklüftete Gebirgszüge, die im Westen die Dinarischen Alpen ausbilden; im Osten verläuft die Grenze nach Bosnien.

Nationalpark Plitvicer Seen

Der herrliche Nationalpark Plitvicer Seen, eine weitere dalmatinische Stätte, die von der Unesco in die Welterbeliste aufgenommen wurde, gehört bei Touristen aus dem Ausland zum Pflichtprogramm; Tausende strömen von Zagreb im Rahmen eines Tagesausflugs hierher. Die Wasserfälle bilden eine wunderbare Wasserlandschaft aus, die vor vielen tausend Jahren entstand; damals löste sich kohlensaurer Kalk im mineralreichen Wasser auf und bildete auf den Moosen und Algen Ablagerungen, die bis zur Wasseroberfläche wuchsen. Um die Seen und durch die Wälder schlängeln sich viele Wanderwege; Boote und ein Shuttlezug transportieren die Gäste zu den verschiedenen Punkten im Park, und Holzstege machen es möglich, ganz nah an die Wasserfälle heranzukommen.

Nicht weit vom Eingang des Nationalparks kann das Dorf Rastoke mit mehreren schönen alten Wassermühlen aufwarten — einige sind sogar noch in Betrieb — sowie mit einer Fülle tosender Wasserfälle; sie befinden sich an der Stelle, wo die Sljunčica in den Fluss Korana mündet. Zwischen den Plitvicer Seen und dem Velebit-Gebirge im Südwesten erstreckt sich die fruchtbare Region Lika, ein ländliches, wenig besiedeltes Gebiet. Seit dem Kroatienkrieg in den 1990er Jahren leben sogar noch weniger Menschen hier, denn die serbischstämmige Bevölkerung verließ das neue Land Kroatien. Ante Starčević, ein kroatischer Politiker des 19. Jahrhunderts, aber auch der Elektroingenieur Nikola Tesla erblickten hier das Licht der Welt. Teslas Geburtshaus befindet sich im Dorf Smiljan unweit von Gospić; es wurde zu einem kleinen, aber informativen Museum umgestaltet.

Knin & Umgebung

Die alte Stadt Knin liegt 140 Kilometer südlich vom Nationalpark Plitvicer Seen an der Bahnlinie Zagreb–Split; eine wuchtige Festung wacht oben auf einem Hügel über die Stadt. Die Dinara, mit 1831 Metern der höchste Berg Kroatiens, ragt östlich von Knin auf; hier liegen auch die Quellen der Flüsse Cetina und Krka, die auf ihrem Weg zur Adria tiefe Schluchten ausprägen.

Zur Orientierung

0 _____ 40 Kilometer
0 _____ 20 Meilen

Nordwestlich von Knin, nicht weit von Gračac (an der Straße von Gospić), stellen die Cerovačke-Höhlen (Cerovačke Pećine) mit ihren unzähligen Stalagmiten und Stalaktiten das weitläufigste Höhlensystem dar, das bislang in Kroatien entdeckt wurde.

Südöstlich von Knin führt die Straße nach Sinj, wo jedes Jahr im August bunte Ritterspiele stattfinden: Sinjska Alka. Noch weiter Richtung Südosten liegen die beeindruckenden Imotski Seen eingekeilt zwischen dem steilen Biokovo-Gebirge und Bosnien. Viele Familien haben Imotski im vergangenen Jahrhundert verlassen, um sich in der fruchtbareren Region Slawonien weiter im Norden niederzulassen.

Historisch gesehen, spielte das Landesinnere Dalmatiens durchaus eine Rolle in der kroatischen Geschichte, wie etwa römische Ruinen am Oberlauf der Krka bezeugen; außerdem war die Stadt Knin im 11. Jahrhundert Sitz der kroatischen Könige. Aufgrund seiner strategisch günstigen Lage an der Bahnlinie Zagreb–Split ist Knin bis heute von Bedeutung.

Das Hinterland Dalmatiens hatte unter dem Kroatienkrieg arg zu leiden. Die ersten Opfer forderte ein Zwischenfall ausgerechnet in der Verwaltung des Nationalparks Plitvicer Seen. Trotz aller Beschaulichkeit stellt der prestigeträchtige Park eine wertvolle Einnahmequelle dar, für die zu kämpfen sich lohnte. Unzählige Kroaten flohen während des Kriegs aus dieser Region, wobei Knin zur Hauptstadt der neuen Republik Serbien (Republika Srpska Krajina) avancierte; im Zuge einer massiven Militäroperation wurde die Stadt im August 1995 von Kroatien zurückerobert. Im Grenzgebiet nach Bosnien, rund um Knin sowie an den Südosthängen des Velebit-Gebirges finden sich bis heute Landminen. ■

Nationalpark Plitvicer Seen

Die berühmteste Naturattraktion Kroatiens sind die Plitvicer Seen (Plitvička Jezera), ein wahres Paradies aus tosenden Wasserfällen, türkisblauen Seen, von Moos überwucherten Felsen und – allen Besuchermassen zum Trotz – unerwarteter Stille.

Bei einem Bootsausflug lassen sich die Plitvicer Seen aus nächster Nähe betrachten

**Nationalpark
Plitvicer Seen**

⛰ 227 A3–4

Besucherinformation

✉ Znanstveno
Struční Centar
'Ivo Pevalek,
Plitvička Jezera

☎ 053 751 026

**www.np-plitvicka-
jezera.hr**

Der Nationalpark Plitvicer Seen ist der älteste und größte Kroatiens. Er wurde bereits 1949 gegründet und umfasst ein Areal von fast 300 Quadratkilometer. Der Park wurde 1979 von der Unesco als Welterbe eingestuft. Das Herzstück des Parks, auf das sich die meisten Besucher beschränken, besteht aus 16 Seen von intensiver Farbe, die, verbunden duch diverse spektakuläre Wasserfälle, ineinanderfließen. Auf einer Strecke von rund acht Kilometer fallen die Seen an die 130 Meter ab, um dann als Fluss **Korana** dahinzu-

plätschern. Die Seen liegen inmitten wild wuchernder Vegetation und dichtem Buchenwald. Im Park sind vielerlei Vögel und andere Tiere heimisch, etwa Schwarzstörche, Braunbären und der seltene Eurasische Luchs.

Ein Netz aus gut markierten Wegen und zahlreiche Holzstege gestalten den Zugang zu den Seen und Wasserfällen einfach. Boote schippern die Besucher über die Seen; von einem Ende der Seen verkehrt zudem ein Shuttlebus zum anderen Ufer. Wenn im Sommer 4000 Gäste pro Tag den Park besuchen, ist hier extrem viel los. Es empfiehlt sich daher, die Seen früh am Morgen zu erkunden.

Felsformationen

Travertin (oder Tuff) ist ein poröses Sedimentgestein, das durch Ausfällung von Kalziumkarbonat (Kalk) in Seen und Flüssen entsteht. Der Kalk lagert sich auch auf Moosen ab, die dann allmählich versteinern. Außerdem breitet sich der Kalk auf dem Grund der Seen vertikal aus, wodurch Barrieren und in der Folge Wasserfälle entstehen, außerdem horizontal in Fließrichtung an der Kante der Wasserfälle, sodass sich darunter Höhlen bilden.

Travertinbildung ist ein beständiger Prozess. Vor 400 Jahren bestand der See **Kozjak** noch aus zwei Seen, doch die fortwährenden Ablagerungen auf seinem Grund bewirkten einen Anstieg des Wasserspiegels, sodass die Travertinbarriere zwischen den Seen überflutet wurde; sie ist unter der Wasseroberfläche noch erkennbar.

Legenden bieten eine poetischere Erklärung für das Entstehen der Seenlandschaft: Während einer Dürreperiode beteten die Einheimischen zu Crna Kraljica, der Schwarzen Königin – diese schickte ein heftiges Gewitter, das die ganze Gegend unter Wasser setzte, wodurch dann die Seen entstanden.

Anreise zum Park

Der Nationalpark Plitvicer Seen liegt an der E71, der Schnellstraße von Karlovac nach Knin, rund 150 Kilometer südlich von Zagreb. Von größeren Städten aus fahren regelmäßig Busse zum Park; die Rückfahrt kann sich jedoch etwas schwieriger gestalten; dann sind die Busse oft überfüllt. Die Shuttlebusse und Boote im Park verkehren etwa im 20-Minutentakt. Es gibt zwei Eingänge zum Park: Beim Restaurant **Lička Kuća** (Ulaz 1) und nicht weit vom **Hotel Jezero** (Ulaz 2). Am Eingang 1 befinden sich mehrere große Hotels. Der nächste **Campingplatz** liegt in Korana, acht Kilometer nördlich vom Eingang 1. Im Park selbst ist Zelten verboten. ■

INSIDERTIPP

Ich weiß noch, dass ich mich wunderte, wie die Regierung den Bau einer Autobahn so nah an dem herrlichen Park genehmigen konnte. Später wurde mir klar, dass es nicht der Verkehr war, der da toste, sondern ein Wasserfall!

MARILYN TERRELL
National Geographic Traveler-Magazin, Rechercheurin

Erste Kriegsopfer

Die Landschaft des Nationalparks mit seinen Seen und Wasserfällen ist sehr idyllisch, und doch liegt ein Schatten über den Plitvicer Seen. 1991 belagerten serbische Milizen die Parkzentrale; der folgende Schusswechsel mit der kroatischen Polizei führte zu den ersten Toten im Kroatienkrieg (siehe S. 34f). Der Park selbst blieb aus dem Konflikt ausgeklammert, Truppen belagerten jedoch die Hotels in der Umgebung, in denen später Flüchtlinge untergebracht wurden. Die Hotels wurden nach dem Krieg renoviert.

Wandern an den Plitvicer Seen

Am schönsten ist es natürlich, den Nationalpark zu Fuß zu erkunden. Eine Wanderung auf den Hauptrouten ist unkompliziert. Die Wege – meist Holzstege – sind gut markiert, außerdem lassen sich die meisten Seen bequem an einem Tag umrunden. Wer sich zwei Tage Zeit nimmt, um den Park in aller Ruhe zu genießen, hat aber mehr von dem Erlebnis.

Auf Stegen wandern die Besucher durch das Wasserparadies der Plitvicer Seen

Ausgangspunkt der Wanderung ist das **Hotel Jezero** ❶ (am Eingang 2). Von dort nimmt man den Weg bergab zum Ticketschalter und spaziert dann zum Ufer des **Kozjak-Sees**, wo man mit dem Boot auf die andere Seite übersetzt. Der gut markierte Weg führt meist über Holzstege, die diverse kleine Seen durchqueren und an Riedgras und Wasserfällen vorbeiführen.

Moose – vor allem *Cratoneuron*, aber auch *Brium* – die durch den allmählichen Verkarstungsprozess wie Gestein wirken, sind an den Travertinbarrieren und Wasserfällen auszumachen. Unter Wasser lassen sich oft gespenstische Baumstämme und Äste erkennen, die einen ähnlichen Prozess durchlaufen, wenn sich aufgrund des mineralreichen Wassers Kalk auf ihnen ablagert. Wer sich für Botanik interessiert,

NICHT VERSÄUMEN

Bootsausflug auf dem Kozjak See • Wasserfall Veliki Slap • Wasserfälle des Flusses Korana

sollte nach ungewöhnlichen Pflanzen Ausschau halten; manche Spezies gedeihen ausschließlich hier im Park. Man wandert nun weiter zum **Galovac-See** ❷ und **Okrugljak-See** ❸ bevor es zurück zur Straße geht.

Mit dem Shuttlebus, der etwa alle 20 Minuten verkehrt, fährt man nach **Milanovac** ❹. Von hier führt ein Weg zu einem Aussichtspunkt hinauf, der einen herrlichen Blick über die

Seen bietet – ein Panorama, wie man es von zahlreichen Fotos her kennt.

Anstatt auf dem Weg oben weiterzuwandern, geht man rechts die recht steilen Treppen hinunter, die durch ein gewaltiges Loch im Fels führen. Unten biegt man rechts ab und wandert über den Steg an mehreren tosenden **Wasserfällen** entlang. Nach einem kurzen Stück kommt rechts ein weiterer Steg (ausgeschildert mit „Parkplatz") – den nimmt man erst später. Geradeaus geht es vorbei am **Sastavci**, dem Wasserfall, an dem einer der letzten Seen in den Fluss Korana mündet und unten ins Becken des **Veliki Slap** („Großer Wasserfall") fließt, der vom Fels gegenüber 76 Meter in die Tiefe tost.

Nun geht es zum Steg mit der Beschilderung „Parkplatz" zurück. Man wandert quer über den See und dann einen Weg hinauf, von dem sich ein besonders schöner Blick auf den imposanten Veliki Slap bietet. Ganz oben hält man sich rechts, um den Bus zurück zum Ticketschalter beim Hotel Jezero zu nehmen. Alternativ kann man zum Parkplatz von Ulaz 1 spazieren – die Eintrittskarte gut aufbewahren – und über die Hauptstraße zum **Licka Kuia** (Tel. 053 751 024) wandern, einem lebhaften Restaurant mit vielen Tischen im Freien.

Abenteuerlustige können im Park noch jede Menge Erkundungen auf eigene Faust unternehmen. Hilfreich ist die recht detaillierte Landkarte (Nacionalni Park Plitvička Jezera Touristenlandkarte, Maßstab 1:50 000), die am Ticketschalter, in den Geschäften am Eingang sowie in Hotels erhältlich ist. Zur Vermeidung von Erosion und Umweltschäden unbedingt auf den markierten Wegen bleiben.

Südlich der Plitvicer Seen

In die Region südöstlich der Plitvicer Seen, die sich zwischen den parallel zur Küste verlaufenden Gebirgszügen und der Westgrenze Bosniens erstreckt, verschlägt es nur sehr wenige ausländische Besucher. Die raue Landschaft hat einen völlig anderen Charakter als die sonnige Küste oder die grüne Ebene Slawoniens.

Die wuchtige Festung von Knin kontrollierte das Land im Umkreis von zig Kilometern

Gospić & Smiljan
🗺 227 A3
Besucherinformation
✉ Budačka 12
☎ 053 560 752

**Nikola Tesla
Gedenkzentrum**
✉ Smiljan
☎ 053 746 530
🕓 Mo geschl.
💶 €
www.mcnikolatesla.hr

Lika

Lika, das überwiegend dünn besiedelte Ackerland, zu dem auch die Plitvicer Seen gehören, erstreckt sich südwestlich vom Park und wird von den Gebirgen Velebit und Velika Kapela begrenzt.

Nur ein kleines Stück von Likas Hauptstadt **Gospić** entfernt, befindet sich das Dorf **Smiljan**. Der Ort hat nichts Besonderes zu bieten, sieht man einmal vom berühmtesten Sohn Likas ab, dem Erfinder und Elektroingenieur Nikola

Tesla (1846–1943; siehe Kasten gegenüber). Teslas Geburtshaus steht mitten im Dorf, nicht weit davon entfernt eine Statue, die ihn darstellt; sie stammt von Mile Blažević. Das Haus ist heute ein Museum und gehört zum 2006 eröffneten Gedenkkomplex.

Die **Cerovačke Höhlen** zählen zu den beeindruckendsten Kroatiens. Sie liegen in den südlichen Ausläufern des Velebit-Gebirges nahe der Stadt **Gračac,** an der Straße von Gospić nach Knin.

INSIDERTIPP

Keinenfalls sollten Sie es versäumen, die Cerovačke-Höhlen (Cerovačke Pećine) im südlichen Velebit-Gebirge zu besuchen, um sich von der Märchenwelt aus Stalaktiten und Stalagmiten bezaubern zu lassen.

IVOR KARAVANIC
*NATIONAL GEOGRAPHIC-
Stipendiat*

Das Höhlensystem führt bis zu 2150 Meter in die Tiefe und kann mit steinernen Attraktionen wie dem „Brunnen des Lebens", dem „Spiegelsaal" und einem erodierten Felsen aufwarten, der wie der Kopf des hl. Nikolaus aussehen soll.

Knin

Die Stadt Knin, 140 Kilometer südlich der Plitvicer Seen an der Schnellstraße E71, liegt inmitten einer rauen Karstlandschaft im Schatten der Dinara – mit 1831 Meter der höchste Gipfel Kroatiens. Weitab der Touristenpfade, kommt Knin strategisch wie auch historisch eine wichtige Bedeutung zu.

Knin war im 11. Jahrhundert unter König Zvonimir die Hauptstadt des mittelalterlichen Königreichs Kroatien; später führte die Bahnlinie Zagreb–Split, die wichtigste Verbindung zwischen der Hauptstadt Kroatiens und dem Haupthafen an der Adria, durch den Ort. Aus diesem Grund kam Knin auch während des Kriegs in den 1990er Jahren eine Schlüsselposition zu, als es zur Hauptstadt der neu entstandenen Republik Serbische Krajina (Republika Srpska Krajina) avancierte. Diese reichte von Knin im Süden entlang der bosnischen Grenze bis ins westliche Slawonien. Die Republik wurde von Milan Babić (1936–2006) regiert, einem Zahnarzt aus Knin, dem in den 1990er Jahren die Deportation von Nicht-Serben unterstand, ein Kriegsverbrechen, für das er später verurteilt wurde. In

Cerovačke Höhlen

✉ Cerovačke Pećine
☎ 023 689 920
www.pp-velebit.hr

Knin

🄰 227 B2
Besucherinformation
✉ Dr. Franje
     Tudmana 24
☎ 022 664 822
www.tz-knin.hr

Nikola Tesla

Nikola Tesla (1856–1943) war Wissenschaftler, Erfinder und Elektroingenieur. Er kam in dem Dorf Smiljan als Sohn eines serbisch-orthodoxen Priesters zur Welt und studierte in Graz. Später lebte und arbeitete er in Maribor (Slowenien), in Budapest sowie in Paris. Im Jahr 1884 zog er in die USA, wo er amerikanischer Staatsbürger wurde.

Auf Tesla, eine der bedeutendsten Persönlichkeiten in Sachen moderne, kommerzielle Stromversorgung, gehen zahlreiche Erfindungen zurück. So gilt er als der Erfinder des Wechselstroms, des Elektromotors sowie des Mehrphasensystems – die Grundlage der modernen elektronischen Energieübertragung. Viele halten ihn auch für den Erfinder des Radios. Die Stärke eines Magnetfelds wird heutzutage in Teslas (T) gemessen.

Teslas Werk präsentieren das Technische Museum in Zagreb sowie das Nikola Tesla Museum in Belgrad (Serbien). In Zagreb befindet sich ein schönes Denkmal von ihm; es stammt von Ivan Mestrović (siehe Kasten S. 62).

Sinj

227 C1

Besucherinformation

Vrlička 41

021 826 352

www.tzsinj.hr

der Operation Sturm konnten die kroatischen Streitkräfte Knin und die restliche Krajina im Jahr 1995 zurückerobern.

Die riesige mittelalterliche Festung von Knin, die auf dem benachbarten Berg Sveti Spas über die Stadt wacht, wurde im 16. Jahrhundert von den Osmanen und im 18. Jahrhundert von Venedig umgebaut. Der Blick von hier über die Stadt ist wunderschön.

Die Landschaft rund um Knin ist reich an archäologischen Hinterlassenschaften, etwa die Römersiedlung Burnum sowie Biskupija, ein Relikt aus dem mittelalterlichen Kroatien. Die Flüsse Krka und Cetina entspringen beide bei Knin. Da die Umgebung von Knin noch stark vermint ist, sollte man in die-

ser Region Kroatiens keinesfalls die sicheren Straßen verlassen.

Sinj

70 Kilometer südlich von Knin liegt die Stadt Sinj, die sich vor allem mit ihren alljährlich stattfindenden bunten Ritterspielen einen Namen gemacht hat: **Sinjska Alka** (siehe Kasten gegenüber). Die Einheimischen sind jedenfalls überaus stolz auf dieses Event, das immer auch wahre Menschenmassen anzieht.

Neben den Ritterspielen lohnt auch das **Franziskanerkloster** einen Besuch. Dort ist das berühmteste Gemälde der Stadt zu bewundern, die „Gospa Sinjska" („Madonna von Sinj"). Das Werk eines unbekannten venezianischen

Der Wasserfall Topolskij Buk bei Knin ist die Quelle des Flusses Krka

INSIDERTIPP

Wer vorhat, die Ritterspiele zu besuchen, sollte vor dem Aufbruch nach Sinj über die Touristeninformation in Split einen Sitzplatz reservieren. Das Ereignis ist aber in jedem Fall den Ausflug wert – auch ohne Sitzplatz.

TOM JACKSON
NATIONAL GEOGRAPHIC-
Mitarbeiter

Künstlers aus dem 16. Jahrhundert spielte im Volksglauben eine bedeutende Rolle, als Sinj das eigentlich überlegene osmanische Heer 1715 auf wundersame Weise besiegen konnte.

Imotski

Hinter dem hoch aufragenden Biokovo-Gebirge versteckt sich nicht weit von der bosnischen Grenze entfernt die Stadt Imotski. Hauptgrund für einen Besuch sind die beiden imposanten Karstseen, der **Blaue See (**Modro Jezero**)** und der **Rote See** (Crveno Jezero). Die beiden Seen sind von bis zu 240 Meter hohen Felswänden umgeben und bildeten sich aus, als die Kalkoberfläche samt unterirdischem Höhlensystem einbrach.

Der Blaue See ist bei Schwimmern beliebt; Wanderer finden hier mehrere einfache, gut konzipierte Wanderwege, die noch aus der Zeit stammen, als die Gegend zur Österreich-Ungarischen Monarchie gehörte. Für die Benutzung der Wege ist eine geringe Gebühr zu entrichten.

Das Wasser des Roten Sees soll angeblich bis zu 300 Meter tief sein – was bedeutet, dass der Grund des Sees unter dem Meeresspiegel liegt; doch die genaue Tiefe weiß eigentlich niemand. Der Wasserstand des Blauen Sees wechselt mit der Jahreszeit. Er kann im Frühling nach der Schneeschmelze sehr hoch sein; im Spätsommer ist der See hingegen oft komplett ausgetrocknet - und wird dann gern als Fußballplatz genutzt!

Imotski

⬛ 227 C1

Besucherinformation

✉ Jezeranska bb

☎ 021 842 221

www.tz-imotski.hr

ERLEBNIS:
Besuch des Sinjska Alka

Bei den jährlich stattfindenden Ritterspielen in Sinji, Sinjska Alka *(www.tzsinj.hr)*, treten Lanzenstecher in traditioneller Tracht gegeneinander an. Sie müssen in vollem Galopp hoch zu Ross ein Ziel mit ihrer Lanze treffen. Dieses Ziel, die *alka*, besteht aus zwei mit Metallstäben verbundenen Ringen. Die Wettkämpfer heißen entsprechend *alkari*. Das Event erinnert an den Sieg über das osmanische Heer 1715 und wird am ersten Sonntag im August drei Tage lang gefeiert. Ältere Männer lassen sich für diesen Anlass gern einen buschigen Schnauzbart wachsen.

Zvonimir Boban, einer der berühmtesten Fußballstars Kroatiens, kommt aus Imotski. Boban spielte 51-mal für Kroatien und war bei der Weltmeisterschaft 1998, als Kroatien den dritten Platz belegte, Mannschaftskapitän. Er besitzt in Zagreb (siehe S. 56ff) eine beliebte Bar (Boban-Bar), die einen Besuch wert ist, auch wenn man sich nicht sonderlich für kroatischen Fußball interessiert. ■

Dubrovnik, die felsige Halbinsel Pelješac und die beschaulichen
Inseln vor der Küste Dubrovniks

Süddalmatien

Blick über die Dächer von Dubrovnik auf die Kathedrale mit ihrer Kuppel

Süddalmatien

Zu Süddalmatien gehören die Stadt Dubrovnik – von der Unesco zum Welterbe erklärt –, die schmale Halbinsel Pelješac, aber auch die Inseln Korčula, Mljet und Lastovo sowie die Elaphiten- Inseln, die näher an der Küste liegen. Drei Jahrhunderte – bis zur Auflösung durch Napoleon – bildete diese Region die Republik Ragusa. Dubrovnik war bis nach dem Ersten Weltkrieg unter diesem Namen bekannt.

In der Altstadt von Dubrovnik finden sich viele Cafés, wo man die Welt an sich vorüber ziehen lassen kann

Der englische Dichter und Abenteurer Lord Byron, der im 18. Jahrhundert lebte und wirkte, beschrieb Dubrovnik als „Perle der Adria", und wirklich ist die Stadt eine der schönsten Kroatiens. Sie beeindruckt mit ihrer langen Seefahrtsgeschichte, mit ihrem liberalen Regierungsstil, aber auch mit den außergewöhnlich gut erhaltenen Befestigungsanlagen. Bereits Anfang des 15. Jahrhunderts hatte die Stadt die Sklaverei abgeschafft – 400 Jahre vor den USA –, ein öffentliches Gesundheitssystem eingeführt und eines der ersten Waisenhäuser in Europa eingerichtet. Außerdem schützte sich Dubrovnik durch ein Quarantäneprogramm vor der Pest,

wiederum eines der ersten Europas. All das gelang Dubrovnik ohne eigene Armee – die Stadt verließ sich lieber auf umsichtige Diplomatie und ihren Wohlstand, den sie durch den Seehandel erlangt hatte.

Südlich von Dubrovnik liegt das Städtchen Cavtat, die ehemals griechische Kolonie Epidaurum. Nach der Plünderung der Stadt im 7. Jahrhundert zogen die Einwohner ein Stück die Küste hinauf, um dort Ragusa zu gründen; es sollten sich bald slawische Nachbarn hinzugesellen, die den heutigen Stadtkern anlegten.

Hinter dem Städtchen Cavtat verläuft die Grenze zu Montenegro. Jenseits der Grenze

Zur Orientierung

erstreckt sich, verlockend nah, die herrliche, vielgerühmte Bucht von Kotor.

Nordwestlich von Dubrovnik wartet die Halbinsel Pelješac mit weiteren sehenswerten Wehranlagen auf, welche die Stadt Ston umgeben und sich über die ganze Halbinsel erstrecken. Die Salinen, für die die Stadt heute noch bekannt ist, trugen einst viel zum Reichtum Ragusas bei. Weiter nördlich auf der Halbinsel wird in der Region Dingač einer der besten Rotweine Kroatiens gekeltert. Vor der Halbinsel reihen sich die winzigen Elaphiten-Inseln auf.

Von der Halbinsel Pelješac nur durch einen schmalen Meeresarm getrennt, beeindruckt die mittelalterliche Stadt Korčula, eine der schönsten der Adria. Von hier soll angeblich der Forscher Marco Polo stammen, dessen Tagebücher die Reiseliteratur wie auch die Wahrnehmung Südostasiens durch den Westen geprägt haben. Südlich von Korčula und Pelješac liegt die Insel Mljet mit einem der beliebtesten Nationalparks Kroatiens, der mit üppigen Wäldern und zwei

NICHT VERSÄUMEN

Auf den Stadtmauern von Dubrovnik die Altstadt umrunden, die zu den stimmungsvollsten und schönsten Flecken Kroatiens zählt   244

Die Austern probieren, die an der Küste von Mali Ston gezüchtet werden   257

Den Berg Sveti Ilija erklimmen, um den fantastischen Blick über die dalmatinische Küste zu genießen 258

Der mittelalterlichen Stadt Korčula einen Besuch abstatten, in der angeblich der Seefahrer Marco Polo zur Welt kam   262

Dem *Moreška*-Säbeltanz zuschauen, der auf der Insel Korčula vorgeführt wird   263

Die Salzwasserseen und mediterranen Primärwälder im Nationalpark Mljet erkunden   268

idyllischen Salzwasserseen aufwartet. Am weitesten vom Festland entfernt präsentiert sich die Insel Lastovo als wunderschönes Naturreservat. Hierher verschlägt es nur wenige Besucher – trotz des ausschweifenden Karnevals im Frühjahr, der in Kroatien seinesgleichen sucht. ∎

Dubrovnik

Dubrovnik, wohl die bekannteste Stadt Kroatiens, ist wegen ihrer Fülle an interessanten Sehenswürdigkeiten, die von mittelalterlichen Stadtmauern umschlossen werden, schlichtweg grandios. Sehens- und Erlebenswertes gibt es so vieles, dass sich mehrere Urlaubstage mit der Besichtigung der Stadt füllen lassen. Doch auch in der Region wartet viel Interessantes, etwa die Quarantänehäuser oder der Berg Srđ.

Im Schutz massiver Mauern und Türme: die Altstadt von Dubrovnik

Die Altstadt von Dubrovnik liegt auf einer felsigen Landzunge, die auf allen Seiten massive, uneinnehmbar wirkende Mauern umgeben. Die Altstadt selbst wird durch die Stradun zweigeteilt, eine breite, elegante Straße, von der zig kleinere Straßen im rechten Winkel abzweigen. Fast alle wichtigen Sehenswürdigkeiten von Dubrovnik liegen innerhalb der alten Stadtmauern – und es sind Unmengen: von Kirchen und Klöstern über Museen bis hin zu alten Palästen. Sie lassen sich mühelos zu Fuß erreichen – Autos wurden aus der Altstadt sowieso verbannt. Die Ostseite der Altstadt nimmt der alte Hafen ein. Östlich der Altstadt erstreckt sich der noble Vorort Ploče, während im Westen die Vorstädte Lapad, Babin Kuk und Gruž liegen. Über der Altstadt ragt der bekannte Berg Srđ auf.

Der Flughafen von Dubrovnik befindet sich in Ćilipi, rund 20 Kilometer südlich der Stadt; es verkehren Shuttlebusse. Stadtbusse, die am Pile-Tor abfahren, verbinden die Altstadt mit den Vororten. Der Intercity-Busbahnhof und der Hauptfährhafen befinden sich in

Gruž. Es verkehren Schiffe nach Split und Rijeka, zur Stadt Korčula hinüber, nach Sobra auf Mljet sowie zu den Elaphiten-Inseln (Šipan, Lopud und Koločep). Zudem fahren Fähren nach Bari in Italien. Am Hafen in der Altstadt legen die lokalen Fähren nach Cavtat und Lokrum ab. Wer mit dem eigenen Auto unterwegs ist, wird feststellen, dass das Parken im Umkreis der Altstadt schwierig und zudem ein kostspieliger Spaß ist. Am besten stellt man den Wagen am Parkplatz Gruž ab und geht von dort zu Fuß – oder nimmt ein Taxi. Bahnverbindungen nach Dubrovnik gibt es keine.

Stadtmauern

Dubrovniks mittelalterliche Stadtmauern gehören zu den am besten erhaltenen in ganz Europa. Sie prägen die Altstadt und gelten als das Wahrzeichen Kroatiens schlechthin. Die Stadtmauern sind knapp zwei Kilometer lang, bis zu 25 Meter hoch und an manchen Stellen sechs Meter dick. Zwölf rechteckige Türme und drei Rundtürme, zwei Ecktürme und fünf Bastionen sowie eine große Festung bilden die Wehranlagen.

An der Landseite ragt ein zweiter äußerer Mauergürtel auf; er ist etwas niedriger als die Hauptmauer und mit weiteren zehn halbrunden Bastionen bestückt; ursprünglich verlief hier noch ein Graben zwischen den beiden Mauergürteln. Außerhalb der beiden Mauern befinden sich zwei weitere Festungen, die **Festung Lovrijenac** auf der Landzunge westlich der Festung Bokar und die **Festung Revelin** am Ploče-Tor.

Der Bau der Mauern begann im 8. Jahrhundert. Bis zum 12. Jahrhundert war bereits die ganze Stadt von Mauern umgeben. Vom 14. bis 17. Jahrhundert wurden sie noch erweitert, um der zunehmenden Bedrohung durch die Osmanen und Venedig entgegenwirken zu können.

Die größte Festung, die **Tvrđa na Sveti Ivan**, wurde von 1346 bis 1557 in mehreren Etappen errichtet. Am Bau der Türme waren führende Baumeister ihrer Zeit beteiligt, darunter der Florentiner Michelozzo Michelozzi und Juraj Dalmatinac aus Zadar. Nach dem Krieg in den 1990er Jahren fielen Restaurierungsmaßnahmen an.

Auf den Mauern unterwegs:

Der Hauptzugang, der zur Mauer hinaufführt, befindet sich im Pile-Tor; es gibt jedoch zwei weitere Zugänge, nämlich in der Sv. Dominika (am Dominikanerkloster) und in der Kneža Damjana Jude (bei

Dubrovnik

🗺 239 C1

Besucherinformation

✉ Brsalje 5

☎ 020 312 011

www.tzdubrovnik.hr

INSIDERTIPP

Es ist herrlich, die Stadtmauer von Dubrovnik abzulaufen – nur nicht, wenn ein Kreuzfahrtschiff gerade seine Passagiere ausspuckt. Dann geht es zu wie in einer Großstadt während der Stoßzeiten.

MONICA EKMAN
National Geographic-Mitarbeiterin

der Festung Lowrjenac). Zum – meistbenutzten – **Pile-Tor** aus dem 15. Jahrhundert im Westen der Altstadt gelangt man über eine Zugbrücke aus Holz, über der eine Statue des hl. Blasius (Sv. Vlaho) aufragt, des Schutzheiligen der Stadt, der sich bei einem Bummel durch die Altstadt immer wieder zeigt. In einer Nische im Tor befindet sich ein zweiter hl. Blasius, diesmal ein Werk von Ivan Meštrović (siehe S. 62).

Stradun & Umgebung

Das Pile-Tor führt auf die **Stradun** (auch: Placa), die breite Hauptachse zwischen dem Pile-Tor und dem Ploče-Tor, die sich am hinteren Ende noch verbreitert; die vielen Passanten haben im Lauf der Jahrhunderte das Kalksteinpflaster ausgetreten. Die Stradun fungierte früher auch als Trennlinie zwischen dem Areal, das die ehemaligen Einwohner von Cavtat besiedelten (südlich der Stradun), nachdem ihre Stadt von den Awaren geplündert worden war, und dem Gebiet, das später die Slawen bewohnten (nördlich der Stradun).

Wo heute die Stradun verläuft, befand sich ursprünglich ein Sumpfgebiet, das erst zu einer Straße ausgebaut wurde, als sich die beiden Gemeinden im Lauf der Jahrhunderte zusammenschlossen; das Pflaster stammt aus dem 15. Jahrhundert. Interessant sind die Geschäfte, deren Ladenfront

Der Große Onofrio-Brunnen war während des Krieges eine der wenigen Quellen für frisches Trinkwasser

Sommerfestival

Das Sommerfestival von Dubrovnik *(www. dubrovnik-festival.hr)* ist eines der größten Kroatiens und existiert schon seit 1950. Es findet alljährlich 45 Tage lang im Juli und August statt. Zu sehen ist ein erlesenes Programm mit Musik, Oper und Tanz, bei dem einheimische und internationale Künstler ihr Können unter Beweis stellen.

Ein Großteil des Festivals wird in der Altstadt abgehalten, die sich dann in eine riesige Open-Air-Bühne verwandelt. Eröffnet wird das Sommerfestival mit einer Zeremonie am Luža-Platz, der sich im Herzen der Altstadt befindet – anschließend feiern Einheimische und Besucher die ganze Nacht ausgelassen weiter.

aus einer Kombination von Tür und Schaufenster besteht, die es ermöglichte, den geschlossenen unteren Teil als Tresen zu verwenden, ein Architekturmerkmal, das als *na koljeno* bezeichnet wird.

Am Pile-Tor befindet sich rechts ein kleiner Platz mit dem **Großen Onofrio-Brunnen**, ein 16-eckiges Bauwerk mit Kuppel. Der Brunnen wurde 1444 als Zisterne erbaut, um die Stadt mit Trinkwasser zu versorgen. Aus den 16 Wasserspeiern in Form von Köpfen sprudelte im letzten Krieg während der Belagerung das einzig verfügbare Trinkwasser. Der gewaltige Brunnen ist nach dem Architekten benannt, der ihn entwarf: Onofrio della Cava aus Neapel.

Hinter dem Brunnen erhebt sich am anderen Ende des Platzes das **Klarissinenkloster** (Samostan Sveta Klara) aus dem 13. Jahrhundert, von Napoleon 1806 aufgelöst. Hier befand sich seit dem 15. Jahrhundert ein Waisenhaus, heute wartet im schön restaurierten Kreuzgang ein Restaurant. Ein Stück weiter ragt in der Gariště die kleine **Votivkirche St. Rochus** (Sveti Rok) aus dem 16. Jahrhundert auf, die zum Schutz vor der Pest errichtet wurde. An einer der Außenmauern steht in lateinischer Sprache: »Friede sei mit dir, aber bedenke, dass du sterben wirst, der du hier Ball spielst, 1597.«

Links vom Pile-Tor beeindruckt die kleine **Erlöserkirche** (Sveti Spas) aus dem 16. Jahrhundert; sie wurde nach dem Erdbeben von 1520 errichtet und ist ein Werk von Petar Andrijić aus Korčula. Hinter der Fassade mit dem Roset-

INSIDERTIPP

Wer sich am Wochenende auf einer Bank gegenüber einer Kirche niederlässt, kann zuschauen, wie sich Frischvermählte fotografieren lassen – ein strategisch günstiger Platz!

MONICA EKMAN
*NATIONAL GEOGRAPHIC-
Mitarbeiterin*

tenfenster verbirgt sich der gotische Kirchenraum; im Sommer finden hier manchmal Konzerte statt.

Franziskanerkirche: Gleich nach der Erlöserkirche gelangt man durch ein Portal aus dem späten *(Fortsetzung auf S. 246)*

Spaziergang durch Dubrovnik

Angesichts der Fülle an Sehenswürdigkeiten dauert eine Stadtbesichtigung in Dubrovnik ihre Zeit. Dieser Spaziergang zerfällt in zwei Teile, die sich an zwei Tagen unternehmen lassen – oder auch an einem mit einer Mittagspause dazwischen. In jedem Fall sollte man vormittags, bevor es zu heiß wird, einen Spaziergang auf der Stadtmauer einplanen.

Arkaden am Rektorenpalast

Auf der Stadtmauer

Man betritt die Altstadt durch das **Pile-Tor** ❶ (siehe S. 242), wo schon die erste Statue des Stadtpatrons, des hl. Blasius, ins Auge sticht. Nach dem Kauf einer Eintrittskarte *(€€€)* geht es links die Treppen zur Stadtmauer hinauf. Ein Blick auf die Stradun, dann spaziert man Richtung Süden (links) auf der Mauer zur Festung **Bokar** mit Aussicht über die Bucht, die Festung Lovrenac und die Altstadt. Interessant ist das Aquädukt, das mit zur Wasserversorgung gehört, die Onofrio della Cava ersann.

An der Südostecke der Stadtmauer gelangt man zur Festung **Sveti Ivan** ❷ (siehe S. 241), von der sich einst eine Eisenkette über den alten

NICHT VERSÄUMEN

Spaziergang auf der Stadtmauer
• Schatzkammer der Kathedrale
mit dem Reliquiar des hl. Blasius
• Mittagessen am Gundulić Platz

Hafen spannte – eine Vorsichtsmaßnahme. In Richtung Nordwestecke der Stadtmauer eröffnet sich ein herrlicher Blick auf das Dominikanerkloster. Hinter dem Turm **Sveti Jakov** ❸ geht es nun weiter hinauf. Von hier bietet sich über die nördliche Stadtmauer bis zur Festung

Minčeta ❹ , dem höchsten Punkt, eine unvergleichliche Aussicht auf die Altstadt. Der schönste Blick auf das Franziskanerkloster eröffnet sich oberhalb vom Kreuzgang beim Pile-Tor, an dem man nun die Mauer wieder verlässt.

In der Stadt

Die Wasserflasche kann man am **Großen Onofrio-Brunnen** (siehe S. 243) auffüllen, um dann zur **Stradun** weiterzubummeln. Erster Halt ist das **Franziskanerkloster** ❺ (siehe S. 246) links mit seinem herrlichen Kreuzgang. Weiter geht es zum **Luža-Platz** ❻ (siehe S. 246), wo sich während der Zeit der Republik das öffentliche Leben abspielte; dort beeindrucken der **Sponza-Palast** und die **Kirche St. Blasius.**

Nun biegt man rechts auf den Pod Dvorom ab, wo man zuerst den **Rektorenpalast** ❼ (siehe S. 250f), dann die **Kathedrale** (siehe S. 251f) und die **Schatzkammer** ❽ mit der Reliquie des hl. Blasius bewundert. Rechts geht es zum **Gundulić Platz** ❾ (siehe S. 252f), einem Marktplatz, an dem man sich zum Mittagessen

niederlassen sollte. Jetzt bummelt man zurück zum Luža-Platz, dann die schmale Gasse rechts bis zur Svetog Domenika hinauf, wo die **Dominikanerkirche mit dem Kloster** ❿ (siehe S.254f) beeindruckt.

Von der Kirche geht es Richtung Westen über die Prijeko (oder wieder zurück über die Stradun) bis zur Antuninska. Hier befindet sich die Galerie **War Photo Limited** ⓫ (siehe S. 254), in der internationale Fotografen ihre Kriegsfotos ausstellen. Nun spaziert man über die Stradun zum Pile-Tor zurück. Wer noch Zeit hat, kann die Altstadt auch durch das **Ploče-Tor verlassen und über die** Put Frana Supila dem Museum für Moderne Kunst (siehe Kasten S. 251) einen Besuch abstatten.

🅰	Siehe Karte S. 239
▶	Pile-Tor
🕒	5 Stunden
↔	3,5 km
▶	Pile-Tor

Treppen vor der Kathedrale von Dubrovnik: Priester auf dem Weg zur heiligen Messe

Franziskaner- kirche & Kloster

✉ Placa 2

☎ 020 321 410

💲 €€

15. Jahrhundert in die herrliche Franziskanerkirche mit Kloster. Am Portal ist eine Pietà zu sehen: Maria mit dem Leichnam Christi zwischen dem hl. Hieronymus und Johannes dem Täufer. Die Bauarbeiten an der Kirche begannen 1343. Das Erdbeben von 1667 beschädigte die Kirche schwer; sie musste größtenteils wiederaufgebaut werden. Der kroatische Dichter **Ivan Gundulić,** dessen Statue am Gundulić-Platz (siehe S. 252f) zu bewundern ist, liegt hier begraben.

Der wunderbare **Kreuzgang** des Klosters hat das Erdbeben von 1667 weitgehend unbeschadet überstanden. Die schlanken achteckigen Säulenpaare, deren Kapitelle miteinander verbunden sind, schmücken Köpfe, allerlei Tiere und Fabelwesen. Sie sind das Werk Mihoje Brajkovs aus Bar (Montenegro). Ein Kopf unweit vom Eingang soll ein Selbstporträt sein. Brajkov starb 1348 an der Pest; der Kreuzgang wurde von Mijen Radimislić und Leonard Stjepanov aus Florenz vollendet, dem auch das Kreuzgewölbe zugeschrieben wird.

Die Arkaden des Kreuzgangs umschließen einen kleinen **Garten** mit Bäumen und einem Brunnenkopf aus dem 15. Jahrhundert – eine schattige Oase der Ruhe, wenn es in Dubrovnik während der Hauptsaison hoch hergeht. Das Obergeschoss des Kreuzgangs (nicht zugänglich) datiert auch aus der Zeit nach dem Erdbeben von 1667. Die **Apotheke** aus dem Jahr 1317 soll die älteste in ganz Europa sein, und im kleinen **Museum** nicht weit vom Kreuzgang sind verschiedene Gefäße, Manuskripte, Mörser und Stößel aus dem 15. und 16. Jahrhundert zu bestaunen. Der **Glockenturm** stammt bis auf das obere Stück aus dem 15. Jahrhundert – dieses musste nach dem Erdbeben ersetzt werden.

Luža-Platz

Am östlichen Ende der Stradun liegt der Luža-Platz, das Zentrum des öffentlichen Lebens während der Zeit der Republik (siehe S. 248f). Mitten auf dem Platz ragt die **Rolandsäule** auf, die eine Skulptur aus dem frühen 15. Jahrhundert trägt: Roland, der sein Schwert schwingt. Sein Unterarm war das Standardmaß im alten

Ragusa und ist auch unten an der Säule noch einmal verzeichnet.

Der **Uhrturm** auf dem Platz stammte ursprünglich aus dem 15. Jahrhundert, wurde jedoch 1929 umgebaut. Seine Mechanik – zwei kleine grüne Männchen (Zelenci), die auf dem Glockenturm aus dem frühen 16. Jahrhundert mit dem Hammer die Stunde schlagen – befindet sich im Sponza-Palast. Ebenfalls am anderen Ende des Platzes steht der **Kleine Onofrio Brunnen**. Das achteckige Becken mit etwas ramponierten Skulpturenreliefs stammt aus der Mitte des 15. Jahrhunderts.

An der Nordseite des Luža-Platzes beeindruckt der elegante **Sponza-Palast** aus dem Jahr 1522, erbaut nach Entwürfen von Paskoje Milicevii. Die beiden Brüder Blaž und Petar Andrijii aus Korcula, die auch für die herrliche Fassade der Kathedrale von Korčula verantwortlich zeichnen, übernahmen die Steinmetzarbeiten. Der Sponza-Palast diente als Zollhaus, wurde aber auch schon als Münze, Waffenarsenal und Zisterne ge-

INSIDERTIPP

Nach einem Vormittag in der Stradun schmeckt ein Tintenfischrisotto (crni rizot), das mit der schwarzen Tinte der Tiere gefärbt wurde und auch die Zunge schwärzt – gut für ein witziges Foto.

ALISON INCE
NATIONAL GEOGRAPHIC-
Bibliothekarin

Sponza Palais

✉ Sponza Palais
☎ 020 321 032

nutzt. Eine lateinische Inschrift an der Wand lautet: „Wie wir die Waren wiegen, so wiegt Gott uns." Das Gebäude, das das Erdbeben von 1667 überdauerte, beherbergt heute ein Museum mit der originalen Innenausstattung des Uhrturms sowie das **Museum der Verteidiger Dubrovniks** mit berührenden Fotografien aller Menschen, die während der Belagerung 1991/92 (siehe Kasten unten) ums

(Fortsetzung auf S. 250)

Die Belagerung Dubrovniks

Wer durch das Pile-Tor die Altstadt betritt, kommt an einer kleinen Tafel vorbei, die auf die Geschehnisse hinweist, die sich vor hier 20 Jahren abspielten. Im Oktober 1991 gingen die JNA (Jugoslawische Volksarmee) und Milizen aus Montenegro rund um Dubrovnik in Stellung, um die Stadt bis zum August des Folgejahres zu belagern. Von den Bergen oberhalb der Stadt regnete ein gnadenloser Bombenhagel auf die Stätten des Unesco-Weltkulturerbes nieder – 70 Prozent der Häuser wurden getroffen. Seitdem

hat man Dubrovnik akribisch wieder aufgebaut. Wer jedoch bei seinem Spaziergang auf der Stadtmauer einen Blick auf die Hausdächer wirft, dem wird klar, wie verheerend die Schäden damals waren: Fast alle Dachziegel sind neu, mussten also nach dem Krieg ersetzt werden. Über 100 Zivilisten und 200 weitere Personen, die die Stadt verteidigten, kamen bei der Belagerung ums Leben. Ihrer gedenkt das Museum der Verteidiger Dubrovniks im Sponza-Palast (siehe S. 247).

Die Republik Ragusa

Dubrovnik wurde im 7. Jahrhundert von Flüchtlingen aus der benachbarten griechisch-römischen Kolonie Cavtat gegründet. Die Siedler nannten ihre Stadt Ragusa – nach dem Felsvorsprung, auf dem sie den Ort erbauten. Auf den bewaldeten Bergen gegenüber (*dubrava* bedeutet auf Kroatisch „Hain mit Bäumen") ließen sich in der Folgezeit Slawen nieder. Beide Siedlungen schlossen sich später zusammen, behielten den Namen Ragusa jedoch bis 1918 bei. Während des Königreichs Jugoslawien wurde daraus Dubrovnik.

Aus dem verschlafenen Städtchen Cavtat ging einst die mächtige Republik Ragusa hervor

Die Raguser erwiesen sich im Lauf ihrer langen Geschichte als gewitzte Diplomaten. 1358, als die Stadt an Ungarn überging — nachdem sie zuvor im 13. Jahrhundert an Venedig gefallen war –, willigte sie in die Zahlung eines jährlichen Schutzzolls an Ungarn ein, um als Gegenleistung fast völlige Autonomie zu erhalten. Als Dalmatien 1420 an Venedig rückverkauft wurde, behielt die Stadt ihre Beziehungen zu Ungarn bei und schützte sich auf diese Weise vor ihrem Rivalen an der Adria. Da sie auch den Osmanen Tributzahlungen leistete, erhielt die Stadt Handelsprivilegien im gesamten riesigen Osmanischen Reich. Durch Seehandel und die Kontrolle der Wirtschaft auf dem Festland erlangte Ragusa enormen Reichtum.

Auf der Höhe der Macht im 16. Jahrhundert erstreckte sich das Territorium der Republik nach Süden bis zur Bucht von Kotor (im heutigen Montenegro) und nach Norden bis Neum (im heutigen Bosnien); das Gebiet umfasste auch die Halbinsel Pelješac, die Inseln Korčula, Mljet, Lastovo sowie die Elaphiten-Inseln. Ragusa verfügte über eine Flotte von fast 200 Schiffen, die 1588 als Bestandteil der Spanischen Armada gegen England kämpfte.

Sozialpolitik

Ragusas Liste an sozialen Errungenschaften ist für europäische Verhältnisse, wie sie im Mittelalter herrschten, ungewöhnlich und erstaunlich lang. So besaß die Stadt 1432 ein öffentliches Gesundheitswesen, 1317 eine öffentliche Apotheke, eines der ersten Waisenhäuser Europas sowie eine unentgeltliche Heimstätte für alte Menschen – und das alles im 15. Jahrhundert. Die Sklaverei wurde 1416 abgeschafft — mehrere hundert Jahre vor den Nachbarstaaten. Außerdem wurde im 14. Jahrhundert nach der Pest eines der frühesten Quarantäneprogramme Europas ins Leben gerufen, um künftige Epidemien zu vermeiden; die Kranken wurden bis zu 40 Tage abgesondert. Zeugnisse all dieser Einrichtungen finden sich bis heute in der Stadt. Die Apotheke beim Kreuzgang des Franziskanerklosters kann besichtigt werden, die Heimstätte für alte Menschen wird als Altenheim weitergeführt, und die Quarantänehäuser dienen heute Künstlern als Ateliers.

Machtstruktur

Auch wenn eine strenge gesellschaftliche Hierarchie Eheschließungen zwischen Partnern unterschiedlicher Schichten verbot und die Macht somit bei den Adeligen blieb, verfügte Ragusa über eine klug durchdachte Machtstruktur. Die Gesetzgebung oblag dem Großrat, in dem alle Adeligen ab dem 18. Lebensjahr einen Sitz hatten; zudem gab es den Kleinen Rat mit elf Adeligen als Exekutive sowie den beratenden Senat und den Rektor oder Kne. Der Rektor – seit 1358 ein Einheimischer – wurde vom Kleinen Rat ernannt. Er hatte keine wirkliche Machtbefugnis und blieb nur einen Monat im Amt, um Korruption zu vermeiden; seine Wiederwahl war erst nach Ablauf von zwei Jahren möglich.

Niedergang

Das verheerende Erdbeben von 1667 verwüstete fast die ganze Stadt. Mit Ausnahme der Stadtmauern und einiger anderer Gebäude (darunter der herrliche Kreuzgang des Franziskanerklosters) musste Ragusa völlig neu aufgebaut werden. Mit der Einführung neuer Schiffsrouten ging es mit Ragusa langsam bergab, und 1806 war die Stadt nach monatelanger Belagerung durch die Russen gezwungen, sich dem Schutz Napoleons zu unterstellen.

1808 löste Napoleons Marschall Marmont die Republik Ragusa schließlich auf und integrierte sie in die illyrischen Provinzen Frankreichs, später kam Ragusa zu Österreich und war fortan lediglich eine Region an der dalmatinischen Küste. Während des Krieges in den 1990er Jahren wurde die Stadt mit ihren Sehenswürdigkeiten zehn Monate lang belagert und trug durch die Bombardierung enorme Schäden davon (siehe Kasten S. 247).

Cavtat

Die Stadt Cavtat (*www.tzcavtat-konavle. hr*), das griechische Epidaurus, verschwand nach den Übergriffen der Awaren im 17. Jahrhundert nicht völlig von der Landkarte. Heute präsentiert es sich als hübscher Ort am Meer, der sich mit der Buslinie 10 vom Pile-Tor mühelos erreichen lässt. Außerdem verkehrt vom alten Hafen in Dubrovnik eine Fähre. Vlaho Buhovac (1855–1922), einer der bekanntesten Maler Kroatiens, kam in Cavtat zur Welt. Sein ehemaliges Domizil ist heute ein Museum (**Kuia Bukovac**) mit Gemälden aller Schaffensperioden. Einen Blick lohnen auch das **Franziskanerkloster** aus dem späten 15. Jahrhundert und das **Stadtmuseum** im ehemaligen Rektorenpalast. Auf dem Friedhof oberhalb des Hafens befindet sich das beeindruckende **Mausoleum der Familie Racii**, das der Bildhauer Ivan Meštrovii 1923 vollendete.

Rektorenpalast

 Pred Dvorom 3

☎ 020 426 469

🕐 Im Winter So geschl.

Leben kamen. Außerdem befindet sich hier auch das **Staatsarchiv der Republik Ragusa**.

An der Südseite des Luža-Platzes ragt die Barockkirche **St. Blasius** (Sveti Vlaho) auf, des Schutzheiligen von Dubrovnik. Sie wurde 1706 bis 1714 an der Stelle errichtet, wo zuvor der Vorgänger-bau abgebrannt war, und ist das Werk des venezianischen Architek-ten Marino Gropelli, der die Kirche San Maurizio in Venedig nachem-pfand. Innen ist die Statue des hl. Blasius aus dem 15. Jahrhundert zu bewundern; sie ist aus Silber und Gold gefertigt und überdauer-te das Feuer. Der Heilige hält ein Modell in der Hand,, das Dubrov-nik um 1480, also vor dem verhee-renden Erdbeben von 1667 zeigt. Die bemalte Orgelempore aus dem frühen 18. Jahrhundert stammt von Petar Matejević (1670–1726).

Knežev Dvor

Südlich von St. Blasius präsentiert sich auf der anderen Seite des Pred Dvorom der Rektorenpalast (Knežev Dvor) in einer Mischung aus Renaissance- und gotischen Stilelementen – der einstige Sitz der Regierung von Ragusa. Er wur-de an der Stelle erbaut, wo früher ein befestigtes Gebäude stand, das bei einer Explosion zerstört wurde. Den „neuen" Rektorenpalast er-richtete Onofrio della Cava, der Mann, auf den auch die Trinkwas-

Beim Fest des hl. Blasius werden Reliquiare mit den sterblichen Resten des Heiligen durch die Stadt getragen

serversorgung der Stadt zurückgeht – doch auch dieser Palast flog
in die Luft. Die Sanierung führten
Juraj Dalmatinac (berühmt durch
die Kathedrale von Šibenik; siehe
S. 189) und Michelozzo Michelozzi
durch, die beide auch die Wehranlagen der Stadt schufen.

Der Palast präsentiert sich
außen mit einer herrlichen Arkade;
aus den kunstvoll gefertigten
Kapitellen wachsen gleichsam die
Rippengewölbe empor. Interessant ist das Kapitell ganz rechts
außen. Es zeigt Asklepios, den
griechischen Gott der Heilkunde.
Am Haupteingang beeindrucken
eine weitere Statue des hl. Blasius
sowie ein bronzener Löwenkopf
als Türklopfer. Im **Innenhof**, der
ebenfalls von Arkaden umstanden
ist, finden im Sommer manchmal
Konzerte statt. Hier befindet
sich eine Statue von Miho Pracat
(1528–1607), einem reichen
Kaufmann aus Lopud, der sein
Vermögen der Republik hinterließ.
Sie stellt die einzige Statue eines
Privatmanns dar, die damals
öffentlich aufgestellt wurde, und
stammt aus dem Jahr 1628.

Im Parterre befindet sich der
Große Ratssaal; an seinem Eingang werden die Ratsherren mit
einer lateinischen Inschrift er-
mahnt, ihre Privatangelegenheiten
zugunsten ihrer beruflichen Auf-
gaben zurückzustellen. In den
Räumen im Obergeschoss präsentiert ein **Museum** Stilmöbel und
Gemälde. An der Ostseite des
Pred Dvorom befindet sich neben
anderen Gebäuden auch das
ehemalige **Rathaus**, heute das
bekannteste Café der Stadt
(Gradska Kavana).

Außerhalb der Altstadt

Dubrovniks **Museum für Moderne Kunst**,
ein Stück östlich der Altstadt im Stadtviertel
Ploče, präsentiert Werke vieler renommier-
ter kroatischer Maler, darunter Ivan Meštrović, Vlaho Bukovac und Frano Kršić, aber
auch eine interessante Sammlung von Arbeiten zeitgenössischer Künstler der Region.
Das Gebäude stammt aus den 1930er Jahren
und wurde als Domizil für den reichen Geschäftsmann Božo Banac erbaut; seit 1950
fungiert es als Museum.

In dieser Gegend finden sich viele restaurierte Quarantänehäuser *(Lazareti)* aus dem
17. Jahrhundert. Nördlich der Altstadt ragt
der steile, 412 Meter hohe Berg **Srđ** auf, von
dem aus Dubrovnik in den 1990er Jahren
bombardiert wurde. Ein steiler Weg führt an
der Držvana Cesta nach oben.

Kathedrale

Die heutige Kathedrale von Dub-
rovnik wurde von 1672 bis 1713 an
der Stelle erbaut, wo einst eine ro-
manische Kathedrale stand, die mit
Geldern des englischen Königs
Richard Löwenherz (siehe Kasten
S. 253) finanziert worden sein soll
und dann dem Erdbeben zum Op-
fer fiel. Die „neue" Kathedrale, ein
Entwurf von Andrea Buffalini aus
Urbino, basiert auf einem Kreuz als
Grundriss. Außen säumen diverse
Heilige die Balustrade. Innen be-
eindruckt ein großes Gemälde von
Tizian bzw. seiner Schule über dem
Altar, der ungewöhnlicherweise
nach Westen ausgerichtet ist.

Die **Schatzkammer** der Kathedrale (Riznica Katedrale) enthält
über 130 Reliquien aus dem 11. bis
19. Jahrhundert, darunter den
Kopf, ein Bein und die Arme des
hl. Blasius, die 1026 Byzanz abge-
kauft wurden. Sie sind in goldenen

Kathedrale von Dubrovnik

- ✉ Držićeva Poljana
- ☎ 020 323 459
- 💲 €

Museum für Moderne Kunst

- ✉ Put Frana
  Supila 23
- ☎ 020 426 590
- 🕐 Mo geschl.
- www.ugdubrovnik.hr

Von einer der vielen Festungsanlagen Dubrovniks ist die Insel Lokrum zu sehen

Schifffahrts-museum

✉ Festung Sveti Ivan

☎ 020 323 904

🕐 Mo geschl.

💲 €€

Aquarium

✉ Kneža Damjana Jude 12

☎ 020 427 937

www.imp-du.com

Reliquienschreinen aufbewahrt, die einheimische Kunsthandwerker im 11. und 12. Jahrhundert fertigten. Der Kopf des Heiligen befindet sich in einem filigranen Schrein aus Silber und Gold in der Form einer byzantinischen Krone und ist mit 24 byzantinischen Emailletäfelchen aus dem 12. Jahrhundert verziert. Die Schatzkammer birgt auch ein Fragment des Kreuzes Christi sowie einen wunderschönen Wasserkrug mit zugehöriger Schale aus dem 16. Jahrhundert, der mit Tieren und Blättern dekoriert ist. Beim Fest des hl. Blasius (3. Feb.) werden diese Schätze im Rahmen einer Prozession durch die Altstadt getragen.

In früherer Zeit, als die Republik Ragusa noch bestand, war es nicht einfach, in die Schatzkammer zu gelangen; man brauchte dazu eine Sondergenehmigung des Großrats, des Bischofs und des Schatzmeisters, die alle einen eigenen Schlüssel besaßen, mit denen sich die Tür dann aufsperren ließ.

Pustjerna & Prijeka

Schräg gegenüber der Kathedrale versteckt sich im Viertel Pustjerna unterhalb der Stadtmauer die **Kirche Unserer lieben Frau vom Berg Karmel** (Gospe od Karmena) aus dem 17. Jahrhundert, die mit drei Glocken auftrumpfen kann.

In der wuchtigen Festung Sveti Ivan nimmt das **Schifffahrtsmuseum** gleich zwei Etagen ein. Es dokumentiert die Bedeutung der Seefahrt für Dubrovnik. Hier befindet sich auch das **Aquarium**, das dem Institut für Meeres- und Küstenforschung der Universität untersteht.

INSIDERTIPP

Wer am Nachmittag der Hitze und den Menschenmassen entfliehen möchte, sollte mit dem Bus nach Norden zum Botanischen Garten von Trsteno fahren.

GRACE FIELDER
NATIONAL GEOGRAPHIC-
Mitarbeiterin

Hinter der Kathedrale in Richtung Stradun erstreckt sich der hübsche alte Marktplatz, der **Gundulić-Platz**, mit vielen Restaurants und Cafés. Morgens findet hier ein eher bescheidener **Markt** statt; an den Ständen sind Obst und Gemüse, Honig und Oliven, aber auch Kunsthandwerk erhältlich.

Die Mitte des Platzes nimmt die Statue von **Ivan Gundulić** ein, einem kroatischen Dichter, der 1589 in Dubrovnik geboren wurde. Er ist auf dem 50-Kuna-Geldscheien abgebildet. Die Statue stammt von dem großen kroatischen Bildhauer Ivan Rendić (1849–1932). Sie datiert aus dem Jahr 1892 und ist mit Szenen aus Gundulićs bekanntestem Werk geschmückt, dem Epos „Osman". Einen Blick lohnt der **Brunnen mit Löwenkopf** in der Ecke beim Supermarkt.

Südlich des Gundulić-Platzes führt eine lange Treppe – sie ist der Spanischen Treppe im Rom nachempfunden – zur Jesuitenkirche **St. Ignatius** aus dem frühen 18. Jahrhundert hinauf. Die Kirche ist ein Entwurf des italienischen Künstlers, Architekten und Jesuiten Andrea Pozzo (1642–1709), der

sich vom Gotteshaus Il Gesù in Rom inspirieren ließ.

Westlich vom Gundulić-Platz befindet sich in der Od Puća, vorbei an der kleinen **Moschee** *(džamija)*, das **Ikonenmuseum** in einem Gebäude, das ursprünglich einer einheimischen Adelsfamilie gehörte. Das Museum präsentiert eine hervorragende Ikonensammlung aus dem 15. bis 19. Jahrhundert, darunter auch einige Werke des kroatischen Malers Vlaho Bukovac (1855–1922). Gleich in der Nähe datiert die **Serbisch-orthodoxe Kirche** aus dem späten 19. Jahrhundert. Ein kleines Stück weiter befindet sich in der Od Puča das Domizil des Renaissance-Dramatikers Marin Držić, heute ein kleines Museum. Südlich von hier in Richtung Stadtmauer ist das **Ethnografische Museum** in einem Kornspeicher aus dem 16. Jahrhundert untergebracht.

Ikonenmuseum

- ✉ Od Puća 8
- ☎ 020 323 283
- 🕐 Wochenende geschl.
- 💲 €

Haus von Marin Držić

- ✉ Široka 7
- ☎ 020 420 490
- 🕐 So geschl.
- 💲 €

Ethnografisches Museum

- ✉ Od Rupa 3
- ☎ 020 412 545
- 🕐 So geschl.
- **www.mdc.hr/ dubrovnik/eng/ etnografski/ index.html**

Lokrum

Nur 15 Minuten sind es vom Alten Hafen in Dubrovnik zum winzigen Eiland Lokrum, einem Naturpark, der in perfektem Kontrast zum historisch und architektonisch interessanten Dubrovnik steht. Der Überlieferung nach erlitt der englische König Richard Löwenherz hier 1192 auf dem Rückweg von einem Kreuzzug Schiffbruch. Aus Dank für seine Rettung gelobte er, auf der Insel eine Kirche zu errichten, doch die Dubrovniker Adeligen überredeten ihn, das Geld lieber für den Bau der Kathedrale zu spenden. Ob diese Geschichte nun stimmt oder nicht – die Insel ist jedenfalls einen Besuch wert. Es macht Spaß, den felsigen Strand entlangzuwandern und den alten Botanischen Garten sowie die Ruinen des französischen Forts zu besuchen, von dem aus sich ein herrlicher Blick auf die Altstadt von Dubrovnik bietet.

Nach Montenegro

Dubrovnik ist nur 45 Kilometer von der Grenze nach Montenegro entfernt, und so lässt sich das an der gleichnamigen Bucht gelegene Kotor mit seiner herrlichen, von der Unesco ins Weltkulturerbe aufgenommenen Altstadt mühelos im Rahmen eines Tagesausflugs besichtigen. Reiseveranstalter in Dubrovnik bieten Tagesausflüge an, außerdem verkehrt morgens ein Bus von Dubrovnik, der nachmittags von Herceg Novi wieder zurückfährt. Alternativ kann man vom Flughafen in Cilipi mit dem Taxi nach Herceg Novi in Montenegro fahren; dort geht es dann mit dem öffentlichen Bus weiter zur fotogenen Bucht von Kotor samt den winzigen Eilanden Sveti Djordje und Gospa od Škrplja. (Da auf der Rückfahrt von Herceg Novi nicht alle Taxifahrer die Grenze nach Kroatien überqueren, muss man gegebenenfalls dort ein weiteres – teures! – Taxi nehmen.) Für die Einreise nach Montenegro benötigen EU-Bürger lediglich einen gültigen Personalausweis, Schweizer Staatsbürger einen Reisepass.

War Photo Limited

✉ Antuninska 6

☎ 020 322 166

🕐 Nov.–April geschl; Mai & Okt. Mo geschl.

www.warphoto ltd.com

Dominikaner-kirche & Kloster

✉ Sv Dominika 4

☎ 020 321 423

💲 €€ (Museum)

Die **Prijeka,** eine Straße mit zahlreichen Lokalen, verläuft parallel zur Stradun Richtung Norden; mittags sollte man sich den Besuch sparen – dann ist alles überfüllt.

In der **Antuniška,** einer schmalen Straße, die von der Stradun abzweigt, ist das oft verstörende **War Photo Limited** zu Hause, das der in Neuseeland geborene Fotograf Wade Goddard 2003 gründete. Anliegen der Ausstellung ist es, den Krieg in all seiner Grausamkeit zu zeigen. Zur Sammlung gehören Fotos von Krisengebieten in aller Welt, aufgenommen von renommierten Fotografen.

In der **Žudioska,** die ebenfalls von der Stradun abzweigt, steht die **Synagoge** von Dubrovnik, die zweitälteste Europas, die im Zweiten Weltkrieg noch in Betrieb war. Am Ende der Prijeka ragt die **Kirche St. Nikolaus** (Sveti Nikola) auf; sie wurde, von einigen vorromanischen Elementen abgesehen, im 17. Jahrhundert umgebaut.

Dominikanerkirche & Kloster

Am Ende der Prijeka will in der Sv. Dominika die Dominikanerkir-

INSIDERTIPP

Die Synagoge in Prijeko zählt nicht unbedingt zum gängigen Besichtigungsprogramm, lohnt aber den Besuch. In der Nähe steht auch eine Moschee – Dubrovnik gibt sich seit Jahrhunderten multikulturell.

GRACE FIELDER

National Geographic-Mitarbeiterin

che mit Kloster bestaunt werden. Die Kirche stammt ursprünglich aus dem Jahr 1315, wurde jedoch mehrmals umgebaut und restauriert: einmal nach dem Erdbeben von 1667 und ein weiteres Mal, nachdem sie unter Napoleon als Stall zweckentfremdet worden war. Das Kloster hat im Lauf der Jahrhunderte ebenfalls gelitten, wurde jedoch erst unlängst restauriert. Die Kreuzgänge lassen noch die Wassertröge für die Pferde sehen, die von den Truppen Napoleons ins Mauerwerk geschlagen wurden.

In der imposanten Kirche in gotischem Stil imponiert neben anderen Kunstwerken eine monumentale **Kreuzigungsszene** aus dem 14. Jahrhundert, die vom venezianischen Maler Paolo Veneziano stammt, aber auch die **Steinkanzel** aus dem 15. Jahrhundert. In der Mitte des herrliche Kreuzgangs – das Werk einheimischer Künstler, die einen Entwurf des Florentiners Maso di Bartolomeo umsetzten – befindet sich ein idyllischer kleiner Hain mit Zitronenbäumen. Der **Brunnen** aus dem 16. Jahrhundert versorgte während der Belagerung von 1991 die Stadt mit Trinkwasser.

Das romanische Südportal der Kirche, an dem sich Treppenstufen befinden, die in die Stadt hinunterführen, lässt sich am schönsten von der Stadtmauer aus betrachten. Neben dem Südportal ragt die ehemalige **Kirche St. Sebastian** (Sveti Sebastijana) auf; im 15 Jahrhundert errichtet, wurde sie von Napoleon als Gefängnis benutzt.

Museum des Dominikanerklosters: Das interessante Museum des Dominikanerklosters (Muzej Dominikanskog Samostana) präsentiert ein Altarbild von Tizian aus dem 16. Jahrhundert, das den hl. Blasius mit Maria Magdalena und dem Erzengel Raphael zeigt, aber auch verschiedene andere Werke der Dubrovniker Schule des 15. und 16. Jahrhunderts, darunter das restaurierte Triptychon von Nikole Božidarevii (1460–1517); es zeigt den hl. Blasius, der ein Stadtmodell in der Hand hält, sowie den hl. Dominikus mit einem Modell der Kirche und des Klosters. Im Kloster befindet sich eine riesige **Bibliothek** mit 16 000 Büchern. ■

Originelles Detail im Stadtbild von Dubrovnik: Zwischen den Befestigungswällen wurde ein Küchengarten angelegt

Die Halbinsel Pelješac

Die schmale Halbinsel Pelješac erstreckt sich über rund 65 Kilometer von der schmalen Meerenge beim Städtchen Ston in Richtung Nordwesten. Der felsige Höhenzug gipfelt im Sveti Ilija bei Orebić nicht weit von der meerumtosten Landspitze. Die Küste der Halbinsel ist ebenso reizvoll wie die vorgelagerten Inseln und lässt sich genießen, ohne groß mit der Fähre übersetzen zu müssen – und Menschenmassen drängen sich hier auch keine.

Blick auf die schmale Meerenge zwischen Orebić und Korčula (oben rechts)

Auf Pelješac gab es mehrere illyrische Siedlungen, auch Griechen und Römer ließen sich nieder und errichteten kleinere Ortschaften. Die Osmanen brachten die Halbinsel ebenfalls in ihren Besitz. Anschließend gehörte Pelješac von 1333 bis 1808 zur Republik Ragusa. Napoleon begann mit dem Bau einer Straße, die unter österreichischer Herrschaft fortgeführt wurde.

Relativ wenige Besucher finden den Weg auf die Halbinsel. Und das, obwohl hier mittelalterliche Wehranlagen, elegante Renaissance-Anwesen aus der Zeit der Rebublik, köstliche Austern und einige hervorragende Weine locken, ganz zu schweigen von den besten Surfbedingungen in ganz Kroatien.

Auf der Halbinsel Pelješac verkehren mehrere Fähren von Orebić nach Korčula, von Trstenik nach

Mljet (nur im Sommer) sowie von Trpanj an der Nordseite der Insel nach Ploče auf dem Festland.

Ston

Ston besteht eigentlich aus zwei Siedlungen: **Mali Ston** (Klein-Ston) im Norden und **Veliki Ston** (Groß- Ston) im Süden. Der größere Ort wird gern einfach nur als Ston bezeichnet. Die Stadt liegt an der schmalsten Stelle, wo die Halbinsel Pelješac ihren Anfang nimmt, auf einer Landbrücke, welche die gebirgige Halbinsel mit dem Festland verbindet.

Das Wahrzeichen der Stadt sind die **mittelalterlichen Mauern** und Wehranlagen, die vom 14. bis 16. Jahrhundert erbaut wurden, als Pelješac zur Republik Ragusa (Dubrovnik) gehörte. Die Mauern schirmten die Halbinsel komplett vom Festland ab und zählen bis heute zu den beeindruckendsten Wehranlagen Kroatiens. Der Grund für die Errichtung der Mauern ist heute noch klar zu erkennen: In den Ebenen unterhalb der Stadt erstrecken sich die **Salinen** von Veliki Ston, die einen erheblichen Beitrag zum Wohlstand der Republik im Mittelalter leisteten.

Mali Ston ist auch für seine Austern berühmt, angeblich die besten des Landes; sie werden in der seichten Uferzone rund um Mali Ston gezüchtet. Diese Delikatesse sollte man sich nicht entgehen lassen – und andere Muscheln auch nicht. In Ston findet im Juli und August ein Sommerfestival mit Musik und Theater statt.

Veliki Ston ist trotz der Bombardierungen während des Zweiten Weltkriegs und des serbischen Bombenhagels in den 1990er Jahren erstaunlich gut erhalten. In dieser Region ereignete sich 1996 zudem ein schweres Erdbeben. So ist es eigentlich ein Wunder, dass überhaupt noch etwas steht – was zeigt, wie massiv die Mauern sind.

Über sechs Kilometer der Befestigungsmauern sind noch erhalten, außerdem 20 von ursprünglich 40 Türmen und Bastionen sowie diverse Festungen, darunter **Koruna** in Mali Ston, **Kaštio** in Veliki Ston und **Tvrđava Podzvizd** in erhöhter Lage zwischen den beiden Ortschaften. Zugang zu den Mauern hat man auf beiden Seiten in Veliki Ston oder auch über die Festung Koruna in Mali Ston. Wer Tvrđava Podzvizd erklimmt, wird mit einem herrlichen Blick über die Festungsanlagen, die Halbinsel Pelješac und die Insel Mljet in der Ferne belohnt.

Auf dem Hügel zwischen den beiden Orten lag einst die ursprüngliche Siedlung. Mit Geldern aus Ragusa entstanden

Ston

🏔 239 B1
Besucherinformation

✉ Pelješki put 1, Ston

☎ 020 754 452
www.ston.hr

ERLEBNIS:
Salzgewinnung in Ston

In den Salinen von Ston wird jedes Jahr von Juli bis September Salz geschöpft – ein Becken pro Tag, und zwar von Hand. Wer sich gerne beteiligen möchte, wendet sich an Ston Salt (Tel. 020 754 027, www.solanaston. hr)**, das vor Ort Arbeitscamps organisiert. Die Teilnehmer wohnen kostenlos in Privatzimmern, bekommen ein frühes Mittagessen (bereits zwischen 9 und 9.30 Uhr!) und dürfen gratis die Sommerkonzerte und andere Vorstellungen in Ston besuchen. Als Gegenleistung arbeiten sie von ca. sechs Uhr bis Mittag in den Salinen.**

Orebić

🅰 239 B2

Besucherinformation

✉ Trg Mimbeli bb

☎ 020 713 718

www.tz-orebic.com

Seefahrtmuseum

✉ Trg Mimbeli bb

☎ 020 713 009

🕐 Okt.–Mai geschl.

schließlich Mali und Veliki Ston. Auf dem Hügel ist noch immer die kleine frühromanische Kirche **St. Michael** (Sv. Mihael) zu bewundern; sie wurde um 1080 erbaut und beeindruckt mit den ältesten Fresken Kroatiens.

Interessante Gebäude in Veliki Ston sind der **Bischofspalast** aus dem 16. Jahrhundert und die **Kirche St. Nikolaus** (Sv. Nikola). Skulpturreliefs mit Darstellungen des hl. Blasius, des Schutzheiligen von Dubrovnik, zieren mehrere Gebäude sowohl in Mali wie auch in Veliki Ston.

Es verkehren regelmäßig Busse vom Busbahnhof Dubrovnik nach Ston; diese setzen die Fahrt bis zum Ende der Halbinsel nach Orebić fort (wo sie mit der Fähre nach Korčula übersetzen). Beide Orte

sind nicht weit voneinander entfernt – ein netter Spaziergang von gerade einmal 20 Minuten.

Orebić

Der kleine Küstenort Orebić liegt am Fuße des Berges **Sveti Ilija**. Bis zur Stadt Korčula auf der gleichnamigen Insel gegenüber ist es mit der Fähre nicht weit. Aufgrund seiner geschützten Lage verfügt die Ortschaft über ein angenehm mildes Klima.

Orebić, im 16. Jahrhundert Zentrum der Handelsflotte der Halbinsel, verströmt noch etwas vom alten Glanz der vergangenen Blütezeit. Die Gassen säumen herrschaftliche Häuser, die einst den reichen Kapitänen gehörten. Das Schifffahrtsmuseum zeichnet die lange Geschichte der Seefahrerstadt nach. Ein Stück außerhalb des Zentrums ist das Franziskanerkloster aus dem 15. Jahrhundert zu bewundern; hier führt ein Pfad zum Gipfel des Sveti Ilija (siehe Kasten links) hinauf.

Es verkehren regelmäßig Autofähren nach Korčula; wer nicht mit dem eigenen Wagen unter-

ERLEBNIS:
Den Sveti Ilija erklimmen

Der Sveti Ilija (St. Elias), der imposante Berg, der gegenüber von Korčula fast an der Spitze der Halbinsel Pelješac aufragt, kann mit den schönsten Wanderwegen der gesamten kroatischen Küste aufwarten. Los geht es unten auf Meereshöhe, dann führt der Weg bis zum 961 Meter hohen zerklüfteten Gipfel hinauf – der Blick über den gesamten Höhenzug bis hinüber nach Korčula ist einfach sagenhaft. Der gut markierte Weg beginnt in **Orebič**, passiert das Franziskanerkloster und führt kontinuierlich steil zum Gipfel hinauf. Für den Auf- und Abstieg sollte man insgesamt fünf Stunden einplanen. Trinkwasser gibt es unterwegs keines – das Brunnenwasser ist ungereinigt nicht genießbar; anfangs gibt es auch kaum Schatten. Weitere Informationen hält die Touristeninformation von Orebić *(www.tz-orebic.com)* bereit.

Auf der Halbinsel Pelješac: Kreuzgang im Franziskanerkloster von Ston

wegs ist, sollte jedoch besser eines der kleinen Passagierschiffe nehmen, die direkt die Altstadt von Korčula ansteuern; die Autofähren legen hingegen ein paar Kilometer außerhalb des Ortes an.

Westlich von Orebić

Rund sieben Kilometer westlich von Orebić liegt das kleine **Viganj,** das bei Campern hoch im Kurs steht und auch Surfer und andere Wassersportfans zu schätzen wissen. Hier werden regelmäßig die Kroatischen Meisterschaften im Windsurfen (siehe Kasten S. 261) ausgetragen.

Von Viganj ein Stück landeinwärts befindet sich die bedeutendste archäologische Stätte der Region, eine Höhle beim Dorf Nakovana. Dort wurden in jüngster Zeit wichtige Funde gemacht, darunter ein über 2000 Jahre alter **illyrischer Schrein**. Die Höhle wurde nach der Entdeckung versiegelt, um Plünderungen zu unterbinden.

Weinregion

Gleich östlich von Orebić wird in den Hügeln um **Dingač** einer der besten Rotweine Kroatiens angebaut. Der Wein aus Dingač ist dunkel, recht stark und wird aus der Plavac Mali-Traube gekeltert. Da in der Gegend die Hänge sehr steil sind, haben die Dorfbewohner in den 1970er Jahren einen Tunnel durch den Berg gegraben, um sich nicht auf Eseln zu den Weinstöcken hochkämpfen zu müssen. Mehrere Reisebüros bieten von Orebić, Korčula und Dubrovnik Ausflüge in diese Region an (siehe Reiseinformationen S. 319). ■

Die Inseln

Auf den süddalmatinischen Inseln können Reisende nach ein paar Tagen in Dubrovnik auch das „andere" Dalmatien kennenlernen. Die Inseln ermöglichen eine breite Palette an Aktivitäten, von Wassersport bis zu Strandfreuden, bieten aber auch Beschaulichkeit auf den Elaphiten-Inseln, den Nationalpark Mljet mit unberührter Natur, die herrliche mittelalterliche Altstadt von Korčula sowie das abgelegene Lastovo weit draußen in der Adria.

Die Insel Koločep ist ein Ort der Ruhe nach den Menschenmengen im nahen Dubrovnik

Elaphiten-Inseln

Es gibt sieben Elaphiten-Inseln, die zwischen der Halbinsel Pelješac im Westen und Dubrovnik die Küste säumen. Die drei größten sind Šipan, Lopud und Koločep, und dorthin lockt es auch die meisten Besucher.

Die Griechen, Römer und Südslawen erbauten hier alle ihre Siedlungen. Die Inseln unterstanden vom 11. Jahrhundert bis 1808 der Republik Ragusa (Dubrovnik). Lopud fungierte während der Republik als Verwaltungszentrum der Elaphiten und konnte auch eine recht beeindruckende Einwohnerzahl vorweisen, dazu über 30 Kirchen und eine riesige Flotte. Koločep galt bis zum 18. Jahrhundert als Zentrum der Korallenindustrie.

Heute strömen im Sommer zahlreiche Urlauber im Rahmen eines Tagesausflugs von Dubrovnik zu den Inseln; außerhalb der Hochsaison sind die Inseln allerdings fast menschenleer, und es findet sich kaum ein offener Laden.

Lopud: In Lopud, dem Hauptort der gleichnamigen Insel, sind nicht weit vom kleinen **Stadtmuseum**

und der **Schatzkammer** die Reste des **Rektorenpalasts** anzutreffen. Die Kirche gehörte einst zum Franziskanerkloster der Insel und kann innen mit einigen schönen venezianischen Gemälden aufwarten.

Landeinwärts liegt die Ruine einer **Festung**, und auf der anderen Seite der Insel erstreckt sich der besonders hübsche Strand **Šunj**, der sich in 30 Minuten zu Fuß erreichen lässt. Oberhalb ragt die **Kirche unserer lieben Frau von Šunj** (Gospa od Šunja) aus dem 15. Jahrhundert auf, die einen bemerkenswerten Altaraufsatz aus dem 16. Jahrhundert aufweist.

Šipan: Auf Šipan, der größten Elaphiten-Insel, gibt es zwei größere Ortschaften: **Šipanska Luka** und **Suđurađ**; sie sind sieben Kilometer voneinander entfernt, über eine Straße verbunden und liegen auch an der Schiffsroute nach Dubrovnik. In beiden Orten stehen zahlreiche verfallene **Paläste**, meist aus dem 15. und 16. Jahrhundert; an der Verbindungsstraße sind die Ruinen einer Festung sowie die interessante **Wehrkirche Sveti Duh** (Heiliggeistkirche) zu bestaunen.

Da es in einigen Ecken Šipans noch Landminen gibt, empfiehlt es sich, auf den befestigten Straßen zu bleiben und auch auf Warnschilder zu achten. Derzeit können viele Olivenhaine wegen der Landminen noch nicht genutzt werden.

Koločep: Der Hauptort von Koločep heißt **Donje Čelo**. In der Pfarrkirche aus dem 13. Jahrhundert lassen die Wände noch Fragmente der Vorgängerbauten erkennen.

INSIDERTIPP
Wer die grünen Elaphiten-Inseln außerhalb der Hochsaison besucht, sollte etwas zu trinken und zu essen mitnehmen. Es kann sein, dass alle Lokale und Geschäfte geschlossen sind.

BARBARA JACKSON
*NATIONAL GEOGRAPHIC-
Mitarbeiterin*

Von Dubrovnik verkehren Fähren zu allen drei Inseln; sie fahren zuerst Koločep an, dann Lopud und schließlich die beiden Ortschaften Suđurađ und Šipanska Luka auf der Insel Šipan. Bis der letzte Hafen erreicht ist, dauert die Fahrt gut 90 Minuten.

ERLEBNIS:
Mit dem Surfbrett unterwegs

Die dalmatinische Küste ist ein Eldorado für Surfer. Die Meerenge zwischen **Korčula** und der Halbinsel **Pelješac** (vor allem der Ort **Viganj**, westlich von Orebić) locken Könner aus aller Welt an. Surfer, die zwischen den Inseln und dem Festland auf den Wellen flitzen, sind ein gängiges Bild. In Viganj (*www.jutawind. com*) gibt es mehrere Schulen und Geschäfte, die Ausrüstung verleihen. Gute Surfbedingungen finden sich zudem in der Meerenge zwischen **Bol** auf der Insel Brač und der Insel **Hvar** (siehe S. 214ff). (*Die Strömung zwischen den Inseln, vor allem zwischen Brač und Hvar, ist oft sehr stark; es sollten sich deshalb nur erfahrene Surfer weiter von der Küste wegwagen.*)

Korčulas befestigte Altstadt wirkt wie eine Miniaturausgabe von Dubrovnik

Korčula

⚠ 239 B2

Besucherinformation

✉ Obala Vinka
   Paletina bb

☎ 020 715 867

www.visitkorcula.net

Korčula

Die Insel Korčula hieß in griechischer Zeit *Korkyra melaina* („schwarzes Korčula") – ein Hinweis auf die üppigen dunklen Kiefernwälder, die diese Insel von dem anderen Korkyra unterscheiden: das griechische Korfu.

Auf Korčula wurde im 4. Jahrhundert v. Chr. eine griechische Kolonie gegründet. Die Römer lösten 33 v. Chr. die Herrschaft der Illyrer ab; seit dem 6. Jahrhundert wechselten die Herrscher in rascher Folge: auf Byzanz folgte Venedig, das Königreich Kroatien, Ungarn und schließlich wieder Venedig. 1214 erlangte die Insel als eine der ersten Dalmatiens die Unabhängigkeit.

Im Jahr 1298 fand unweit der Insel eine Seeschlacht statt, bei der Genua Venedig besiegte. Im Zuge dieser Niederlage wurde Marco Polo, der vermutlich aus Korčula stammt (siehe Kasten S. 265), in Genua ins Gefängnis geworfen.

Im 16. Jahrhundert brach auf der Insel die Pest aus, und 1797 kamen Korčula und auch die Küste unter die Herrschaft Österreichs. Für kurze Zeit geriet die Insel auch unter die Kontrolle der Russen und Briten; im Ersten Weltkrieg wurde sie von Italien besetzt, im Zweiten Weltkrieg schließlich von Italien und Deutschland.

Die Stadt **Korčula** ist unbedingt einen Besuch wert. Sie wird von den Resten eines mittelalterlichen Mauergürtels umschlossen, der die von der Hauptachse im Fischgrätmuster ausgehenden Straßen umgibt. Die Stadt liegt auf einer kleinen Halbinsel am östlichen Ende der Insel; gegenüber ragt auf der Halbinsel Pelješac der zerklüftete Berg Sveti Ilija auf (siehe Kasten S. 258).

Obwohl die Stadt als eine der schönsten der Adria gilt, ist sie längst nicht so überlaufen wie Dubrovnik oder Hvar (siehe S. 214). Die Stadtmauer stammt

ERLEBNIS: *Moreška*-Säbeltanz

Der *Moreška*-Säbeltanz von Korčula führt eine fast tausend Jahre alte Tradition fort. Es handelt sich um einen der wenigen Tänze, die früher im gesamten Mittelmeerraum verbreitet waren. Ähnliche Tänze finden sich auch in Spanien, auf Korsika und in Süditalien.

Es git Vermutungen, dass die Moreška ursprünglich aus Italien oder Spanien stammt. Eine Komödie von Marin Dri aus dem Jahr 1548 erwähnt die Aufführung des Tanzes in Split. Von einer Vorführung in Korčula, der heutigen Hochburg des Säbeltanzes, ist erstmals im 18. Jahrhundert die Rede.

Der Tanz stellt den Kampf zwischen zwei Königen dar: dem Schwarzen König, der auch schwarz gekleidet ist, und dem Weißen König, der allerdings rote Gewänder trägt, sowie deren Soldaten. Auslöser für den Streit ist die Muslimin Bula, die allen Avancen des Schwarzen Königs zum Trotz an ihrer Liebe zum Weißen König festhält.

Der Tanz wird oft als Konflikt zwischen Christen und Muslimen beschrieben, was auf diverse andere Versionen des Tanzes durchaus zutreffen mag. Die Variante aus Korčula thematisiert hingegen die Rivalität zwischen den Osmanen und den Arabern. Der Name Moreška bedeutet „maurisch" und stellt somit eine Verbindung zu den traditionellen Moriskentänzern in England oder auch Deutschland her, die wohl ähnlichen Ursprungs sind.

Die Moreška wird in **Korčula** regelmäßig im Sommer aufgeführt. Veranstaltungsort ist zumeist das Open-Air-Kino links vom Revelin Turm, wenn man in die Altstadt kommt. In den meisten

Reisebüros vor Ort sind Eintrittskarten *(€€€)* erhältlich. Dem Tanz geht ein *Klapa-Konzert* (siehe S. 206) voraus. Die Vorstellungen dauern rund 45 Minuten (bei voller Länge zwei Stunden) und werden mit viel Elan dargeboten. Oft gehen dabei die Säbel zu Bruch. Wer mit kleinen Kindern unterwegs ist, sollte sich jedenfalls nicht unbedingt in die erste Reihe setzen.

Eine weitere Variante des Tanzes, die *Kumpanija,* hat sich ebenfalls in Korčula erhalten, wird gelegentlich aber auch andernorts auf der Insel gezeigt. Lokalvarianten der Moreška sind im nahen **Lumbarda** sowie in **Vela Luka** am Nordende der Insel zu bestaunen.

In der Altstadt von Korčula verausgaben sich die Tänzer und Tänzerinnen beim *Moreška*-Säbeltanz

Markus-Kathedrale

✉ Statuta 1214

🕐 Juli–Aug tägl.; Messe nur Sept.–Juni

aus dem 14. bis 16. Jahrhundert und war früher länger; einige Teile wurden im 19. Jahrhundert jedoch abgerissen.

Die Stadt Korčula pflegt den jahrhundertealten Brauch des *Moreška*-Säbeltanzes (siehe S. 263); er wird im Sommer regelmäßig aufgeführt – ein Erlebnis, das man sich nicht entgehen lassen sollte!

Altstadt: Wer von Süden die Altstadt betritt, kommt durch das **Land-Tor** (Kopnena Vrata) unten am **Revelin Turm**, der aus dem 14. Jahrhundert stammt. Bemerkenswert ist der venezianische Markuslöwe an der Fassade. Im Turm befindet sich das kleine **Moreška Museum,** vom Dach bietet sich ein schöner Blick über die Markus-Kathedrale und die Stadt bis zum Berg Sveti Ilija.

Im Tor befindet sich links eine Arkade, rechts ragt die kleine Kirche **St. Michael** (Sveti Mihovil) aus dem frühen 17. Jahrhundert auf. Nun geht es die schmale Hauptstraße, Ul Korčulanskog Statuta, zum **Markusplatz** (Trg Sv Marka) hinauf, der sich an die herrliche Markus-Kathedrale (Sveti Marko) anschließt.

Kathedrale & Bischofspalast: Die Kathedrale ist genaugenommen nur eine Pfarrkirche, denn der Bischofssitz besteht längst nicht mehr; dennoch hält sie, wie viele andere Gotteshäuser Kroatiens auch, an dieser Bezeichnung fest. Die Kathedrale ist größtenteils das Werk einheimischer Baumeister und wurde im frühen 15. Jahrhundert an der Stelle errichtet, wo sich zuvor eine andere Kirche befand.

Auf Korčula beeindrucken beim Gedenkfestival zu Ehren Marco Polos Schauspieler mit einer bunten Show

Die Kapelle an der Nordseite der Kathedrale kam erst 1525 hinzu.

Das Hauptportal ist mit schönem Figurenschmuck verziert und zeigt zwei Löwen, darunter Adam und Eva, beide nackt. Im Bogenfeld über dem Portal ist der hl. Markus zu sehen. Über dem Eingang beeindruckt ein **Rosettenfenster** mit vier Köpfen, noch weiter oben lässt das **Gesims** Löwenköpfe, einen menschlichen Torso, diverse Monster und - links – einen etwas seltsamen Elefanten sehen, wie man ihn sich im Mittelalter vorstellte. Am eindrucksvollsten wirkt die Fassade im frühen Abendlicht. In einer Nische rechts unten an der Fassade befindet sich die Figur des **hl. Theodor**, dem zweiten Stadtpatron. Im Kircheninneren ist ein Gemälde von Tintoretto (1518–94) zu bewundern; eine winzige Kapelle mit einem skulpierten Taufbecken, das ein Bronze-Christus überragt, befindet sich links hinter einer Tür.

Neben der Kathedrale erhebt sich der **Bischofspalast**, wobei die Fassade barock umgestaltet wurde und damit jünger ist als das Gebäude selbst. Hier ist die **Schatzkammer** der Kathedrale untergebracht. Gegenüber befindet sich auf der anderen Seite des Platzes das **Stadtmuseum** neben einem hübschen gotischen **Palast**.

Auf einem kleinen Platz auf der rechten Seite der Kathedrale ragt die kleine Kirche St. Peter (Sv. Petar) auf, das älteste Gotteshaus Korčulas. Die ursprünglich romanische Kirche wurde 1338 umgebaut und lässt nun Holzfiguren der zwölf Apostel aus dem 17. Jahrhundert sehen.

Marco Polo

Berühmtester Sohn Korčulas ist zweifelsohne Marco Polo (ca. 1254–1324), der venezianische Weltumsegler und Autor von *„Il Milione"* **– heute bekannt unter** *„Die Reisen des Marco Polo"* **–, der hier angeblich zur Welt kam. Das sogenannte Marco-Polo-Haus unweit der Kathedrale stammt allerdings aus einer späteren Zeit. Hingegen steht fest, dass Marco Polo 1298 an einer Seeschlacht zwischen Venedig und Genua teilnahm und von den Genuesern inhaftiert wurde, wo er seinen Mitgefangenen von seinen fantastischen Reisen nach Asien und zum Hof von Kublai Khan erzählte. Der Rest ist, wie es so schön heißt, Geschichte.**

Abseits des Markusplatzes:

Hinter dem Markusplatz zweigt an der Hauptachse der Stadt rechts eine Gasse ab, die zum **Marco-Polo-Haus** führt; hier soll der berühmte venezianische Reisende angeblich zur Welt gekommen sein. Zu sehen gibt es nicht viel, aber der Blick vom erheblich jüngeren Turm des Hauses ist schön. Wer nun weiter über die Hauptstraße bummelt, kommt an einigen netten Boutiquen vorbei, in denen Murano-Glas, Glasschmuck sowie Andenken und Kunstgewerbe aus heimischer Herstellung feilgeboten werden.

Nicht weit von der Südostecke der Altstadt wartet gleich bei der Šetalište Petra Kanavelića die

---

Stadtmuseum

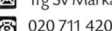 Trg Sv Marka

 020 711 420

 €

Ikonengalerie

✉ Trg Svih Svetih

🕐 So geschl.

💲 €

beeindruckende **Ikonengalerie**; sie ist im ehemaligen Zunfthaus untergebracht. Die Sammlung an Ikonen ist nicht umfangreich, jedoch vom Feinsten, außerdem sind noch ein silbernes Kruzifix aus dem Jahr 1430 und ein bemaltes Kruzifix aus dem 14. Jahrhundert zu bewundern. Neben der Galerie und über eine Brücke mit ihr verbunden befindet sich die kleine **Allerheiligenkirche** (Svi Sveti) mit einer rungstafel, die der „Opfer des Faschismus" im Zweiten Weltkrieg gedenkt. Etwa auf halber Höhe an der Westseite der Altstadt führt eine Doppeltreppe in neobarocken Stil zu einer Terrasse mit dem ehemaligen **Meerestor** (Morska Vrata). Von hier gelangt man durch eine Gasse wieder zum Markusplatz.

Auf der anderen Straßenseite, von der Altstadt aus gesehen, geht ein Gewirr von Gassen ab, die von

Die schönsten Strände von Korčula befinden sich in Lumbarda auf der Ostseite der Insel

kunstvoll geschnitzten Pietà und einem Deckengemälde aus dem 15. Jahrhundert; es thematisiert die verschiedenen Zünfte, mit denen die Kirche heute noch in Verbindung steht.

Außerhalb der Altstadt finden sich Türme und Bastionen der ursprünglichen Wehranlagen, darunter die **Kula Kanavelić** Richtung Norden sowie in der Südwestecke die gedrungene, wuchtige **Kula Balbi.** Man achte auf die Erinne-

zahlreichen Cafés gesäumt sind. Dieses Viertel von Korčula entwickelte sich im 16. Jahrhundert, als in der Altstadt die Pest wütete. Hier befindet sich auch die Barockkirche **St. Justina** (Sveti Justina).

Westlich der Altstadt beeindruckt am Meer das **Dominikanerkloster** mit der **Kirche St. Nikolaus** (Sveti Nikola). Unterhalb liegen felsige Strände, die direkt in der Stadt zum Schwimmen einladen. Wer eine der Treppen

INSIDERTIPP

Wer Gelegenheit hat, den *Moreška*-Säbeltanz (siehe S. 263) anzusehen, sollte sich dieses Erlebnis nicht entgehen lassen. Die Tradition stammt aus dem 15. Jahrhundert und wird von mehreren Familien auf Korčula gepflegt.

GRACE FIELDER
NATIONAL GEOGRAPHIC-Mitarbeiterin

zwischen Altstadt und Dominikanerkloster hinaufsteigt, gelangt durch einen Kiefernwald zu einem großen Turm oben auf einem Hügel *(kula);* für den Rückweg sollte man 40 Minuten einplanen.

Anreise: Zur Stadt Korčula fahren Autofähren von Dubrovnik, Hvar, Split und Rijeka (zweimal wöchentlich), außerdem verkehrt ein Tragflügelboot von Split über Hvar. Sämtliche Schiffe legen – je nach Wetter - an den Molen zu beiden Seiten der Altstadt an.

Die Autofähre nach Orebić auf der Halbinsel Pelješac fährt ein paar Kilometer östlich der Altstadt ab. Wer ohne Auto unterwegs ist, nimmt deshalb besser eines der Schiffe, die direkt an der Mole (Obala dr Franje Tuđmana) an der Westseite der Altstadt ablegen.

Der Busbahnhof von Korčula befindet sich an der Südostseite der Altstadt. Es verkehren regelmäßig Busse nach Vela Luka und zum Autofährhafen, aber auch zu anderen Orten auf der Insel.

Lumbarda: Die Stadt Lumbarda liegt an der Ostspitze der Insel Korčula, wo die Halbinsel Ražnjić beginnt. Sie ist rund sieben Kilometer von der Stadt Korčula entfernt. Die meisten Besucher kommen wegen der Strände, den schönsten auf der ganzen Insel – entsprechend voll sind sie auch.

Lumbarda war die zweite griechische Siedlung auf Korčula. Als bedeutendster archäologischer Fund gilt das sogenannte **Psephisma von Lumbarda,** eine Steintafel aus dem 3. Jahrhundert v. Chr. Diese dokumentiert, wie die Siedlung von ihren Gründern, griechischen Kolonisten der Insel Vis (siehe S. 221ff) organisiert wurde. Der Originalstein befindet sich im Archäologischen Museum von Zagreb (siehe S. 73).

In Lumbarda wurde Frano Kršenić (1897–1982) geboren, einer der berühmtesten Bildhauer Kroatiens. Außerdem gibt es hier eine lokale Variante der *Moreška,* die manchmal auch vorgeführt wird (siehe Kasten S. 263). Der Säbeltanz kann aber auch in Vela Luka (siehe S. 268) im Westen der Insel bestaunt werden.

Von Korčula nach Lumbarda verkehren wochentags regelmäßig Busse, am Wochenende weniger häufig. Am Busbahnhof von Korčula fahren auch Sammeltaxis ab – zu akzeptablen Preisen.

Badija & Vrnik

Mit dem Boot nicht weit von Korčula entfernt (Taxiboote fahren am Meer zwischen der Altstadt und

Lumbarda Tourist-information
✉ Lumbarda
☎ 020 712 005
www.lumbarda.hr

Vela Luka

🗺 239 A2

Besucherinformation

✉ Ulica 3 br. 19

☎ 020 813 619

www.tzvelaluka.hr

Stadtmuseum

✉ Obala 3/9

☎ 020 813 602

Vela Špila

☎ 020 813 602

www.vela-spila.hr

Mljet

🗺 239 B1

Besucherinformation

☎ 020 754 255

www.mljet.hr

dem Busbahnhof ab) liegt die Insel Badija. Am **Franziskanerkloster** aus dem späten 14. Jahrhundert (wird derzeit restauriert) beeindruckt besonders das kunstvolle Westportal. Nicht weit vom Bootsanleger gibt es viele schöne Stellen, die sich zum Baden eignen. Ein Stück weiter spenden Kiefern Schatten, und Picknicktische sind ebenfalls vorhanden. Oft sieht man hier Wild frei herumlaufen.

Von der nahen Insel **Vrnik** stammen die Steine, die beim Bau der Kathedrale verwendet wurden..

Vela Luka

Vela Luka liegt an einem tiefen Küsteneinschnitt am westlichen Ende der Insel. Hierher verschlägt es erheblich weniger Touristen als in die Stadt Korčula. Vela Luka ist aber durchaus einen Besuch wert, und auch die Felsstrände am Nordufer der Bucht versprechen einen angenehmen Aufenthalt. Das **Stadtmuseum** (Centar za Kuttora Vela Luka) präsentiert Funde aus der nahen Höhle Vela Špilja. Weitere Exponate beschäftigen sich mit der Geschichte der Seefahrt. Außerdem zeigt das Museum zwei Skulpturen von Henry Moore.

Nicht weit vom Ort entfernt befindet sich eine große prähistorische Höhle: **Vela Špilja** war in der späten Steinzeit (ungefähr 20 000 v. Chr.) bewohnt. Von der Nordseite der Stadt führen eine Straße und ein kürzerer markierter Fußweg zur Höhle.

Die in der Bucht verstreut liegenden Inseln sind ein wahres Badeparadies, allen voran **Proizd** im Westen und **Ošjak** (die selbsternannte „Insel der Liebenden"), die

INSIDERTIPP

Im Nationalpark Mljet können Besucher mit dem Boot zur Marieninsel mit dem Benediktinerkloster schippern. Hier mundet ein Espresso oder *prosek* im Café-Restaurant.

GRACE FIELDER
*NATIONAL GEOGRAPHIC-
Mitarbeiterin*

sich in zehn Minuten mit dem Boot von der Stadt aus erreichen lässt. Es werden organisierte Ausflüge angeboten, doch besteht auch die Möglichkeit, in der Stadt selbst ein Boot zu mieten.

Nach Vela Luka verkehren von Split aus Fähren und Tragflügelboote, die in Hvar anlegen, um dann zur abgeschiedenen Insel Lastovo weiterzufahren. Es bestehen regelmäßig Busverbindungen nach Korčula-Stadt am anderen Ende der Insel. Ein Taxiboot bringt die Fahrgäste über die Bucht von einer Seite der Stadt zur anderen.

Mljet

Auf der Insel Mljet siedelten einst Illyrer. Relikte ihrer Festungen, die über die Hügel verteilt liegen, sind noch zu sehen. Die Römer kamen 35 v. Chr. und gaben der Insel den Namen Melita. Man nimmt an, dass der hl. Paulus auf dem Weg nach Rom hier – und nicht auf Malta – Schiffbruch erlitt. Paulus soll hier von einer Viper gebissen worden sein, was jedoch ohne Auswirkungen blieb. Auf Malta leben hingegen keine Giftschlangen. Tatsächlich war die Insel Ende des 19./Anfang des 20. Jahrhunderts von einer Schlangenplage heimgesucht, so dass Mungos heimisch gemacht wurden, die sich diese Problems annehmen sollten (siehe Kasten S. 270).

Frühe Quellen, die Republik Ragusa (Dubrovnik) betreffend, lassen vermuten, dass Mljet eine Zeitlang als Verbannungsort diente. Die Stadt Dubrovnik erwarb die Insel im 14. Jahrhundert.

Nationalpark Mljet

Die Insel Mljet weist eine Länge von etwa 32 Kilometer auf und verläuft parallel zur Halbinsel Pelješac. Der Hauptort Babino Polje befindet sich in der Inselmitte, die meisten Besucher besichtigen nur den Nationalpark Mljet im Westen, nachdem sie mit dem Schiff in Pomena oder Polače angekommen sind.

Zu dem 1960 zum Nationalpark erklärten Areal gehören die beiden Salzwasserseen **Malo Jezero** und **Veliko Jezero,** die durch einen schmalen Kanal verbunden sind. Der größere See, Veliko Jezero, hat über einen weiteren Kanal Verbindung zum Meer. Die Insel ist über weite Teile mit mediterranen Wäldern bedeckt, zum Baumbestand gehören auch Aleppo-Kiefern.

Das **Benediktinerkloster** aus dem 12. Jahrhundert, das auf der **Marieninsel** (Sveti Marija) im größeren der beiden Seen liegt, wurde unter Tito als Hotel genutzt. Boote setzen am Ufer des Veliko Jezero zum Kloster über (im Eintrittspreis zum Nationalpark inbegriffen). Ein unvergleichlicher Blick auf den See und die Insel bietet sich, wenn man vom Informationsbüro, an dem die Boote abfahren (siehe Kasten unten), die Straße landeinwärts nimmt, rechts zum Picknickareal abbiegt und dann über einen Pfad nach Veliki Gradac spaziert.

In **Polače** beeindrucken die Ruinen eines römischen Palasts; sie stammen vermutlich aus dem 3. Jahrhundert v. Chr. In **Babino**

Nationalpark Mljet

✉ Pristanište 2
☎ 020 744 041
💲 €€€
www.np-mljet.hr

ERLEBNIS: Wandern an den Seen von Mljet

Mljet kann mit diversen wunderschönen, leicht zu bewältigenden Wanderwegen aufwarten. Hinter der Nationalparkverwaltung in Pomena geht es eine Straße hinauf, dann rechts einen gut ausgeschilderten Pfad durch den Wald zum Ufer des **Malo Jezero** hinunter, dem kleineren der beiden Seen. Wer auf dem Pfad den See umrundet, gelangt zu einem Punkt, an dem die beiden Seen zusammentreffen; den Kanal, der sie verbindet, überspannt eine Brücke (Mali Most). Hier lockt ein kleiner Strand, auch Kanus und Fahrräder können gemietet werden. Das Boot zur Marieninsel (Sveti Marija) legt am Nordufer des Veliko Jezero (weitere 30 Minuten von Mali Most) am Infokiosk ab. Am Südufer hinter der Kirche Sveti Marija kann man die Wanderung bis zum Aussichtspunkt **Zakamenica** fortsetzen. Wer bis zum Ostende des Sees weiterwandern möchte, wo der See ans Meer reicht, sollte allerdings aufpassen: Es gibt keine Brücke zum anderen Ufer hinüber. *Auf keinen Fall sollte man versuchen, den Kanal schwimmend zu durchqueren – die Strömungen sind enorm stark!*

Lastovo

239 A1

Besucherinformation

✉ Pjevor bb

☎ 020 801 018

www.lastovo.h

Polje befinden sich zwei vorromanische Kirchen. **Pomena** ist eine sehr junge Siedlung, die erst im 20. Jahrhundert entstanden ist. Die meisten Besucher, die hierher reisen, kommen wegen des Nationalparks. Manche unternehmen auch einen Spaziergang um die von Kiefern gesäumten Salzwasserseen (siehe Kasten S. 269).

Es besteht die Möglichkeit, auf der Insel Mljet zu übernachten, die meisten Gäste kommen jedoch im Rahmen eines Tagesausflugs von Dubrovnik oder Korčula; die Zeit reicht aus, um von Pomena zu den Seen zu wandern und ein paar Stunden dort zu verbringen. Wer länger bleiben möchte, findet in

---

Mungos auf Mljet

Um 1910 wurden auf Mljet mehrere Indische Mungos heimisch gemacht, um der Schlangenplage auf der Insel Einhalt zu gebieten. Die elf Exemplare aus der Familie der Mangusten gewöhnten sich rasch ein und vermehrten sich; ihre Nachkommen leben bis heute hier und fressen alles mögliche Getier - nicht nur Schlangen.

Pomena und den anderen Orten Privatquartiere sowie das große Hotel Odisej.

Von Sobra verkehren Fähren nach Dubrovnik, im Sommer fährt ein Tragflügelboot weiter nach Polače im Nationalpark. Außerdem verkehrt ebenfalls im Sommer ein Tragflügelboot von Polače nach Trstenik auf Pelješac. Busse bedienen die Stecke Sobra– Polače.

Dieser Teil der Insel lässt sich auch gut mit dem Fahrrad erkunden.

Lastovo

Lastovo, südlich von Korčula, ist eine der am wenigsten besuchten Adriainseln. Die beiden Hauptorte Ubli unweit der Westspitze und Lastovo im Nordosten sind lediglich zehn Kilometer voneinander entfernt.

Lastovo, die einstige griechische Kolonie Ladesta, wurde 998 von Venedig geplündert. Daraufhin beschlossen die Einwohner, ans andere Ende der Insel zu ziehen, um dort eine neue Siedlung zu gründen: Ubli. Im 13. Jahrhundert kam die Insel in Besitz der Republik Ragusa. Dann fiel sie an Napoleon und für kurze Zeit an die Briten, bevor sie in den Machtbereich Österreichs geriet. Von 1918 bis 1943 wurde sie von Italien eingenommen. Wie die ebenfalls abgelegene Insel Vis fungierte Lastovo bis zur kroatischen Unabhängigkeit in den 1990er Jahren als jugoslawische Militärbasis.

In der Stadt **Lastovo** ist die Kirche **St. Kosmas und Damian** (Sv. Kuzma i Damjan) sehenswert. Sie stammt aus dem 15. Jahrhundert. Einen Blick lohnen auch die alten Häuser und Paläste, die zum Teil aus dem 16. Jahrhundert datieren; auffällig sind die zylindrischen Schornsteine *(fumari)* mit konischer Abdeckung, die wie ein Miniatur-Minarett anmuten. Die Festung, die sich auf dem Hügel über der Stadt befindet, dient heute als Wetterstation. Sie wurde um 1800 von den Franzosen erbaut; früher stand dort ein Fort, das die Einwohner von Dubrovnik hier errichteten.

Ubli kann mit einer frühchristlichen Basilika aufwarten, der Kirche **St. Peter** (Sveti Petar), die aus dem 6. Jahrhundert stammt. Ein Relief aus dieser Kirche befindet sich im Archäologischen Museum von Zadar (siehe S. 173). Die Inseln, die zum **Lastovo-Archipel** gehören, erstrecken sich östlich der Hauptinsel. Sie wurden 2006 zum Naturpark erklärt, dem jüngsten Kroatiens. Auf der Insel leben diverse seltene Zugvogelarten. Das Meer rings um die Inseln ist ein beliebter Tauchspot.

Ubli ist von Split aus mit einem schnellen Tragflügelboot erreichbar, das auf seiner Strecke auch in Vela Luka und Hvar anlegt; außerdem verkehrt eine etwas langsamere Fähre. Im Sommer fährt ein Tragflügelboot von Dubrovnik nach Ubli, das auch auf den Inseln Mljet und Korčula anlegt.

Festivals: Der Karneval von Lastovo oder *Poklad* – so die kroatische Bezeichnung – ist ein buntes Ereignis, das an drei Tagen im Frühling stattfindet. Die Feierlichkeiten kulminieren in der symbolischen Züchtigung und Verbrennung eines Bildnisses. Diese Zeremonie soll daran erinnern, dass mehrere Schiffe katalanischer Piraten, die die Insel plündern wollten, durch einen wundersamen Sturm zerstört wurden. Besagtes Bildnis zeigt Poklad, den Herold der Piraten, der an der Spitze der Flotte die Stadt zur Kapitulation zwingen wollte. Ruhiger geht es beim Jazz Festival zu, das bereits seit über zehn Jahren stattfindet. ■

Naturpark Lastovo Inseln

✉ Trg Sv Petra 7, Ubli

☎ 020 801 250

www.pp-lastovo.hr

Besucher lassen sich auf Lastovo nur hin und wieder blicken

REISEINFORMATIONEN

Im Herzen von Kroatiens historischer Hauptstadt Zagreb lässt eine Straßenbahn Fußgänger passieren

REISEPLANUNG
Reisezeit

Kroatien unterteilt sich in zwei Klimazonen – mediterranes Klima herrscht an der Küste und auf den Inseln sowie kontinentales im Landesinneren. An der Küste ist es im Sommer mit Höchsttemperaturen häufig über 30°C heiß und trocken. In den südlichen Küstenregionen von Split bis Dubrovnik ist es normalerweise wärmer als weiter im Norden. In den Küstenregionen fällt der meiste Niederschlag in den Wintermonaten bei immer noch sehr milden Temperaturen. Der Sommer ist auch im Landesinneren sehr heiß und auch relativ trocken (in Zagreb kann es im Hochsommer aber auch sehr feucht sein). Die Winter sind hier mit heftigen Schneefällen wesentlich kälter.

Hochsaison herrscht in den Ferienmonaten Juli und August, aber auch Juni und September sind beliebte Reisemonate. In dieser sonnigsten Zeit werden die höchsten Luft- und Wassertemperaturen erreicht. Allerdings kann die Hitze im August auch unerträglich werden. Dann ist es auf den Inseln, wo eine sanfte Brise weht, etwas angenehmer als auf dem Festland. In der Hochsaison geht es bei den Sehenswürdigkeiten und an den Stränden lebhaft zu; Hotelreservierungen sind in dieser Zeit unumgänglich. Wesentlich ruhiger ist ein Aufenthalt an der Küste dagegen im September, wenn das Wetter immer noch schön ist, die Zahl der Urlauber aber schon wieder zurückgegangen ist.

Für Bergwanderungen bieten sich die Monate Juli bis September an. Im Winter muss man in den Bergregionen auf viel Schnee und tiefe Temperaturen eingestellt sein. Viele Hütten bleiben in dieser Zeit geschlossen, unbewirtschaftete Unterkünfte sind aber ganzjährig zugänglich.

Einige Hotels schließen in den Wintermonaten. Private Zimmer- und Wohungsvermittlung findet manchmal nur von Anfang Juni bis Ende Oktober statt. Auch die Fähren verkehren in den Wintermonaten auf manchen Strecken nach einem eingeschränkten Fahrplan. Im allgemeinen ändern sich Öffnungszeiten und andere Angebote während des ganzen Jahres aber nicht.

Nicht vergessen

Im Sommer ist leichte, atmungsaktive Kleidung unerlässlich. Kirchenbesuche erfordern aber eine angemessene Kleidung mit längeren Ärmeln bzw. längerer Beinbekleidung. Aber selbst wenn etwas fehlen sollte – in Kroatien kann alles auch nachträglich vor Ort erworben werden.

Für Winteraufenthalte im Landesinneren benötigt man winterfeste Unterbekleidung, warme Jacken und entsprechendes Schuhwerk.

Die Strände sind normalerweise sehr steinig und Seeigel gibt es auch häufig – es ist deshalb ratsam, beim Baden wenigstens günstige Plastiksandalen an den Füßen zu tragen.

Eifrige Leseratten finden nur in einigen wenigen Buchläden der größeren Städte deutschsprachige Literatur.

Einreisebestimmungen

Das Bestreben, als reisefreundliches Land aufzutreten, steht im Gegensatz zu den tatsächlichen Bestimmungen, die bei der Einreise nach Kroatien zu beachten sind: Alle ausländischen Touristen haben sich innerhalb von 24 Stunden bei der örtlichen Polizei zu melden. Bei Aufenthalten im Hotel, in Privatunterkünften, Herbergen oder auf Campingplätzen werden diese Formalitäten nach Vorlage der Ausweispapiere automatisch erledigt. Anderenfalls sind die Reisenden aufgefordert, sich eigenständig bei der Polizei zu melden. Tatsächlich kommt es hier aber selten zu Problemen, es sei denn die Reisenden werdenstraffällig oder halten sich für längere Zeit in Kroatien auf.

Visa

Staatsangehörige der EU-Mitgliedsstaaten und der Schweiz benötigen für einen Urlaubsaufenthalt von weniger als 90 Tagen einen gültigen Personalausweis oder Pass. Es ist kein Visum nötig. Weitere Informationen gibt das kroatische Außenministerium auf seiner Webseite (*www.mvp.hr*) in kroatischer und englischer Sprache.

Botschaften Kroatiens

Deutschland
Botschaft der Republik Kroatien
Ahornstraße 4
10787 Berlin
Tel. 030 / 21 91 55 14
Fax 030 / 23 62 89 65
Mail info@kroatische-botschaft.de

Österreich
Botschaft der Republik Kroatien
Heuberggasse 10
1170 Wien
Tel. 01 / 480 20 83, 485 95 24, 484 87 83
Fax 01 / 480 29 42
Mail croemb.bec@mvpei.hr

Schweiz
Botschaft der Republik Kroatien
Thunstraße 45
CH-3005 Bern
Tel. 031/352 02 75
Fax 031/352 03 73
Mail croemb.bern@mvpei.hr

Zollbestimmungen

Obwohl es keinerlei Beschränkungen bezüglich der Einfuhr fremder Währungen gibt, müssen Beträge von einem Wert höher als 40 000 kn angemeldet werden. Reisende dürfen weder bei der Ein- noch bei der Ausreise mehr als 15 000 kn mit sich führen.

Zollfrei sind pro Person zwei Liter Wein, zwei Liter Likör oder Sekt, eine Flasche Spirituosen, 200 Zigaretten, 50 Zigarren und 250 ml Parfum.

Versicherungen

Kroatien hat mit den meisten europäischen Ländern internationale Abkommen bezüglich der Übernahme medizinischer Notfallbehandlungen. Es ist deshalb immer sinnvoll, einen Ausweis oder Pass mitzuführen. Andere Behandlungen oder Zahnarztbesuche sind von dieser allgemeinen Regelung aber ausgeschlossen.

Viele einfache Reiseversicherungen decken risikoreiche Sportarten oder Aktivitäten wie Wandern, Klettern oder Tauchen nicht ab. Die Versicherungen sollten deshalb individuell abgestimmt sein. Tritt ein möglicher Versicherungsfalle ein, ist immer die Vorlage von Nachweisen, Arztrechnungen bzw. im Falle eines Diebstahls das Einholen eines Polizeiberichts vonnöten.

LESETIPPS
Geschichte & Archäologie
A Short History of the Yugoslav Peoples by Fred Singleton (1989)
Croatia: A History by Ivo Goldstein (1999)
Croatia: A Nation Forged in War by Marcus Tanner (1997)
Croatia in the Early Middle Ages: A Cultural Survey by Ivan Supičić (2001)
Croatia in the Late Middle Ages and the Renaissance by Ivan Supičić (2007)
Dubrovnik–A History by Robin Harris (2003)
Gorjanovi-Kramberger and Krapina Early Man by Jakov Radovčić (1988)
The Balkans, 1804–1999: Nationalism, War and the Great Powers by Misha Glenny (1999)
The Balkans: From the End of Byzantium to the Present Day by Mark Mazower (2001)
The Demise of Yugoslavia: A Political Memoir by Stipe Mesi (2004)
The Uskoks of Senj: Piracy, Banditry and Holy War in the Sixteenth-Century Adriatic by Catherine Wendy Bracewell (1992)
Zagreb–A Cultural and Literary History by Celia Hawkesworth (2007)

Kunst, Kultur & Sprache
Art Treasures of Croatia by Radovan Ivančević (1993)
Colloquial Croatian: The Complete Course for Beginners by Celia Hawkesworth with Ivana

Jovi (2005)

Croatia: Aspects of Art, Architecture and Cultural Heritage by John Julius Norwich, Stjepan Čosić, & others (2009)

Early Christian and Byzantine Art by John Beckwith (1970)

From Home to Museum: Ivan Meštrović in Zagreb by Danica Plazibat (2004)

Moreška: The War Dance from Korčula by Zoran Palčok (1974)

The Art of the Hlebine School by Vladimir Crnkovi (2005)

The Best of Croatian Cooking by Liliana Pavičić & Gordana Pirker-Mosher (2000)

Natur

Central and Eastern European Wildlife by Gerard Gorman (2008)

Flowers of Greece and the Balkans: A Field Guide by Oleg Polunin (1987)

Krka National Park Natural Science Guide by Drago Marguš (2007)

Walking in Croatia by Rudolf Abraham (2010)

Reisen

Black Lamb and Grey Falcon: A Journey Through Yugoslavia by Rebecca West (1941)

Eastern Approaches by Fitzroy Maclean (1949)

The Companion Guide to Jugoslavia by J. A. Cudden (1968)

Through the Embers of Chaos: Balkan Journeys by Dervla Murphy (2002)

Romane

Bosnian Chronicle by Ivo Andri (1998)

Café Europa by Slavenka Drakuli (1991)

Croatian Nights by Tony White & others (2005)

How We Survived Communism and Even Laughed by Slavenka Drakuli (1991)

In the Jaws of Life by Dubravka

Ugrešić (1992)

On the Edge of Reason by Miroslav Krleža (1995)

The Banquet in Blitva by Miroslav Krleža (2003)

The Bridge over the Drina by Ivo Andri (1996)

The Culture of Lies by Dubravka Ugrešić (1998)

The Return of Philip Latinowicz by Miroslav Krleža (1995)

The Slave Girl and Other Stories About Women by Ivo Andri (2009)

ANREISE
Mit dem Flugzeug

Die Croatia Airlines (*www.croatia airlines.com*) bieten Direktflüge von vielen europäischen Flughäfen nach Zagreb und auch nach Dubrovnik. Kleinere Flughäfen an der Küste werden über Zagreb bedient oder - wie etwa Rijeka oder Split – werden auch von ausländischen Fluggesellschaften angeflogen.

Zagreb Airport (*ZAG; Tel. 01 45 62 222, www.zagreb-airport.hr*) liegt in Pleso, ca. 17 km südwestlich des Zentrums von Zagreb. Es gibt regelmäßigen Busverkehr in die Stadt *(€, unterhalten von Crotia Airlines).* Auch Taxen fahren hier *(€€€€€).*

Split Airport (*SPU; Tel. 21 203 555, www.split-airport.hr*) befindet sich in Kaštel, zwischen der Stadt Split und Trogir gelegen. Shuttlebusse *(€, auch Croatia Airlines)* und Taxen *(€€€)fahren* in die Stadt.

Der Flughafen von Dubrovnik (*DBV; Tel. 020 773 100, www.air port-dubrovnik.hr*) liegt 20 km südlich der Stadt in Čilipi, nahe Cavtat, und ist ebenfalls mit Shuttlebussen *(€)*oder Taxen *(€€€)*zu erreichen.

Rijeka Airport (*RJK; Tel. 051 842 132 www.rijeka-airport.hr*) ist auf der nahegelegenen Insel Krk gelegen. Es gibt auch noch kleinere Flughäfen in Pula (*PUY; Tel. 052 530 105, www.airport-pula.com*) und Zadar (*ZAD; Tel. 023 205 800, www. zadar-airport.hr*).

Mit dem Bus

Zagrebs zentraler Busbahnhof, **Autobusni Kolodvor** (*Tel. 060 313 333, www.akz.hr*) befindet sich 20 Gehminuten südöstlich der Hauptbahnhofs und kann vom Zentrum aus mit der Straßenbahn oder dem Taxi erreicht werden. Internationale Busgesellschafen aus allen europäischen Nachbarländern steuern Zagreb an.

Mit der Fähre

Viele internationale Fähren und Katamarane verkehren zwischen Kroatien und Italien:

Jadrolinija (*Tel. 051 666 111, www.jadrolinija.hr*) von Dubrovnik nach Bari in Italien

Blue Line (*Tel. +45 3672 2001, www.blueline-ferries.com*) von Ancona in Italien nach Split, Hvar und Vis

Snav (*Tel. +39 71 207 6116, www.snav.it*) von Ancona und Pescara in Italien nach Split und Hvar

Emilia Romagna Lines (*Tel. +39 547 675157, www.emiliaromagnalines.it*) vom italienischen Ravenna, nach Rovinj und von Rimini und Pescara in Italien nach Mali Lošinj und Zadar

Venezia Lines (*www.venezialines. com*) von Venedig nach Pore, Rovinj, Pula und zu anderen Häfen in Istrien, wie auch nach Mali Lošinj.

Einige dieser Schiffe verkehren während des ganzen Jahres (Jadrolinija und Blue Line nach Split), während andere (Blue Line nach Hvar und Vis, Snav, Venezia Lines und Emilia Romagna Lines) nur während der Sommermonate in Betrieb sind.

Mit dem Zug

Der Hauptbahnhof von Zagreb, **Glavni Kolodvor** (*Tel. 01 378 2532, www.hznet.hr*) ist direktes Ziel von Zügen aus Ljubljana in Slowenien, Graz und Wien in Österrreich, aus München und anderen Städten in Deutschland, aus Triest und Venedig in Italien, Budapest in Ungarn, aus Belgrad und anderen Städten in Serbien sowie unter anderem aus Sarajewo in Bosnien und Herzogowina.

Die Angebote von InterRail (*www.raileurope.co.uk*) und **Eurail** (*www.eurail.com*) decken auch Kroatien ab. Weil die Fahrkarten für die Züge in Kroatien aber sehr günstig und auch nicht alle Landesteile mit der Bahn zu erreichen sind, lohnt sich ein spezielles Ticket nur für Kroatien allerdings nicht unbedingt.

UNTERWEGS IN KROATIEN

Mit dem Flugzeug

Die Croatia Airlines (*Zagreb: Tel. 01 481 9633; Split: Tel. 021 362 997; Dubrovnik: Tel. 060 313 333; www.croatiaairlines.com*) bieten Inlandsflüge zu allen kroatischen Flughäfen - meistens ausgehend von Zagreb, zuweilen auch mit Zwischenlandungen.

Der Airport von Zagreb ist mit Abstand der größte und meistbesuchte Flughafen des Landes. Aus internationaler Perspektive ist er aber dennoch vergleichsweise klein und leicht überschaubar.

Mit dem Bus

Wenn möglich, sollten insbesondere für die Küstenstrecken Bustickets im Voraus gekauft werden. Bei einem Hin- und Rückreisen (*povratna karta*) ist für die Hinfahrt eine Platzreservierung (*rezervacija*) inklusive. Auch wenn es am Fahrkartenschalter als nicht notwendig angesehen wird, ist es dennoch sinnvoll, direkt nach der Ankunft für wenig Geld eine Reservierung für die Rückfahrt zu tätigen.

Gepäckstücke (*prtljaga*), die größer sind als Handgepäck, werden im Laderaum transportiert. Die Busgesellschaften berechnen hierfür ein geringes Entgelt (€) und geben als Beleg ein kleines Ticket aus.

Die meisten Überlandbusse haben ein WC an Bord (welches allerdings nicht immer funktionsbereit

ist). Rauchen ist in den Fahrzeugen nicht erlaubt. Während der Fahrten werden 10-15-minütige Erfrischungspausen eingelegt.

Am durchgängig geöffneten Busbahnhof von Zagreb, **Autobusni Kolodvor Zagreb** (*Tel. 060 313 333, http://akz.hr*), gibt es eine Gepäckaufbewahrung (€).

Mit der Fähre

Fährfahrten stellen die wohl schönste Art des Reisens in Kroaten dar, weil man auf diese Weise dem sommerlichen Verkehr auf der Hauptküstenstraße entgeht und weil die Fahrpreise insbesondere für Fußgänger sehr günstig sind. Es gibt große Autofähren, aber auch kleine, wendige Katamarane, die nur Fußgänger transportieren.

Die Fahrpläne sind einigermaßen verständlich aufgebaut und die meisten großen Inseln können auf diese Weise erreicht werden — wenn auch manchmal auf Umwegen. Fahrten mit Katamaranen oder kleineren Booten sollten einen Tag im Voraus gebucht werden.

Die meisten Strecken werden von der staatlichen Schiffsgesellschaft Jadrolinija bedient (*Rijeka: Tel. 021 338 333; Dubrovnik: Tel. 020 418 380; Split: Tel. 051 211 444; Zagreb: Tel. 01 481 5216; www.jadrolinija.hr*).

Katamarane und kürzere Schiffverbindungen werden auch von Privatunternehmen angeboten.

Kapetan Luka (*Tel. 021 872 994, www.krilo.hr*) unterhält Katamaranverbimdungen nach Split, Hvar und Korčula.

Rapska Plovidba (*Tel. 051 724 122, www.rapska-plovidba.hr*) betreibt die Fähre von Mišnjak auf der Insel Rab nach Jablanac.

Mia Tours (*Tel. 023 254 300, www.miatours.hr*) bietet Verbindungen zwischen Zadar und Premuda, Silba bzw. Olib.

GV Lines (*Dubrovnik: Tel. 020 313-119; Zadar: Tel. 023 250 733, www.gv-line.hr*) unterhält die Fähren

zwischen Zadar und Mali Iž bzw. Dubrovnik und Šipan.

Die italienische Gesellschaft Venezia Lines (*Tel. 052 422 896, www.venezialines.com*) fährt zu unterschiedlichen Häfen in Istrien (Piran, Poreč, Rovinj, Pula, Rabac).

Im Allgemeinen sind die Tickets bei den privaten Schiffsgesellschaften etwas teurer, aber immer noch gut erschwinglich.

Mit dem Zug

Der kroatische Schieneverkehr ist bei günstigen Fahrpreisen gut strukturiert und verläßlich. Für längere Fahrten ist der Zug dem Bus vorzuziehen. Von Zagreb aus gibt es Verbindungen Richtung Osten durch Slawonien, Richtung Westen nach Rijeka, ins südlich gelegene Split an der Dalamatischen Küste. Auf dieser Strecke und Richtung Norden nach Slowenien und an die ungarische Grenze verkehren auch Hochgeschwindigkeitszüge. Entlang der Küste gibt es allerdings keine Zugverbindung.

Fahrpläne können auf *www.hznet.hr* abgerufen werden. Tickets (*karte*, ein Ticket = karta) sind als Einzelfahrscheine (*u jednom smjeru*) oder als geringfügig günstigere Hin- und Rückfahrkarten (*povratna karta*) erhältlich. Gruppenfahrscheine sind noch günstiger. Die Reisenden müssen dann aber sowohl die Hin- als auch die Rückreise gemeinsam antreten. Platzreservierungen (*rezervacija*) sind insbesondere für die Rückfahrt nicht automatisch inklusive, sind aber auf viel frequentierten Strecken wie etwa Zagreb-Split durchaus empfehlenswert. Die Reservierung für die Rückfahrt sollte nach der Ankunft am Zielort getätigt werden (€).

Mit der Straßenbahn

In einigen Städte, wie etwa in Zagreb (*Zagrebački Elektrǐčni Tramvaj: ZET; Tel. 01 3651 555, www.zet.hr*) Osijek, Split und Rijeka fahren Straßenbahnen im Zentrum und in die Vororte. Sie stellen meistens das effektivste Verkehrsmittel dar. Die Fahrkarten sind nicht teuer und können beim Fahrer oder am Kiosk gekauft werden. Da sind sie noch günstiger

Autovermietung

Die kroatischen Autovermietungen verlangen von ihren Kunden die Vorlage eines gültigen Führerscheins. Erlaubt ist hier das Autofahren ab 18 Jahren.

In Kroatien ist in geschlossen Ortschaften eine Geschwindigkeit von 50 km/h vorgesehen, auf Landstraßen 90 km/h, 110 km/h auf Schnellstraßen und 130 km/h auf Autobahnen. Geschwindigkeitsüberwachung ist weit verbreitet, hält viele Autofahrer aber dennoch nicht von einer waghalsigen Fahrweise ab.

Kroatien verfügt über ein modernes Straßennetz (autocesta, www.hac.hr), das eine schnelle Verbindung zwischen den Städten gewährleistet – es sei denn, man gerät in die häufigen gigantischen Verkehrsströme zurück Richtung Zagreb oder in einen sommerlichen Verkehrsstau auf der Adriatischen Küstenstraße (Jadranska Magistrala).

Die Autobahnen sind gebührenpflichtig. Zu Beginn der Fahrt wird ein Beleg ausgegeben; beim Verlassen der Autobahn wird die Gebühr dann eingezogen (€). Auch die Brücke nach Krk ist gebührenpflichtig.

Ab 0,5 Promille herrscht in Kroatien Fahrverbot. Autofahrer unter 24 Jahren dürfen gar keinen Alkohol getrunken haben. Außerdem ist es verboten, während der Fahrt mit dem Handy zu telefonieren.

Weiterhin wichtig: Augenzeugen eines Verkehrsunfalls sind gesetzlich zum Anhalten verpflichtet. Im Winter müssen Schneeketten mitgeführt werden. Eine reflektierende Jacke gehört zur Pflichtausstattung eines Autos (in Mietautos

fehlt diese häufig), die getragen werden muss, wenn das Auto direkt auf der Straße verlassen wird.

In größeren Städten müssen sich die Autofahrer häufig einem labyrintischen System von Einbahnstraßen zurechtfinden. Problematisch kann hier die Parkplatzsuche sein.

Das Benzin ist günstiger als in Deutschland. Ein Verzeichnis der Tankstellen gibt es auf der Webseite von **Industrija Nafte** (www.ina.hr). Informationen über Verkehrs- und Straßenverhältnisse erhält man auf der Webseite von HAK (www.hak.hr).

Segeln

An der kroatischen Adria gehören die meisten Marinas der Croatian Association of Nautical Tourism. Die Hälfte davon wird verwaltet vom **Adriatic Croatia International Club** (Tel. 051 271 288, www.aci-club.hr). Die Häfen sind sehr gut ausgestattet und halten Treibstoff und Wasser bereit. Die Hafenämter geben Wettervorhersagen in kroatischer und englischer Sprache aus (Rijeka auf UKW 69, Pula auf UKW 73, Split auf UKW 67 und Dubrovnik auf UKW 73). Außerdem senden Radio Rijeka, Radio Split und Radio Dubrovnik aktuelle Wetterberichte. Nicht zu unterschätzen ist der Nordostwind (kroatisch: bura), der zuweilen Sturmstärke erreichen kann.

Taxi

Lizensierte Taxen verkehren in allen größeren Städten und sind nach kroatischen Maßstäben einigermaßen teuer. Die Fahrpreise werden vom Taxameter errechnet (es lohnt sich immer, sich der Funktionsfähigkeit zu vergewissern). Ausnahmen sind längere Fahrten (z.B. zu einigen Flughäfen), für die es einen Festpreis gibt. In einigen Städten gibt es auch Großraumtaxen, die je nach Anzahl der Mitfahrer natürlich günstiger sind.

Fahrrad

Obwohl es in einigen Großstädten wie etwa Zagreb bereits Fahrradwege gibt, sind die meisten Straßen in Kroatien doch weniger fahrradfreundlich als vielleicht vermutet. Es gibt dennoch ein paar schöne Gegenden für Fahrradfahrer und einige Touristenzentren, insbesondere in Istrien (www.istria-bike.com) bieten ausgezeichnete Fahrradtouren mit unterschiedlichen Anforderungen. Es gibt ein „bed and bike"-Verzeichnis für fahrradfreundliche Unterkünfte. Die Webseite von Pedale (www.pedala.hr) gibt Tipps für Fahrradtouren und stellt Kartenmaterial zur Verfügung.

PRAKTISCHE TIPPS
Adressen

Die Adressen in Kroatien bestehen aus dem Straßennamen, der Hausnummer, der Postleitzahl und dem Ort. Häufig erscheint in der Anschrift aber auch die Abkürzung „bb" für bez broja, was „keine Hausnummer" bedeutet.

Kommunikation
Internet

In Kroatien gibt es relativ viele Internetcafés, zumindest in den größeren Städten und Touristenzentren. In einigen Orten ist die Geschwindigkeit der Datenübertragung aber noch nicht sehr hoch. Kostenloses W-LAN gibt es in fast allen Hotels. Bei Privatzimmern müssen die Reisenden meistens noch auf diesen Service verzichten. Sehr empfehlenswert ist das Sublink in Zagreb (Teslina 12, Tel. 01 481 9993); es war 1996 das erste Internetcafé des Landes.

Post

Die kroatische Postgesellschaft, **Hrvatska Pošta** (www.posta.hr), arbeitet verlässlich und nach einem einfachen System. Manchmal benötigen die Postkarten und Briefe ins Ausland aber auch etwas länger.

Im Postamt *(pošta)* ist es gängig, die Karte oder den Brief am Schalter abzugeben und dort frankieren zu lassen. Einzelne Briefmarken *(marke)* werden selten verkauft. Luftpost wird mit dem kroatischen „avionom" gekennzeichnet.

Telefon

Die internationale Vorwahlnummer für Kroatien lautet 00 385, die Ortsvorwahl besteht aus zwei oder drei Ziffern, bei Inlandsgespächen mit einer Null vorweg (die Vorwahl von Zagreb ist 01, die von Split 021). Die Rufnummern setzen sich aus sechs oder sieben Ziffern zusammen. Bei Telefongesprächen aus dem Ausland z.B. nach Zagreb wählt man 00 385 1 und dann die Rufnummer des Teilnehmers. Bei Inlandsgesprächen nach Zagreb ist die Vorwahl 01 und dann der Rufnummer nötig.

Die blauen öffentlichen Telefonzellen stehen an Straßen und in Postämtern. Ihre Nutzung erfordert Telefonkarten aus dem Kiosk oder Münzen. Von den Telefonzellen in den Postämtern sind Gespäche nach Übersee am billigsten.

Das Telefonieren mit Handys funktioniert in Kroatien auch meistens problemlos. Für Reisende, die sich hier länger aufhalten, kann der Erwerb einer kroatischen SIM-Karte sinnvoll sein. VIP *(www.vip.hr)* und T-Mobile *(www.t-mobile.hr)* sind die wichtigsten Mobilfunkanbieter.

Bei Telefongesprächen aus dem Ausland ist zunächst die 00 zu wählen, dann die Auslandsvorwahl Kroatiens, gefolgt von der Ortsvorwahl und der Rufnummer des Teilnehmers. Die Nummer der internationalen Auskunft lautet 901.

Maße und Gewichte

In Kroatien wird das metrische System verwendet.

Elektrizität

Das kroatische Stromnetz ist auf 220V/50hz ausgelegt. Es werden die für Europa standardmäßigen Stecker mit zwei Stiften verwendet.

Etikette

Die Kroaten begrüßen einander mit einem Händedruck oder, wenn sie einen vertrauteren Umgang miteinander haben, mit zwei leichten Begrüßungsküssen auf die Wangen. Bei einer informellen Begrüßung oder Verabschiedung sagen die Kroaten *bok!* Etwas formeller heißt es *dobro jutro* (Guten Morgen), *dobar dan* (Hallo oder Guten Tag), *dobra ve er* (Guten Abend) und *do vi enja* (Auf Wiedersehen). Eine Bitte wird mit *molim vas...* (Bitte ...) eingeleitet, aber die Kroaten machen sich meistens nicht viel aus solchen Floskeln — nicht weil sie unhöflich wären, es ist einfach absolut ausreichend und wirklich allgemein akzeptiert zu sagen „Geben Sie mir..." statt „Bitte geben Sie mir...". Es muss aber auch nicht heißen, dass man generell auf diese Höflichkeiten verzichten sollte, denn die Kroaten sind im Allgemeinen sehr zuvorkommend.

Kroatien ist immer noch sehr konservativ ausgerichtet. Deshalb ist bei dem Besuch von Kirchen auf angemessene Kleidung zu achten — keine Badebekleidung, sehr kurze Hosen oder gar entblößte Oberkörper.

Feiertage

Die folgenden Tage sind in Kroatien gesetzliche Feiertage, an denen einige Geschäfte, Restaurants und Museen geschlossen sein können.

1. Januar — Neujahrstag
6. Januar — Heilige Drei Könige
Ostersonntag und Ostermontag
1. Mai — Tag der Arbeit
Fronleichnam
22. Juni — Tag des antifaschistischen Kampfes Tag des Widerstands

25. Juni — Staatsfeiertag (Dan Državnosti)
5. August — Tag des Sieges und der heimatlichen Dankbarkeit
15. August — Mariä Himmelfahrt
8. Oktober — Unabhängigkeitstag
1. November — Allerheiligen
25.—26. Dezember — Weihnachten

Alkohol

Der Erwerb und der Genuss von Alkohol ist für Jugendliche unter 18 Jahren verboten.

Medien

HTV *(Hrvatska Televizija)* mit ihren beiden Programmen HTV1 and HTV2 ist die staatliche kroatische Fernsehgesellschaft. Zusammen mit dem Radio **HR** (Hrvatski Radio) bildet sie die staatliche **HRT** *(Hrvatska Radio televizija; www.hrt.hr)*. Es gibt darüber hinaus unterschiedlichste andere Anbieter.

Die wichtigste Tageszeitung sind das *Jutarnji List* („Morgenblatt") das *Vearnji List* („Abendblatt") und der *Vjesnik*. An der Küste erscheinen *Slobodna Dalmacija* und *Novi List* (letztere in Rijeka). Die auflagenstärksten Wochenzeitschriften sind der Globus und die Nacional.

Geld

Die beliebteste ausländische Währung ist der Euro, aber auch andere große Währungen wie der Schweizer Franken , der US-Dollar und das britische Pfund können ohne weiteres getauscht werden. Die meisten Waren sind in Kuna ausgezeichnet. Einige Hotels geben ihre Übernachtungspreise aber auch in Euro an, der nach dem jeweiligen Tageskurs umgerechnet wird.

Kreditkarten (u.a. Visa, MasterCard und American Express) werden in den meisten Hotels, Restaurants und Geschäften akzeptiert – nicht aber bei Privatunterkünften oder in kleineren Cafés. Wechselstuben *(mjenjanica)* sind weit verbreitet und arbeiten mit den aktuellen Wechselkursen.

Geldautomaten sind in größeren Städten leicht zu finden. Reiseschecks können in Banken eingelöst werden, allerdings muss hier mit langen Wartezeiten gerechnet werden. Die Kreditkarte von American Express ist immer noch am weitesten verbreitet.

Mit Ausnahme von einigen älteren Märkten ist ein Verhandeln um den Warenpreis ebenso unüblich wie in anderen Ländern Mittel- und Nordeuropas.

Öffnungszeiten

Läden und Geschäfte öffnen einigermaßen früh (zwischen 7.30 und 8.30 Uhr) und schließen meistens gegen 20.30 Uhr. Supermärkte und Apotheken sind zum Teil auch länger geöffnet. Häufig gibt es, wie etwa bei Touristeninformationen, eine ein- oder zweistündige Mittagspause. Im Sommer wird sie nicht selten bis 16 oder 17 Uhr verlängert.

Die Banken sind in der Regel montags bis freitags von 8 bis 18 Uhr geöffnet, einige Filialen auch samstags. Büros und Ämter sind von 8.30 Uhr oder früher bis 16.30 Uhr besetzt. Die meisten Geschäfte – außer die Supermärkte – sind sonntags geschlossen oder öffnen nur für wenige Stunden. Museen sind meistens montags geschlossen.

Religion

Die meisten Kroaten (87 Prozent) gehören dem katholischen Glauben an, ein kleiner Teil (4,4 Prozent) ist orthodox und 1,3 Prozent der Bevölkerung sind Moslems.

Toiletten

In den zentralen Bahnhöfen und Bushaltestellen sowie in vielen anderen städtischen Einrichtungen sind Toiletten vorhanden. Für ihre Benutzung werden häufig 2 kn,

manchmal aber auch bis zu 5 kn verlangt. Im Allgemeinen sind sie sehr sauber, da häufig Reinigungspersonal anwesend ist, das auch das Geld kassiert. Auch in fast allen Cafés und Restaurants gibt es Toiletten. In einigen alten Busbahnhöfen sind manchmal noch Stehklosetts vorzufinden. Hotels, Cafés usw. verfügen meistens schon über modernere Anlagen. Die Herren-WCs sind mit *muškarci* oder *muški* gekennzeichnet, die Damen-WCs mit *žene* oder *ženski* – oder auch nur mit M oder Ž.

Rauchen

Kroatien war bis vor kurzem eine hartnäckige Raucherbastion, wo die Cafés und Restaurants für Nichtraucher zuweilen fast unerträglich verqualmt waren. 2009 wurden Gesetze beschlossen, die u.a. vorsahen, das Rauchen in Ämtern, Cafés, Bars und Restaurants zu verbieten. Sie stießen aber auf so große Ablehnung, dass die Verordnungen noch einmal überarbeitet werden. Gegenwärtig ist das Rauchen in Bussen verboten, nicht aber in allen Zugabteilen. Restaurants und Cafés haben Nichtraucherbereiche eingerichtet. Auch in Hotelzimmern darf nicht geraucht werden. Es ist aber dennoch vor allen Dingen in älteren Häusern sinnvoll, sich nach Nichtraucherzimmern zu erkundigen.

Zeitzone

In Kroatien gilt die Mitteleuropäische Zeit (MEZ). In den Sommermonaten gibt es eine Zeitverschiebung um eine Stunde.

Trinkgeld

Tinkgeld für guten Service wird in den Restaurants und Cafés angenommen (meistens wird hier die Rechnung nicht extra ein Serviceentgelt hinzuaddiert). Ausreichend hier 5 bis 10 Prozent des Rechnungsbetrags oder ein paar Kuna. Taxifahrer erwarten kein Trinkgeld.

Einrichtungen für Behinderte

Reisende mit Behinderungen kommen in Kroatien nicht so gut zurecht wie in anderen westeuropäischen Ländern, insbesondere wenn es um öffentliche Verkehrsmittel, Hotels, Museum usw. geht. In den größeren Städten werden aber Anstrengungen unternommen, Zugänge behindertengerechter zu gestalten, öffentliche Telefone zugänglich zu machen usw. Die neuen Straßenbahnen in Zagreb sind niedriger und ohne Stufen konstruiert. Menschen mit Behinderungen können den öffentlichen Nahverkehr kostenlos nutzen. Außerdem wird Hilfebedürftigen, ob alt oder behindert, immer der Vortritt gelassen.

Reisen mit Haustieren

Wenn Haustiere mit in den Urlaub nach Kroatien genommen werden, müssen sie einen Mikrochip tragen, einen Heimtierausweis oder ein tierärztliches Zeugnis haben und gegen Tollwut geimpft sein. Außerdem darf man mit ihnen nur bestimmte Grenzübergänge nutzen.

Besucherinformation

Die Kroatische Zentrale für Tourismus *(www.croatia.hr)* bietet umfangreiche Informationen über Sehenswürdigkeiten, Aktivitäten und Unterkünfte. Weitere Informationen über Restaurants und Unterkünfte sind auf den Webseiten der örtlichen Touristeninformationen erhältlich. Die Webseite von **Visit Croatia** *(www.visit-croatia.co.uk)* ist eine ausgezeichnet Quelle für individuelle Informationen.

NOTFÄLLE

Die Sicherheitslage ist für Reisende in Kroatien relativ stabil und die Kriminalitätsrate ist vergleichsweise niedrig. Dennoch ist es immer ratsam, die üblichen Sicherheitsvorkehrungen zu treffen. Geld und andere Wertsachen sollten demzufolge in einem Gürtel unter der Kleidung getragen werden. Es sollte vermieden werden, Wertvolles demonstrativ zu präsentieren. Taschen und anderes Gepäck sollte nicht unbeaufsichtigt gelassen werden. Reisende sind weiterhin gut beraten, nachts gering beleuchtete Gassen zu meiden. Fotokopien der Ausweispapiere und anderer wichtiger Dokumente sollten mitgeführt werden (aber nicht direkt zusammen mit den Originalen).

Die Nutzung von Geldautomaten und Reiseschecks bewahrt davor, größere Summen Bargeld mit sich führen zu müssen. Während eines Badeausflugs sollten Wertsachen im Hotelsafe und nicht in der Badetasche am Strand verbleiben. Die Polizei ist in der Regel sehr hilfsbereit und zuvorkommend.

Hilfe!	*U pomo!*
Polizei	*policija*
Polizist	*policajac*
Notfall	*hitno*

Botschaften

Deutsche Botschaft Kroatien

Ulica grada Vukovara 64
10000 Zagreb
Tel. 00 385 1 / 630 01 00
www.zagreb.diplo.de

Österreichische Botschaft

Radnicka cesta 80
9. Stock Zagreb Tower
10000 Zagreb
Tel. 00 385 1 / 488 10 50
www.aussenministerium.at/agram

Schweizerische Botschaft

Bogoviceva 3
Postfach 471
10000 Zagreb

Notfallnummern

Polizei 92
Feuerwehr 93

Krankenwagen 94
Notruf 112

Gesundheit

Kroatien verfügt über ein sehr gutes Gesundheitssystem. Die Kosten für eine Zahnarztbehandlung sind in Ländern wie den USA oder in Großbritannien wesentlich höher. Bei Notfallbehandlungen greifen entweder internationale Abkommen mit den Heimatländern der Reisenden oder die eigene Krankenversicherung (ein Versicherungsnachweis sollte stets mitgeführt werden). Die meisten rezeptpflichtigen Medikamente sind in den Apotheken (*apoteka* oder *ljekarna*) erhältlich, seltenere Medikamente sind zuweilen schwer zu bekommen und die Rezeptgebühren sind vergleichsweise hoch.

Das Leitungswasser ist ohne Bedenken genießbar. Abgefülltes Wasser aus Flaschen ist aber auch fast überall erhältlich.

In einigen Waldgegenden sind Zecken verbreitet. Nach Wanderungen im Wald oder durch höheres Gras sollte der Körper nach diesen möglichen Krankheitsüberträgern untersucht werden. Eine Kopfbedeckung und lange Hosen sind empfehlenswert und insbesondere ist bei Kindern auf die Gefahr eines Zeckenbisses zu achten. Wenn eine Zecke am Körper gefunden wird, sollte sie so schnell wie möglich entfernt werden. Sie wird mit den Fingernägeln oder mit einer Pinzette nahe der Hautoberfläche gepackt und vorsichtig herausgezogen, ohne dabei den Hinterleib zu zusammenzudrücken. Ein Arztbesuch ist empfehlenswert.

In den Bergen besteht die Gefahr eines Schlangenbisses, z.B. durch die ziemlich giftige Europäische Hornotter. Nach einem Biss muss das betroffene Körperteil stillgelegt werden und das Opfer ins Krankenhaus gebracht werden, wo ein Gegengift verabreicht wird. Hilfreich ist es, wenn die Schlangenart

bekannt ist. Die Gefahren durch Seeigel (ihre Stacheln sind manchmal schwer zu entfernen) können verringert werden, wenn beim Baden an steinigen Stränden Badeschuhe aus Plastik getragen werden.

Bei einer Reise nach Kroatien sind keine Impfungen notwendig.

Einige wichtige Wörter:

Krankenhaus	*bolnica*
Arzt	*doktor*
Zahnarzt	*zubar*
Apotheke	*apoteka*
Medikament	*lijek*
Krankenwagen	*hitna pomo*

Fundsachen

Um Versicherungsansprüche geltend machen zu können, sollte man innerhalb von Diebstahl innerhalb von 24 Stunden bei der Polizei anzeigen. Bei Verlust oder Diebstahl der Ausweispapiere ist die zuständige Botschaft zu kontaktieren.

Verhalten bei einem Autounfall

Bei einem Autounfall müssen die Autofahrer am Unfallort verbleiben und ihre Personalien usw. der Polizei mitteilen. Möglicherweise ist innerhalb von 24 Stunden eine Anhörung vor Gericht notwendig, wobei dann ein Dolmetscher gestellt wird.

Hotels & Restaurants

Die Unterkünfte in Kroatien sind äußerst vielfältig – von gemütlichen Zimmern in einem kleinen Privathäusern bis hin zu großen modernen Resorts und luxuriösen Boutique-Hotels sowie ganz zu schweigen von der großen Anzahl an Campingplätzen entlang der Küste. Unter den Restaurants finden sich einfache Snack-Bars, außergewöhnliche Gourmet-Tempel oder auch rustikale Tavernen.

Hotels

Neben kleinen, familiär geführten Pensionen gibt es in Kroatien auch viele unterschiedliche Hotels – von kleinen Boutique-Hotels bis hin zu großen Häusern internationaler Hotelketten. Die einst dominaten großen, massigen Hotelkomplexe aus den 1970er Jahren, die nicht selten eine Verschönerungskur nötig hätten, werden glücklicherweise immer mehr ersetzt durch eine neue Generation von Boutique-Hotels und luxuriös umgestalteter und renovierter älterer Hotels. Eine Reihe alter österreich-ungarischer Hotels (insbesondere in Opatija) erstrahlen immer noch in opulentem Glanz. Die meisten großen Hotels haben Spa- und Wellness-Bereiche und moderne Häuser bieten freies W-LAN.

Die Übernachtungspreise in den Hotels sind nach kroatischen Maßstäben vergleichsweise hoch, mit Spitzenwerten in der Hochsaison im Juli und August. Während der Wintermonate gewähren die Häuser, die noch geöffnet haben, Preisnachlässe von bis zu 50 Prozent. Viele Hotels, insbesondere die großen Resorts, schließen aber in dieser Zeit.

Die Zimmer vieler größerer Hotels können online gebucht werden, häufig zu Preisen unter den eigentlichen Tarifen. Die Übernachtungspreise verstehen sich häufig inklusive des Frühstücks, Halbpension ist manchmal nicht wesentlich teurer.

Village Tourism ist auch in Kroatien auf dem Vormarsch. Die Reisenden sind in traditionellen kleinen Häusern untergebracht, das Essen ist hausgemacht und besteht aus regionalen Spezialitäten. Hier erleben die Besucher kroatisches Landleben.

Die nachfolgend aufgelisteten Häuser sind meistens allerdings in den Städten gelegen. Die großen, manchmal wirklich hübschen Hotelkomplexe befinden sich etwas weiter abseits und bleiben hier eher unerwähnt.

Privatzimner und Ferienwohnungen gehören zu den beliebtesten Unterkünften für Urlauber in Kroatien (mit Ausnahme der Stadt Zagreb, wo es wenig Zimmer und Ferienwohnungen gibt). Sie sind individueller und fast immer auch günstiger als Hotels. In der nachfolgenden Liste werden sie aber nur dann aufgeführt, wenn sie eine eigene Webseite mit Online-Buchung haben, sich an einem ungewöhnlichen Ort befinden oder wenn es nur wenige Alternativen gibt.

Die meisten Privatzimmer und Ferienwohnungen werden über spezielle Agenturen oder die örtlichen Touristeninformationen vermietet. Gerade an diese sollten sich Reisende wenden, die eine Privatunterkunft wünschen.

Häufig kommt es vor, dass an Bushaltestationen oder Bahnhöfen sobe (Zimmer) oder apartmani (Ferienwohnungen) unterschiedlicher Standards feilgeboten werden. Wenn Reisende ihr Glück probieren wollen und ein solches Angebot annehmen wollen, sollten sie genau klären, wie weit außerhalb die Unterkunft befindet, und sich Fotos von den Räumlichkeiten zeigen lassen.

Wenn in der folgenden Liste für einen Ort kein Hotel genannt wird, bedeutet das, dass Privatunterkünfte vorzuziehen sind. Wie einige der Resort-Hotels stehen auch viele Zimmer und Ferienwohnungen nur während der Sommermonate zur Verfügung.

Bei Übernachtungen wird zusätzlich jeweils eine örtliche Kurtaxe (€) berechnet.

Restaurants

Kroatische Restaurants gibt es in vielen Variationen: *restoran* (Restaurant), *konoba* (etwas gemütlicher, aber keinesfalls schlechter als ein restoran) und *gostionica* (einfacher als eine konoba). Für Gäste, die abends das Hotel nicht unbedingt mehr verlassen möchten, gibt es hier meistens auch ein oder mehrere eigene Restaurants. Sogar die kleineren Pensionen haben häufig ein eigenes kleines Restaurant oder eine Pizzeria mit Terrasse.

Praktische Tipps zu Restaurants in Kroatien gibt es auf der Webseite *www.gastronaut.hr.*

Es ist ziemlich schwer, genaue Angaben über das Preisniveau eines Lokals zu machen, wenn es sowohl günstige Pastagerichte als auch erstklassige Fischgerichte anbietet, deren Preise nach Gewicht berechnet werden. Die angebenen Preiskategorien können demzufolge nur einen Anhaltspunkt geben.

Erläuterungen

Die Hotels und Restaurants sind innerhalb der Kapitel bzw. Orte in den unterschiedlichen Preiskategorien alphabetisch sortiert. Die Hotels werden jeweils zuerst aufgeführt. Die angegebene Anzahl der Zimmer bezieht sich hier auch auf Suiten. Nach den Hotels werden die Restaurants aufgelistet. Der Nichtraucherhinweis erfolgt entweder aufgrund eines separaten Nichtraucherraums oder aber aufgrund eines generellen Rauchverbots (wobei sich dieses normalerweise nicht auch noch auf die Terrasse oder Gartenbereiche ausdehnt). Kreditkarten werden wie folgt abgekürzt: AE (American Express), DC (Diner's Club), MC (MasterCard) und V (Visa).

🏨 Hotel 🍴 Restaurant 🛏 Anzahl der Gästezimmer ✚ Anzahl der Sitzplätze 🅿 Parken 🕐 Geschlossen 🛗 Lift

Preise

HOTELS

Preiskategorien für ein Doppelzimmer mit Bad in der Hochsaison.

€€€€€	Über 315 €
€€€€	191–315 €
€€€	126–190 €
€€	60–125 €
€	Unter 60 €

RESTAURANTS

Preiskategorien für ein Zwei-Gänge-Menü für eine Person ohne Trinkgeld und Getränke.

€€€€€	Über 40 €
€€€€	31–40 €
€€€	21–30 €
€€	10–20 €
€	Unter €10 €

■ ZAGREB

ZAGREB

HOTELS

⊞ HOTEL INTERNATIONAL ZAGREB
€€€–€€€€€

MIRAMARSKA 24, ZAGREB

TEL. 01 610 8800

FAX 01 610 8700

www.hotel-international.hr

Am Rande des historischen Zentrums, in der Neustadt, wird dieses komfortable Hotel allen Ansprüchen von Geschäftsreisenden gerecht – Highspeed-Internetzugang, Konferenzzentrum, Restaurant. Die Bar im Erdgeschoss verfügt über Außensitzplätze auf einer Terrasse, wo die Gäste einen ruhigen Abend verbringen oder ein Fußballspiel verfolgen können. Das Frühstück ist im Preis enthalten.

🛏 207 🔄 🅿 🚭 ❄ 🗔 AE, MC, V,

⊞ REGENT ESPLANADE
€€€–€€€€€

MIHANOVIČEVA 1, ZAGREB

TEL. 01 456 6666

www.regenthotels.com

Das luxuriöseste Hotel der Stadt mit plüschigen Möbeln, flauschigen Gänsefederkissen, riesigen Marmorbädern und zwei Restaurants – das erstklassige Zinfandel's und das Le Bistro. Das Hotel wurde in den 1920er Jahren errichtet, als in Zagreb noch der Orient Express hielt und zu den Hotelgästen u.a. Orson Welles, Woody Allen, Alfred Hitchcock und Charles Lindbergh zählten. Nach vollständiger Renovierung wurde es 2004 wiedereröffnet.

🛏 209 🅿 🔄 🚭 ❄ 🗔 🎤 ❄ Alle gängigen Kreditkarten

⊞ WESTIN ZAGREB
€€€–€€€€

KRSNJAVOGA 1, ZAGREB

TEL. 01 489 2000

www.westin.com

Das Westinn ist das wohl beste Fünf-Sterne-Hotel der Stadt mit den Präsidenten Putin und Bush sowie den Rolling Stones auf der Gästeliste. Vornehme Zimmer. Günstige Lage nahe des Mimara Museums.

🛏 378 🅿 🔄 🚭 ❄ 🗔 🎤 ❄ Alle gängigen Kreditkarten

⊞ HOTEL AS
€€€

ZELENGAJ 2, ZAGREB

TEL. 01 460 9111

www.hotel-as.hr

Inmitten der ruhigen Grünanlagen von Zelengaj, nur eine kurze Fahrt mit dem Taxi oder dem Bus vom Britanski trg (Britischen Platz) entfernt, bietet dieses Vier-Sterne-Hotel großzügige Zimmer mit geschmackvollen Möbeln im antiken Stil sowie freundliches Personal. Außerdem gibt es hier ein preisgekröntes Fischrestaurant mit einer umfangreichen Weinkarte und eine elegante Café-Bar.

🛏 23 🅿 🔄 🚭 ❄ ❄ AE, MC, V

⊞ HOTEL-PANSION JAEGERHORN
€€€

ILICA 14, ZAGREB

TEL. 01 483 3877

www.hotel-pansion-jaegerhorn.hr

Hübsches, familiäres Haus, etwas versteckt in einer kleinen Straße nahe der Ilica, aber nur wenige Gehminuten entfernt vom zentralen Platz der Stadt. Saubere, komfortable Zimmer, eine großzügige Lounge und eine Terrasse.

🛏 13 🚭 ❄ ❄ Alle gängigen Kreditkarten

⊞ HOTEL PRESIDENT
€€€

PANTOVČAK 52, ZAGREB

TEL. 01 488 1480

www.president-zagreb.com

Stilvolles, neues Boutique-Hotel mit vier Sternen, nur wenige Schritte vom Britischen Platz entfernt. Helle, großzügige Zimmer mit polierten Holzfußböden, die geschmackvoll mit verschiedenen Kunstgegenständen dekoriert sind; alle mit Terrasse und Blick auf die Grünanlagen von Zelengaj. Lichtdurchflutete Lounge-Bar und ein Restaurant im verglasten hinteren Teil des Gebäudes.

🛏 10 🔄 🚭 ❄ 🗔 ❄ Alle gängigen Kreditkarten

⊞ PALACE HOTEL
€€€

STROSSMAYEROV 10, ZAGREB

TEL. 01 489 9600

www.palace.hr

Ein sezessionistischer Palast aus dem späten 19. Jahrhun-

dert an dem einen Ende des Grünen Hufeisens der Stadt. Als Hotel fungiert er seit 1907 und zeigt noch heute elegante Zimmer mit antiken Möbeln. Freundlicher Personal.

☉ 125 **P** **⊟** **◎** **⑤**
⬧ Alle gängigen Kreditkarten

⊞ HOTEL ILICA
€€

ILICA 102, ZAGREB
TEL. 01 377 7522
www.hotel-ilica.hr

Nahe der Ilica und des Britischen Platzes gelegen, bietet dieses Hotel immer noch die günstigsten Zimmer im Zentrum Zagrebs – dicht gefolgt vom Maksimir, wo die Räume wohl hübscher sind.

☉ 24 **P** **⊟** **⑤**
⬧ Alle gängigen Kreditkarten

⊞ HOTEL MAKSIMIR
€€

MAKSIMIRSKA 57A, ZAGREB
TEL. 01 666 6160
www.hotel-maksimir.hr

Hübsches, neues Hotel mit einem ausgezeichneten Preisleistungsverhältnis. Sauber und ordentlich eingerichtete Zimmer, das Frühstück ist im Preis enthalten. Mit der Straßenbahn nur wenige Haltestationen vom zentralen Platz der Stadt entfernt.

☉ 12 **P** **⑤** **⬧** AE, MC, V

RESTAURANTS

⬥ AGAVA
€€€–€€€€

TKALČIĆEVA 39, ZAGREB
GORNJI GRAD
TEL. 01 482 9826
www.restaurant-agava.hr

Dieses reizvolle Restaurant mit seinen drei Etagen liegt mitten in der belebten Tkalčićeva. Von oben haben die Gäste an Sommerabenden einen schönen Blick auf die Flaneure. Das Agava ist spezialisiert auf regionale kroatische

Gerichte und auf köstliche italienische Pasta.

⬧ Alle gängigen Kreditkarten

DER BESONDERE TIPP

⬥ OKRUGLJAK
€€€–€€€€

MLINOVI 28, ŠESTINE, ZAGREB
TEL. 01 467 4112
www.okrugljak.hr

Ein ausgezeichnetes traditionelles, fast 100 Jahre altes Restaurant in der Nähe von Šestine (Bus 102 von Kaptol nehmen) an den Ausläufern des Medvednica. Frische, weiße Tischtücher, viel Holz und eine riesige Terrasse stellen das Ambiente für überwiegend herzhafte Gerichte aus der Region um Zagreb und dem nördlichen Kroatien. Gute Weinkarte. Empfehlenswert ist die große Kroatische Platte und die Grillplatte – beides für zwei Personen – oder das Zagreb Steak. Am Wochenende sind Reservierungen erforderlich.

⬧ 500 **◎** **⬧** Alle gängigen Kreditkarten

⬥ IVICA I MARICA
€€€

TKALČIĆEVA 70, ZAGREB
TEL. 01 481 7321, 482 8999
www.ivicaimarica.com

Ein ausgezeichnetes Restaurant an der mit Cafés gesäumten Tkalčićeva. Rustikale Einrichtung, Tische im Freien. Der Schwerpunkt liegt auf frischen, regionalen Ökoprodukten. Die Speisekarte umfasst eine große Auswahl an traditionellen kroatischen, z.T. auch vegetarischen Gerichten (z.B. ausgezeichnetes *štrukli*) und in der hoch gelobten Bäckerei nebenan bekommt man den besten Kuchen der Stadt. Der Name des Restaurants ist die kroatische Version von „Hänsel und Gretel".

⬧ 100 **◎** **⬧** Alle gängigen Kreditkarten

⬥ KORČULA
€€€

TESLINA 17, ZAGREB
TEL. 020 487 2159

Ein sehr gutes, alt eingesessenes traditionelles Fischrestaurant. Hochwertiger gebratener Fisch, *pašticada* und andere dalmatinische Spezialitäten. Viele Bilder, das Steuerrad eines Schiffes und andere maritime Kleinigkeiten bestimmen die Einrichtung des Lokals.

⬧ 60 **⊕** So geschl. **◎** **⬧** Alle gängigen Kreditkarten

DER BESONDERE TIPP

⬥ POD GRIČKIM TOPOM
€€€

ZAKMARDIJEVE STUBE 5, ZAGREB
TEL. 020 483 3607

Ein ausgezeichnetes Restaurant mit einer schönen Terrasse und einem Wintergarten mit Blick über die Dächer von Zagreb und die sezessionistischen Fassaden. Es liegt am Rande von Gornji Grad, unterhalb des Lotršek-Turms . Die Speisekarte umfasst dalmatinische Speisen und Fischgerichte sowie auch Zagreb Steak.

⬧ 70 **⊕** So geschl. **◎** **⬧** Alle gängigen Kreditkarten

⬥ KEREMPUH
€€

KAPTOL 3, ZAGREB
TEL. 020 481 9000
www.kerempuh.hr

Eine echte Institution, die schon lange zu den Favoriten in Zagreb gehört. Von den im Freien stehenden Tischen mit ihren pinkfarbenen Decken blickt man über die Verkaufsstände des Dolac, des riesigen Wochenmarktes der Stadt. Die Speisekarte wechselt nahezu täglich. Es kann Gulasch, gekochten Schinken mit Kohl und Kartoffel oder Hackbra-

ten mit Käsefüllung geben. Eine Reservierung ist empfehlenswert.

🏠 150 🕐 So ab 16 Uhr geschl.
📵 🗝 Alle gängigen Kreditkarten

🍴 VALLIS AUREA
€€
TOMIĆEVA 4, ZAGREB
TEL. 01 483 1305
Wundervolles, unaufdringliches Restaurant nahe der Ilica und der Seilbahn. Die rustikale Einrichtung erinnert an eine Taverne. Täglich wechselnde Speisekarte und freundliche Bedienung. Einige gute slowenische Gerichte und schmackhafte gefüllte Kalmare. Sehr preiswert.

🏠 50 🕐 So geschl. 📵 🗝 AE, DC, V

🍴 ZLATNI MEDO
€€
SAVSKA CESTA 56, ZAGREB
TEL. 01 617 7119
www.pivnica.hr
In dieser großartigen Brauerei wird das eigene helle oder dunkle Bier zu den riesigen Portionen der Gerichte der respektablen Speisekarte (Grillfleisch, Würstchen, gebratener Kalmar und Gulasch) ausgeschenkt. In den Räumlichkeiten mit der hohen Decke stehen Lederstühle und Holztische. Es gibt auch eine Weinkarte.

🏠 350 📵 🗝 Alle gängigen Kreditkarten

🍴 NOKTURNO
€-€€
SKALINSKA 4, ZAGREB
TEL. 01 481 3394
Die preisgünstige Pizzeria in der Skalinska, der kleinen Kopfsteinpflasterstraße, die von der Tkalčićeva zum Dolac führt, gehört schon lange zu den beliebtesten Lokalen der Stadt. Junges und freundliches Personal. Ausgezeichnete Pizza mit dünnem Boden, knusprig und immer noch die beste der Stadt, aber auch Pasta-Gerichte. Schöner, geschützter Sitzbereich im Freien.

🏠 100 📵 🗝 Alle gängigen Kreditkarten

🍴 MILLENNIUM
€
BOGOVI CEVA 7, ZAGREB
TEL. 01 481 0850
www.vincek.com.hr
Eiscafé mit einem Angebot, das zu den besten des Landes gehört und sehr schön präsentiert wird. Es gibt eine unendlich große Auswahl an Eissorten, in einer Waffel zum Mitnehmen. Oder man setzt sich in eine der kleinen Sitzecken im Diner-Stil und erfreut sich an der sauberen, modernen Einrichtung.

📵 🗝 Keine

🍴 MIMICE
€
JURIŠIĆEVA 21, ZAGREB
Versteckt im Souterrain zwischen dem zentralen Platz der Stadt und dem Postamt befindet sich dieses Fischrestaurant ohne Schnickschnack. Gute fritierte Kalmare oder Sardinen und anderen Fisch mit Pommes Frites, etwas Brot und einem Becher Wein. Barhocker und Marmortische und immer die gleichen alten Männer und Geschäftsleute, die einen schnellen Mittagsimbiss nehmen. Sehr preisgünstig.

🏠 20 🕐 So ab 17 Uhr geschl.
🗝 Keine

🍴 VINCEK
€
ILICA 18, ZAGREB
TEL. 01 483 3612
www.vincek.com.hr
Das eindeutig beliebteste Eiscafé (slasti arnica) der Stadt bietet viele Geschmackrichtungen und zudem noch eine gute Auswahl an Kuchen. Wenn es keinen Sitzplatz mehr gibt, kann man auch in das Millenium ausweichen, das an der Bogovi Ceva zu finden ist.

🕐 Ab 18 Uhr und So geschl.
📵 🗝 Keine

🟥 NÖRDLICHES KROATIEN

DVORAC BEŽANEC

HOTELS

🏨 DVORAC BEŽANEC
€€–€€€
VALENTINOVO 55, PREGRADA
TEL. 049 376 800
www.bezanec.hr
Die Gäste übernachten in einem Schloss aus dem späten 17. Jahrhundert, in denen die Zimmer mit Antiquitäten ausgestattet sind (und einige offenbar auch ihre eigenen Schlossgeister haben). Ein Restaurant und ein guter Weinkeller sind vorhanden. Im weitläufigen Park gibt es Anlagen zum Reiten und Bogenschießen.

🛏 30 📵 🗝 Alle gängigen Kreditkarten

GORICA SVETOJANSKA

HOTELS

🏨 VINSKA KUĆA JANA
🍴 **€€**
PRODIN DOL BB, GORICA SVETOJANSKA
TEL. 01 628 7372
www.jana.hr
Ein wunderbares Haus nahe der Weinstraße mit einer guten Speisekarte, darunter Wildschwein und Ente, gebratene Forelle und Suppe mit Zucchini und Pilzen. Zehn einfache, aber neu eingerichtete Zimmer und hauseigener Wein. Die Zimmerpreise verstehen sich inklusive Frühstück.

🛏 10 🏠 220 🅿 📵 🗝 Keine

JASTREBARSKO

RESTAURANTS

🍴 RESTORAN IVANČIĆ
€€

PLEŠIVICA 45, JASTREBARSKO
TEL. 01 629 3303
www.restoran-ivancic.hr

Ein beliebtes Lokal mit einer Terrasse und einer Speisekarte, auf der sich Wild *paprikaš, Zagreb Steak, štrukli* und eine vegetarische Platte finden. Zu den angebotenen Weinen gehört *silvanac* (Weißwein) und *portugizac* (Rotwein).

🪑 110 🅿 🚫 🐾 Alle gängigen Kreditkarten

KARLOVAC

HOTELS

🏨🍴 HOTEL KORANA-SRAKOVCII
€€€

PERIVOJ JOSIPA VRBANIĆA 8, KARLOVAC
TEL. 047 609 090
www.hotelkorana.hr

Hübsches Vier-Sterne-Hotel direkt am Ufer der Korana, nur wenige Gehminuten entfernt vom Stadtzentrum. 15 Doppelzimmer und drei Suiten (€€€€) sowie ein Restaurant. Das Hotel wurde 1906 als Kurhotel errichtet und 2003 renoviert.

🛏 18 🅿 🚫 🐾 ♨ 🎭
🐾 Alle gängigen Kreditkarten

🏨🍴 HOTEL CARLSTADT
€€

VRANICZANYEVA 1, KARLOVAC
TEL. 047 611 111
www.carlstadt.hr

Praktisches, zentral gelegenes Drei-Sterne-Hotel mit einfachen, aber funktionell eingerichteten Zimmer sowie einem Restaurant.

🛏 40 🅿 🚫 🐾 Alle gängigen Kreditkarten

SAMOBOR

HOTELS

🏨 HOTEL LIVADIĆ
€€

TRG KRALJA TOMISLAVA 1, SAMOBOR
TEL. 01 336 5850
www.hotel-livadic.hr

Attraktiv eingerichtete Zimmer, Holzfußböden und am zentralen Platz gelegen. Das Frühstück ist inbegriffen und es gibt ein Café im Innenhof.

🛏 12 🚫 🐾 Alle gängigen Kreditkarten

🏨 HOTEL LAVICA
€

FERDE LIVADIĆA 5, SAMOBOR
TEL. 01 336 8000
www.lavica-hotel.hr

Sehr günstig, vom zentralen Platz aus gesehen nicht weit entfernt auf der anderen Seite des Flusses. Saubere, schmucke Zimmer und ein Restaurant mit Steingewölben.

🛏 22 🅿 🚫 🐾 Alle gängigen Kreditkarten

RESTAURANTS

🍴 PRI STAROJ VURI
€€

GIZNIK 2, SAMOBOR
TEL. 01 336 0548
www.pri-staroj-vuri.hr

Nettes kleines Lokal nur fünf Gehminuten südlich des zentralen Platzes der Stadt. Herzhafte traditionelle Gerichte wie Strudelsuppe, gebratenes Fleisch und Forelle.

🪑 80 🕐 So ab 18 Uhr geschl. 🚫 🐾 Alle gängigen Kreditkarten

🍴 SAMOBORSKA KLET
€€

TRG KRAJA TOMISLAVA 7, SAMOBOR
TEL. 01 332 6536
www.samoborska-klet.hr

Noch ein tolles Restaurant nördlich des zentrales Platzes gelegen und durch eine schmale Gasse zu erreichen. Gute Auswahl an traditionellen Gerichten in großzügigen, rustikal eingerichteten Räumlichkeiten.

🪑 100 🚫 🐾 Alle gängigen Kreditkarten

VARAŽDIN

HOTELS

🏨 HOTEL ISTRA
€€€

ULICA IVANA KUKULJEVIĆA 6, VARAŽDIN
TEL. 042 659 659
www.istra-hotel.hr

Ein erst vor Kurzem komplett renoviertes Vier-Sterne-Hotel aus dem Jahr 1911 im Zentrum der Stadt. Schmucke Zimmer; eigenes Restaurant und Casino.

🛏 11 🅿 🚍 🚫 🐾 Alle gängigen Kreditkarten

🏨🍴 HOTEL VARAŽDIN
€€

KOLODVORSKA 19, VARAŽDIN
042 290 720
www.hotelvarazdin.com

Neu eröffnetes Drei-Sterne-Haus nahe des Bahnhofs mit ziemlich großen Zimmern in Pastelltönen und einem eigenen Restaurant.

🛏 27 🅿 🚫 🐾
🐾 Alle gängigen Kreditkarten

🏨 PANSION MALTAR
€€

PREŠERNOVA 1, VARAŽDIN
TEL. 042 311 100
www.maltar.hr

Freundliche, familiär geführte Pension südlich des Stadtzentrums nahe des Busbahnhofs mit einfachen Zimmern. Das üppige Frühstück ist im Preis inberfiffen.

🛏 25 🅿 🚫 🐾 🐾 Alle gängigen Kreditkarten

RESTAURANTS

🍴 ZLATNA GUSKA
€€–€€€

KUKULJEVIĆEVA 13, VARAŽDIN

TEL. 042 213 393

www.zlatne-gorice.com

Im Souterrain gelegenes gehobeneres Lokal mit Steingewölbe, dekoriert mit Fahnen und mittelalterlichen Waffen. Viele Menüs mit herzhaften einheimischen Gerichten. Reservierung empfehlenswert.

🔲 90 🅂 🅂 Alle gängigen Kreditkarten

■ SLAVONI

ĐAKOVO

HOTELS

🏨 HOTEL ĐAKOVO
🍴 €€

NIKOLE TESLE 52, ĐAKOVO

TEL. 031 840 570

www.hotel-djakovo.hr

Neues Drei-Sterne-Hotel am Stadtrand. Die ordentlichen Zimmer sind mit aufwendig vielen Dekorstoffen eingerichtet. Eigenes Restaurant.

🛈 25 🅿 🅂 🅂 Alle gängigen Kreditkarten

🏨 RESTORAN-PANSION
🍴 CROATIA-TURIST
€€

P PRERADOVIĆA 25, ĐAKOVO

TEL. 031 813 391

www.croatiaturist.hr

Hübsche Unterkunft südlich des Stadtzentrums mit sauberen, leicht kitschigen Zimmern. Ein eigenes, hoch geschätztes Restaurant. Auf der Speisekarte stehen gegrilltes Fleisch, Fisch und vegetarische Gerichte ebenso wie hausgemachte kulen und grah (Bohneneintopf) mit ebenfalls hausgemachten Würstchen als einheimische Spezialitäten.

🛈 8 🅿 🅂 🅂 Alle gängigen Kreditkarten

ILOK

HOTELS

🏨 HOTEL DUNAV
🍴 €€

J BENEŠIĆA 62, ILOK

TEL. 032 596 500

www.hoteldunavilok.com

Schönes und ruhiges Drei-Sterne-Hotel direkt an der Donau und von viel Grün umgeben. Einfache Zimmer mit schweren Holzmöbeln und einem eigenen Restaurant, in dem es u.a. frischen Fisch gibt.

🛈 16 🅿 🅂 Alle gängigen Kreditkarten

LONJSKO POLJE

HOTELS

🏨 TRADICIJE ČIGOČ
🍴 €€

ČIGOČ 7A, LONJSKO POLJE

TEL. 044 715 124

www.tradicije-cigoc.hr

Das typische Holzhaus eignet sich bestens zum Übernachten, aber auch zum Essen, denn es beherbergt ein eigenes Restaurant. Die Preise verstehen sich inklusive Frühstück.

🅿 🅂 🅂 Keine

DER BESONDERE TIPP

🏨 USTI LONJA
🍴 €

LONJA 8, LONJSKO POLJE

TEL. 044 710 621

www.ustilonja.hr

Ein wirklich wundervoller Platz in dem Dorf Lonja. In dem hübschen alten Holzhaus der Familie Nekić sind die Gästezimmer gemütlich, haben Holzbalken und schwere Holzmöbel. Alle Gäste werden herzlich empfangen und es gibt ein schönes Restaurant

mit Sitzplätze im Freien. Das Frühstück ist im Übernachtungspreis inbegriffen, Halb- bzw. Vollpension kostet nur einen geringen Aufpreis (€). Das Essen ist ganz ausgezeichnet, darunter der leckere gegrillte Karpfen, das *fiš paprikaš*, hausgemachter Käse und frisch gebackenes Brot sowie *makovnjača* und *orahovnjača* (Kuchen mit Mohn oder Walnüssen).

🅿 🅂 🅂 Keine

NAŠICE

🏨 Hotel Park
€-€€

PEJAČEVIĆEV SQUARE 4

31500 NAŠICE

TEL. 85 31 613 822

http://www.hotel-park.hr/

Das Hotel an der Hauptstraße des Ortes bietet die notwendigen Einrichtungen. Einige der komfortablen Zimmer haben einen Blick auf das Schloss. Es gibt eine kleine, eher dunkle Lobby, aber reizvolle Sitzplätze im Freien. Frühstück.

🛈 52 🅂 Alle gängigen Kreditkarten

OSIJEK

HOTELS

🏨 OSIJEK
🍴 €€€

ŠAMAČKA 4, OSIJEK

TEL. 031 230 333

www.hotelosijek.hr

Ausgezeichnetes Vier-Sterne-Hotel mit Blick über die Drava. Komplett renoviert kann es sich mit großzügigen, stilvoll eingerichteten Zimmer rühmen und ebenso mit einem tadellosen Service und einem einzigartig guten Frühstück. Zweifellos das beste Hotel der Stadt.

🛈 147 🅿 🔁 🅂 🅂 🏋 🅂 Alle gängigen Kreditkarten

WALDINGER
€€€

ŽUPANIJSKA ULICA 8, OSIJEK
TEL. 031 250 450
www.waldinger.hr

Ein gutes Vier-Sterne-Hotel
im Stil der Art nouveau . In
der Nähe der Kathedrale gelegen, bietet es Zimmer mit
plüschigen roten Teppichen
und glänzenden neuen Bä-
dern mit Jacuzzis.

17 P ⊟ ⊗ ⊗
⊗ Alle gängigen Kreditkarten

CENTRAL
€€

TRG ANTE STARČEVIĆA 6, OSIJEK
TEL. 031 283 399
www.hotel-central-os.hr

Dieses 1889 eröffnete und damit älteste Hotel der Stadt ist
zentral direkt neben der Kathedrale gelegen. (Deshalb
sind hier die Glocken der Kathedrale auch sehr laut zu ver-
nehmen). Stilvolle, großzügige
Zimmer. Kostenloser Fahrradverleih. Die Hotelgäste erhalten eine kostenlose Eintrittskarte für das Kroatische Nationaltheater in Osijek.

32 P ⊗ ⊗ Alle gängigen
Kreditkarten

RESTAURANTS

BONUS
€€€

HRVATSKE REPUBLIKE 1, OSIJEK
TEL. 031 202 030

Vor einiger Zeit mehrfach unter den besten 100 Restaurants Kroatiens aufgeführt. Zu
den Spezialitäten gehören die
Gemischte Platte des Hauses
und das Pfeffersteak.

80 ⊗ ⊗ Alle gängigen
Kreditkarten

GALIJA
€€€

GORNJODRAVSKA OBALA BB,
OSIJEK
TEL. 031 283 500
www.kubo.hr

Steakhouse und mexikanisches
Restaurant. Etwas überteuert,
aber wunderbar auf einem Boot
auf der Drava gelegen.

150 ⊗ ⊗ Alle gängigen
Kreditkarten

KOD RUŽE
€€–€€€

FRANJO KUHAC 25, OSIJEK
www.omnia-osijek.hr

Im Herzen von Tvrđa gelegen,
bietet dieses im folkloristen
Stil eingerichtete Lokal herz-
hafte slawonische Spezialitä-
ten wie etwa Čobanac mit
Wild und *perkelt od soma*
(Fischeintopf). Tradtionelle
Live-Musik.

120 ⊕ So ab 16 Uhr geschl.
⊗ ⊗ Alle gängigen Kredit-
karten

ALAS
€€

REISNEROVA 12A, OSIJEK
031 202 311

Der Name dieses Lokals im
Süden der Stadt nahe des
Bahnhofs für Züge und Busse
bedeutet im Dialekt der Stadt
„Fischer" und entsprechend
liegt der Schwerpunkt des An-
gebots hier bei Süßwasserfischen. Die Spezialität des
Hauses ist ein reichhaltiger
und würziger *perkelt od soma*
(Fischeintopf).

54 ⊗ ⊗ Alle gängigen
Kreditkarten

DER BESONDERE TIPP

BARANJSKA KUĆA
€€

KOLODVORSKA 99, KARANAC,
OSIJEK
TEL. 031 720 180

Hervorragendes traditionelles
slawonisches Restaurant ca.
20 km nördlich von Osijek.
Lange Holztische stehen hier
in Räumlichkeiten, die mit ihren Ziegelsteinen und Holz-
elementen eine wunderbare
Atmosphäre schaffen. Mitrei-

ßende traditionelle Live-Musik. Die Bedienung ist stets
freundlich und herzlich. Auf
der Speisekarte stehen viele
regionale Spezialitäten, wie
etwa *kulen* und *kajmak*, gebra-
tenen Karpfen und aus-
gezeichnetes *fiš paprikaš*.
Reservierungen sind empfehlenswert.

120 ⊕ Mo geschl.⊗
⊗ AE, MC, V

SLAVONSKA KUA
€€

KAMILA FIRINGER 26, OSIJEK
TEL. 031 369 955
www.slavonskakuca.com

Beliebtes und preisgünstiges
Lokal in Tvrđa mit rustikaler
Einrichtung und slawonischen
Spezialitäten (Hirteneintopf),
würzige *fiš paprikaš*, Wildeintopf mit hausgmachten Nu-
deln, fritierter Wels und *sarma*
(gefüllte Kohlblätter). Traditionelle Live-Musik.

55 ⊗ ⊗ Alle gängigen Kre-
ditkarten

PITOMAČA

ZLATNI KLAS
€€–€€€€

OTROVANEC 228
PITOMAČA
TEL. 033/714-114
www.zlatni-klas.hr/

Ein ländliches Restaurant mit
Klasse. Den Anfang könnten
z. B. die Brennessel-Gerichte
machen (Brot, Suppe oder
beides), dann kann man zu
den traditionellen Fleisch- und
Fischgerichten übergehen. Vegetarier lassen sich vom Besitzer beraten, denn er selbst ist
seit 25 Jahren Vegetarier.
Nach dem Essen kann das Anwesen mit seinen Handwer-
kern und den Tieren erkundet
werden und vielleicht übernachten die Gäste dann auch
in dem nahegelegenen Öko-
Apartment.

300 ⊗ Alle gängigen Kre-
ditkarten

⊞ Hotel ▌Restaurant Anzahl der Gästezimmer Anzahl der Sitzplätze P Parken ⊕ Geschlossen ⊟ Lift

SLAVONSKI BROD

HOTELS

CENTRAL
€€
ULICA PETRA KRESIMIRA IV 45,
SLAVONSKI BROD
TEL. 035 492 030
www.hotelcentralsb.hr
Hübsches, familiär geführtes Drei-Sterne-Hotel im Zentrum der Stadt gelegen. Es hat saubere und moderne Zimmern (einige davon sind behindertengerecht ausgestattet). Das Restaurant hat eine anständige, preislich ausgewogene Speisekarte mit ein paar vegetarischen Gerichte.
 15 Alle gängigen Kreditkarten

SISAK

HOTELS

HOTEL 'I' SISAK
€€
NIKOLE TESLE 8
SISAK
TEL. 044 527 270
www.hotel-i-sisak.hr
Neues Drei-Sterne-Hotel außerhalb des Zentrums nahe der Busstation gelegen mit großen, schmucken Zimmern und einem eigenen Restaurant.
 17 Alle gängigen Kreditkarten

VUKOVAR

HOTELS

HOTEL LAV
€€€
J J STROSSMAYERA 18,
VUKOVAR
TEL. 032 445 100
www.hotel-lav.hr
Frisch renoviertes Vier-Sterne-Hotel am Fluss mit einem eigenem Restaurant und einer Sommerterrasse.
 42 Alle gängigen Kreditkarten

RESTAURANTS

VRŠKE
€€€
PAROBRODSKA 3, VUKOVAR
TEL. 032 441 788
www.restoran-vrske.hr
Nettes Restaurant mit Terrasse am Ufer der Donau, spezialisiert auf Fischgerichte und gegrilltes Fleisch.
 200 Dez.-Jan. geschl. Alle gängigen Kreditkarten

ISTRIEN

GROŽNJAN

HOTELS

PINTUR
€€
M GORJANA 9, GROŽNJAN
TEL. 052 731 055
Kleines, traditionelles und freundliches Drei-Sterne-Hotel mit vier Zimmern und kleinem Restaurant, welches montags geschlossen ist. Abgesehen von Privatunterkünften ist dieses das einzige Hotel in Grožnjan. Reservierungen sind deshalb zwingend erforderlich.
4 Jan.-März geschl. Keine

HUM

RESTAURANTS

KONOBA HUM
€€–€€€
HUM 2, HUM
TEL. 052 660 005
Das einzige Hotel in diesem verschlafenen Ort. Hübsches, kleines Lokal mit einer schönen Terrasse, von der man das beschauliche Leben hier auf der Straße beobachten kann.
80 Mo geschl. Keine

LIVADE

RESTAURANTS

ZIGANTE
€€€€€
LEVADE 7, LIVADE
TEL. 052 664 302
www.zigantetartufi.com
Erstklassiges Show-Restaurant unter der Leitung von Giancarlo Zigante, der 1999 in den Wäldern von Istrien den damals größten weißen Trüffel der Welt fand. Auf der Speisekarte stehen Gerichte wie Fisch-Carpaccio mit Trüffeln, Oktopus mit Trüffeln und Schafskäse mit Honig und Trüffeln. Es gibt aber auch einige Gerichte ohne diese Delikatesse.
94 Alle gängigen Kreditkarten

KONOBA DOLINA
€€–€€€
GRADINJE 59, LIVADE
TEL. 052 664 091
Vor den Toren der Stadt Livade gelegen, zeichnet sich dieses exzellente und bei Einheimischen sehr beliebte Lokal durch frisch zubereitete Gerichte aus Istrien aus. Es liegt etwas abseits der Touristenströme.
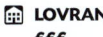 80 Di geschl. Keine

LOVRAN

HOTELS

LOVRAN
€€€
ŠETALIŠTE MARŠALA TITA 19/2,
LOVRAN

 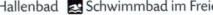

TEL. 051 291 222
www.hotel-lovran.hr
Das Drei-Sterne-Hotel hat in zwei renovierten alten Villen saubere, 56 angenehme Zimmer. Außerdem gibt es einen kleinen (befestigten) Strand und ein eigenes Restaurant. Zimmer mit Meeresblick sind etwas teurer.

🛏 56 🅿 🖥 🐾 Alle gängigen Kreditkarten

RESTAURANTS

🍴 DELFINO
€

26 DIVIZIJE 4, LOVRAN
TEL. 051 293 293
www.delfino.hr
Beliebte Pizzeria mit guten Pizzas, Pasta-Gerichten und frisch gemachten Salaten. Einfache Ausstattung mit Holztischen und -bänken in einem schmucken Garten.

🪑 120 🔲 🐾 Alle gängigen Kreditkarten

MOTOVUN

HOTELS

🏨 KAŠTEL
🍴 €€–€€€

TRG ANDREA ANTICO 7, MOTOVUN
TEL. 052 681 607
www.hotel-kastel-motovun.hr
Das preisgünstiges Drei-Sterne-Hotel ist in einem Palazzo aus dem 17. Jahrhundert untergebracht und bietet einfach möblierte, aber gemütliche Zimmer; einige sind klimatisiert, zwei haben sogar einen Balkon. Da die Stadt insgesamt recht hügelig ist, hat man von fast allen Zimmern einen schönen Ausblick. Hier gibt es ein sehr gutes Restaurant mit unterschiedlichen istrischen Spezialitäten, wie etwa *manestra* (einer deftiger Gemüseeintopf) und mit Trüffeln durchsetzte *fuži* (istri-

sche Pasta) mit Wildeintopf. Serviert werden die Gerichte auf der angenehmen, von Bäumen beschatteten Terrasse. Weiter bietet das Hotel ein neu eröffnetes Spa- und Wellnesscenter mit großen Fenster zum friedvollen Hotelgarten sowie eine Kunstgalerie mit Exponaten einheimischer Künstler.

🛏 33 🅿 🔲 🖥 🐾 Alle gängigen Kreditkarten

RESTAURANTS

🍴 POD VOLTUM
€€

ŠETALIŠTA V NAZORA, MOTOVUN
TEL. 052 681 923
Eine bodenständige konoba am alten Stadttor mit unterschiedlichen istrischen Gerichten und einem offenen Feuer im Winter.

🪑 60 🕐 Mi geschl. 🔲 🐾 Keine

OPATIJA

HOTELS

🏨 HOTEL MOZART
€€€–€€€€

OBALA MARŠALA TITA 138, OPATIJA
TEL. 051 718 260
www.hotel-mozart.hr
Vornehmes Fünf-Sterne-Hotel in einem schönen Jugendstil-Gebäude aus dem Jahr 1894. Die Zimmer haben polierte Holzfußböden und sind mit reichlich Raumtextilien und Stil- bzw. antiken Möbeln ausgestattet. Die Standardzimmer haben einen Blick in den Garten und über das Land; die Deluxe-Zimmer können einen Balkon zum Meer vorweisen. Einige Zimmer bieten noch weitere Annehmlichkeiten.

🛏 26 🅿 🔲 🖥 🐾 Alle gängigen Kreditkarten

🏨 DESIGN HOTEL ASTORIA
€€€

OBALA MARŠALA TITA 174, OPATIJA
TEL. 051 706 350
www.hotel-astoria.hr
Makelloses, erst kürzlich renoviertes Vier-Sterne-Hotel aus dem frühen 20. Jahrhundert mit stilvollen Zimmern und modernen Ausstattungsmerkmalen wie etwa einer Klimaanlage, die in anderen Hotels häufig noch fehlt. Eigenes Restaurant mit Terrasse. Die Gäste können das nahegelegene Fitnessstudio nutzen.

🛏 50 🅿 🔲 🖥 🖥 🐾 Alle gängigen Kreditkarten

🏨 HOTEL KVARNER– 🍴 AMALIA
€€€

PAVE TOMAŠIĆA 1–4, OPATIJA
TEL. 051 271 233
Als ältestes Hotel in Opatija hat es sich etwas von der Grandeur des späten 19. Jahrhunderts erhalten. Einige Zimmer mit Balkon zum Meer; eine schöne Terrasse und ein riesiger Saal mit viel Kri

🛏 87 🅿 🔄 🔲 🏊 ⛷ 🐾 Alle gängigen Kreditkarten

🏨 VILLA ARISTON
🍴 €€€

OBALA MARŠALA TITA 179, OPATIJA
TEL. 051 271 379
www.villa-ariston.hr
Ein reizendes Drei-Sterne-Hotel in einer Villa aus dem 19. Jahrhundert direkt am Wasser und von Bäumen und einem friedvollen Garten umgeben. Die tadellosen Zimmer haben polierte Holzfußböden, frische Blumen in den Vasen und Blumenkästen vor den Fenstern. Das Präsidentenapartment ist riesengroß (€€€€€). Die Gäste des ausgezeichneten Restaurants sitzen

an Tischen auf der Terrasse oder im Garten.

🏠 10 🅿 🚭 🏊 🎿 Alle gängigen Kreditkarten

RESTAURANTS

🍴 LE MANDRAĆ
€€€€–€€€€€

FRANA SUPILA 10, VOLOSKO, OPATIJA

TEL. 051 701 357

www.lemandrac.com

Ein erstklassiges Gourmetlokal in Volosko, das zu den besten Rerstaurants des Landes zählt. Die frischesten Fische und andere Zutaten aus der Region werden auf einfallsreiche, moderne Art zubereitet. Die Glasfront des Lokals ist dem Meer zugewandt. Reservierungen empfehlenswert.

🪑 80 🚭 🎿 Alle gängigen Kreditkarten

🍴 PLAVI PODRUM
€€€€–€€€€€

FRANA SUPILA 4, VOLOSKO, OPATIJA

TEL. 051 701 223

Tadellose traditionele Fischgerichte werden in diesem fast 100 Jahre alten Restaurant zubereitet. Auf der Speisekarte steht u.a. ein fünfgängiges Degustationsmenü. Es ist nicht überraschend, dass es auch einen fantastischen Weinkeller gibt, ist doch die Eigentümerin Danijeli Kramari eine preisgekrönte Sommelière. Reservierung empfehlenswert.

🪑 140 🚭 🎿 Alle gängigen Kreditkarten

POREČ

HOTELS

🏨 RIVIERA HOTEL UND
🍴 RESIDENCE
€€€€–€€€€€

OBALA MARŠALA TITA 15–18, POREČ

TEL. 052 465 000

www.valamar.com

Erst 2010 wiedereröffnet ist das ehemalige Parentino bzw. Neptun Hotel in bester Lage in der Altstadt direkt am Meer jetzt komplett renoviert. Die stilvollen hellen und modernen Zimmer (meistens Doppelzimmer, einige Suiten) haben polierte Holzfußböden. Restaurant mit offener Küche und Terrasse.

🏠 105 🅿 🕐 Nov.-April geschl.
🔁 🚭 🎿 Alle gängigen Kreditkarten

🏨 HOTEL JADRAN
€€–€€€

OBALA MARŠALA TITA 24, POREČ

TEL. 052 465 000

www.valamar.com

Einfach möblierte Zimmer, viele mit Blick auf das Meer. Für Hotelgäste ist die Bootsfahrt zur Insel Sv. Nikola kostenlos.

🏠 22 🕐 Okt.–April geschl.
🚭 🎿 Alle gängigen Kreditkarten

RESTAURANTS

🍴 ZLATNA RIBICA
€€€–€€€€

NIKOLE TESLE 21, POREČ

Das erstklassige, gemütliche Restaurant im Norden der Altstadt ist auf Fischgerichte und istrische Speisen spezialisiert. Serviert werden sie auf der Terrasse mit Blick auf das Meer. Freundliches Personal. 2004 gehörte es zu den zehn besten Restaurants des Landes.

🪑 60 🚭 🎿 Alle gängigen Kreditkarten

🍴 GOSTIONICA ISTRA
€€€

BOŽE MILANOVIĆA 30, POREČ

TEL. 052 434 636

Gutes Restaurant nahe der Busstation, das sich im Wesentlichen auf Fischgerichte spezialisiert hat und istrische Spezialitäten reicht.

🏠 120 🕐 Jan.-März geschl.
🚭 🎿 Alle gängigen Kreditkarten

🍴 PETEROKUTNA KULA
€€€

DECUMANUS 1, POREČ

TEL. 052 451 378

www.kula-porec.com.hr

Das Restaurant in einem steinernen Turm aus dem 15. Jahrhundert hat sehr viel Atmosphäre. Unterschiedliche istrische Gerichte.

🪑 170 🚭 🎿 Alle gängigen Kreditkarten

PULA

HOTELS

🏨 HISTRIA
🍴 €€€–€€€€

VERUDELA BB

TEL. 052 590 000

www.arenaturist.hr

Das schönste der Resort-Hotels auf der Halbinsel Verudela. Es hat vier Sterne und liegt nur eine kurze Fahrt mit dem Taxi oder dem Bus entfernt außerhalb der Stadt. Die Zimmer haben Balkone, sind einfach, aber stilvoll und groß. Es gibt zwei Restaurants (eines für feine istrische Spezialitäten und das andere mit einem richtig guten Büfett), eine große Terrasse, ein Tennisplatz und andere Angebote. Die Zimmerpreise verstehen sich inklusive Frühstück – Halbpension kostet nur wenig mehr.

🏠 233 🅿 🔁 🚭 🏊 🏋 🏊 🎿 Alle gängigen Kreditkarten

🏨 VALSABBION
🍴 €€€–€€€€

PJEŠĆANA UVALA IX/26, PULA

TEL. 052 218 033

www.valsabbion.hr

Stilvolles Vier-Sterne-Hotel außerhalb der Stadt hinter der Halbinsel Verudela, gegenüber der Einfahrt zum Histria. Das Restaurant gehört regelmäßig zu den besten Istriens und bietet Sitzplätze sowohl drinnen als auch draußen.

🛈 10 🍴 60 🅿 🕐 Jan. geschl. 🔁 🔲 🔳 🔲 🔳 Alle gängigen Kreditkarten

🏨 GALIJA
🍴 €€€
EPULONOVA 3, PULA
TEL. 052 383 802
www.hotelgalija.hr

Kleines, familiäres Boutique-Hotel mit drei Sternen, direkt im Stadtzentrum nahe des Sergierbogens. Die unterschiedlich eingerichteten Zimmer sind mit auserlesenen Stilmöbeln ausgestattet, manche mit Wandgestaltungen. Das Restaurant hat sich nautischen Themen verschrieben.

🛈 20 🅿 🔳 🔳 Alle gängigen Kreditkarten

🏨 MILAN
🍴 €€€
STOJA 4, STOJA, PULA
052 300 200
www.milan1967.hr

Saubere und großräumige Drei-Sterne-Zimmer. Das hochgelobte Fischrestaurant gibt es schon lange. Der Fang des Tages wird hier in einer riesigen Gefriertheke ausgestellt. Frische, weiße Tischtücher, Korbstühle auf der Terrasse und eine umfangreiche Weinkarte.

🛈 12 🍴 120 🅿 🔳 🔳

🏨 SCALETTA
€€–€€€
FLAVIJENSKA 26, PULA
TEL. 052 541 599
www.hotel-scaletta.com

Kleines, zentral gelegenes Stadthaus direkt hinter dem Amphitheater mit sauberen, einfachen Zimmer, einer SommerTerrasse und einem preisgekrönten Restaurant. Gute Preise, das Frühstück ist im Prei inbegriffen.

🛈 12 🅿 🔳 🔳
🔳 Alle gängigen Kreditkarten

RESTAURANTS

🍴 GINA
€€€
STOJA 23, STOJA, PULA
TEL. 052 387 943
www.gina-restaurant.com

Nettes, familiäres Lokal außerhalb der Stadt in Stoja mit feinen istrischen Gerichten wie etwa Ravioli mit Krabben, vielen anderen Fischgerichten und einer guten Weinkarte. Gemütliches Ambiente mit viel Holz und Stein.

🍴 70 🔳 🔳 Alle gängigen Kreditkarten

🍴 KANTINA
€€€
FLANATIĆKA 16, PULA
TEL. 052 214 054

Schönes Lokal in der Nähe des Marktes, nicht weit entfernt vom Golden Gate mit vielen typisch istrischen Gerichten wie z.B. *fuži* und Ravioli mit *pršut*. Freundliches Personal.

🍴 50 🔳 🔳 V

DER BESONDERE TIPP

🍴 KONOBA BATELINA
€€€
ČIMULJE 25, BANJOLE, PULA
TEL. 052 573 767

Die gastfreundliche und nette Familie Skoko serviert in diesem wirklich wunderbaren Fischrestaurant in angenehmer, entspannter Atmosphäre hervorragende Speisen und ausgezeichnete Weine. Die Speisekarte richtet sich jeweils nach dem Tagesfang. Zu den Entrees gehören z.B. saftige Muscheln, eine leichte Mousse aus Seeaal, Krabben sowie eine große Anzahl an Speisen mit Sardinen und Sardellen. Als Hauptspeise bieten sich perfekt gebratener Seeteufel oder Barsch. Leckere hausgemachte Nachspeisen

und eine Auswahl einheimischer Spirituosen tragen schließlich dazu bei, einen Besuch hier zu einem der besten kulinarischen Erlebnisse in Kroatien werden zu lassen.

🍴 50 🔳 🔳 Alle gängigen Kreditkarten

RABAC

HOTELS

🏨 VILLA ANNETTE
🍴 €€€€–€€€€€
RAŠKA 24, RABAC
TEL. 052 884 222
www.villaannette.hr

Ein Boutique-Hotel mit vier Sternen am Hang gelegen mit Panoramablick über die Bucht. Stilvolle Zimmer, alle mit Seeblick. Ein Infinity Pool und ein gutes Restaurant mit Slow-Food Wochenenden unter freiem Himmel. Preisaufschlag bei einem Aufenthalt von weniger als drei Nächten.

🛈 12 🅿 🔁 🔳 🔳
🔳 Alle gängigen Kreditkarten

🏨 HOTEL AMFORA
€€€
RABAC BB, RABAC
TEL. 052 872 222
www.hotel-amfora.com

Am Wasser gelegen, hat dieses moderne, renovierte Hotel saubere, funktionelle Zimmer – die Hälfte davon mit Meeresblick und Balkon. Der Preis versteht sich inklusive Halbpension.

🛈 52 🅿 🔁 🔳 🔳 🔳
🔳 Alle gängigen Kreditkarten

ROVINJ

HOTELS

🏨 ANGELO D'ORO
🍴 €€€€
V ŠVALBA 38–42, ROVINJ
TEL. 052 840 502
www.rovinj.at

Das restaurierte Palazzo eines venezianischen Bischofs liegt in der Innenstadt, hat polierte Holzfußböden und vornehme Stil- oder antike Möbel. Einige Zimmer sind mit Seeblick, die anderen bieten einen Blick über die Altstadt. Ausgezeichnetes Restaurant mit altem mauerwerk, einem Weinkeller, in dem auch Verkostungen stattfinden, und einen schönen Garten.

🛈 24 🅿 Ⓢ Ⓢ 🅷 🖥 Ⓢ Alle gängigen Kreditkarten

🏨 VILLA VALDIBORA
€€€€
S CHIURCIO 8, ROVINJ
TEL. 052 845 040
www.valdibora.com

Im Herzen der Altstadt gelegen, weist dieses restaurierte Stadthaus aus dem 18. Jahrhundert geschmackvolle Doppelzimmer und Studio-Apartments auf, die mit Holzfußböden und Stilmöbeln ausgestattet sind.

🛈 9 Ⓢ Ⓢ Ⓢ Alle gängigen Kreditkarten

🏨 ADRIATIC
€€€
PINO BUDI IN 2, ROVINJ
TEL. 052 803 510
www.maistra.hr

Direkt am Wasser zeigt das älteste Hotel der Stadt viel Charakter. Die Zimmer mit Meeresblick sind zur Stadt hin ausgerichtet und deshalb möglicherweise auch etwas lauter. Schöne, ebenerdige Terrasse.

🛈 27 🅿 Ⓢ Ⓢ 🖥 Ⓢ Alle gängigen Kreditkarten

🏨 CASA GARZOTTO
€€€
VIA GARZOTTO 8, ROVINJ
TEL. 052 814 255
www.casa-garzotto.com

Reizendes kleines Boutique-Hotel mit nur vier Studio-Apartments in einem hübsch renovierten alten Haus in einer kleinen Kopfsteinpflaster-

straße in Zentrum der Altstadt. Die individuell eingerichteten Zimmer haben hölzerne Deckenbalken und einen Fußboden aus Holz, Betten mit Eisengestell und echte Stilmöbel. Zwei Zimmer haben einen eigenen Kamin. Die Taverne mit altem Gemäuer zeigt viel Atmosphäre. Kostenloser Fahrradverleih. Preise inklusive Frühstück.

🛈 4 🅿 Ⓢ Ⓢ Ⓢ Alle gängigen Kreditkarten

RESTAURANTS

🍴 AL GASTALDO
€€€€
IZA KASARNE 14, ROVINJ
TEL. 052 814 109

Nettes, familiäres Fischrestaurant, in dem es auch Fleischgerichte gibt. Gemütliche Einrichtung mit vielen Antiquitäten und Gemälden.

🪑 80 Ⓢ Ⓢ Keine

🍴 VELI JOŽE
€€€
SV KRIŽA 1, ROVINJ
TEL. 052 816 337

Hübsche konoba nahe des Hafens gelegen mit vielen istrischen Spezialitäten wie etwa Muschel-Lasagne und Gerichte mit Trüffeln, die inmitten vieler Antiquitäten oder auf der großen Terrasse gereicht werden.

🪑 100 Ⓢ Ⓢ Alle gängigen Kreditkarten

🟥 KVARNER BUCHT & INSELN

BAŠKA

HOTELS

🏨 HOTEL ATRIUM
🍴 RESIDENCE
€€€€
EMILA GEISTLICHER 38, BAŠKA

TEL. 051 656 111
www.hotelibaska.hr

Luxuriöses Vier- bis Fünf-Sterne-Hotel direkt am Strand mit eleganten, großzügigen Zimmern und Suiten. Die Balkone weisen zum Meer. Es gibt ein Restaurant und die Nutzung der Innen- und Außenpools des nahegelegenen Hotel Corinthia ist kostenlos. Die Preise verstehen sich inklusive Frühstück.

🛈 64 🔆 Nov.–März geschl. 🖂 Ⓢ Ⓢ 🖥 Ⓢ Alle gängigen Kreditkarten

RESTAURANTS

🍴 BISTRO TRATTORIA FRANICA
€€€
RIBARSKA 39, BAŠKA
TEL. 051 860 023

Gutes, am Hafen gelegenes Restaurant mit Terrasse. Gereicht werden regionale Spezialitäten ebenso wie Fischgerichte und italienische Speisen.

🪑 75 🔆 Nov.-März geschl. Ⓢ Keine

CRES

HOTELS

🏨 HOTEL ZLATNI LAV
🍴 €€–€€€
MARTINŠCICA 18, MARTINŠČICA
TEL. 051 574 020
www.hotel-zlatni-lav.com

Dieses nette Hotel liegt in einem kleinen Dorf am Meer, südlich von Cres. Einige Zimmer haben Meeresblick und Balkone. Bei Aufenthalten von weniger als drei Nächten (fünf Nächte im Juli und August) wird ein Aufschlag von 20 % berechnet. Es gibt ein Restaurant und eine unregelmäßig verkehrende Busverbindung nach Cres.

🛈 29 🅿 🖂 Ⓢ Ⓢ Ⓢ AE, MC, V

🏨 HOTEL KIMEN
€€

MELIN I/16, CRES
TEL. 051 573 305
www.hotel-kimen.com

Größerer Hotelkomplex im Resort-Stil, ca. 2 km westlich von Cres in Strandnähe. Das Hauptgebäude hat drei Sterne, das kleinere und etwas günstigere Hotel Dependence ist mit zwei Sternen, die Villa Kimen mit drei Sternen bewertet.

ⓘ 223 🅿 📶 ⏚ ⚡ AE, MC, V

RESTAURANTS

🍴 RIVA
€€€

CRESKIH KAPETANA 13, CRES
TEL. 051 571 107

Das Fischrestaurant am Hafen bietet unterschiedliche Fischgerichte sowie Pasta, gebratenes Fleisch und Salate.

🪑 80 📶 ⚡ Alle gängigen Kreditkarten

🍴 KONOBA BONACA
€€–€€€

ULICA CRESKOG
STATUCA 13, CRES
TEL. 051 572 215

Hübsches, unauffälliges Restaurant neben dem Fischmarkt, mit altem Gemäuer und Holzbalkendecke sowie einfachen Tischen und Stühlen. Der Fisch ist frisch vom Markt und nimmt auf der Speisekarte neben den anderen regionalen Spezialitäten wie etwa Cres Lamm mit gerösteten Kartoffeln einen besonderen Platz ein.

🪑 70 📶 ⚡ Keine

GORSKI KOTAR

🏨 HOTEL BITORAJ
€€–€€€

SVETI KRIŽ 1, FUŽINE
TEL. 051 830 005
www.bitoraj.hr

Reizvolles Boutique-Hotel mit vier Sternen im Zentrum von Fužine. Es wurde kürzlich renoviert und erhielt stilvolle Zimmer. Freundliches Personal und ein gutes Restaurant mit viel Wildgerichten und anderen herzhaften regionalen Spezialitäten, darunter Gulasch, Wildschweinsteak, gegrillte Forelle, hausgemachten Würstchen und Blutwurst mit eingelegtem Kohl; auch eine Auswahl vegetarischer Gerichte.

ⓘ 20 🪑 105 🅿 📶 ⚡ ⚡ Alle gängigen Kreditkarten

🏨 HOTEL FRANKOPAN
🍴 €€

IVANA GORANA KOVAČIĆA 1, OGULIN
TEL. 047 525 509
www.hotel-frankopan.hr

Frisch renoviertes Vier-Sterne-Hotel in einem Haus aus dem 18. Jahrhundert, das schon über 100 Jahre als Hotel fungiert. Es liegt in der Nähe der Burg von Ogulin. Die Zimmer (darunter vier Suiten, €€€-€€€€) sind geschmackvoll möbliert und tragen Namen aus den Werken von Ivana Brlić-Mažuranić aus Ogulin, Kroatiens bekannteste Märchenschreiberin. Restaurant und Weinproben in einem Weinkeller mit altem Gewölbe.

ⓘ 21 🅿 📶 ⚡ 🍷 ⚡ Alle gängigen Kreditkarten

KRK

HOTELS

🏨 HOTEL MARINA
🍴 €€€–€€€€

OBALA HRVATSKE MORNARICE BB, KRK
TEL. 051 221 128
www.hotelikrk.hr

Das frisch renovierte Boutique-Hotel hat vier Sterne. Mitten im Zentrum von Krk bietet es stilvolle, luxuriöse Zimmer und Suiten sowie ein Restaurant mit einer Terrasse für sommerliche Abendessen.

ⓘ 10 📶 ⚡ ⚡ Alle gängigen Kreditkarten

RESTAURANTS

🍴 FRANKOPAN
€€€

TRG SV KVIRNA 1, KRK
TEL. 051 221 437

Nettes Restaurant mit großer Terrasse nahe der Kathedrale. Gereicht werden Fischgerichte ebenso wie Pizza usw. Kann sehr belebt sein.

🪑 150 🕙 Nov.-Dez. Geschl. 📶 ⚡ Alle gängigen Kreditkarten

LOŠINJ

HOTELS

🏨 HOTEL APOKSIOMEN
🍴 €€€

RIVA LOŠINJSKIH KAPETANA 1, MALI LOŠINJ
TEL. 051 520 820
www.apoksiomen.com

Kleines, kürzlich erst renoviertes Boutique-Hotel mit vier Sternen, direkt an der Riva gelegen. Große, attraktive Zimmer, die meisten mit Meeresblick. Eigenes Restaurant und nette Terrasse zum Wasser hin, wo die Gäste beim Frühstück den Tag begrüßen (inklusive).

ⓘ 25 🅿 🕙 Nov.-Feb. geschl. ⚡ 📶 ⚡ ⚡ Alle gängigen Kreditkarten

🏨 MARE MARE SUITES
€€€

RIVA LOŠINJSKIH KAPETANA 36, MALI LOŠINJ
TEL. 051 232 010
www.mare-mare.com

Die Zimmer und Suiten dieses kleinen Boutique-Hotels mit vier Sternen haben alle Meeresblick. Herrliche Dachterras-

se mit tollem Blick. Das Frühstück ist inklusive.

🛏 16 P 🚭 🌀 🕸 Alle gängigen Kreditkarten

🛏 PANSION SATURN
€€

OBALA MARŠALA TITA 1, VELI LOŠINJ

TEL. 051 236 102

www.val-losinj.hr

Kleine, renovierte Pension mit günstigen, gemütlichen Zimmern – vier davon haben auch eine Klimaanlage. Es gibt eine nette Terrasse für Frühstück (inklusive) und Abendessen.

🛏 9 🚭 🌀 🕸 Alle gängigen Kreditkarten

RESTAURANTS

🍴 BORA BAR TRATTORIA
€€€

ROVENSKA 3, VELI LOŠINJ

TEL. 051 867 544

www.borabar.com

In diesem wirklich schönen Lokal wird vor allem auf frische Zutaten wert gelegt. Serviert werden u.a. Ricotta Gnocchi mit Trüffeln und gebackener Barsch mit Salzkruste. Die Pastagrichte, der Kuchen und die lohenswerten Desserts sind alle hausgemacht.

🍴 50 🕐 Dez.-März geschl. 🚭 🕸 Alle gängigen Kreditkarten

RAB

HOTELS

🛏 ARBIANA
€€€–€€€€

OBALA KRALJA KREŠIMIRA IV, RAB

TEL. 051 775 900

www.arbianahotel.com

Sehr schöne renovierte alte Villa, die im Herzen der Altstadt zu finden ist. Sie hat große Vier-Sterne-Zimmer, die geschmackvoll mit restaurier-

ten Möbeln im Antik-Stil ausgestattet wurden. Man blickt auf das Meer oder auf die romanischen Glockentürme der Stadt.

🛏 28 P 🚭 🌀 🕸 AE, MC, V

🛏 ASTORIA
🍴 **€€€**

TRG MUNICIPIUM ARBA, RAB

TEL. 051 774 844

www.astoria-rab.com

Direkt im Stadtzentrum befindet sich dieses ausgezeichnete Restaurant in einem venetianischen Palazzo mit großartiger Terrasse in Richtung des Marktplatzes. Angeschlossen ist ein kleines Hotel mit fünf Apartments.

🍴 60 🕐 Dez.–April geschl. 🚭 🕸 AE, V

🛏 HOTEL INTERNATIONAL
🍴 **€€€**

OBALA P KREŠIMIROVA 4, RAB

TEL. 051 602 899

www.rabhotel.com

Das ehemalige Ros Maris Hotel liegt mitten in der Altstadt und wurde erst vor Kurzem von vier auf drei Sterne zurückgestuft. Die Preise haben sich reduziert, nicht aber die Qualität. Die großzügigen Zimmer sind alle frisch renoviert. Terrasse, Restautant, Spa-Center. Das Frühstück ist inklusive.

🛏 140 🚭 🌀 🕸 🏊 🕸 Alle gängigen Kreditkarten

RESTAURANTS

🍴 GOSTIONICA LABIRINT
€€€

SREDNJA ULICA, RAB

TEL. 051 771 145

In dem hübschen Lokal in der Altstadt werden Spezialitäten der Insel angeboten wie etwa Rab-Fischsuppe mit Kartoffeln und Reis. Ansprechende Dachterrasse.

🍴 60 🚭 🕸 Keine

RIJEKA

HOTELS

🛏 GRAND HOTEL
🍴 BONAVIA
€€€–€€€€€

DOLAC 4, RIJEKA

TEL. 051 357 100

www.bonavia.hr

Das vornehme Vier-Sterne-Hotel in zentraler Lage nahe des Korzo hat stilvolle Zimmer (mit einem halben Dutzend Suiten), zwei Restaurants, eine Dachterrasse sowie ein Spa- und Wellness-Center. Das Bonavia wurde 1876 eröffnet und ist damit das älteste Hotel der Stadt – 2000 wurde es renoviert.

🛏 121 P 🚭 🌀 🕸 🕎 🕸 Alle gängigen Kreditkarten

🛏 CONTINENTAL
🍴 **€€–€€€**

ŠETALIŠTE ANDRIJE KAČIĆA-MIOŠIĆA 1, RIJEKA

TEL. 051 372 008

www.jadran-hoteli.hr

2008 wurde das Continental renoviert und bekam den dritten Stern. Das Hotel aus dem späten 19. Jahrhundert hat jetzt geschmackvoll möblierte Zimmer - viele davon mit Blick über Rječina hinweg in die Altstadt - sowie vier große Suiten. Nettes Restaurant mit Terrasse.

🛏 69 P 🚭 🌀 🕸 Alle gängigen Kreditkarten

RESTAURANTS

🍴 ZLATNA ŠKOLJKA
€€€–€€€€

KRUČINA 12A, RIJEKA

TEL. 051 213 782

Beliebtes Restaurant im Souterrain nahe des Korzo. Gute Fischgerichte, große Salate und freundliche Bedienung.

🍴 90 🚭 🕸 Alle gängigen Kreditkarten

 🚭 Nichtraucher 🌀 Klimaanlage 🏊 Hallenbad 🏖 Schwimmbad im Freien 🕎 Fitness-Club 🕸 Kreditkarten

KONOBA FIUME
€€–€€€

V LISINSKI 12, RIJEKA

Das kleine, familiäre Lokal nahe des Marktes ist besonders bei Einheimischen beliebt. Hier gibt es gute traditionelle Gerichte, darunter Fisch und Wild.

🛋 33 🕐 die ersten beiden Wo im Aug. geschl. 🚫 🚭 Keine

■ NÖRDLICHES DALMATIEN

DUGI OTOK

HOTELS

HOTEL SALI
€€

SALI , DUGI OTOK

TEL. 023 377 049

www.hotel-sali.hr

Ein Drei-Sterne-Anwesen, gelegen in einem Pinienwald am Strand. Es hat einfache, gemütliche Zimmer, ein Restaurant und zudem noch ein Tauchzentrum.

🛏 52 🅿 🚫 🚭 🚭 Alle gängigen Kreditkarten

KRKA NATIONAL PARK

HOTELS

HOTEL SKRADINSKI BUK
€€

BURINOVAC BB, SKRADIN

TEL. 022 771 771

www.skradinskibuk.hr

Das Drei-Sterne-Hotel befindet sich in dieser kleinen Stadt in günstiger Lage. Von hier fahren die Boote ab zum reizvollen Krka Nationalpark. Die Zimmer sind recht einfach möbliert, aber es gibt einen Garten und ein eigenes Restaurant mit einer ansprechenden, überdachten Terrasse. Frühstück ist inbegriffen.

🛏 29 🅿 🚫 🚭 🚭 Alle gängigen Kreditkarten

PAG

HOTELS

LUNA ISLAND HOTEL
€€€€–€€€€€

JAKŠNICA BB, LUN

TEL. 053 654 700

www.luna-hotel.hr

Das nagelneue Vier-Sterne-Hotel liegt nur eine kurze Fahrt entfernt von Novalja direkt am Meer in der Nähe des Fährhafens von Žigljen. Es gehört der Valamar-Gruppe an und hat helle, großzügige Zimmer, viele davon mit Blick auf das Meer und einige mit Balkon. Eigenes Restaurant.

🛏 93 🅿 🕐 Nov.–März geschl. 🚫 🚭 🚫 🚭 🚭 🚭 Alle gängigen Kreditkarten

BOŠKINAC
€€€€

NOVALJA POLJE, NOVALJA

TEL. 053 663 500

www.boskinac.com

Das reizende Vier-Sterne-Hotel in friedvoller Umgebung außerhalb von Novalja hat ein eigenes Weingut; die Zimmer sind groß und geschmackvoll eingerichtet. Im Weinkeller befindet sich eine Taverne und das Restaurant ist ausgezeichnet.

🛏 11 🅿 🚫 🚭 🚭 Alle gängigen Kreditkarten

PLAŽA
€€€

MARKA MARULI A 14, PAG

TEL. 023 600 855

www.plaza-croatia.com

Modernes Vier-Sterne-Hotel direkt am Strand mit einfachen, aber gemütlichen Zimmern und einen Blick über die Bucht hinweg zur Altstadt. Das Hotel gewährt seinen Gästen 30 Prozent Zuschlag bei weniger als drei Übernachtungen.

🛏 29 🅿 🕐 Okt.–Mai geschl. 🚫 🚭 🚭 🚭 🚭 Alle gängigen Kreditkarten

HOTEL TONY
€€

DUBROVA KA 39, PAG

TEL. 023 611 370

www.hotel-tony.com

Hübscher, kleiner Familienbetrieb am nördlichen Teil der Bucht mit sauberen, gemütlichen Zimmern, einem Garten und einem guten Restaurant.

🛏 20 🅿 🚫 🚭 🚭 Alle gängigen Kreditkarten

PANSION TAMARIS
€€

KRIŽEVAČKA, PAG

TEL. 023 611 277

www.tamaris-pag.hr

Kleines, familiäres Drei-Sterne-Hotel mit sauberen, einfach möblierten Zimmern. Ein herrlicher Ort im Norden der Altstadt mit eigenem Restaurant.

🛏 14 🅿 🚫 🚭 Keine

RESTAURANTS

KONOBA BILE
€€€

JURJA DALMATINCA 35, PAG

TEL. 023 611 127

Kleines, unauffälliges Lokal in einem alten Steingewölbe. Hier gibt es leichte Gerichte, Schinken und Käse.

🛋 40 🚫 🚭 Keine

ŠIBENIK

HOTELS

JADRAN
€€€

OBALA DR FRANJE TUĐMANA 52, ŠIBENIK

TEL. 022 242 2000

Zentral gelegenes Drei-Sterne-Hotel in einem Betonkomplex. Kleine, funktionelle Zimmer (kein Aufpreis für Meeresblick) und ein Restaurant mit vielen Fischgerichten.

🛏 57 🅿 🚫 🚭 🚫 🚭 Alle gängigen Kreditkarten

 Hotel Restaurant Anzahl der Gästezimmer 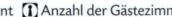 Anzahl der Sitzplätze  Parken Geschlossen Lift

HOTEL PANORAMA
€€–€€€

ŠIBENSKI MOST 1, ŠIBENIK
TEL. 022 213 398
www.hotel-panorama.hr

Eine alternative zu dem eher düsteren Jadran oder den Privatzimmern direkt in Šibenik ist dieses moderne Drei-Sterne-Hotel. es befindet sich weiter außerhalb an der Šibenski Most (die Brücke über die Krka) und bietet einen herrlichen Blick über die Schlucht. Einfach eingerichtete Zimmer mit Klimaanlage und Balkon. Pizzeria-Restaurant mit einer großer Terrasse und (wer es mag) Bungee-Jumping von der Brücke.

20 Alle gängigen Kreditkarten

RESTAURANTS

GRADSKA VIJEĆ NICA
€€€

TRG REPUBLIKE HRVATSKE 3, ŠIBENIK
TEL. 022 213 605

Direkt am Marktplatz in dem venetianischen Rathaus aus dem 16. Jahrhundert gibt es gutes Essen – auch auf der tollen Terrasse.

120 Zweite Hälfte Juni geschl. Alle gängigen Kreditkarten

KONOBA-VINOTEKA PELEGRINI
€€€

JURJA DALMATINCA 1, ŠIBENIK
TEL. 022 213 701
www.pelegrini.hr

Reizendes Restaurant mit altem Gemäuer und einer tollen Terrasse auf dem Dach des renovierten mittelalterlichen Palazzo gegenüber der Kathedrale. Interessante Speisekarte, z.B. Ravioli mit Krabben, Fisch mit Trüffeln und Pinienkernen sowie hausgemachtes Brot und eine ansehnliche Weinkarte.

105 Mo geschl.
Alle gängigen Kreditkarten

STARIGRAD-PAKLENICA

HOTELS

HOTEL ALAN
€€€€–€€€€€

Das Hotel aus den 1960er Jahren im Resort-Stil, kürzlich erst modernisiert und renoviert, liegt direkt am Strand, nahe des Eingangs zum Nationalpark Paklenica. Alle Zimmer haben einen Balkon und es gibt einige Suiten.

162 AE, MC, V

PANSION ROLI
€–€€

STIPE BUŠLJETE 1, STARIGRAD-PAKLENICA
TEL. 023 359 173

Einfache Pension direkt am Meer und nahe des Eingangs zum Nationalpark Paklenica mit eigenem Restaurant.

14 Keine

ZADAR

HOTELS

HOTEL BASTION
€€€€

BEDEMI ZADARSKIH POBUNA 13 ZADAR
TEL. 023 494 950
www.hotel-bastion.hr

Stilvolles Boutique-Hotel mit vier Sternen nahe des Brunnenplatzes in der Altstadt. Großzügige Zimmer, sichtbares Mauerwerk, polierte Holzfußböden und tüchtiges Personal. Es gibt eine Terrasse, einen eigenen Spa-Bereich und ein Restaurant.

28 Alle gängigen Kreditkarten

NIKO
€€€

OBALA KNEZA DOMOGOJA 9, BORIK, ZADAR
TEL. 023 337 880 (HOTEL)
TEL. 023 337 888 (RESTAURANT)
www.hotel-niko.hr

Unter Einheimischen beliebtes Lokal nahe Borik. Hinter dem strengen Äußeren verbirgt sich ein großartiges Restaurant, in dem es frische Fischgerichte gibt. Sehr gute Weinkarte. Terrasse mit Blick auf das Meer. Im oberen Bereich des Hauses bietet das Hotel einige attraktive, großräumige Zimmer.

11 120 Alle gängigen Kreditkarten

HOTEL VENERA
€€

ŠIME LJUBICA 4A, ZADAR
TEL. 023 214 098
www.hotel-venera-zd.hr

Einfaches, aber sauberes Hotel mit kleinen, gut möblierten Zimmern am Rande des Kneipenviertels, der Stomorica.

12 Keine

RESTAURANTS

KORNAT
€€€

LIBURNSKA 6, ZADAR
TEL. 023 254 501

Eines der besten Restaurants der Stadt, nahe des Fährterminals mit einer überdachten Terrasse und einem Blick auf den Luka Jazine. Erstklassige Fischgerichte und noch andere, nicht teure Gerichte, wie etwa Steak mit Trüffeln und eine umfangreiche Weinkarte. Freundliches Personal.

90 Alle gängigen Kreditkarten

THE GARDEN
€€

LIBURNSKA 6, ZADAR
TEL. 023 364 739
www.thegardenzadar.com

Sehr elegante und angesagte Lounge Bar am Wasser. Der

 Nichtraucher Klimaanlage Hallenbad Schwimmbad im Freien Fitness-Club Kreditkarten

Besitzer ist Jimmy Brown, der Schlagzeuger der britischen Band UB40. Perfekter Ort für einen Kaffee oder Cocktail.

 Keine

■ ZENTRAL DALMATIEN

BOL

HOTELS

🏨 HOTEL KAŠTIL
🍴 €€€
FRANE RADIĆA, BOL
TEL. 021 635 995
www.kastil.hr
Frisch renoviertes Haus nahe des Wassers. Viele Zimmer mit Seeblick, einem eigenen Restaurant mit Pizzeria.
🛏 32 🕐 Nov.–März geschl.
Alle gängigen Kreditkarten

DER BESONDERE TIPP

🏨 KONOBA TOMI
🍴 €€
GORNJI HUMAC
TEL. 021 647 242
www.konobatomic.com
Diese ausgezeichnete konoba befindet sich mitten auf der Insel ca. 12 km von Bol entfernt. Die sehr schmackhaften Gerichte werden aus Zutaten hergestellt, die von dem eigenen Bauernhof stammen, die Weine und Spirituosen vom eigenen Weingut. Es gibt drei günstige, einfache Zimmer, zwei davon mit Balkon.
🅿 🕐 Nov.–April geschl.
Keine

🏨 VILLA GIARDINO
€€
NOVI PUT 2, BOL
TEL. 021 635 286
www.dalmacija.net/bol/villagiardino
Reizvolles, familiäres Hotel in einer alten Villa. Sie ist zen-

tral gelegen und macht mit den antiken Möbeln, der Terrasse und dem hübschen Garten einen schön gepflegten Eindruck.
🛏 14 🕐 Okt.–Mai geschl.
Keine

HVAR

HOTELS

🏨 AMFORA GRAND
🍴 BEACH RESORT
€€€€€
MAJEROVICA BB, HVAR
TEL. 021 750 300
www.suncanihvar.com
Nur zehn Gehminuten von der Altstadt entfernt, bietet das frisch renovierte Hotel einen exklusiven Beach Club, einen Pool mit Wasserfällen, drei Restaurants und eine Beach Bar. Viele der stilvollen Zimmer haben einen Balkon mit traumhaftem Blick auf die Pakleni Inseln. Einige Zimmer sind behindertengerecht ausgestattet.
🛏 324 Alle gängigen Kreditkarten

🏨 HOTEL PARK
🍴 €€€€
BANKETE, HVAR
TEL. 021 718 337
www.hotelparkhvar.com
Boutique-Hotel mit vier Sternen im Stadtzentrum, stilvoll eingerichtet und mit Seeblick.
🛏 15 MC, V

🏨 PALACE
🍴 €€€€
TRG SV STJEPANA BB, HVAR
TEL. 021 741 966
www.suncanihvar.com
Das älteste Hotel der Stadt (eröffnet 1903) wurde 2008 komplett renoviert. Es hat eine venetianische Loggia und die Zimmer blicken auf die Pakleni Inseln. Es ist gegenüber des Arsenals zentral ge-

legen, hat ein eigenes Restaurant und eine nette Terrasse.
🛏 73 🕐 Nov.–März geschl.
Alle gängigen Kreditkarten

RESTAURANTS

🍴 LUNA
€€€
PETRA HEKTOROVIĆA, HVAR
TEL. 021 741 400
In diesem guten Fischrestaurant mit Sitzplätzen unter freiem Himmel gibt es wunderbare Speisen.
🪑 84 🕐 Okt.–April geschl.
AE, DC, V

🍴 ZLATNA ŠKOLJKA
€€€
PETRA HEKTORIĆEVA 8, HVAR
TEL. 098 168 8797
www.zlatna.skoljka.com
Das ausgezeichnete Zlatna Školjka (Goldene Muschel) befindet sich in einem Haus aus dem 13. Jahrhundert mit schöner Terrasse. Hier gibt es neben typischen Fischgerichten auch originellere Speisen wie etwa schmackhafte Gnochi-Entrees sowie opulente Lamm- und Kaninchengerichte – alles mit Ausrichtung auf „Slow Food". Es gibt auch vier- oder sechsgängige „Herausforderungen". Reservierung empfehlenswert.
🪑 25 🕐 Nov.–April geschl.
Keine

KOMIŽA

HOTELS

🏨 HOTEL BIŠEVO
🍴 €€
RIBARSKA 96, KOMIŽA
TEL. 021 713 279
www.hotel-bisevo.com.hr
Modernes, leicht klotziges Hotel im Resort-Stil nahe des Stadtzentrums. Die Zimmer haben aber Balkone mit Blick

zum Meer. Die Suiten haben eine Klimaanlage, nicht aber alle Zimmer.

(i) 131 **P** 🛏 🚭 ❄ 🏋
🔑 AE, D, V

RESTAURANTS

🍴 KONOBA BAKO
€€€
GUNDULIĆEVA 1, KOMIŽA
TEL. 021 713 742
www.konobabako.hr
Ausgezeichnetes Fischrestaurant direkt am Wasser. Die Gäste sind hier umgeben von Amphoren und anderen Gegenständen, die vom Meeresboden wieder an die Oberfläche gebracht wurden. Neben einer guten Weinkarte gibt es regionale Spezialitäten, wie etwa Flunder mit Kapern, Lorbeerblätter und Rosmarin sowie unterschiedliche Fleischgerichte.

🍴 60 🕐 bis 17 Uhr geschl.
🔑 Alle gängigen Kreditkarten

🍴 BISTRO POL ROGOC
€€–€€€
BARNNA RANSONNEA 5, KOMIŽA
TEL. 091 171 3018
Das nette, entspannte Lokal etwas außerhalb der Altstadt wird vom ehemaligen Betreiber der Konoba Bako, Neven Kuljić geführt. Großartige Fischgerichte und andere Speisen in einem schönen Hinterhof oder im Garten. Extra Mittagstisch.

🍴 40 🔑 Alle gängigen Kreditkarten

MAKARSKA

HOTELS

🏨 HOTEL PORIN
🍴 €€–€€€
MARINETA 2, MAKARSKA
TEL. 021 613 744
www.hotel-porin.hr

In dem zentral und direkt am Wasser gelegenen Palais aus dem 19. Jahrhundert war ehemals die Stadtbibliothek untergebracht. Das Hotel besitzt heute ein eigenes Restaurant. In der Hochsaison geht von den angrenzenden Bars ein gewisser Lärmpegel aus.

(i) 8 🚭 ❄ 🔑 Alle gängigen Kreditkarten

OMIŠ

HOTELS

🏨 HOTEL VILLA DVOR
🍴 €€€
MOSORSKA CESRA 13, OMIŠ
TEL. 021 863 444
www.hotel-villadvor.hr
Das neue Boutique-Hotel mit vier Sternen hat große, moderne Zimmer (vier davon mit Balkon) und einen Blick auf die Cetina Schlucht oder aufs Meer. Terrasse mit Jacuzzi und Panoramablick sowie ein Restaurant. Von der Stadt aus führt eine lange Steintreppe zum Hotel.

(i) 23 **P** 🚭 ❄ 🔑 AE, MC, V

SPLIT

HOTELS

🏨 LE MERIDIEN LAV
🍴 €€€€–€€€€€
GRLJEVAČKA 2A
PODSTRANA, SPLIT
TEL. 021 500 500
www.lemeridien.com/split
Das beste Hotel der Stadt ist ein luxuriöses Fünf-Sterne-Haus mit wunderbar zwangloser Atmosphäre. Es liegt direkt am Wasser, 8 km außerhalb des Zentrums in Podstrana (kostenloser Shuttle-Service, Taxi: €€€€€, Wassertaxi: €€€€€). Es gewann 2009 den Preis für das beste Hotel des Landes. Hier gibt es alles von einer Marina und einem

Strand, über einen Infinity Pool, einem großartigen Restaurant, einem Casino, Business-Einrichtungen, einem Spa- und Wellnesscenter und nicht zu vergessen die wunderbare traditionelle *pivnica* (Bierhalle) und die feine Champagner Bar.

(i) 380 🛏 420 **P** 🚭 ❄ 🏊 🏊 🏋 🔑 Alle gängigen Kreditkarten

🏨 HOTEL PRESIDENT
🍴 €€€€
STARČEVIĆA 1, SPLIT
TEL. 021 305 222
www.hotelpresident.hr
Vier-Sterne-Hotel in zentraler Lage, nur einen kurzen Fußweg nördlich des Palastes nahe des Nationaltheaters. Zimmer mit vornehmen Stilmöbeln und zehn Suiten.

(i) 63 **P** 🚭 ❄ 🔑 AE, MC, V

🏨 MARMONT HOTEL
€€€€
ZADARSKA 13, SPLIT
TEL. 021 308 060
www.marmonthotel.com
Sehr hübsches neues Vier-Sterne-Hotel, zentral innerhalb der Palastmauern gelegen. Helle Zimmer und Holzfußböden. Steinmauern im Speiseraum und in der Lounge Bar. Schöne Terrasse.

(i) 21 🚭 ❄ 🔑 Alle gängigen Kreditkarten

🏨 PERISTIL
🍴 €€€€
POLJANA KRALJICE
JELENE 5, SPLIT
TEL. 021 329 070
www.hotelperistil.com
Modernes Drei-Sterne-Hotel innerhalb der Palastmauern direkt neben der Säulenhalle mit geschmackvoll eingerichteten Zimmern, Holzfußböden und römischem Mauerwerk. Eigenes Restaurant.

(i) 12 🚭 ❄ 🔑 AE, MC, V

🚭 Nichtraucher ❄ Klimaanlage 🏊 Hallenbad 🏊 Schwimmbad im Freien 🏋 Fitness-Club 🔑 Kreditkarten

🏨 HOTEL ADRIANA
€€€–€€€€

OBALA HRVATSKOG NARODNOG PREPORODA 8 (RIVA), SPLIT
TEL. 021 340 000
www.hotel-adriana.com

Kürzlich erst eröffnetes Drei-Sterne-Hotel in zentraler Lage über einem Restaurant an der Riva. Teppichböden und moderne Bäder. Zimmer in unterschiedlicher Größe.

🛏 14 🚭 🐾 Alle gängigen Kreditkarten

🏨 HOTEL B&B VILLA KAŠTEL
€€

MIHOVILOVA ŠIRINA 5, SPLIT
TEL. 021 343 912
INFO@KASTELSPLIT.COM
www.kastelsplit.com

Ein preisgünstiges Hotel in der Altstadt. Schöne Drei-Sterne-Zimmer und eine Vier-Sterne-Suite. Altes Mauerwerk und glänzende Holzfußböden.

🛏 20 🚭 🌐 🐾 Alle gängigen Kreditkarten

🏨 APARTMENTS SIMONI
€

ZLODRINA POLJANA BB, SPLIT
TEL. 021 488 780
www.sobesimoni.com
www.apartments-simoni.com

Ausgezeichnetes, günstiges Hotel mit einfachen, sauberen Drei-Sterne Zimmern in einem modernen Gebäude sowie tüchtiges und herzliches Personal. Praktisch gelegen in einer ruhigen Seitenstraße nahe des Bahnhofs. Der Besitzer bietet einen Shuttle-Service vom oder zum Flughafen, der etwas günstiger ist als ein Taxi. Die beste günstige Unterkunft der Stadt.

🛏 7 🅿 🚭 🌐 🐾 Alle gängigen Kreditkarten

RESTAURANTS

🍴 NOŠTROMO
€€€€€

KRAJ SV MARIJE 10, SPLIT
TEL. 091 405 6666
www.restoran-nostromo.hr

Das ausgezeichnete Fischrestautrant befindet sich direkt am Fischmarkt und serviert erstklassigen frisch zubereiteten Fisch sowie weniger bekannte Gerichte wie Fisch-Kebab oder traditionelle gebratene Seerosen. Die Werke verschiedener kroatischer Künstler sind hier ausgestellt. Reservierung ratsam.

🍽 40 🚭 🐾 Keine

🍴 KONOBA HVARANIN
€€€

BAN MLADENOVA 9, SPLIT
TEL. 091 767 5891

Kleines, familiäres Lokal mit guter traditioneller Hausmannskost.

🍽 30 🚭 🐾 Keine

🍴 KONOBA KOD JOŽE
€€€

SREDMANUŠKA 4, SPLIT
TEL. 021 347 397

Preiswerte konoba am Park hinter dem Palast mit großartigen Gerichten und schöner Terrasse.

🍽 100 🚭 🐾 M, V

🍴 MAKROVEGA
€€

LEŠTINA 2, SPLIT
TEL. 021 394 440
www.makrovega.hr

Vegetarisches, veganisches und makrobiotisches Restaurant nahe der Jela-čića, mit günstigen Tagesmenüs und moderner Einrichtung. Ein Muss für die Vegetarier dieser Stadt.

🚭 🐾 Keine

🍴 PIZZERIA GRGUR
€€

KOD ZLATNIH VRATA 1, SPLIT
TEL. 021 348 799

Versteckt in einer Gasse nahe des Golden Gate bietet das Grgur günstige und gute Piz-za, Pasta und dalmatinische Gerichte, auch auf der netten Terrasse. Hat das Zeug zur Lieblingspizzeria.

🍽 32 🕐 Nov.-Ende März geschl. 🚭 🐾 AE, DC, V

STARI GRAD

HOTELS

🏨 LAVANDA
🍴 €€€

TEL. 021 765 866
www.heliosfaros.hr

Das ehemalige Adriatic ist ein Drei-Sterne-Hotel im Resort-Stil. An der Bucht gelegen hat es Balkone und bietet Meeresblick.

🛏 94 🏊 🐾 AE, DC, V

RESTAURANTS

🍴 ANTIKA
€€

DONJA KOLA, STARI GRAD
TEL. 021 765 479

Das Lokal in einem Gebäude aus dem 16. Jahrhundert hat eine schöne Holzbalkendecken sowie verschiedenartige Tische und Stühle. Es hat etwas von einem Szenelokal und bietet eine preislich ausgewogene Speisekarte, u.a. mit einem guten Frühstück, sowie eine hübsche Dachterrasse.

🍽 80 🕐 Dez.-Jan. geschl. 🚭 🐾 Keine

SUPETAR

HOTELS

🏨 PANSION PALUTE
🍴 €–€€

PUT PAŠIKA 16, SUPETAR
TEL. 021 631 730

Saubere und herzliche, familiäre Pension. Sehr günstig und mit einem eigenen Restaurant.

🛏 12 🅿 🚭 🌐 🐾 AE, V

🏨 Hotel 🍴 Restaurant 🛏 Anzahl der Gästezimmer 🍽 Anzahl der Sitzplätze 🅿 Parken 🕐 Geschlossen 🛗 Lift

TROGIR

HOTELS

🏨 HOTEL CONCORDIA
🍴 €€–€€€
BANA BERISLAVIĆA 22, TROGIR
TEL. 021 885 400
www.concordia-hotel.net
In einem schon 300 Jahre alten Gebäude untergbracht, liegt dieses Hotel am Altstadtufer nahe der Festung Kamerlengo. Die meisten Zimmer haben Meeresblick und es gibt ein kleines Restaurant im Souterrain.
🛏 11 🅿 🚭 🆒 🏊 AE, MC

🏨 HOTEL FONTANA
🍴 €€–€€€
OBROV 1, TROGIR
TEL. 021 885 744
www.fontana-commerce
.htnet.hr
In der Altstadt gelegenes Drei-Sterne-Hotel mit günstigen Zimmern und eigenem Restaurant.
🛏 13 🚭 🏊 Alle gängigen Kreditkarten

🏨 HOTEL PALACE
🍴 €€
PUT GRADINE, TROGIR
TEL. 021 685 555
www.hotel-palace.net
Das luxuriöse Vier-Sterne-Hotel ist nur fünf Gehminuten von der Altstadt entfernt. Es hat dunkle, glänzende Holzfußböden in den Zimmern und Balkone mit Meeresblick. Einige Zimmer sind behindertengerecht ausgestattet. Ein Spa ist in Planung.
🛏 38 🅿 🚭 🆒 🏊 Alle gängigen Kreditkarten

VIS

HOTELS

🏨 HOTEL SAN GIORGIO
🍴 €€€–€€€€
PETRA HEKTOROVIĆA 2, VIS
TEL. 021 711 362
www.hotelsangiorgiovis.com
Das kleine, familiäre Boutique-Hotel in Kut, das ehemalige Hotel Paula, wurde erst kürzlich renoviert. Es hat individuell eingerichtete Zimmer und ein gutes Fischrestaurant. Buchung von Übernachtungen in einem Leuchtturm auf einer nahen kleinen Insel möglich.
🛏 10 🚭 🆒 🏊 Alle gängigen Kreditkarten

🏨 HOTEL TAMARIS
🍴 €€–€€€
OBALA SV JURAJ 30, VIS
TEL. 021 711 350
www.hotelsvis.com
Es gehört zu den schöneren großen Hotels der Stadt, befindet sich in zentraler Lage und hat ein Terrassenrestaurant.
🛏 25 🕐 Nov.-April geschl. 🚭 🆒 🏊 Alle gängigen Kreditkarten

🏨 PANSION DIONIS
€€
MATIJE GUBCA 1, VIS
021 711 963
www.dionis.hr
Die kleine, familiäre Pension iat zentral gelegen und bietet saubere, einfache Zimmer sowie eine Pizzeria. Die Zimmer nach vorne haben eine gemeinsame Terrasse mit Blick auf das Meer. Von den Terrassen der hinteren Zimmer bietet sich ein Blick in den Garten.
🛏 8 🚭 🆒 🏊 AE, MC, V

RESTAURANTS

🍴 RESTORAN KANTUN
€€€
BISKUPA MIHE PUSIĆA, VIS
TEL. 021 711 306
Beliebtes Lokal mit leckerem Essen und viel Wein. Die Gerichte und der Wein werden in einem von Weinreben beschatten Hof oder im Speiseraum mit Steinmauern serviert. Dort sind auch die Werke einheimischer Künstler ausgestellt.
🚭 🏊 Keine

DER BESONDERE TIPP

🍴 RESTORAN SENKO
€€€
MALA TRAVNA, VIS
TEL. 098 352 5803
Das Lokal liegt an einer schönen kleinen Bucht im Süden der Insel und wird von den bekannten einheimischen Autoren Senko Karuza geführt. Er kocht alles selbst und nur mit regionalen Zutaten. Geboten werden lange, unterhaltsame Abende in entspannter Atmosphäre. Die unterschiedlichen Gänge serviert Senko persönlich. Eine Reservierung ist unbedingt erforderlich.
🕐 im Winter geschl. 🏊 Keine

◼ DAS DALMATISCHE HINTERLAND

PLITVICE SEEN

HOTELS

🏨 HOTEL JEZERA
🍴 €€€–€€€€
PLITVICE LAKES NATIONAL PARK, ULAZ 2
TEL. 053 751 400
www.np-plitvicka-jezera.hr
Das schönste große Hotel der Gegend nahe des Eingangs zum Park und direkt an den Wegen hinunter zu den Seen. Es ist altmodisch, aber komfortabel und hat ein eigenes Restaurant. Fünf Zimmer sind behindertengerecht.
🛏 229 🅿 🚭 🆒 🎽 🏊 Alle gängigen Kreditkarten

🚭 Nichtraucher 🆒 Klimaanlage 🏊 Hallenbad 🏊 Schwimmbad im Freien 🎽 Fitness-Club 🏊 Kreditkarten

RESTAURANTS

🍴 LIČKA KUĆA
€€€

PLITVICE LAKES NATIONAL PARK,
ULAZ 1
TEL. 053 751 382
www.np-plitvicka-jezera.hr

Großes, meist gut besuchtes
Restaurant am Parkeingang
Nr. 1. Die Tische gruppieren
sich um einen zentralen Grill.
Im Angebot stehen einige
ausgezeichnete regionale
Spezialitäten. Insbesondere
das Lamm ist sehr empfeh-
lenswert.

🔄 300 🅿 🚫 🔗 Alle
gängigen Kreditkarten

SINJ

HOTELS

🏨 HOTEL ALKAR
🍴 €€

VRLIČKA 50, SINJ
TEL. 021 824 474
www.hotel-alkar.hr

Schlichte, funktionelle Zimmer in einem modernen Drei-
Sterne-Hotel mit Restaurant
und Café.

🔄 50 🅿 🚫 🔗 Alle gängigen
Kreditkarten

■ SÜDLICHES DALMATIEN

CAVTAT

HOTELS

🏨 IBEROSTAR CAVTAT
€€€

PUT TIHE 8, CAVTAT
TEL. 020 481 580
www.iberostar.com

Direkt am Wanner gelegen,
mit eher funktionellen Zimmern, viele davon mit Seeblick.

🛏 94 🚫 🔗 🔗 Alle gängigen
Kreditkarten

🏨 VILLA KVATERNIK
€€€

KVATERNIKOVA 3, CAVTAT
TEL. 020 479 800

Gute, zentral gelegene Wahl in
einer alten, umgebauten Villa
aus dem 15. Jahrhundert.

🛏 85–178 🚫 🔗 🔗 Keine

RESTAURANTS

🍴 TAVERNA GALIJA
€€€

VULĆEĆEVA 1, CAVTAT
TEL. 020 478 566
www.galija.hr

Attraktives Lokal mit altem
Gemäuer und Holzbalkende-
cke sowie einer großartigen
Terrasse. Die Speisekarte ist
gut, aber das Personal wirkt
manchmal etwas gleichgültig.

🔄 150 🚫 🔗 Alle gängigen
Kreditkarten

DUBROVNIK

HOTELS

🏨 HILTON IMPERIAL
🍴 DUBROVNIK
€€€€€

MARIJANA BLAŽIĆA 2,
DUBROVNIK
TEL. 020 320 220
www.hilton.com

Direkt hinter dem Säulentor
liegt das elegante Hotel, das
nach dem Unabhängigkeits-
krieg restauriert wurde. Einige
Zimmer haben einen Blick auf
die Festung Lovrijenac. Es hat
eine reizvolle Terrasse und ein
eigenes Restaurant, das Porat.

🛏 147 🅿 🚫 🔗 🔗
🔗 Alle gängigen Kreditkarten

🏨 HOTEL VILLA ORSULA
€€€€€

FRANA SUPILA 14, PLOČE, DUB-
ROVNIK
TEL. 020 440 555
www.gva.hr

Gehört zur luxuriösen Villa
Argentina und ist weniger als

15 Gehminuten von der Altstadt entfernt. Das Haus aus
den 1930er Jahren hat Zimmer
mit Meeresblick, luxuriöse antike Möbel und einen Privat-
strand.

🛏 12 🅿 🚫 🔗 🔗 🏊
🔗 Alle gängigen Kreditkarten

🏨 PUČIĆ PALACE
🍴 €€€€€

OD PUĆA 1, DUBROVNIK
TEL. 020 326 222
www.thepucicpalace.com

Prächtiges Boutique-Hotel
mit fünf Sternen, gelegen im
Zentrum der Altstadt in einem restaurierten Renaiss-
ance-Palazzo direkt am Gun-
dulieva *Poljana*. Möbel im antiken Stil, Mosaik-Bäder und
Zimmer mit Blick auf den
Marktplatz.

🛏 17 🚫 🔗 🔗 🔗 Alle
gängigen Kreditkarten

🏨 HOTEL STARI GRAD
€€€–€€€€

OD SIGURATE 4, DUBROVNIK
TEL. 020 321 373
www.hotelstarigrad.com

In einer Seitenstraße des Stradun gelegen, bietet dieses
Drei-Sterne-Hotel vier Einzel-
und vier Doppelzimmer in einem renovierten alten Ge-
bäude mit Fliesenböden und
eleganten Möbel im alten Stil.
Es gibt keinen Ausblick, aber
die Lage ist ruhig und das
Hotel hat eine nette Dachterrasse.

🛏 8 🔗 🚫 🔗 🔗 Alle
gängigen Kreditkarten

🏨 BERKELEY HOTEL
€€–€€€

ANDRIJE HEBRANGA 116A, GRUŽ
DUBROVNIK
TEL. 020 494 160
www.berkeleyhotel.hr

Ausgezeichnetes neues Boutique-Hotel in Gruž, das sich
nur fünf Minuten vom Fähr-
anleger entfernt befindet. Es
bietet stilvolle, gemütliche
Doppelzimmer und größere

Apartments sowie einem tollen Frühstück.

🛈 24 🅿 🚭 💺 🆚 Alle gängigen Kreditkarten

🏨 KARMEN APARTMENTS
€€–€€€

BANDUREVA 1, DUBROVNIK
TEL. 020 323 433
www.karmendu.com

Absolut reizvolles Haus in Pustijerne, dem südöstlichen Teil der mittelalterlichen Stadt. Es befindet sich direkt neben dem alten Hafen, nur wenige Gehminuten von der Kathedrale entfernt. Apartments, in denen man sich wie zu Hause fühlt, für zwei oder drei Personen mit Holzfußböden, Küche und einem Blick über den alten Hafen, die Kathedrale oder den Hof nebenan. Ein Apartment hat einen Balkon. Bei weniger als drei Übernachtungen wird ein Preisaufschlag berechnet. Eine der schönsten Unterkünfte in der Altstadt.

🛈 4 🆚 Keine

🏨 VILLA BRANKO
€€–€€€

PUT PETRA KRESIMIRA IV 33, PLOČE, DUBROVNIK
TEL. 020 423 412
www.villabranko-dubrovnik.com

Gut erhaltene und familiär geführte Villa in Ploče, weniger als zehn Gehminuten entfernt vom Ploče Tor, mit einem atemberaubenden Blick über die Altstadt. Im ersten Stock befinden sich vier Zimmer (zwei mit Balkonen), jedes davon mit eigenem Bad. Darüber gibt es einen großen Gemeinschaftsraum und eine Küche. Weiterhin verfügt das Haus über eine hübsche Terrasse und einen schönen Garten. Es wird als Ganzes an bis zu acht Personen vermietet. Wenn die Kosten geteilt werden, kann dies eine günstige Unterkunft sein. (Die Preiskategorie bezieht sich auf eine

Belegung mit sechs bis acht Personen.)

🛈 4 🅿 🚭 🆚 Keine

RESTAURANTS

🍴 PROTO
€€€€€

ŠIROKA 1, DUBROVNIK
TEL. 020 323 234
www.esculap-teo.hr

Eines der bekanntesten Restaurants der Stadt nahe des Stradun. In diesem gehobenen Lokal werden bereits seit 1886 erstklassige Speisen serviert und zu den Gästen gehörte u.a. der britische König Edward VIII. Ausgezeichnete Fischgerichte und andere Speisen. Reizvolle Terrasse im Obergeschoss. Reservierung empfehlenswert.

🪑 200 🚭 🆚 Alle gängigen Kreditkarten

🍴 GVEROVIĆ ORSAN
€€€€

STILKOVIĆA 43, ZATON MALI
TEL. 020 891 267
www.gverovic-orsan.hr

Seit 1966 gibt es dieses viel geachtete, familiär geführte Lokal in dem alten, umgebauten Bootshaus ca. 7 km außerhalb von Dubrovnik. Erstklassige Fischgerichte werden serviert und Bio- bzw. Regionalprodukten verwendet. Auf der Weinkarte steht auch ein Wein, welcher speziell für dieses Restaurant von einem Weingut auf der Insel Hvar produziert wird. Die Spezialität ist ein nahezu legendäres schwarzes Risotto.

🪑 160 🕐 Jan–Feb geschl. 🚭 🆚 AE, MC, V

🍴 JADRAN
€€€

PASKA MILEČEVIĆA 1, DUBROVNIK
TEL. 020 323 405

Allein die Örtlichkeit ist einen Besuch wert – das ehemalige

Kloster der Heiligen Klara aus dem 13. Jahrhundert. Gutes, aber nicht herausragendes Essen.

🚭 🆚 Alle gängigen Kreditkarten

🍴 KAMENICE
€€

GUNDULIĆEVA POLJANA 8, DUBROVNIK
TEL. 020 323 685

Im Kamenica (kroatisch für Auster) gibt es ausgezeichnete Muscheln und andere Fischgerichte zu einem guten Preis. Es ist hier immer sehr voll, weil es sowohl bei Einheimischen wie auch bei Touristen beliebt ist.

🪑 60 🕐 im Winter ab 16 Uhr geschl. 🚭 🆚 Keine

🍴 LOKANDA PESKARIJA
€€

NA PONTI, DUBROVNIK
TEL. 020 324 750
www.mea-culpa.hr

Kleines, bei Einheimischen beliebtes Lokal am alten Hafen mit Tischen direkt am Wasser. Hier gibt es auf einer kurzen Speisekarte preisgünstige Fischgerichte und andere Speisen. Sehr beliebt und im Sommer häufig überfüllt. Wahrscheinlich hat es seine besten Zeiten außerhalb der Hochsaison.

🆚 Keine

🍴 NISHTA
€€

PRIJEKO BB, DUBROVNIK
TEL. 020 867 440

Sehr schönes vegetarisches Restaurant mit Besitzern, denen auch die nahegelegenen und ebenso gute Smuuti Bar gehört. Eine große Auswahl an Suppen, Snacks und Hauptgerichten sowie veganische und glutenfreie Speisen in farbenfroher Umgebung.

🕐 Mo tagsüber, So ganztägig geschl. 🚭 🆚 MC, V

🚭 Nichtraucher 🌀 Klimaanlage 🏊 Hallenbad 🏊 Schwimmbad im Freien 💪 Fitness-Club 🆚 Kreditkarten

🍴 SMUUTI BAR
€€

PALMOTIĆEVA 5, DUBROVNIK
TEL. 020 867 440

Hier wird ein ausgezeichnetes Frühstück serviert und es ist eines der wenigen Lokale der Stadt, in denen Smoothies angeboten werden. Sie können aus einer Auswahl an sehr leckeren und manchmal ziemlich außergewöhnlichen Zutaten selbst zusammengestellt werden.

🛇 🛇 MC, V

🍴 TAJ MAHAL
€€

NIKOLE GUČETIĆA 2, DUBROVNIK
TEL. 020 323 221
www.tajmahaldubrovnik.com

Nicht wie man erwarten würde, ein indisches Restaurant, sondern ein tolles neues Lokal für bosnische Küche. Genau der richtige Ort für ein saftiges *Ćevapčić* und *kajmak* mit einigen vegetarischen Varianten.

🛇 🛇 Keine

KORČULA

HOTELS

🏨 LEŠIĆ DIMITRI PALACE
€€€€€

DON PAVLE POŠE, KORČULA
TEL. 020 715 560
www.lesic-dimitri.com

Wenn das Geld keine Rolle spielt. Neu eröffnetes Fünf-Sterne-Hotel mit luxuriösen Zimmern in einem Bischofpalast aus dem 18. Jahrhundert mit fünf mittelalterlichen Nebenhäusern.

🛈 13 🛇 🛇 🛞
🛇 Alle gängigen Kreditkarten

🏨 HOTEL MARKO POLO
€€€€

ŠETALIŠTE FRANA KRŠINICA, KORČULA
TEL. 020 726 100
www.korcula-hotels.com

Frisch renoviertes Vier-Sterne-Hotel und jetzt eines der besseren Häuser unter den großen Hotelkomplexen im Resort-Stil am Rande der Stadt. Saubere, gemütliche Zimmer und schöner Blick auf Pelješac.

🛈 94 🅿 🛇 🛇 🛇 🛇 🛞
🛇 Alle gängigen Kreditkarten

🏨 ROYAL APARTMENTS
€€

TRG PETRA SEGEDINA 4, KORČULA
TEL. 098 184 0444

Herrvorragende Alternative zu den Hotels in Korčula. Bei letzteren handelt es sich nämlich meistens um große Gebäudekomplexe im Resort-Stil in einiger Entfernung zur Stadt, renovierungsbedürftige Altstadthotels (Hotel Korčula) oder luxuriöse, aber auch teure Hotels wie etwa das Lešić Dimitri Palace. Es gibt noch weitere gute Zimmer und Apartments an dieser Straße in Richtung westliche Altstadt.

🛈 5 🕐 Nov.-Mai geschl. 🛇
🛇 Keine

RESTAURANTS

🍴 KONOBA GAJETA
€€

ŠETALIŠTE PETRA KANAVELIĆA, KORČULA
TEL. 020 716 359

Nettes, schnörkelloses Restaurant mit einer guten Auswahl an preisgünstigen Speisen. Tische zu beiden Seiten der schönen Promenade direkt am Wasser im Osten der Altstadt. Die Plätze mit Blick auf das Wasser sind am beliebtesten.

🪑 100 🛇 🛇 Keine

🍴 PIZZERIA CAENAZZO
€€

TRG SV MARKA, KORČULA
TEL. 098 244 012

Ausgezeichnete, ziemlich preisgünstige Pizzeria in wundervoller Lage mit Tischen auch auf dem Platz zur Kathedrale hin. Abends wird diese von den Strahlen der untergehenden Sonne beschienen und Schwalben schießen durch den Abendhimmel.

🪑 60 🛇 Keine

LASTOVO

HOTELS

🏨 HOTEL SOLITUDO
🍴 €€€

UVALA PASADUR BB, UBLI
TEL. 020 802 100
www.hotel-solitudo.com

In einer ruhigen Bucht, direkt am Wasser gelegen und umgeben von Pinienbäumen hat dieses Drei-Sterne-Hotel, das stilvoll möblierte, gemütliche Zimmer und zwei Restaurants hat. Es ist derzeit das einzige Hotel auf der Insel.

🛈 73 🅿 🛇 🛇 🛞
🛇 Alle gängigen Kreditkarten

RESTAURANTS

🍴 KONOBA AUGUSTA INSULA
€€€

ZAKLOPATICA 21, LASTOVO
TEL. 020 801 167
www.augustainsula.com

Nette, familiäre konoba mit ausgezeichneten Gerichten. es befindet sich im Norden der Insel und liegt ca. 3 km stilvoll von Lastovo. es werden hauptsächlich frische Fischgerichte und Wein aus eigenem Anbau angeboten. Fleisch- und Fischgerichte werden ispod peka zube-

reitet. Zu den unbedingt
empfehlenswerten regionalen Spezialitäten gehören
Seegrass-Salat, Hummer mit
Spaghetti und Brodetto nach
Lastovo-Art.

 160 ⊕ Nov.-Mai geschl.
🚬 🏨 Keine

LOPUD

HOTELS

🏨 **VILLA VILINA**
€€€€
IVA KULJEVANA 5, LOPUD
TEL. 020 759 333
www.villa-vilina.hr
Ein gehobenes Vier-Sterne-Hotel, das in einer Villa aus
dem 18. Jahrhundert untergebracht ist und schönen
Seeblick bietet.

🚪 17 🚬 🏨 🏨 Alle gängigen
Kreditkarten

LUMBARDA

HOTELS

🏨 **HOTEL BORIK**
🍴 €€–€€€
PRVI ŽAL BB, LUMBARDA
TEL. 020 712 215
www.hotelborik.hr
Renovierte Villa in zentraler
Lage mit einfachen, aber stilvollen Zimmern, einem eigenen Restaurant, einer Pizzeria und einer Lounge Bar –
und nur 200 m zum Strand.

🚪 80 🏨 Keine

🏨 **VILLA VESNA/
PANSION BEBI**
€€
TEL. 020 712 183
www.bebic.hr
Nahe Lumbarda gelegen,
bietet dieses Hotel einfache
Zimmer mit Balkonen und
Meeresblick sowie ein eigenes Restaurant ebenfalls mit
Seeblick.

🚪 12 🅿 🏨 🏨 Keine

MALI STON

HOTELS

🏨 **HOTEL OSTREA**
🍴 €€€
MALI STON
TEL. 020 754 555
www.ostrea.hr
Familiäres Hotel in einem alten, restaurierten Haus mit
gepflegten, schönen Zimmern und einem eigenen Restaurant, dem Mlinica.

🚪 14 🅿 🚬 🏨 🏨 Alle
gängigen Kreditkarten

🏨 **VILA KORUNA**
🍴 €€
MALI STON
020 754 999
www.vila-koruna.hr
Kleines Hotel, das einfache
Zimmer mit Meerblick für
zwei bis vier Personen. Tolles
Restaurant mit überdachter
Terrasse am Meer.

🚪 6 🅿 🚬 🏨 🏨 Keine

RESTAURANTS

🍴 **KAPETANOVA KU**
€€€
MALI STON
TEL. 020 754 555
www.ostrea.hr
Die Besitzer dieses Lokals
führen auch das Hotel
Ostrea. Direkt am Wasser
gelegen, werden hier Muscheln und andere regionale
Spezialitäten zusammen mit
einem ansprechenden Angebot an Weinsorten der Halbinsel Pelješac serviert.

🚬 🏨 Alle gängigen Kreditkarten

MLJET

HOTELS

🏨 **HOTEL ODISEJ**
🍴 €€–€€€

POMENA BB, POMENA
TEL. 020 362 111
www.hotelodisej.hr
Großes Drei-Sterne-Hotel
mit Bootsplätzen und einem
kleinen Strand. Standardzimmer und Zimmer mit Meerblick, ein Restaurant und eine
Pizzeria.

🚪 157 ⊕ Nov.–April geschl.
🚬 📺 🏨 Alle gängigen Kreditkarten

OREBIĆ

HOTELS

🏨 **GRAND HOTEL OREBIĆ**
🍴 €€€
KRALJ PETRA KRESIMIRA IV 107,
OREBIĆ
TEL. 020 798 000
www.grandhotelorebic.com
Das neue Vier-Sterne-Hotel
liegt mit eigenem Restaurant
und Bar zehn Gehminuten
entfernt vom Strand.

🚪 173 🅿 🚬 🏨 🏊 🏨 Keine

VELA LUKA

HOTELS

🏨 **DALMACIJA**
🍴 €€
TEL. 020 812 022
www.humhotels.hr
Einfaches Zwei-Sterne-Hotel
direkt am Meer mit sauberen, funktionellen Doppelzimmern, alle mit Balkon
und Meeresblick.

🚪 14 🚬 🏨 Keine

Einkaufen

Obwohl viele Kroaten regelmäßig zum Einkaufen ins Ausland, z.B. ins italienische Triest oder nach Graz in Österreich fahren, gibt es auch in kroatischen Geschäften noch einige interessante Dinge zu kaufen – von regionalen Lebensmitteln, Wein oder Spirituosen bis hin zu Kunst, Schmuck und Kleidung von jungen einheimischen Designern. Außerdem laden Märkte zum Bummeln ein.

Handeln

Beim Einkauf von Waren in Geschäften und auf Märkten ist es nicht angemessen, um einen Preis zu feilschen. Der angebene Preis, ob für einen Ring aus Muranoglas oder für ein Kilo Zucchnini, ist der Preis, den man zu zahlen hat. Die einzige Ausnahme sind Antquitätenmärkte, wo eine freundliches Gespräch über den Preis vielleicht, aber auch nicht immer, angebracht ist. Die Reisenden sollten sich stets vor Augen halten, dass es sich bei Kroatien nicht um ein Entwicklungsland handelt, auch wenn die Differenz, um die es geht, im eigenen Land eher eine zu vernachlässigende Größe wäre. Wenn der vorgeschlagene Preis für eine Antiquität zu hoch erscheint, sollte man immer höflich bleiben und einen etwas niedrigeren Betrag mit den Worten *Može za...?* (Wäre ... auch in Ordnung?) vorschlagen.

Bezahlung

Souvenirgeschäfte akzeptieren in der Regel Kreditkarten. Das gilt aber nicht für Verkaufsstände auf den Märkten – hier wird nur Bargeld akzeptiert. Die Marktbesucher sollten eine vernünftige Menge an Bargeld in kleinen Banknoten oder in Münzen bei sich tragen. Die Händler haben oft nur wenig Wechselgeld zur Verfügung und schätzen es sehr, wenn relativ passend gezahlt wird. Selbstverständlich ist die Kuna hier Zahlungsmittel. Ausnahmsweise wird zuweilen bei Privatapartments oder -zimmern auch die Bezahlung in Euro akzeptiert.

Steuer

Die Umsatzsteuer (PDV) beträgt in Kroatien 22 % und ist bei den Preisangaben in den Geschäften bereits berücksichtigt.

Einkaufstipps

Es gibt eine große Auswahl an interessanten kroatischen Souvenirs: Lebensmittel (u.a. Olivenöle aus der Region, Wein, *rakija*, Trüffel, Käse, pršut, Oliven und Sardellen), handgemachte Seife und Naturkosmetik. Kroatischer Schmuck aus Muranoglas oder im folkloristischen Design ist auch sehr weit verbreitet. Zu den typisch kroatischen Textilien gehört die herrliche Pager Spitze (*čipka*, S. 179), die zu den schönsten handgefertigten Produkten des Landes zählt, sowie die schönen Konavle-Stickereien aus der Region südlich von Dubrovnik. Kleine Lavendelsäckchen sind auf Hvar ein traditionelles Produkt; typisch für Zagreb sind dagegen die licitarsko srce (bunte, speziell gestaltete Herzen) oder die *šestinski kišobrani* (Mini-Regenschirme). Einheimische Kunsthandwerker verkaufen ihre Waren an Verkaufsständen in den Straßen und auf Märkten oder in Galerien. Die Auswahl reicht von Drucken oder Malerein aus der Region im Wert von einigen Euro bis hin zu Arbeiten bekannter kroatischer Künstler, für die auch mal mehrere Tausend Euro verlangt werden können.

Kunst

Werke einheimischer Künstler gibt es überall in Kroatien – an Marktständen oder in großen Galerien. In Zagreb werden besonders um Ostern herum in der Fußgängerzone zwischen der Bogavićeva und Ilica und auf dem Ban-Jelačić-Platz einheimisches Kunsthandwerk und andere Produkte angeboten. Antiquitäten findet man am besten auf dem Sonntagsmarkt auf dem Britschen Platz oder an den Ständen am Haupttor zur Altstadt von Zadar.

Art Shop Klovicevi Dvori

Jezuitski Trg 4, Zagreb
Tel. 01 4851 926
www.galerijaklovic.hr
Zusammen mit einer ausgezeichneten Galerie ist es hier in Zagrebs Gornji Grad eine Kunsthandlung ansässig.

BP Atelier

Voćarska 3, Zagreb
Tel. 01 4633 118
www.bpatelier.com
Kleine Kunstgalerie mit Arbeiten bekannter kroatischer Künstler wie z.B. Ivan Lacković Croata. So geschl.

Gallery Deči

Radićeva 19, Zagreb
Tel. 01 4830 944
www.galerijadeci.hr
Kleine, etablierte Galerie mit Werken einiger der bekanntesten kroatischen Künstler. So geschl.

Izvorni Naglasak Hrvatske

Sv Dominika 4, Dubrovnik
Tel. 020 321 565
www.cudo-hrvatske-naive.hr
Galerie für naive kroatische Kunst, darunter Werke des großen Ivan Generalić, der der Schule der Naiven Kunst von Hebline zugerechnet wird. So geschl.

Miroslav Tischler

Ilica 66, Zagreb
Tel. 01 4920 858
Kleine Galerie für Kunst ud Antiquitäten. Befindet sich nahe der Ilica. So geschl.

Pharos
Gorjana 8, Grožnjan
Tel. 091 767 9818
Nur eine von vielen Galerien in
Grožnjan, in der Kunst und Souveni-
re verkauft werden.
Okt.-März geschl.

Podrumi
Diokletianpalast, Split
In den Steingewölben (podrumi)
am Südeingang des Diokletianspalast gibt es viele günstige Malereien
und Drucke einheimischer Künstler,
gerahmt oder ungerahmt.

Studio Lik
Don Ive Prodana 7, Zadar
Tel. 098 273 473
Unterschiedliches Kunsthandwerk,
darunter die traditionelle Spitze aus
Pag und Lepoglava.
So geschl.

Bücher
Algoritam
Gajeva 1, Zagreb
Tel. 01 2359 333
www.algoritam.hr
Die Buchhandlung mit vielen Filialen
führt auch viele internationale Titel
von Romanen bis hin zu Reisefüh-
rern sowie ausländische Zeitungen.
Weitere Filialen gibt es in anderen
kroatischen Städten:

Placa 1, Dubrovnik
Tel. 020 322 044

Trg Slobode 8, Osijek
Tel. 031 214 310

Prolaz Kod Kažališta 1, Pula
Tel. 052 393 987

Bajamontijeva 2, Split
Tel. 021 348 030

Jesenski i Turk
Preradovićeva 5, Zagreb
www.jesenski-turk.hr
Kleine, aber bekannte Buchhandlung mit neuen und auch gebrauch-
ten Büchern.

Profil
Bogovićeva 7, Zagreb
Tel. 01 4877 300
www.profil.hr
Ausgezeichnete Buchhandlung mit
der besten Auswahl an englischspra-
chigen Titeln der Stadt wie auch einer großen Auswahl an kroatischen
Filmen auf DVD. Weitere Filialen in:

Tower Centar Rijeka, IV Kat,
Rijeka
Tel. 051 614 901

Šubićeva 7, Split
Tel. 021 332 675

Trgovački Centar City Galleria
Murvička 1, Zadar
Tel. 023 493 050

Schokolade
Kras
www.kras.hr
Zu der bekanntesten Confiserie für
Gebäck und Schokolade gehören
in der Stadt Zagreb gleich mehrere
Geschäfte (an der Ilica und am Ban-
Jelačić-Platz). Bei den Einheimischen
am beliebtesten sind die Bajadera,
eine Praline, bestehend aus Mandel-
und Haselnussnougat und der Gri-
otte, ein unverschämt starker Likör.
Die Produkte werden aber auch in
Supermärkten und in Geschäften
am Flughafen verkauft.

Kleidung
I-GLE
Dežmanov prolaz 4, Zagreb
Tel. 01 4846 508
www.i-gle.com
Kultiges einheimisches Designer La-
bel von Martina Vrdoljak Ranilović
und Nataša Mihaljčišin.

Mak
Tkalčićeva 7, Zagreb
Tel. 01 4832 328
www.mak-modna-kuca.hr
Ein weiteres Kult-Designer-Label
von Neda Makjanić-Kunić aus Split.
Weitere Läden in Split und Zadar:

Boškovića 9, Split
Tel. 021 470 005

Cro-a-Porter, Široka Ulica 18,
Zadar
Tel. 023 204 902

Kosemtika
Aromateka
Gajeva 2a, Zagreb
Tel. 01 4812 931
www.aromateka.hr
Natürliche und ökoligische Kosme-
tika sowie Beauty-Produkte aus
Kroatien. So geschl.

Schmuck
Jewellery Garden
Boškovićeva Poljana bb, Dubrovnik
Tel. 091 5084 850
Schmuckgeschäft mit Stücken be-
kannter kroatischer Designer. Einige
Stücke werden abei gutem Wetter
im Garten ausgestellt.

Märkte
In Kroatien gibt es einige wunder-
volle Märkte, auf denen Obst und
Gemüse verkauft werden, aber auch
Fleisch und Fisch, Käse, Blumen und
Antiquitäten.

Markt auf dem Britischen Platz
Britanski Trg, Zagreb
Ein Markt mit Obst und Gemüse,
der an vielen Vormittagen der Woche geöffnet ist und ein Antiquitä-
tenhandel, der seine Pforten am
Sonntag Vormittag öffnet und alle
möglichen Dingen von Möbelstü-
cken bis hin zu Trödel anbietet.

Dolac
Dolac, Zagreb
Dieser riesige Markt ist ein Muss für
alle Besucher der Stadt Zagreb –
auch wenn man nichts kaufen
möchte. Unten gibt es Fleisch- und
Molkereiprodukte, oben Obst- und
Gemüse sowie einen eigenen Fischmarkt. Geöffnet sind die Marktstän-
de vormittags bis 14 Uhr (sonntags
bis 15 Uhr).

Gundulićeva Poljana Market
Gundulićeva Poljana, Dubrovnik
Gut geeignet, um in dieser Stadt
frisches Obst und Gemüse zu kaufen. Hier gibt es aber auch andere
regionale Produkte wie beispiels-
weis Olivenöl oder Honig und
handgefertigte Spitze.

Hrelić Market
Sajmišna cesta 8, Jakuševac, Zagreb
Riesiger Sonntagsmarkt im Süden
der Stadt Zagreb. Er wirkt wie ein
Flohmarkt oder ein privater Gara-
genverkauf mit einer riesigen und
wunderbar abwechslungsreicher
Auswahl. Sonntags vormittags bis
gegen 12 Uhr geöffnet.

Musik
Aquarius
Varšavska 13, Zagreb
Tel. 01 492 0380

Dinaton
Ulica Petra Preradovića 12, Zagreb
Tel. 01 4855 281
www.dinaton.com
CD-Laden mit einer Auswahl an
Klassik, Jazz und World Music. In ei-
ner anderen Filiale in der Trg Petra
Preradovića 5 gibt es kroatischen
und internationalen Rock und Pop.

Einkaufszentren
Es gibt einige große Einkaufszentren
in Zagreb und in anderen großen
Städten mit kroatischen und internationalen Filialen.

Avenue Mall
Avenija Dubrovnik 16, Zagreb
www.avenuemall.com.hr

Kaptol Centar
Nova Ves 17, Zagreb
www.centarkaptol.hr

West Gate
Zaprešička 2, Jablanovec, Donja Bis-
tra, Zagreb

www.westgate.com.hr
Großes Einkaufszentrum im Norden Zagrebs direkt an der Straße
nach Maribor.

Traditionelle Produkte & Souvenirs
Bakina Kuća
Strossmayerov Trg 7, Zagreb
Tel. 01 4852 525
www.bakina-kuca.hr
Das Geschäft im Zentrum Zagrebs
bietet eine große Auswahl an traditionellen und anderen interessanten
kroatischen Produkten. So geschl.

Medusa
Prijeko 18, Dubrovnik
Tel. 020 322 004
www.medusa.hr
Ordentlicher Laden für Kunsthand-
werk und Souvenire an der Prijeko
mit ihren vielen Cafés. Eine große
Auswahl an handgefertigtem
Schmuck, Malereien und Konavle-
Stickereien, aber auch Olivenöl, Na-
turseiden und Kosemtika oder CDs
mit regionaler Folkloremusik.

Natura Croatica
Preradovića 8, Zagreb
Tel. 01 485 5076
www.naturacroatica.com
In diesem Geschäft wie auch in der
Filiale im Westin Zagreb Hotel wer-
den viele traditionelle kroatische
Produkte, wie z.B. Olivenöl und Li-
köre oder Lavendel und Naturseifen
zum Kauf angeboten. So geschl.

Tilda
Zlatarska 1, Dubrovnik
Tel. 020 321 554
Einheimische Konavle Stickerei.
So geschl.

Wein
Bornstein
Kaptol 19, Zagreb
Tel. 01 481 2361
www.bornstein.hr

Hilfsbereites Personal bietet in dieser Wein-Boutique eine riesige Auswahl an regionalen und ausländischen Weinen an. Hierher kommt
man, um eine gute Flasche Dingać
zu erstehen (ein kraftvoller Rotwein
von der Halbinsel Pelješac) oder frischen Weißwein aus dem Osten Slawoniens. In Pantovčak gibt es eine
weitere Filiale.
So geschl.

**Kuća Hrvatskih Vina
(Haus des kroatischen Weins)**
Zastavnica 13C,
Hrvatski Leskovac,
Lučko, Zagreb
Tel. 01 6557 555
www.kucahrvatskihvina.hr
Kleiner Weinkeller mit kroatischen
Produkten östlich von Zagreb nahe
einer Weinstraße. So geschl.

The Wine Shop
Pred Dvorom 1, Dubrovnik
Tel. 020 321 202
www.mea-culpa.hr
Zu finden direkt im beliebten
Gradska Kavana, hat der Wine Shop
mit 250 verschiedenen Weinen eines der größten Sortimente der
Stadt, darunter viele kroatische,
aber auch einige Importprodukte
und unterschiedliche einheimische
Liköre und Brandys. Wer erst einmal
einige Weine probieren möchte,
könnte allerdings zunächst in die
D'Vino Wine Bar an der Palmotićeva gehen.

Vinanima
Gundulićeva 20, Zagreb
Tel. 01 4854 303
www.vinanima.hr
Stilvolles kleines Weingeschäft der
Sommelière Iva Drganc. So geschl.

Unterhaltung

Das Entertainment-Angebot in Kroatien umfasst die ganze Palette von Jazz und Film bis hin zu Theater und Oper, Karneval und traditionellen Folklore Festivals.

Karneval

In fast jeder Stadt, ob groß oder klein, finden in den Tagen vor der Fastenzeit (meistens im Feb.) Karnevalsveranstaltungen statt. Der mit Abstand größte Karnelval wird in Rijeka gefeiert *(www.ri-karneval.com. hr)*, in einer spektakulären Parade mit Tanz und wilden Kostümen (siehe S. 18 und Kasten S. 147). Viel kleiner, aber ebenso beeindruckend ist das Pokland Festival auf der Insel Lastovo (siehe S. 18).

Es versteht sich von selbst, dass während der Karnevalszeit oder bei anderen Festivals Zimmerreservierungen weit im Voraus getätigt werden sollten.

Kino

In Kroatien gibt es viele Filmfestivals, allen voran das weltweit beachtete **Pula Film Festival** *(www.pula filmfestival.hr)* und das **Motovun Film Festival** *(www.motovunfilmfesti val.com)*. Beide werden während des Monats Juli in Istrien (siehe S. 132) ausgetragen. In Zagreb findet jeweils im Oktober das **Film Festival** *(www.zagrebfilmfestival.com)* und im Juni das **Animafest** *(Festival für animierte Filme, www.animafest. hr)* statt.

Wer in Kroatien ins Kino gehen möchte, hat es nicht schwer. Es gibt sowohl große Multiplex-Kinos mit den neuesten internationalen Filmen als auch kleine Programmkinos, in denen Filmklassiker und andere ausländische Produktionen gezeigt werden (aus der Beobachtung heraus, dass diese Art der Kinos immer weniger werden, entstand das Motovun Film Festival). Die Eintrittskarten sind sehr günstig (€) und die Filme werden nicht synchronisiert, sondern mit kroatischen Untertitel gezeigt, das heißt, die Filme kommen mit dem Originalton –

englisch, französisch etc. – auf die Leinwände. Kein Multiplex, aber ein gutes Filmtheater ist das Kino Europa in Zagreb am Blumenmarkt *(Varšavska 3, Zagreb; Tel. 01 4872 888; www.kino europa.hr)*.

Tanzen

Der Moriskentanz, ein spektakulärer traditioneller Schwerttanz (siehe S. 263), ist im Juli und August auf der Insel Korčula zu sehen.

Das größte folkloristische Tanzfestival des Landes ist der **Brodsko Kolo in** Slavonski Brod im Juni eines jeden Jahres *(www.brodskokolo.com, siehe S. 18)*.

Musik

Kroatien hat eine lebendige Musikszene mit beeindruckender Folklore oder Jazz, Pop und Klassik sowie vielen Live-Konzerten mit einheimischen oder internationalen Künstlern. Es gibt einige erstklassige Musikfestivals wie etwa die Biennale in Zagreb *(www.mbz.hr)*, das Sommer-Festival in Dubrovnik *(www.dubrov nik-festival.hr)* und das **Festival der Barockmusik in** Varaždin, aber auch riesige Tanz-, Electronica- und Pop-Events wie z.B. das jährliche **Garden Festival** *(www.thegardenfestival.eu)* in der Nähe von Zadar (siehe S. 170). Zu bekanntesten Pop-Interpreten des Landes gehören Oliver Dragojević and Nina Badrić.

Folklore

Die bekannteste Art traditioneller Folkloremusik ist der eindringliche klapa, ein dalmatinscher A-capella-Gesang (siehe S. 206). Er wird während des Sommers an vielen Orten entlang der Küste vorgetragen und in Omiš gibt es alljährlich im Juli ein spezielles klapa Festival *(www.fdk.hr, siehe S. 18)*.

Jazz

Ganz speziell in der kroatischen Hauptstadt gibt es eine sehr lebendige Underground-Musikszene: coole Jazz-, Grunge- oder Dance Clubs. Der BP Club (siehe unten) organisiert jedes Jahr verschiedene Jazz Festivals, den letzten jeweils im Oktober. Jazz live gibt es auf Festivals in Grožnjan, Poreč und auf der Insel Lastovo. Weitere Konzerte sind auf *www.jazz.hr zu finden.*

Bacchus Jazz Bar
Trg Kraja Tomislava 16, Zagreb
Tel. 01 4922 218
www.bacchusjazzbar.net
Beliebtes neues Lokal, donnerstags bis samstags Jazz live.

BP Club
Teslina 7, Zagreb
Tel. 01 4814 444
www.bpclub.hr
Der beste Jazz Club der Stadt. Besitzer ist der kroatische Vibraphon-Spieler und Jazz-Komponist Boško Petrović. Hier gibt es auf einer kleinen Bühne in der privaten Atmosphäre des Souterrain Live Acts mit einheimischen und internationalen Künstlern, aber auch im Februar, März und Oktober Jazz-Festivals. Zu den Gästen zählte u.a. der legendäre Gitarrist Joe Pass.

Jazz Club
Gundulićeva 11, Zagreb
Neuer Jazz Club im Souterrain im Zentrum Zagrebs. So geschl.

Sax
Palmotićeva 22/2, Zagreb
Tel. 01 4872 836
www.sax-zg.hr
Eine der besten Locations für Live-Musik. Regelmäßige Jazz-, Blues- und Popkonzerte.
So geschl.

Troubadour Hard Jazz Cafe
Bunićeva Poljana 2, Dubrovnik
Tel. 020 32 34 76
Jazz-Treff (etwas teurer allerdings)
mit Live Acts und Blick auf die Ka-
thedrale von Dubrovnik.

Nachtclubs

Aquarius
Aleja Matije Ljubeka, Zagreb
Tel. 01 3640 231
www.aquarius.hr
Riesiger Dance Club, am See in Jarun gelegen. Während der Sommermonate ist das dazugehörige
Novalja auf der Insel Pag das Epizentrum des Clubbing in Kroatien.

Jabuka
Jabukovac 28, Zagreb
Tel. 01 4834 397
Legendärer Club nahe Tuškanac für
etwas ältere Leute auf der Suche
nach Musik aus den 1980ern.
So-Do geschl.

Theater & Oper

Die Eintrittspreise für kroatisches
Theater, Oper und Ballett sind im
internaionalen Vergleich eher günstig (€€-€€€€) und die Darbietungen
haben eine ausgezeichnete Qualität.
Ein Aufenthalt in der Stadt Zagreb
sollte immer verbunden sein mit
dem Besuch einer Aufführung
(Konzert, Oper oder Ballett) im kroatischen Nationaltheater (Hrvatsko Narodno Kazelište oder kurz
HNK). Unter der Leitung des HNK
stehen auch Theater in Osijek und
Split. Klassische Darbietungen gibt
es auch in eher modernen **Lisinski
Theater** in Zagreb. Es gibt darüber
hinaus vielerlei Möglichkeiten, auf
den großen Festivals wie etwa dem
Sommer-Festival in Dubrovnik Auf-
führungen klassischer Musik, Theater und von Opern zu besuchen.
**Kroatisches Nationaltheater
(Hrvatsko Narodno Kazelište)**
Trg Maršala Tita, Zagreb
Tel. 01 4888 418
www.hnk.hr

**Kroatisches Nationaltheater
Osijek**
Županijska 9, Osijek
Tel. 031 220 700
www.hnk-osijek.hr

**Kroatisches Nationaltheater
Split**
Trg Gaje Bulata 1, Split
Tel. 021 344 999
www.hnk-split.hr

**Lisinski Theater (Koncertna dvora-
na Vatroslava Lisinskog)**
Trg Stjepana Radića 4, Zagreb
Tel. 01 6121 111
www.lisinski.hr

Festivals

Es gibt ein breites Angebot an Fest-
vals in Kroatien. Einige der besten
sind hier aufgeführt.

Rijeka Karneval
www.ri-karneval.com.hr
Der zweitgrößte europäische Karneval nach Venedig, direkt vor Beginn
der Fastenzeit (meistens Februar).

Poklad Festival (Lastovo Karneval)
Auf der Insel Lastovo wird über drei
Tage lang während der Fastenzeit
ein spezielles Karnevalsfest gefeiert.

**Kreuzprozession
(Za Križen)**
Jährlich am Gründonnerstag findet
auf der Insel Hvar zwischen den
Dörfern Jelsa, Pitve, Vrisnik, Svirče,
Vrbanj und Vrboska eine Kreuzpro-
zession statt.

Rab Crossbow Festival
Die Stadt Rab feiert in den Monaten
Mai, Juli und August die scheinbar
wundersame Befreiung aus einer
Belagerung im Jahr 1358.

Brodsko Kolo
www.brodsko-kolo.com
Das wichtigste kroatische Festival
für folkloristischen Tanz in Slavonski
Brod, das immer im Juni eines jeden
Jahres stattfindet.

**Stickerei Festival
(Đakovački Vezovi)**
Im Juli werden in der Stadt Đakovo
die traditionellen Stickereien ausge-
stellt. Es gibt aber auch Konzerte,
Paraden und Vorführungen mit den
Lipizzaner Pferden.

International Folk Festival
www.msf.hr
Kroatiens größtes Folk-Festival im
Juli eines jeden Jahres in Zagreb.

Pula Film Festival
www.pulafilmfestival.hr
Kroatiens wichtigstes Filmfestival
findet über zwei Wochen im Juli
statt. Es gibt viele Vorführungen in
der großartigen römischen Arena.

Motovun Film Festival
www.motovunfilmfestival.com
Fünftägiges Festival im Juli in dieser
mittelalterlichen Bergstadt in Istrien.

Festival of Dalmatian Klapa
www.fdk.hr
Wichtigstes Festival mit dem traditi-
nellen dalamatinischen klapa in
Omiš jeweils im Juli.

Dubrovnik Summer Festival
www.dubrovnik-festival.hr
45 Tage im Juli und August mit kroatischer und internationaler Musik
und Oper, mit Theater oder Tanz.

Split Summer Festival
www.splitsko-ljeto.hr
Das größte Festival der Stadt Split
findet normalerweise im Juli und
August statt.

Sinjska Alka
Historisches Turnier jeweils im August als Gedenken an einen Sieg
über die Ottomanen in der Stadt
Sinj im Jahr 1715.

Spancirfest
www.spancirfest.com
In der Stadt Varaždin Ende August
zehn Tage voller Musik, Tanz, Co-
medy und Straßentheater.

Outdoor Aktivitäten, Touren & Kurse

Kroatien bietet ein weites Feld an Outdoor-Aktivitäten, von Wandern über Fahrradfahren bis hin zu Kajaktouren. Die Adria ist dagegen ein Magnet für Segelurlauber und Taucher. Das große Angebot an speziellen Thementouren umfasst den Natur- und vogelkundlichen Bereich, aber auch kulinarische Touren und Weintouren. Einige Agenturen haben unterschiedliche Aktivitäten im Angebot, sind im Folgenden aber nur einmal aufgeführt.

Weingüter- und Wein-Touren

Viele kroatische Weingüter bieten Verkostungen wie auch Führungen durch die Weinkeller oder in die Weinberge an. Meistens werden die Termine hierfür vorher bekanntgegeben. Auf vielen Weingütern gibt es auch Übernachtungs- oder Speisemöglichkeiten. Empfehlenswert ist es, sich an einer der kroatischen Weinstraßen zu orientieren, wie z.B. der Weinstraße von Plešivica oder an der Iloker Weinstraße *(www.vinailok.hr, www.turizamilok.hr; siehe S. 119)*. Im Internet gibt es auf *www.hrvatska-vina.com*. gute Informationen über kroatische Weingebiete oder Traubensorten.

Bartulović
Prizdrina, Pelješac
Tel. 020 742 346
www.vinarijabartulovic.hr

Boškinac Winery
Novaljsko polje bb, Pag
Tel. 053 663 500
www.boskinac.com

Enjingi
Hrnjevac 87, Vetovo
Tel. 034 267 200
www.enjingi.hr
Eines der besten Weingüter mit Verkostungen und Führungen.

Iločki Podrumi
Dr Franje Tuđmana 72, Ilok
www.ilocki-podrumi.hr
Der bekannteste Weinkeller der Stadt.

Korak
Plešivica 34, Jastrebarsko

Tel. 01 6293 088
www.vino-korak.hr
Weingut an der Weinstraße von Plešivica.

Krešimir Režek
Plešivica 39, Jastrebarsko
Tel. 01 6294 836
www.rezek.hr
Weingut an der Weinstraße von Plešivica.

Nada
Glavaca 22, Vrbnik, Krk
Tel. 051 857 065
www.nada-vrbnik.hr
Ein schöner Ort für den Genuss des einheimischen Žlahtina.

Zlatan Otok
Sveta Nedjelja, Hvar
Tel. 021 745 709
www.zlatanotok.hr
Bekanntes Weingut auf Hvar.

Die folgenden Agenturen haben auch Weinführungen im Angebot:

Arblaster & Clarke Wine Tours Ltd
Cedar Court, 5 College Street, Petersfield, Hampshire
GU31 4AE, UK
Tel. +44 (0)1730 263111
www.winetours.co.uk
Luxuriöse Weintouren, auch mit Schiffsfahrten, in Istrien und Dalmatien.

Culinary Croatia
www.culinary-croatia.com
Weinführungen durch die Region Dingač auf Pelješac und Hvar, Skradin (nahe Šibenik) und in Dalmatien.

Laguna
Kuna 8, Pelješac
Tel. 020 742 139
www.vinskiputidnz.com
Die ortsansässige Agentur organisiert Touren entlang der Weinstraßen von Pelješac, Korčula und Konavlo.

Kulinarische Touren & Kochkurse

In Kroatien gibt es einige echte Köstlichkeiten sowie Spezialitäten, die dieses Land so interessant machen für kulinarische Touren oder Koch-Workshops. Kroatische Rezepte finden sich u.a. dem Unternehmen **Maninas Food Matters** *(maninas.wordpress.com)*.

Culinary Croatia
www.culinary-croatia.com
Das kroatische Unternehmen organisiert kulinarische Touren, Olivenöl-Touren und Kockkurse mit vielen Informationen und interessanten Links in seinem Blog.

Secret Dalmatia
Turanj 426, Sv. Filip Jakov
Tel. 091 567 1604
www.secretdalmatia.com
Individualreisen und Angebote für kleine Gruppen – Essen, Denkmäler und vieles mehr. Die Agentur hat ein aktives Interesse daran, ein Bewusstsein für Themen wie illegales Jagen oder Zerstörung der Natur und des kulturellen Erbes Kroatiens zu erzeugen.

Villa Astra
Lovran
Tel. 051 294 604
www.lovranske-vile.com

Boris Mihovilić ist der Küchenleiter des Restaurants Villa Astra und bietet in Lovran während des Spargel- und Kirsch-Festivals kulinarische Workshops an.

Wildlife Tours

Falco Tours
Zrnovnička 11, Split
Tel. 021 548 646
www.falco-tours.com
Eine Kombination aus Kajaktour und Vogelbeobachtung.

Pro Birder
gerard@probirder.com
www.probirder.com
Gerard Gorman, eine bekannter Vogelbeobachter und Buchautor, bietet zusammen mit einheimischen Führern Touren an.

Val Tours
Trg Hrvatskih Velikana bb, Biograd
Tel. 023 386 479
www.val-tours.hr
Einwöchige Vogel-Tour mit einem Programm, das den Fluss Zrmanje, den Nationalpark Paklenica, den Velebit und den Vrana See umfasst. Auch Kurse im Kajakfahren, Rafting, Tauchen und Segeln.

Outdoor Aktivitäten

Fahrradfahren & Mountain Biking
Kroatien bietet einige tolle Möglichkeiten zum Fahrradfahren und manche örtlichen Touristenbüros haben sich darauf spezialisiert, das Fahrradfahren in ihrer Region attraktiver zu machen, wie etwa das **Istria Tourist Board** (*www.istria-bike.com* and *www.istra.hr*) und das **Zagreb County Tourist Board** (*www.tzzz.hr*). Es gibt verschiedene Routen zur Auswahl und umfangreiches, online abrufbares Kartenmaterial.

2-Wheel Treks
Tel. +44 1483 271212, +44 845 612 6106 (UK only)

2wheeltreks.co.uk
Unterschiedliche Touren durch Kroatien, darunter der „Freedom Trail" mit Unterkunft, Fahrrad- und Ausstattungsvermietung, Kartenmaterial und Tranfer. Auch „Cruise and Cycle"-Ferien in der Kvarner Bucht und in Dalmatien werden angeboten.

Exodus
sales@exodus.co.uk
www.exodus.co.uk
Achttägige Fahrradtour auf den dalmatinischen Inseln (inkl Fährfahrten).

Meridien Ten
Split
Tel. 021 388 951
www.meridien.hr
Die Agentur in Spilt organisiert verschiedene Fahrradtouren un, verleiht Räder und bietet Wander-, Kajak- und Surfkurse.

Pedal and Sea Adventures
www.pedalandseaadventures.com
Einwöchige Touren durch das südliche Dalmatien.

Zagreb by Bike
Blue Bike, Zagreb
Tel. 098 188 3344
www.zagrebbybike.com
Fahrradtouren durch die kroatische Hauptstadt.

Tauchen

Croatia Divers
Obala 1 Br 42, Vela Luka, Korčula
Tel. 020 812 066
www.croatiadivers.com
PADI IDC zertifizierte Tauchschule in Vela Luka mit engischer und holländischer Leitung sowie multilingualem Personal.

Diving Lastovo
Pasadur bb, Lastovo
Tel. 020 802 100
www.diving-lastovo.com
Kornati Diving Center

Zaglav, Dugi Otok
Tel. 091 3679 506
www.kornati-diving.com
Gerätetauchen
in Zaglav.

Kajaktouren
Kajakfahren ist in den vergangenen Jahren immer beliebter geworden und viele kleine kroatische Veranstalter bieten unterschiedliche Touren an. Der Frühling und der Sommer eignen sich am besten für Kajakfahrten auf den Flüssen oder für Rafting; im Sommer kann man auch auf dem Meer Kajak fahren.

Adria Adventure
Dubrovnik
Tel. 020 332 567
www.adriaadventure.hr
Der Veranstalter aus Dubrovnik hat sich auf naturverträgliche Touren konzentriert, die z.B. kleine Gruppen auf die Elaphiten oder nach Lokrum führen und in der Regel von einheimischen Führern begleitet werden.

Adriatic Kayak Tours
Zrinsko Frankopanska 6, Dubrovnik
Tel. 020 312 770
www.adriatickayaktours.com
Das kleine Unternehmen in Dubrovnik wurde von amerikanischen Kajakfahrern gegründet. Einheimisches Führer begleiten ihre ein- oder mehrtägigen Touren nach Lokrum, auf die Elaphiten oder in die Tara-Schlucht in Montenegro. Kleine Gruppen und bevorzugt naturverträgliche Touren.

Adventure Dalmatia
Matije Gupca 26, Split
Tel. 021 540 642
www.adventuredalmatia.com
Den Inititatoren der Cro Challenge, dem größten Adventure Race in Kroatien, gehört diese Agentur, die ein- und mehrtägige Touren auf die Elaphiten Inseln, nach Hvar

oder an die Cetina im Programm haben. Auch Mountain Biking, Rafting und Hiking.

Segeln

Mit den 1200 großen und kleinen Inseln kann Kroatien eine Küstenlänge von mehr als 5500 km vorweisen. Es ist ein sehr idyllisches Segelrevier – für Anfänger, die sich in den Segelkursen zunächst mit den Grundlagen vertraut machen, aber auch für erfahrene Skipper geeignet. Die Marinas gehören in den meisten Fällen zur Croatian Association of Nautical Tourism, wobei wiederum die Hälfte hiervon vom **Adriatic Croatia International Club** *(ACI, www.aci-club.hr)* betrieben wird. Eine interessante Webseite für Segler ist *www.sailing croatia.net.*

Croatia Charter
Hrvatske Mornarice 1d, Split
Tel. 021 474 464
www.croatiacharter.com

Croatia Yachting
Split
Tel. 021 332 33
www.croatia-yachting-charter.com

Naulitus Yachting
Tel. +44 1732 867 445
www.nautilus-yachting.com
Erfahrener Anbieter aus Großbritannien

Sail Croatia
Kralja Zvonimira 35, Split
www.sail-croatia.com
Die britische Agentur hat sowohl traditionelle Touren als auch „Navigator Cruises" für Segler unter 35 sowie Fahrrad- und Adventuretouren im Angebot.

SailCroatia
Šetalište kralja Tomislava bb, Kaštel Gomilica, Split
Tel. 021 222 556
www.sailcroatia.net

In der Zentrale in Split können hochwertige Yachten gechartert werden. Es werden zudem auch Reperaturen und technische Checks organisiert.

Sailing Europe
Savska cesta 23a, Zagreb
Tel. 01 488 2200
www.sailingeurope.com
Zu den Booten dieser Firma aus Zagreb gehören die Cyclade 39.3, 43.4 sowie 50.5.

Sailing School Croatia
Dr Franje Tudmana A2/1
Kaštel Stari, Split
Tel. 021 232 772
www.sailingschoolcroatia.com
Sechs Tage und sechs Nächte auf einer 11,5 m langen Bavaria Yacht mit den Ausgangshäfen Split und Zadar.

Wandern

In Kroatien gibt es einige schöne Wanderwege, die zum Teil noch selten von Touristen frequentiert werden. Sie sind gut markiert, es gibt hilfreiches Kartenmaterial und ein Netz an Berghütten.

Freedom Treks
Tel. +44 1483 271212, 0845 612 6106 (UK only)
www.freedomtreks.co.uk
Begleitete oder unbegleitete Wander-, Fahrrad- oder Bootsferien eines britischen Anbieters.

Headwater Holidays
Tel. + 44 1606 720033 (UK)
www.headwater.com
Wanderungen, Fahrrad- und Kanutouren wie auch Winterurlaube.

Surfen &
Kiteboarden

Die beliebtesten Surfregionen Kroatiens sind die Meerengen zwischen Korčula und der Halbinsel Pelješac (speziell Viganj, nördlich von Orebić) sowie zwischen den

Inseln Brač und Hvar (zum Teil hier aber sehr starke Strömung). Auch in Istrien sind viele Küstenabschnitte bei Surfern beliebt.

Windsurf Station
Creska 22, Pula
Tel. 098 440 977 (mobil)
www.windsurfstation.com
Kurse für jedes Niveau.

Yellow Cat Kiteboarding
Bol, Brač
Tel. 098 247 348 (mobil)
www.zutimacak.hr
Kiteboarding Schule und Verleih.

Speisekarte

General

Lebensmittel, Essen	hrana
Frühstück	doručak
Mittagessen	ručak
Abendessen	večera
Vorspeise	predjelo
Hauptgericht	glavno jelo
Dessert	desert
gegrillt	na žaru
gekocht	kuhano
fitiert	prženo
Pasta	tjestenina
Risotto	rižoto
Reis	riža
Eier	jaje
Dunkles Brot	crni kruh
Weißbrot	bijeli kruh
Vegetarisches (Essen)	vegetarijanska (hrana)

Entree

Suppe	juha
Fischsuppe	riblja juha
Gemüsesuppe	juha od povrća
Dalmatinischer Rohschinken	pršut
Oliven	masline
Käse for Pag	Paški sir
Slawonische Rohwurst	kulen

Fischgerichte

Fish	riba
Muscheln	školjke
Scampi	škampi
Scampi in Weißwein mit Knoblauch und Olivenöl	škampi na buzaru
Okotpus	hobotnica
Oktopus mit Kartoffeln, Zwiebeln und Olivenöl	hobotnica na žaru
Kalmar	lignje
Fritierter Kalmar	pržene lignje
Gefüllter Kalmar	punjene lignje
Sepien	sipa
Sepien Risotto (in der eigenen Tinte gekocht)	crni rižoto

Miesmuscheln	dagnje
Austern	kamenice
Meeräsche	cipal
Petersfisch	kovač
Barsch	brancin
Makrele	skuša
Forelle	pastrva
Karpfen	šaran
Fischsuppe (wie das italienische brodetto)	brodet
Eintopf mit Fisch und Paprika	fiš paprikaš

Fleisch

Fleisch	meso
Rind	govedina
Kalb	teletina
Schwein	svinjetina
Lamm	janjetina
Huhn	piletina
Pute	puretina
Pute mit mlinci (gebackene Nudeln)	puretina s mlincima
Wild	smetina
Wildschwein	vepar
Steak	odrezak
Zagreb Steak (Kalbsfleisch mit Schinken und Käse gefüllt und mit Brotkrumen fitiert)	Zagrebački odrezak
Rind (oder Kalbsfleisch) mariniert und mit getrockneten Pflaumen gekocht)	pašticada
Grillplatte	roštilj
Kohl mit Fleisch und Reis gefüllt	sarma
Gegrillte Fleischröllchen	ćevapčići
Würstchen	kobasice

Gemüse

Gemüse	povrće
Kartoffeln	krumpir
Pommes Frites	pomfrit
Mangold	blitva
Bohnen	grah
Karotten	mrkva
Kohl	kupus
Mais	kukuruz

Salate

Salat	salata
Salat der Saison	sezonska salata
Gemischter Salat	miješana salata
Grüner Salat	zelena salata
Tomatensalat	salata od paradajza/rajčica
Kohlsalat	kupus salata
Salat mit Oktopus und Kartoffeln	salata od hobotnice

Obst

Obst	voće
Orange	naranča
Apfel	jabuka
Erdbeere	jagoda
Pflaume	šljiva
Weintraube	grožde

Dessert

Eis	sladoled
Palatschinken	palačinke
Flan	rožata
Kuchen	kolač

Getränke

Getränke	piće
Wasser	voda
Mineralwasser (ohne/mit Kohlensäure)	mineralna voda (negazirana/gazirana)
Rotwein	crno vino
Weißwein	bijelo vino
Bier	pivo
Bier vom Fass	točeno pivo
Tee	Čaj
Kaffee	kava
Milch	mlijeko

Sprachführer

Begrüßung

Hallo	*Dobar dan*
Hallo/Tschüss (informell, nur in Zagreb)	*Bok!*
Guten Morgen	*Dobro jutro*
Guten Abend	*Dobra večer*
Gute Nacht	*Laku noć*
	Do viđenja
Ja	*Da*
Nein	*Ne*
Bitte	*Molim*
Danke	*Hvala*
Wie bitte? Entschuldigung?	*Molim?*
Entschuldigung!	*Oprostite!/ Pardon!*
Entschuldigen Sie (bei einer Bitte)	*Oprostite*
Bitte sehr!	*Izvolite!*
Prost!	*Živjeli!*
Sprechen Sie englisch / deutsch?	*Govorite li engleski/ njemački?*
Es tut mir leid, ich spreche kein kroatisch.	*Oprostite, ne znam hrvatski*
Ich verstehe nicht.	*Ne razumijem*
Wie geht es Ihnen?	*Kako ste?*
Gut, danke.	*Dobro, hvala*
Sehr erfreut!	*Drago mi je!*
Woher kommen Sie?	*Odakle ste?*
Herr	*Gospodin*
Frau	*Gospoda*

Unterkunft

Hotel	*hotel*
Apartment	*apartman*
Zimmer	*soba*
Haben Sie ein Einzelzimmer / Doppelzimmer?	*Imate li jednokrevetnu sobu / dvokrevetnu sobu?*
Für heute / morgen	*Za večeras / sutra*
Für eine Nacht / drei Nächte	*Za jednu noć / tri noći*

Mit eigenem Bad	*S kupaonicom*
Ist das Frühstück inbegriffen?	*Je li uključen doručak*

Shopping

Bitte könnte ich...	*Molim vas...*
Haben Sie...?	*Imate li...?*
Wieviel kostet es?	*Koliko košta?*
Kann ich mit Kreditkarte zahlen?	*Mogu li platiti s kredit nom karticom?*
Kann ich Ihnen helfen?	*Mogu li pomoći?*
Ich schaue nur, danke.	*Samo gledam, hvala*

Restaurants

Haben Sie einen Tisch für zwei Personen?	*Imate li stol za dvoje?*
Können wir draußen sitzen / auf der Terrasse?	*Možemo li sjesti vani / na terasi?*
Könnte ich eine Speisekarte in englisch bekommen?	*Mogu li dobiti meni na engleskom molim?*
Darf ich bestellen, bitte?	*Mogu li naručiti?*
Ich habe schon bestellt, danke.	*Već sam naručio, hvala*
Kann ich bitte zahlen?	*Molim vas račun?*
Ich bin fertig, danke.	*Gotov sam, hvala*
Es war sehr gut.	*Bilo je vrlo dobro*

Reisen und Richtungen

Entschuldigen Sie bitte, wo ist die Bushaltestelle?	*Oprostite, gdje je autobusni kolodvor?*
Zug	*vlak*
Bus	*autobus*
Auto	*auto*

Fähre	*trajekt*
Tankstelle	*benzinska stanica*
Eine Fahrkarte nach..., bitte.	*Jednu kartu do..., molim*
Welcher Bahnsteig?	*Koji peron?*
Welche Nummer?	*Koji broj?*

Besichtigung

Museum	*muzej*
Galerie	*galerija*
Burg, Schloss	*dvorac*
Altstadt	*stari grad*
Reiseführer	*vodič*

Geld

Geldautomat	*bankomat*
Bank	*banka*
Wechselstube	*mjenjačnica*
Kreditkarte	*kreditna kartica*

Zeit und Datum

Entschuldigung, können Sie mir sagen, wie spät es ist?	*Oprostite, koliko je sati?*
11:00	*jedanaest sati*
1:30	*jedan i pol (oder pola dva)*
8:45	*petnaest do devet*
Heute	*danas*
Morgen	*sutra*
Gestern	*jučer*
Morgen	*jutro*
Nachmittag	*popodne*
Abend	*večer*

REGISTER

BILDNACHWEIS